물류관리사는 박문각이 답이다.

합격기준 박문각 물류관리사

물류관리사
CERTIFIED PROFESSIONAL LOGISTICIAN

동영상강의 www.pmg.co.kr

보관하역론

황사빈 편저

QMG 박문각

이 책의 머리말

이 책은 물류관리사 시험을 준비하시는 분들에게 도움을 주기 위한 교재입니다. 저자가 한국생산성본부 (KPC)와 한국교육방송(EBS), 산업통상자원부 연수원 및 여러 대학이나 기관에서 강의하며 준비한 강의노트와 그동안 출제된 물류관리사 보관하역론 기출문제를 바탕으로 출제기준에 따라 내용을 구성하였습니다.

물류관리사 시험은 초기에는 문제가 간단하고 쉽게 출제되었지만 해를 거듭할수록 문제수준이 높아지고 새로운 영역의 내용도 출제되며 문제의 길이도 길어지고 있습니다. 계산문제도 수준높은 문제가 계속 출제되고 있습니다. 이런 추세들을 감안하여 이 책은 수험생 여러분들에게 보다 실질적인 도움을 드리기 위하여 내용을 구성하였습니다.

수험서는 교과서와는 다르게 만들어야 한다는 점을 마음에 새기며 문장 하나하나 시험에 나왔던 내용을 최대한 반영하여 만들었습니다. 시중에서 회자되는 "시나공(시험에 나오는 것만 공부한다)"이라는 말을 떠올리며 시험에 꼭 필요한 내용만 정리했습니다.

보관하역론의 그동안 출제경향을 보면 중요한 내용이 반복해서 출제되고 있는 것을 확인할 수 있습니다. 계산문제도 10~13문제 정도 매번 출제되고 있지만 이 또한 비슷한 유형의 문제가 반복되고 있습니다. 따라서 가장 기본적이고 중요한 내용들만 잘 정리하시면 합격에 필요한 점수는 충분히 얻을 수 있습니다. 여러 가지 합리화를 위한 원칙들, 보관이나 하역에 이용되는 기기와 설비, 구매나 재고관리, 창고관리 등의 내용을 잘 정리해 두시기 바랍니다.

이 책의 특징은 다음과 같습니다.

1. 수험서로서의 효용을 최대한 높이기 위해 그동안 출제된 5회 이후의 기출문제를 철저히 분석하여 내용을 구성하였습니다.

2. 각 장의 끝에 연습문제를 수록하여 기본서에서 학습한 내용을 문제를 통해 확인할 수 있도록 구성하였습니다. 연습문제는 주로 그동안 출제되었던 내용을 통합·정리하여 만들었습니다.

3. 부록에는 최근 기출문제를 수록하여 문제의 흐름을 파악할 수 있도록 하였고, 또 시험에 많이 나왔던 내용, 따라서 꼭 정리해야 할 내용을 중심으로 핵심요약집을 만들어 수록하였습니다. 최종정리에 활용하시면 큰 도움이 될 것입니다.

물류관리사 시험이 여러 과목으로 나누어 시행되고 있지만 과목 간의 경계가 확실히 정해진 것은 아닙니다. 보관하역론에 출제되는 내용들 중 많은 부분이 물류관리론에서도 함께 출제되고 있습니다. 그러므로 시험 과목들을 딱 구분하기 보다는 큰 틀에서 관련되는 내용을 공부하시는 것이 바람직합니다.

마지막으로 이 책을 선택하신 수험생 여러분에게 감사드리며 다가오는 시험에서 꼭 합격하시기를 기원합니다.

편저자 황시빈

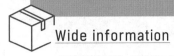

와이드 정보

01 \ 물류관리사란?

❶ 물류관리사(CPL : Certified Professional Logistician)

물류에 관한 전문지식이 필요한 사항에 대하여 계획·조사·연구·진단·평가 또는 이에 관한 상담·자문을 통하여 화물의 수송·보관·하역·포장 등의 물류관리에 필요한 직무를 수행하는 자를 말한다. 물류관리사가 되고자 하는 자는 국토교통부 장관이 실시하는 시험에 합격하여야 한다.

❷ 물류관리사의 업무영역

물류관리사는 물류시스템 기획, 물류정보시스템 개발, 물류기술 개발, 물류센터 운영, 수배송 관리업무, 물류 창고 및 자재·재고관리 업무, 물류컨설팅 등의 업무를 담당하며, 전 산업분야에서 활동하고 있다.

물류관리사를 필요로 하는 조직
•유통업체 •생산업체 •교육기관 •정부기관 •서비스기관 •컨설팅회사 •물류기업(운송, 보관)

❸ 물류관리사의 향후 전망

현재 물류관리사는 국내 제조업의 47%, 유통업의 24%가 물류전문인력이 부족한 상태이며, 앞으로 인력수요가 제조업은 3만여 명, 유통업은 7천여 명에 이를 것으로 예측하고 있다.

물류관리사는 물류관련 정부투자기관, 공사와 운송·유통·보관 전문회사, 대기업 또는 중소기업의 물류관련 부서(물류, 구매, 자재, 수송 등), 물류연구기관에 취업이 가능하며, 수송·보관·하역·포장 등 물류 전부문의 효율성, 적시성, 생산성을 제고하기 위하여 부문별로 표준화, 자동화, 정보화 등을 계획·추진하여 기업의 합리적인 일관 물류체계를 구축하고 물류비를 절감하는 일을 담당할 것으로 기대된다.

각계 전문기관에서 물류부문을 전자상거래와 함께 21C 유망직종 중의 하나로 분류하고 있으며, 정부 차원에서 국가물류기본계획(2016~2025)을 수립하여 우리나라가 지향하는 물류미래상을 제시하고 세계 속에서 경쟁할 수 있는 물류전문인력을 양성·보급한다는 장기 비전을 제시하고 있다.

❹ 물류관리사 합격자 통계현황

물류관리사는 지난 1997년 처음 도입한 후 제1회 시험부터 제23회 시험까지 총 31,076명이 배출되었다.
최근 5년간의 합격자는 제19회 1,727명(합격률 29.18%), 제20회 1,173명(합격률 21.22%), 제21회 1,657
명(합격률 34.2%), 제22회 1,994명(합격률 40.5%), 제23회 1,474명(합격률 26.82%)이다.

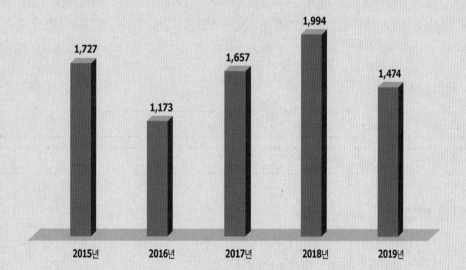

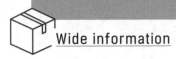

와이드 정보

02 물류관리사 시험

① 시험 개요

물류에 대한 사회적 인식의 제고와 함께 물류체계 개선을 위한 다각적인 대책이 강구되고 있는 시점에서 국가물류비 절감을 위해 H/W 측면의 물류시설 확충과 함께 이를 합리적으로 운영·관리할 물류 전문인력의 체계적 양성이 요구됨에 따라 물류 전문인력의 양성을 위하여 1995년 화물유통촉진법(현, 물류정책기본법)에 물류관리사 자격시험제도를 신설 입법화한 후, 1997년 9월부터 물류관리사 자격시험제도가 시행되었다(응시자격 제한 없음. 단, 부정행위로 인해 시험 무효처분을 받은 자는 그 처분을 받은 날로부터 3년간 물류관리사 시험에 응시할 수 없음).

② 시험실시기관

소관부처	➡	국토교통부(www.molit.go.kr) 물류정책과
시행처	➡	한국산업인력공단(www.Q-net.or.kr)

③ 시험방법

① 물류관리사 자격시험은 매년 1회 실시하되, 국토교통부장관이 물류관리사의 수급상 특히 필요하다고 인정하는 경우에는 2년마다 실시할 수 있다.
② 응시원서 접수는 인터넷 접수만 가능하며 시험장소는 원서 접수시 수험자가 직접 선택한다.
③ 시험은 필기의 방식으로 실시하며, 과목당 40문항씩 5지 택일형을 원칙으로 하되 기입형을 가미할 수 있다.

④ 시험일정

매년 6월 또는 7월에 실시

⑤ 시험과목 및 시험시간

시험은 물류관리 업무수행에 필요한 소양 및 지식의 검정과 이론 및 실무능력의 검정에 중점을 둔다.

분류	시험과목	세부사항	문항 수	시험시간
1교시 (3과목)	물류관리론	물류관리론 내의 화물운송론·보관하역론 및 국제물류론은 제외	40	120분
	화물운송론		40	
	국제물류론		40	
2교시 (2과목)	보관하역론		40	80분
	물류관련법규	「물류정책기본법」, 「물류시설의 개발 및 운영에 관한 법률」, 「화물자동차 운수사업법」, 「항만운송사업법」, 「유통산업발전법」, 「철도사업법」, 「농수산물 유통 및 가격안정에 관한 법률」 중 물류 관련 규정	40	

⤴ 시험과 관련하여 법률 등을 적용하여 정답을 구하여야 하는 문제는 시험 시행일을 기준으로 현재 시행 중인 법률을 적용하여 그 정답을 구하여야 함.

⑥ 시험과목의 일부면제 및 제출서류

면제과목	물류관리론(화물운송론·보관하역론 및 국제물류론은 제외)·화물운송론·보관하역론 및 국제물류론에 관한 과목이 개설되어 있는 대학원에서 해당 과목을 모두 이수(학점을 취득한 경우로 한정함)하고 석사학위 이상의 학위를 받은 자는 시험과목 중 물류관련법규를 제외한 과목의 시험을 면제한다(과목면제자는 물류관련법규만 응시).
제출서류	과목면제 서류심사 신청서 1부, 대학원 성적증명서(원본) 1부, 학위증(학위기재) 사본 또는 졸업증명서 원본 1부

⑦ 합격자 결정기준

매 과목 100점을 만점으로 하여 매 과목 40점 이상, 전 과목 평균 60점 이상 득점한 자를 합격자로 결정한다.

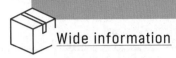

03 출제경향 및 수험대책

❶ 과년도 기출문제 분석

구 분		제20회	제21회	제22회	제23회	제24회	합 계	비율(%)
보관론	1. 보관의 의의와 창고	7	10	9	5	5	36	18.0%
	2. 물류시설과 물류단지	2	2	3	3	3	13	6.5%
	3. 물류시설의 계획, 입지선정	3	2	3	4	3	15	7.5%
	4. 물류시설의 설계, 운영	5	3	5	5	5	23	11.5%
	5. 재고관리 시스템	7	11	7	10	10	45	22.5%
	소 계	24	28	27	27	26	132	66.0%
하역론	1. 하역의 개요	2	3	2	2	3	12	6.0%
	2. 유닛로드 시스템	1	3	1	3	2	10	5.0%
	3. 일관파렛트화	3	1	0	1	2	7	3.5%
	4. 하역기기	5	2	4	2	3	16	8.0%
	5. 철도·항만·항공하역	3	1	3	3	2	12	6.0%
	6. 포 장	2	2	3	2	2	11	5.5%
	소 계	16	12	13	13	14	68	34.0%
합 계		40	40	40	40	40	200	100.0%

❷ 출제경향

1. 과거에는 보관론과 하역론의 비중이 60%와 40% 정도였으나 최근 5년 간의 비중은 보관론에서 66% 정도로 이전보다 더 많이 출제되고 있다.
2. 출제기준에 따른 문제의 난이도는 초급 30%, 중급 40%, 고급 30% 정도이지만 전반적으로 난이도가 이전보다 낮아지는 경향을 보이고 있다. 다른 시험과목에 비해 비교적 수월하게 고득점을 할 수 있는 과목이다.
3. 계산문제가 매회 10~13문제 정도 출제되고 있으나 기본적인 수준을 크게 벗어나고 있지 않은 비교적 수월한 문제이다.
4. 분야별로 보면 재고관리 시스템이 가장 많은 비중을 보이고 있고, 보관합리화의 원칙 및 창고에 대한 문제가 뒤를 따르고 있다. 하역론에서는 여러 가지 하역기기의 형상과 특징이 자주 출제되고 있다.

❸ 수험대책

보관하역론은 물류관리의 기능 중 보관과 하역, 그리고 포장을 출제범위로 하고 있다. 물류관리사 시험의 다른 과목에 비해 비교적 어렵게 않게 학습하고 높은 점수를 얻을 수 있는 과목이다.

내용의 많은 부분이 물류관리론과 겹쳐 있으므로 과목 간의 경계를 너무 구분하지 않고 폭 넓게 공부하는 것이 바람직하다. 그리고 암기 위주의 학습보다는 전체의 흐름을 파악하고 자주 출제되는 내용을 반복하여 학습한 후 기출문제를 충분히 풀어보는 것이 고득점의 비결이다.

경제적 주문량(EOQ)과 경제적 생산량(EPQ), 자재소요계획(MRP) 등 재고관리와 스태커 크레인의 운용, 출하도크와 화물차량의 운용, 물류센터의 입지선정에서 무게중심법 등에서 계산문제가 매번 10문제 정도 출제되고 있으나 이미 출제된 문제를 반복해서 풀어보면 대부분 어렵지 않게 답을 구할 수 있는 문제이다.

보관 및 하역기기를 구분하는 문제가 자주 출제되고 있으므로 사진 또는 그림을 보아가며 그 특징을 정확하게 이해하는 것도 중요하다.

분야별로 출제되는 주요 내용을 보면 다음과 같다.

● 보관론

1. 보관의 기능과 보관의 원칙, 보관시스템의 형태, 여러 가지 유형의 창고를 정확히 구분해야 한다. 특히 자가창고와 영업창고·리스창고의 장단점, 자동화 창고의 특징을 정리해야 한다. 오더 피킹 시스템과 창고관리 시스템(WMS)도 기본적인 내용을 잘 정리해야 한다.

2. 복합 물류터미널, 내륙 컨테이너 기지(ICD), 공동 집배송 단지, 항만지역의 보관시설, 물류센터의 기능과 종류, 물류센터의 업무, 물류센터의 입지선정 조건과 방법, 물류센터의 레이아웃과 로케이션 관리, 여러 종류의 랙(rack)에 대해서 잘 정리해 두어야 한다.

3. 재고관리 시스템은 전체적으로 가장 출제비중이 높은 분야이므로 세세한 내용까지도 잘 정리해야 한다. 재고관리의 지연전략, 재고관리비용, 재고관리의 효율성 측정지표, 정량발주법과 정기발주법 등 재고관리기법, 주문량의 계산, 수요예측기법, JIT와 MRP 및 SCM, 집중구매와 분산구매의 장단점 등이 항상 출제되고 있다.

● 하역론

1. 하역관련 용어, 운반관리, 하역합리화의 원칙, 하역시스템, 유닛로드 시스템(ULS)과 물류모듈화의 의미와 기능을 잘 정리해 두어야 한다. 파렛트의 종류와 규격, 파렛트 이용 시의 장단점과 적재방법, 일관파렛트화의 의미와 장단점, 파렛트 풀 시스템의 의미와 운영방법, 여러 가지 분류시스템 등은 자주 출제되는 내용이다.

2. 여러 가지 하역기기의 특징을 잘 정리해야 한다. 컨테이너의 규격과 종류, 지게차의 종류와 어태치먼트, 여러 가지 컨베이어의 특징과 용도, 크레인의 종류, 호이스트 등 기타 하역기기의 용도 등을 잘 정리해야 한다.

3. 철도하역의 방식, 항만하역에서 항만하역시설, 컨테이너 터미널의 구조, 컨테이너 하역장비, 항공하역 시 이용되는 하역기기 등도 반드시 정리해 두어야 한다.

4. 포장의 의의와 기능, 포장합리화의 원칙, 포장재료 중 골판지의 형태와 용도 및 장단점 등이 중요하다. 이와 함께 화물의 취급표시 방법과 일반화물의 취급표지, 집합포장기법 등도 자주 출제되므로 정리하여야 한다.

Contents

이 책의 차례

제1편 보관론

Contents

이 책의 차례

물류관리사

CERTIFIED PROFESSIONAL LOGISTICIAN

보관론

01 보관의 의의와 창고

| 학습목표 | 1. 보관의 개념과 기능 및 보관의 원칙, 보관시스템의 형태를 이해한다.
2. 창고의 의의와 기능 및 창고의 종류, 특히 자동화 창고의 특징을 이해한다.
3. 오더 피킹 시스템과 창고관리 시스템(WMS)의 의미와 기능, 장단점을 이해한다.

| 단원열기 | 보관의 의의, 보관의 기능, 보관의 원칙, 보관시스템의 형태, 창고의 기능, 여러 가지 창고의 유형, 특히 운영형태별 창고의 장·단점은 자주 출제된다. 이와 함께 자동창고의 장·단점, 자동창고 시스템의 구성요소가 중요하다. 오더 피킹 시스템과 창고관리 시스템도 매우 출제비중이 높은 내용이다.

제1절   보관의 개념

1 보관의 의의와 목적

(1) 보관의 의의

① 보관의 정의

㉠ 보관(storage)이란 재화를 물리적으로 보존하고 관리하는 것을 의미한다. 따라서 물품을 모아서 간수하는 단순한 의미의 저장(store)보다는 넓은 개념이다.

㉡ 한국산업표준 물류일반(KST-0001)에서는 '보관은 물품을 일정한 장소에서 품질, 수량 등의 유지와 같이 적절한 관리하에 일정기간 저장·방치하는 것'으로 정의하고 있다.

㉢ 보관은 물자의 생산과 소비의 시간적 거리를 조정하여 적시에 원료 및 부품을 공급하여 생산을 원활하게 하고, 또한 그 제품을 수요에 부응하여 출하하도록 함으로써 판매효과를 높이는 기능을 수행하고 있다.

㉣ 보관은 고객서비스의 최전선으로, 수송과 배송 간의 윤활유 역할을 수행한다. 또한 생산과 판매의 조정 및 완충역할을 수행하며, 집하, 분류, 유통가공기능 등의 역할도 수행하고 있다. 운송이 동태적(dynamic)인 개념이라면 보관은 정태적(static)인 물류개념이라고 할 수 있다.

㉤ 물자를 보관하는 시설을 창고 또는 물류센터라고 하고 보관하는 물자를 재고라고 하며, 보관은 창고, 물류센터, 재고 및 저장개념이 포함된 포괄적인 개념이다.

② 보관의 필요성

㉠ 일정량의 물자를 물류시설에 보존·관리하고 통과시킴으로써 생산과 판매, 수송과 배송의 완충역할은 물론 재고를 유지함으로써 시간적 조정역할을 한다.

    ⓛ 보관을 통해 대량생산, 대량구매, 대량운송을 통한 규모의 경제로 원가절감은 물론 성수기
와 비수기 같은 계절적 요인에 탄력적으로 대응할 수 있다.

    ⓒ 다품종 소량생산, 소량 다빈도 배송, 리드타임 단축, 시장의 변화 등 불확실한 수요패턴과
변화에 대응할 수 있다.

    ⓔ 창고에 재고를 보관함으로써 대량의 화물을 운송하게 되어 수송비가 절감되고, 창고는 단
순한 저장 기능뿐만 아니라 분류, 유통가공, 재포장 등의 역할도 수행한다.

(2) 보관의 목적

① 운송비ㆍ생산비의 절감   ② 수요ㆍ공급의 시간적 조정과 균형

③ 생산과정 지원   ④ 판매활동 지원

제 2 절   보관의 기능과 원칙

1 보관의 기능

(1) 링크와 노드

보관은 입고와 출고, 구매와 생산, 생산과 판매의 유동적이고 일시적인 완충역할과 링크(link)와
링크를 이어주는 노드(node)의 역할을 하는 등 여러 가지 기능을 가지고 있다.

> **보충학습**
>
> **링크와 노드**
>
> 물류시스템에서 링크(link)는 도로, 철도, 항만, 항공 등의 연결선, 경로, 수ㆍ배송 경로 등을 의미한
> 다. 노드(node)는 연결점, 물류거점, 연결선들 간의 접점으로 물류센터를 의미한다. 그리고 연결수
> 단이 되는 운송수단(화물자동차, 철도, 선박, 항공기)은 모드(mode)라고 한다.

(2) 보관의 기능

① **고객 서비스 기능**: 보관은 고객 서비스의 최전선으로 고객이 물품을 필요로 하는 경우 보관을
통해 즉각적으로 대응할 수 있다.

② **구매와 생산의 조정 기능**: 구매 조달된 원ㆍ부자재를 보관을 통해 생산계획에 따라 조정ㆍ공
급할 수 있다.

③ **생산과 판매의 조정 기능**: 생산된 제품을 보관을 통해 판매량과 판매시점에 따라 적절하게
공급함으로써 판매에 대응할 수 있다.

④ **수송과 배송의 조정 기능**: 대량으로 수송된 물자를 보관을 통해 주문에 따라 소량씩 조정하여
배송할 수 있다.

⑤ **수요와 공급의 조정 기능**: 수요는 안정적인 반면 생산량과 판매량은 계절 및 시장상황에 따라 크게 변화하므로 보관을 통해 수요와 공급을 조절할 수 있다.

⑥ **운송비와 생산비의 절감 기능**: 보관은 자체비용을 발생시켜서 비용을 증가시키지만, 운송과 생산의 효율성을 높이고 규모의 경제를 통한 비용절감 효과를 더 크게 만든다.

⑦ **생산측면·무역측면의 원가절감 기능**: 제품에 세금이 부과되는 경우 판매시점까지 보세 (bounded)상태로 보관하여 기업은 상품이 판매될 때까지 혹은 통관시점까지 제품에 대한 세금 납부를 연기할 수 있다.

⑧ **유통가공 기능**: 생산과 소비를 연결하면서 보관을 통해 유통 중인 상품을 가공함으로써 부가 가치 증대는 물론 고객의 요구에 대응할 수 있다.

⑨ **마케팅 측면에서의 기능**: 마케팅 측면에서 필요로 하는 제품을 얼마나 신속하게 시장에 내놓 을 수 있는가 하는 것을 보관을 통해 대응할 수 있다.

⑩ **신용기관의 기능**: 보관시설 및 보관 중인 상품에 대한 담보를 통해 신용기관의 기능을 수행할 수 있다.

⑪ **환경변화 대응 기능**: 경쟁이 심해지면서 다품종 소량화, 경박단소화, 소량 다빈도화, 리드타 임 단축 등 시장환경의 변화에 신속한 대응을 하는 기능이다.

● **보관의 기능**

보관 기능	항 목
고객 서비스 기능	주문 신속대응, 결품 방지
수급조정 기능	시간, 장소, 가격
물류거점적 기능	물류센터, 배송센터

2 보관의 원칙

(1) 보관원칙의 의의

보관은 물자를 물리적으로 보전 및 관리하는 기술로서 실무적으로 여러 가지 원칙이 강조되고 있다. 이들 원칙 사이에는 상호연관성이 있으므로 실제의 보관에서는 제품의 성격이나 보관창고 내의 상황에 따라 적절히 배합하여 적용하여야 한다.

(2) 보관의 원칙

① **통로대면 보관의 원칙**: 창고 내에서 제품의 입고와 출고를 용이하게 하고 효율적으로 보관하 기 위해 작업의 접근성을 강조하는 원칙이다. 통로를 서로 대면, 즉 마주 보게 보관함으로써 창고 내의 흐름을 원활히 하고 활성화하기 위한 기본원칙이다. 이는 창고 레이아웃(lay out) 설계의 원칙이기도 하다.

② **높이 쌓기의 원칙**: 보관물품을 높게 쌓는 것으로서 높이 쌓게 되면 창고의 용적효율, 충전효율, 보관 효율을 높일 수 있다.

③ **선입선출의 원칙**

　㉠ 선입선출(FIFO : First In First Out)이란 먼저 입고된 물품을 먼저 출고한다는 원칙으로서, 이 원칙은 일반적으로 물품의 재고회전율(life cycle)이 낮은 경우에 많이 적용된다.

　㉡ 이 원칙이 필요한 주요 대상품목은 형식의 변경이 적지 않은 물품, 제품수명주기(PLC)가 짧은 물품, 보관 시 파손이나 감모가 발생하기 쉬운 물품 등이다.

④ **명료성의 원칙**: 시각에 따라 보관된 제품을 용이하게 식별할 수 있도록 보관하는 원칙이다. 위치표시 확인, 동일성, 유사성의 원칙, 높이 쌓기 원칙 등을 배려하더라도 창고 내 작업원이 시각적으로 보관장소나 보관품 자체를 쉽게 파악할 수 있도록 해야 한다.

⑤ **위치표시의 원칙**

　㉠ 보관 및 적재된 제품의 랙의 위치와 상황에 맞는 특정한 기호를 사용하여 위치를 표시함으로써 입·출고 작업의 단순화를 통한 업무 효율성을 높일 수 있고, 재고의 파악 및 정리작업을 할 때, 불필요한 작업이나 실수를 줄일 수 있다.

　㉡ 이는 명료성의 원칙과 함께 창고의 보관에 관련된 업무 중 로케이션 관리에 필요한 원칙이다.

⑥ **회전대응 보관의 원칙**

　㉠ 보관할 물품의 장소를 회전정도에 따라 정하는 원칙으로서 입·출하 빈도의 정도에 따라 보관장소를 결정하는 것을 말한다.

　㉡ 출입구가 동일한 창고의 경우 입·출고 빈도가 높은 화물은 출입구에 가까운 장소에 보관하고 낮은 경우에는 먼 장소에 보관하는 것이다. ABC 분석에 기초하여 품목을 분류한다.

⑦ **동일성 및 유사성의 원칙**: 동일품종은 동일장소에 모아서 보관하고, 유사품은 근처 가까운 장소에 모아서 보관해야 한다는 원칙이다. 동일품종을 동일장소에 보관하여 관리하면 관리효율의 향상을 기대할 수 있다.

⑧ **중량특성의 원칙**: 제품의 중량에 따라 보관장소의 출입구를 기준으로 한 거리와 특히 높낮이를 결정해야 한다는 원칙이다. 제품의 하역작업을 할 때 중량물과 대형물은 하부 및 출구 쪽으로 배치하여 안전사고 및 이동거리를 최소화하는 원칙을 말한다.

⑨ **형상특성의 원칙**: 형상, 즉 모양에 따라 보관방법을 변경하며 형상특성에 부응하여 보관한다는 원칙이다. 포장의 모듈화에 대응하는 표준화된 제품은 랙에 보관하고 표준화되지 않은 제품은 모양에 따라 보관장소의 효율 등을 고려하여 보관한다.

⑩ **네트워크 보관의 원칙**

　㉠ 관련된 상품을 한 장소에 모아 보관하는 원칙으로, 출하 품목의 다양성에 따라 보관상의 곤란을 예상하여 물품정리가 용이하도록 관련된 상품을 네트워크에 따라 계통적으로 보관하는 방식이다.

ⓛ 관련 품목의 연대적 출고를 예상하여 품목을 정리하고, 계통적으로 보관하면 피킹 효율의
향상을 도모할 수 있다.

3 보관시스템의 주요형태

보관작업의 경우도 입하작업과 같이 보관품목(Item)수, 보관수량, 회전수별로 ABC군으로 분류하
여 보관시스템이 다음과 같이 여러 가지 형태로 변한다.

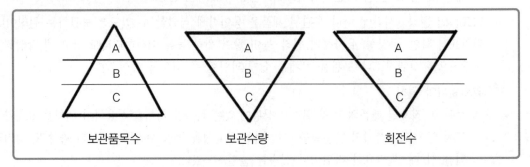

① A − A − A 형태 : 보관품목수(보관점수)는 적지만 수량이 많고 회전수가 큰 맥주, 청량음료,
시멘트 등 입출고가 빠른 물품으로서 보관설비는 플로우 랙과 주행 대차를 많이 이용하며 단
시간에 대량 처리가 가능하기 때문에 편리하다.

② A − A − C 형태 : 대량의 재고를 갖고 있으면서 별로 이동하지 않는 제품 예를 들면, 불량제
품이나 계절변동제품이 해당되며 여기서는 고정설비인 유닛 랙은 불리하지만, 기본적으로 파
렛트의 수동적재는 유리하다.

③ A − C − A 형태 : 회전수만 높은 제품으로 보관기능이 미약하기 때문에 피킹시스템의 자동
화가 발달된 오늘날에는 임시출고 − 피킹 − 재출고 형태로 많이 이용된다.

④ A − C − C 형태 : 보관품목수, 보관수량, 회전수가 모두 적어 파렛트를 직접 쌓을 수 있는 형
태로서 파렛트 랙을 중심으로 하역기기는 포크만 부착되어 있으면 사용이 편리하다.

⑤ C − A − A 형태 : 보관품목수와 보관수량이 많고 회전수가 높아 관리가 매우 복잡한 형태로,
고층 랙과 모노레일, 스태커 크레인의 조합을 통해 컴퓨터 컨트롤 방식을 채용해 운용하여야
효율적이다.

⑥ C − A − C 형태 : 보관품목수, 보관수량은 많지만 회전수가 적어 자동화 창고의 고층 랙에
모노레일, 스태커 크레인을 이용하거나 파렛트 직접 쌓기 및 시프터와 로더가 1조가 되는 기능
의 하이시프트방식을 이용하기도 한다.

⑦ C − C − A 형태 : 보관품목수는 많지만 보관량이 적고 이동이 많은 형태로 주로 고층 랙을
이용하며 개별출고 방식에서 오더 피킹머신과 수동으로 피킹하기도 한다.

⑧ C − C − C 형태 : 재고량과 이동은 적지만 보관품목수가 많기 때문에 관리가 어렵고 재고 공
간을 많이 차지해 파렛트 단위 적재와 이동식 랙을 많이 사용한다.

제3절 창고의 의의와 종류

1 창고의 의의와 기능

(1) 창고의 정의

① **일반적 의미**

창고(warehouse, storage, storehouse)는 '물품을 보관하기 위한 시설'을 의미한다. 사전적인 정의로는 '물건이나 자재를 저장하거나 보관하기 위한 건물 또는 장소'를 말한다.

② **법률상의 의미**

㉠ 「물류시설의 개발 및 운영에 관한 법률」에서는 "물류창고란 화물의 저장·관리, 집화·배송 및 수급조정 등을 위한 보관시설·보관장소 또는 이와 관련된 하역·분류·포장·상표부착 등에 필요한 기능을 갖춘 시설"이라고 정의한다.

㉡ 그리고 "물류창고업이란 화주의 수요에 따라 유상으로 물류창고에 화물을 보관하거나 이와 관련된 하역·분류·포장·상표부착 등을 하는 사업"이라고 정의하고 있다.

(2) 창고의 기능

① **일반적인 창고의 기능**

창고의 기능으로는 ㉠ 보관기능, ㉡ 저장기능, ㉢ 수급조절기능, ㉣ 경제적 수송비 절감기능, ㉤ 유통가공기능, ㉥ 가격조정기능, ㉦ 연결기능 등을 들 수 있다. 최근에는 물류시스템이 발전하고 소비자 중심의 물류가 중시되면서 창고의 저장(보관)기능보다 유통기능이 더욱 중시되는 추세를 보이고 있다.

② **물류시스템 측면에서 창고의 역할**

물류시스템 측면에서 창고의 역할은 ㉠ 혼재(consolidation) 기능의 제공, ㉡ 제품믹싱(product mixing) 기능의 제공, ㉢ 크로스도킹(cross docking)에 의한 중계거점 기능, ㉣ 공급사슬관리상의 운송지연(postpone), 벤더(vendor) 파업 등 긴급 상황에 대한 대처 기능 등이 있다.

2 창고의 분류와 특징

(1) 창고의 분류

① **창고의 구조에 의한 분류**

창고의 구조를 기준으로 보통창고(재래식 창고), 기계식 창고, 자동화 창고로 구분할 수 있다.

구 분	내 용
보통(재래식) 창고	• 일반적인 재래식 창고로 창고바닥이 평면으로 되어 있고 창고 내부에 아무런 설비도 되어있지 않은 창고 • 시스템적으로 전혀 연결이 되어 있지 않아 창고의 합리화, 기계화가 필요한 창고

기계화 창고	재래식 창고에 랙(rack)을 설치하고 지게차 및 크레인 또는 컨베이어 등에 의해서 시스템적으로 기계화된 창고
자동화 창고	• 컴퓨터에 의한 정보시스템과 창고의 하역시스템이 온라인으로 일체화 운영되는 창고 • 기계식 창고와의 차이점은 정보시스템과 일체화되어 있는가의 여부로 구분 • 제어방식은 온라인(on-line) 제어방식과 오프라인(off-line) 제어방식으로 구분 | 온라인 제어방식	컴퓨터가 하역기기와 직접정보를 교환하여 제어하는 방식
오프라인 제어방식	컴퓨터에 의하여 처리된 입출고 카드 및 테이프 등을 판독장치로 하여금 판독시킴으로서 하역기기를 작동하는 제어방식 | • 시설규모에 따라 자동창고와 간이 자동화 창고로 구분하기도 하는 데, 간이 자동화 창고는 기존 창고에 랙을 설치하여 제한적인 자동화 창고의 효과를 얻을 수 있음. • 랙의 높이에 따라 저층 랙(5m 이하), 중층 랙(5~15m), 고층 랙(15m 이상)으로 분류

② 보관형태에 의한 분류

구 분	내 용
보통창고	상온(room temperature)의 일반적인 창고
저장창고	• 저장이 중심인 탱크시설을 의미 • 주로 곡물(사일로), 분립체, 액체 등의 보관시설로 부두에 많이 설치되어 있는 창고
야적창고	노천에 보관하는 옥외창고로써 야적 보관을 위하여 담장, 철책 등을 설치 목재, 컨테이너 등을 야적형태로 보관하는 창고
수면창고	• 수면에서 목재 등의 물품을 보관하는 시설 • 수면보관의 경우에는 조수 등에 의한 유실을 방지할 수 있는 설비 등이 필요
냉동 · 냉장창고	• 냉각설비를 갖춘 단열된 건물의 창고(10도 이하)를 의미 • 저온제품을 상온제품과 차별화하여 보관할 때 온도 및 유통기한을 가장 중요하게 고려 • 저온제품의 경우 창고 내 적정온도의 유지, 창고 내 온도 모니터링 장치, 출고시 유통기한 관리 및 콜드체인 관리 등을 고려
정온창고	공조기(에어컨) 등으로 온도와 습도를 일정하게 조정이 가능한 창고(10~20도 정도)
위험물 창고	소방법, 도검 · 총포 · 화약류단속법, 고압가스 취급법, 유해화학물질 관리법 등에 의해 지정된 위험물을 보관하는 창고
간이창고	텐트 등에 의한 간이구조로 된 창고

③ 보관기능에 의한 분류

구 분	내 용
저장창고	저장 중심의 재래형 창고
보세창고	• '세금이 보류된 창고'라는 뜻으로, 관세법에 근거를 두고 세관장의 허가를 얻어 수출입 화물을 보관하는 창고(보세장치장, 보세구역, 보세창고 등) • 보관기간에 제한이 있음.
유통창고	• 상적 기능, 즉 판매 기능이 주가 되는 창고를 의미 • 필요한 제품을 집화하여 필요한 판매장소 또는 고객에게 배송을 주로 하는 창고 • 저장창고의 기능은 물품의 보관이지만, 유통창고의 기능은 유통보관이 목적 • 유통창고는 화물의 흐름 가운데 위치하여 물품이 유통보관될 수 있도록 창고의 기능과 운송의 기능을 겸비한 것 • 유통창고의 특징은 조립작업, 포장작업, 분류작업 및 유통가공작업 등을 행하는 기능을 갖는다는 점 • 제조업자의 소비지 창고나 도소매업자의 창고가 이에 속함.

④ 보관운영형태의 분류

구 분	내 용
자가창고	• 하주가 창고를 직접 소유하고, 자신의 물품을 보관하기 위한 창고 • 자신의 물품에 대해 효율적인 관리가 가능하고 높은 유연성을 가지는 장점이 있음. • 수요가 안정적인 경우나 특수한 창고보관기술을 필요로 하는 경우에 유리함.
영업창고	• 다른 사람이 위탁한 물품을 보관하고, 그 대가로 보관료를 받는 창고 • 화물인도, 보관, 선적 그리고 보관과 관련된 서비스를 제공
리스창고 (임대창고)	• 화주가 창고를 리스(임대)하여 사용하는 창고 • 단기적으로 영업용 창고를 이용하는 것과 장기적으로 자가창고를 건설·운영하는 것의 중간적인 선택이라 할 수 있음. • 사용자가 보관공간이나 그와 관련된 제반 운영을 직접 통제할 수 있음.
공공창고	• 국가 및 지방자치단체가 공익을 목적으로 건설한 창고 • 공립창고, 관설보세창고, 공공임대창고 등을 의미 • 사용목적에 따라 사용자의 제한이 있음.

(2) 운영형태별 창고의 장·단점

구 분	장 점	단 점
자가창고	• 기계에 의한 합리화 및 생력화 가능 • 취급하는 상품에 따라 최적의 보관하역 설비의 설계 가능 • 충분한 고객서비스가 가능 • 창고운영의 노하우 축적 가능 • 수주 및 출하의 일관화	• 토지구입 및 설비투자에 많은 비용 필요 • 창고규모의 확장에 제약이 따름. • 종업원의 고정적 배치에 의한 인건비 및 관리비의 부담 • 수요변동이나 계절변동에 대해 비탄력적
영업창고	• 필요로 하는 보관공간을 언제 어디서든 지 이용가능 • 전문업체에 의한 전문적 관리운영 가능 • 설비투자가 불필요 • 용이한 입지선정 • 재고분실, 파손에 대한 보상제도의 확립 • 비용지출의 명확화	• 시설변경의 비탄력성 • 자사에 적합한 특유의 설비기능 이용곤란 • 토털시스템과의 연결이 약함. • 치밀한 고객서비스가 어려움. • 시간이나 시스템의 탄력성 부족 • 재고품의 관리가 소홀해짐.
리스창고 (임대창고)	• 낮은 임대요율로 보관공간을 확보할 수 있음. • 임대기간에 따라 사용자가 보관공간이 나 그와 관련된 제반운영을 할 수 있음.	• 시장환경의 변화에 따라 보관장소를 탄력 적으로 운영하거나 옮기는 것이 어려움.

보충학습

트렁크 룸(Trunk Room)

• 트렁크 룸(trunk room)은 모피 코트 등의 제품 및 기타 고급 잡화품을 보관하기 위한 영업창고를 말한다. 기업이나 일반 소비자들로부터 가재도구, 의류, 서류나 자기테이프 등의 물품을 맡아서 보관하는 영업창고이다.

• 창고의 공간을 세분하여 소단위의 화물을 위탁 보관하는 새로운 소비자 물류서비스 형태의 하나이다. 물품을 해충, 곰팡이, 습기 등으로부터 지키기 위해 필요한 설비가 완비되어 있고, 물품을 적시에 간편하고도 신속하게 배송하기 위해 대체로 도심과 인접한 곳에 입지한다.

(3) 저장량과 비용 간의 관계

① 창고별 연간저장량과 비용 간의 관계

ⓐ 저장량의 증가에 비례하여 비용은 증가하는 데, 자가창고와 자동화 창고의 비용은 완만하게 증가하지만 영업창고의 비용은 급격하게 증가한다. 따라서 일시적인(단기간) 물동량의 증가에 대해서는 영업용 창고를 활용할 수 있으나 지속적인 물동량의 증대로 장기간 보관시설의 확보가 필요할 때는 자가창고, 자동화 창고가 경제적이라 할 수 있다.

ⓑ 자가창고와 자동화 창고는 초기에 상당한 투자비용과 고정비에 의하여 단기적으로는 높은 비용이 나타나는 반면에 영업창고와 임대창고는 비교적 낮은 비용을 보이고 있다.

ⓒ 창고의 처리량을 기준으로 단위당 코스트를 비교할 때 단기적으로는 영업창고 ⇨ 임대창고 ⇨ 자가창고 ⇨ 자동화 창고 순으로 유리하며, 장기적으로는 자동화 창고 ⇨ 자가창고 ⇨ 임대창고 ⇨ 영업창고 순으로 유리하다.

◉ 운영형태별 창고의 비용곡선

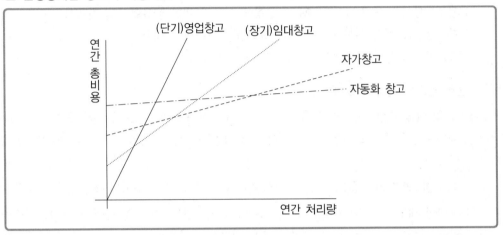

3 자동화 창고

(1) 자동화 창고(AS/RS)의 의의

① 자동화 창고의 정의

ㄱ 자동화 창고(AS/RS: automatic storage and retrieval system)는 화물의 입·출고, 저장, 물품의 피킹 및 분류작업 등이 기계화된 설비를 바탕으로 컴퓨터에 의해 자동으로 조작되는 창고를 말한다.

ㄴ 광의로는 스태커 크레인의 제어를 수동으로 하거나 반자동 또는 자동으로 행하는 입체자동화 창고 및 입체기계화 창고를 총칭한다. 최근에는 자동화 창고의 추세가 고층 랙을 이용한 무인입체 자동화 창고로 발전되어가고 있다.

② 자동화 창고의 특징

ㄱ 자동화 창고는 주로 고층 랙(rack)으로 설계·건축된 창고로서 전자제어에 의해 스태커 크레인을 조작함으로써 물품의 입·출고를 자동적으로 수행하는 현대화된 창고이다.

ㄴ 작업자는 관리·유지를 위한 최소의 인원만 필요할 뿐이며 대부분 컴퓨터에 의해 입·출고 작업이 이루어진다.

ㄷ 화물의 입·출고에 대한 정보는 시장정보에 기초하여 재고량을 조정하는 정보처리의 자동화 기능도 갖추고 있다.

ㄹ 그러나 설비투자에 막대한 자금이 소요되는 부담이 있어 신중한 준비와 계획이 필요하다.

ㅁ 자동화 창고는 다품종 소량주문 대응이 용이하도록 보관보다는 물품의 흐름(Flow)에 중점을 두고 설계해야 한다.

⑵ **자동화 창고의 필요성**(도입 배경)

① 토지부족으로 인한 지가상승 및 적정부지의 확보 어려움

② 육체노동 기피로 인한 창고인력의 구인난, 인건비 상승

③ 유통환경의 변화, 즉 다품종 소량·다빈도 주문 및 배송 요구의 증대

④ 제조부문의 자동화(FMS, CIM)와 균형을 이루기 위한 물류부문의 자동화 요구

⑤ 저장형 창고에서 유통형 창고로의 창고기능의 변화에 대응

⑥ 화물이동의 양적 증대로 인한 수용의 필요성 증대

⑶ **자동화 창고의 경제적 효과**

① **JIT의 실현 촉진**: 판매의 우선권을 확보하기 위해서 고객이 원하는 물품을 원하는 시기에, 원하는 수량을 즉시 출하할 수 있는 시스템(JIT 시스템)을 구축함으로써 경쟁의 우위를 점할 수 있다.

② **재고관리의 합리적 운영**: 재고관리의 정확성, 신속성, 적정 재고의 유지 등을 도모할 수 있다.

③ **경제성 제고**: 공간의 효율적 운영(space saving), 창고관리원의 감소, 전문기능 인력이 아닌 일반 인력으로 대체하도록 하여 비용을 절감할 수 있다.

④ **노동복지 향상**: 육체노동에서의 해방으로 3D 업종에서 벗어날 수 있는 역할을 할 수 있다.

⑷ **자동화 창고의 장·단점**

구 분	주요 내용
장 점	• 입·출고 작업의 자동화와 생력화에 따라 하역작업의 효율 향상, 인력절감 및 하역비 절감이 이루어진다. • 정확한 입·출고 작업 및 재고관리가 이루어진다. • 창고의 고층화·입체화를 통해 제품의 보관 효율을 높일 수 있다. • 선입선출의 정확성을 기할 수 있다. • 제품의 안정적인 관리가 가능하다. • 화물의 위치관리가 용이하다. • 프리 로케이션(Free Location)의 도입을 통해 공간을 절감할 수 있고 시스템의 유연성을 높일 수 있다.
단 점	• 다양한 규격의 화물을 취급하는 창고에는 적합하지 않다. • 화물의 형태, 종류, 화물량, 창고의 위치에 변화가 발생하는 경우 작업의 유연성이 떨어진다. • 일부기계의 고장이 발생하면 전체시스템에 영향을 미친다. • 기존 건물에 설치가 용이하지 않다. • 초기 투자비용이 많이 든다.

(5) 자동화 창고의 구조적 유형

① **유닛 랙 타입**(unit rack type)

㉠ 유닛 랙 타입은 간이자동화 창고라고 한다. 화물의 보관을 위한 랙을 유닛화하여 제조공장에서 제작하여 기존 창고 및 건물 내에 조립한 후, 스태커 크레인(stacker crane)을 설치함으로써 자동화 창고를 만드는 방식이다.

㉡ 이 방식의 창고는 기존 건물에 필요한 양만큼만 설치할 수 있고 길이 방향, 폭 방향으로 증설도 가능하며 건물의 사용용도가 변경되는 경우에는 다시 분해하여 다른 곳으로 옮겨서 설치할 수 있다.

🔘 **유닛 랙 타입**(간이자동화 창고)

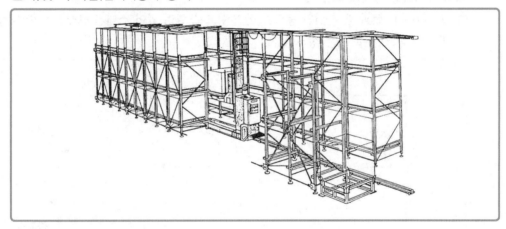

② **랙 빌딩 타입**(rack building type)

㉠ 랙 빌딩 타입은 창고전용으로 설계·건축·활용하는 형태이다. 견고한 구조물(철제 빔)을 이용하여 랙(rack)을 직접 지붕 및 벽면체에 부착시켜 자동창고를 완성하는 방식이다.

㉡ 이 방식은 건물을 별도로 건축해서 유닛 랙(unit rack)을 설치하는 것보다 시설비를 절약할 수 있는 장점이 있다.

🔘 **랙 빌딩 자동화 창고**

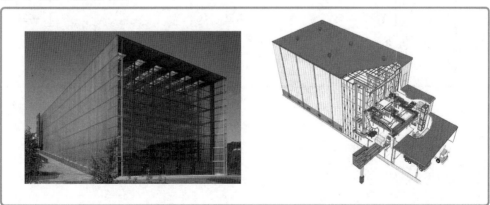

⑹ 랙의 형태에 따른 자동화 창고의 분류

① 보관형태에 따른 분류

ⓐ 파렛트(pallet)형 : 화물을 파렛트 단위로 입 · 출고하는 일반형으로 스태커 크레인의 포크에 의해 파렛트를 이동시킨다.

ⓑ 버킷(bucket)형 : 파렛트형과 유사한 유형으로, 저장물품이 가볍고 소형인 의약품 · 전자부품 및 화장품 등을 저장하는 데 편리하다.

ⓒ 딥라인(deep line)형 : 파렛트형이나 버킷형의 변형으로 랙의 폭을 넓게 만들어 단위 공간에 다수의 파렛트나 버킷을 저장하는 형태이다.

② 랙의 레이아웃 형태에 의한 분류

ⓐ U-Turn형 : 랙과 랙 사이의 통로가 한 방향으로 열려 있어 스태커 크레인이 한 방향으로만 입 · 출고할 수 있는 형태이다.

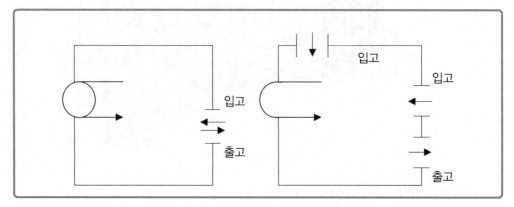

ⓑ One-Way형 : 랙과 랙 사이의 입 · 출고 구역이 달라 스태커 크레인이 한 방향에서 입고하고 다른 방향으로 출고할 수 있는 형이다.

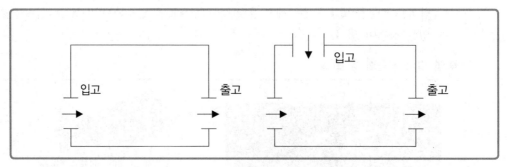

(7) 자동화 창고 시스템의 구성

① 하드웨어

- ㉠ 랙(rack) : 화물을 적재하기 위한 선반 구조물
- ㉡ 스태커 크레인(stacker crane) : 화물을 랙에 입·출고시키는 크레인으로, 주행장치, 승강장치, 포크장치로 구성
- ㉢ 트레버서(traverser) : 스태커 크레인을 횡으로 이동시키는 장치
- ㉣ 셀(cell) : 랙 속에 화물이 저장되는 단위 공간, 랙의 칸수
- ㉤ 대기점(home position) : 스태커 크레인의 대기 장소
- ㉥ 컨베이어(conveyor) : 화물의 연속이동장치
- ㉦ 버킷(bucket) : 화물을 입·출고하고 보관하는 상자
- ㉧ 무인반송차(AGV) : AGV(automated guided vehicle)는 화물을 지정 입·출고대까지 이동시키는 자동주행장치로, 최근에는 레이저로 유도되는 무인반송차 등장
- ㉨ 원격제어기 : 무선으로 제어(컨트롤)되는 장치

② 스태커 크레인의 운영방식

구 분	특 징
단일명령 (single command)	• 스태커 크레인이 저장 혹은 출고를 각각 한가지씩 운영되는 시스템 • 입고작업 혹은 출고작업을 별도지시에 따라 분리 수행
이중명령 (dual command)	• 스태커 크레인이 물품의 입고를 위해 명령을 받아 입고를 마친 다음 출고명령을 받아 해당 파렛트를 싣고 입·출고점으로 돌아오는 방식 • 입고작업과 출고작업을 동시에 수행

10개의 통로로 구성된 자동화 창고에서 각 통로마다 한 대의 스태커 크레인이 파렛트에 실린 화물을 운반한다. 전체 작업 중 이중명령으로 수행하는 작업이 50%, 단일명령으로 수행하는 작업이 50%이다. 스태커 크레인이 단일명령을 실행하는 시간은 평균 5분, 이중명령을 실행하는 시간은 평균 7분이다. 스태커 크레인의 효율이 100%라면 이 자동창고에서 시간당 운반할 수 있는 파렛트는 몇 개인가?

풀이 단일명령의 경우 5분이 소요되므로 시간당 60분/5분 = 12개를 처리할 수 있다. 따라서 10개 통로 × 0.5 × 12개 = 60개이다.

이중명령의 경우 7분이 소요되며 왕복 2개의 파렛트를 처리하므로 시간당 (60분/ 7분)×2개 = 17.14개를 처리할 수 있다. 따라서 10개 통로 × 0.5 × 17.14 = 85.7개이다.

따라서 이 창고에서 처리할 수 있는 파렛트의 수 = 60개 + 85.7개 = 145.7개이다.

정답 145개

제4절 오더 피킹 시스템

1 오더 피킹 시스템의 개요

(1) 오더 피킹 시스템의 의의

① 오더 피킹의 개념

㉠ 오더 피킹(oder picking)이란 고객의 주문(오더)내역에 따라 물류센터에 보관 중인 제품을 피킹하여(꺼내어) 출하준비를 하는 물류활동이다. 즉 오더 피킹은 거래처로부터 수주받은 물품을 주문별로 모아 창고의 재고에서 출하하는 과정을 의미한다.

㉡ 오더 피킹은 수주활동의 일환으로서 상적 정보를 토대로 한 주문서, 출하전표, 납품표, 송장, 포장지시서 및 출하지시서 등 정보처리와 출하지시서에 의해 출하된 물품의 흐름을 파악하는 것이다.

② 오더 피킹의 범위

㉠ 좁은 의미의 오더 피킹 개념은 보관장소에서 물품을 꺼내어 주문별로 집화하는 것을 의미하며, 넓은 의미의 개념에는 이러한 좁은 의미의 개념에 거래처의 정보에 기초한 서류의 흐름과 물품의 피킹, 정돈, 포장 및 배송지역별 상차까지 포함하는 것으로 해석된다.

㉡ 오더 피킹에서 가장 중요한 과제는 고객의 주문내역과 일치하도록 상품을 모아서, 지정한 납기일 내에 배송해 주는 것이라고 할 수 있다.

(2) 오더 피킹 시스템의 방법

① 인력에 의한 방법

피커(picker)가 걷거나 또는 운반기계에 탑승하고 선반 등에 보관되어 있는 물품을 피킹하는 방법이다. 다품종 소량 피킹에 많이 이용한다. 그러나 물품의 종류나 수량이 많아지면 물품 파악이 어려워 피킹 시간이 많이 소요된다.

② 물품을 피커의 위치에 갖고 오게 하는 방법

피커가 위치한 장소에 물품이 이동되어 오게 하는 방법이 있다. 여기에 사용되는 대표적인 기기로는 회전선반(Carrousel Rack)이나 미니로드 시스템(Mini Road System)이 있다.

③ 1인 1건 피킹 방법

1인 피커가 1건의 주문전표에서 요구하는 모든 물품을 피킹하는 방법이다(사람에 초점).

④ 릴레이 방법

여러 사람의 피커가 자기가 분담하는 종류의 작업범위를 정해 두고 피킹전표에서 자기가 담당하는 종류만을 피킹하고 다음 피커에게 릴레이(relay)식으로 넘겨주는 방법이다.

⑤ 존 피킹 방법

존 피킹(zone picking) 방법은 릴레이 방법과 같이 여러 사람의 피커가 제각기 분담하는 종류의 작업범위를 정해 두고 피킹전표에서 자기가 담당하는 물품만을 골라 피킹하는 방법이다.

릴레이 방법과 같이 다음의 피커에게 넘겨줘 오더를 집계하는 방법과 나중에 각각 그룹의 물품을 오더별로 집약(consolidation)하는 방법이 있다.

⑥ **싱글 오더 피킹 방법**

싱글 오더 피킹(single order picking)은 한 건의 주문마다 물품을 피킹해서 모으는 방법(작업건수에 초점)으로 1인 1건의 방식이나 릴레이 방식으로도 할 수 있다.

⑦ **일괄 오더 피킹 방법**

일괄 오더 피킹은 여러 건의 전표에 있는 물품을 한 번에 피킹하기 때문에 재분류 작업이 발생한다.

⑧ **총량 피킹 방법**

하루의 일정량의 주문전표를 모아 일괄오더 피킹하는 방법과 같다. 한곳에 모은 전표의 물품을 1인이 전부 피킹하는 방법, 릴레이식, 그룹식 피킹하는 방법이 있다.

보충학습

주문 품목을 피킹한 후 재분류 작업이 필요 없는 피킹 방식

- 단일주문(싱글 오더) 피킹 방식
- 1인 1건 피킹 방법
- 릴레이 피킹 방식

---

2 오더 피킹의 방식

(1) 씨뿌리기 방식

① **씨뿌리기 방식의 의의**

씨뿌리기 방식(파종방식)은 피킹 건수에 대해 ABC분석을 할 때 그 특징이 명확하게 나타나는 경우에 효과가 있다. 고객에 대한 입출고 빈도가 높은 품목, 중간정도인 품목, 낮은 품목 등으로 구분할 수 있는 경우에는 고객의 주문전표 수만큼 같은 장소에 여러 번 가서 피킹하는 것보다는 고객의 전표매수에 관계없이 해당품목이 보관되어 있는 선반에서 일괄하여 피킹한 후 다음 공정에서 이를 분류하는 편이 효율적이기 때문이다.

② **씨뿌리기 방식의 순서**

㉠ 주문전표의 내용을 품목별로 합계하여 피킹리스트를 작성한다.

㉡ 피킹리스트를 토대로 각 품목을 일괄하여 피킹한다.

㉢ 피킹한 물품을 정리한다.

㉣ 정리한 물품을 주문전표에 따라 다시 피킹하여 포장한 다음 이를 분류한다.

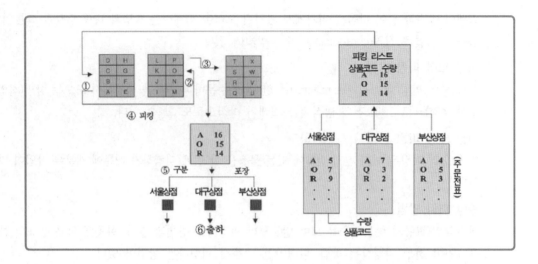

(2) 따내기 방식

① 따내기 방식의 의의

따내기(거두기) 방식은 피킹 건수를 ABC분석하였을 때 그 분포특성이 한결같은 경우에 적용한다. 즉 단골 거래처별로 출하품목의 집중도가 없이 분산되어 있는 경우에는 이 방식이 유효하다. 그러나 따내기 방식은 하나의 단골거래처의 전표를 토대로 피킹하기 때문에 그 앞 공정에서 많은 수고가 필요하다.

② 따내기 방식의 순서

㉠ 주문전표별로 피킹한다. 구체적으로는 거래처 순으로 피킹한다.

㉡ 피킹을 하면서 동시에 골판지 상자에 넣어 출하 플랫폼으로 운반한다.

㉢ 출하 플랫폼에서 검품을 실시한 다음 출하한다.

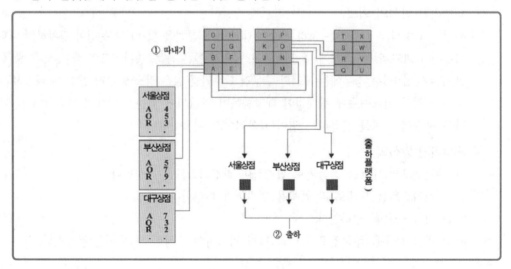

(3) 절충방식

① 절충방식의 의의

다층창고를 사용하고 있는 경우에는 종축작업(시간 또는 거리)을 최소화할 필요가 있다. 일반적인 다층창고의 경우에는 종축에 대한 기계화가 이루어져 있지 않고, 자동분류 기계가 설치되어 있지 않으며, 층당 면적이 좁기 때문에 같은 품목을 2층에도 보관하여야 하는 제약요건이 있다.

② 절충방식의 순서

㉠ 다층창고와 같은 제약요건이 있는 경우, 일괄피킹에 사용할 전표 매수를 최소화하여 맨 위 층에서 1층까지 수작업으로 피킹한 다음, 1층에서 역시 수작업으로 이를 분류하는 방식이 바람직하다.

㉡ 다시 말하면, 다음 공정(분류 · 검품 등)을 수작업으로 처리할 수 있도록 하는 범위 내로 씨 뿌리기 방식에서의 일괄피킹 양을 적게 분할시키는 방식이다.

■3 피킹작업의 구분

(1) 피킹작업의 구분

① 피킹작업의 구분기준

피킹이란 고객 단위로 주문받은 상품을 지정된 수량만큼 보관 장소에서 꺼내어 집품하고 포장하기 위해 정비하는 것으로 출하 코스별, 목적별로 일괄해서 하는 경우도 있다.

② 출하량의 크기에 의한 구분

㉠ 파렛트 출하 : 대량 출하를 위해 파렛트 단위로 집품한다.

㉡ 케이스 출하 : 골판지 상자에 담아 출하한다.

㉢ 낱개 출하 : 골판지 상자를 열어 그 안의 낱개 포장단위로 집품한다.

(2) 오더 피킹의 생산성 향상방안

① 오더 피킹의 중요성

최근에 창고작업 중 가장 생산성이 요구되는 부분이 오더 피킹 부문이다. 그 이유는 창고작업 중 오더 피킹에 가장 많은 비용이 투입되며, 오더 피킹 작업관리에 어려움이 있고 고객서비스를 향상시켜야 하기 때문이다. 이에 따라 제품 손상의 최소화, 처리시간의 단축 및 피킹의 정확도 향상이라는 측면에서 오더 피킹 시스템 자체를 재검토해야 할 필요성이 높아졌다.

② 오더 피킹의 생산성 향상을 위한 10가지 원칙

㉠ 가능한 한 작업종류의 축소

㉡ 피킹 빈도가 높은 물품일수록 피커의 접근이 쉬운 장소에 저장

㉢ 혼잡을 피하기 위해 피킹장소 간 피킹 활동을 조절

㉣ 보통 함께 피킹하는 경우가 많은 물품은 동일 또는 인접장소에 배치

ⓜ 피킹의 지역을 포워드(forward) 지역과 리저브(reserve) 지역으로 분리

ⓗ 총이동 시간을 축소하기 위해 오더를 통합

ⓢ 피킹장소들의 피킹 순서 결정

ⓞ 피킹의 오류를 최소화하기 위해 서류와 표시를 체계화

ⓩ 분류시간과 오류를 최소화하기 위해 작업자의 편의를 고려한 운반기기 설계

ⓒ 자사의 환경에 맞는 최적의 오더 피킹 설비의 선택 등

제 5 절   창고관리 시스템

1 창고관리 시스템(WMS)

(1) 창고관리 시스템(WMS)의 의의

① **창고관리 시스템의 정의**

창고관리 시스템(WMS : Warehouse Management System)은 제품의 입하, 입고, 피킹, 출하 및 재고관리 등의 창고 비즈니스 프로세스와 창고자체의 직접적인 활동을 효율적으로 관리하는 데 사용되는 시스템이다. 또 무선(RF) 시스템을 통해 컴퓨터와 작업자 간에 실시간으로 데이터 교환을 가능하게 하는 시스템이다.

② **창고관리 시스템의 특징**

㉠ WMS는 공간효율의 최대화, 입고 프로세스를 자동화 등을 통해 운반관리(material handling)를 최소화한다.

㉡ WMS는 물류단지 내의 업무와 정보를 총괄하며 설비제어 시스템을 통제하는 물류단지의 핵심기능이다.

㉢ WMS는 창고 또는 물류센터의 운영계획, 수요예측, 조달계획, 배송계획 등을 수립하여 전체 물류센터의 효율화를 추구한다.

㉣ WMS는 물류단지의 대형화·중앙집중화·부가가치 기능의 강화추세에 따라 유통중심형 물류단지를 위한 차별화 전략의 핵심요인으로 등장했다. WMS의 도입으로 무재고로 표현되는 크로스 도킹(Cross Docking)이 실현될 수 있다.

㉤ WMS를 활용하면 창고에 관한 업무 프로세스를 전산화·정보화하여 일반적으로 적은 인원으로 쉽고 편리하게 업무를 수행할 수 있고, 재고의 정확도, 공간과 설비의 활용도가 높아진다.

㉥ WMS를 갖춘 물류센터는 RFID(Radio Frequency Identification)나 바코드 시스템, 무선자동인식 시스템 등 물품과 정보의 일체적 관리를 자동적으로 실시하는 시스템이 정비되어 있다.

③ **창고관리 시스템의 등장배경**(필요성)

　㉠ 다품종 소량상품화, 다양한 고객의 요구, 물류 아웃소싱의 확대, 화주의 요구에 빠른 대응 등으로 물류센터의 대형화, 부가가치 기능의 강화추세에 따라 물류센터는 기존의 단순한 보관기능에서 더 나아간 유통중심형 물류센터를 위한 차별화 전략(신속하고 정확한 고객대응력, 재고감소, 미출·오출 방지 등)의 핵심요인으로 등장하게 되었다.

　㉡ 물류센터를 효과적으로 운영하기 위해 자동화, 정보화, 지능화가 요구되고 있으며, 컴퓨터 통합관리 창고(computer integrated warehouse)의 등장과 정보기술의 발달로 창고관리도 시스템화가 요청되었다.

④ **창고관리 시스템의 목적**

　WMS가 추구하는 목적은 ㉠ 정확한 재고수량관리 및 재고금액의 자동적 계산, ㉡ 재고의 실시간 확인관리(visibility management), ㉢ 보관면적의 효율성 극대화, ㉣ 피킹작업의 효율적 수행, ㉤ 선입선출의 정확한 실시, ㉥ 피킹작업의 정확도 향상, ㉦ 포장작업의 정확도 및 효율성 향상, ㉧ 다른 물류시스템과의 효율적인 연계 및 ERP와의 연계 등이다.

⑤ **WMS의 기능 분류**

기능 분류	기능의 내용
재고관련 기능	입고관리, 보관관리, 선입선출관리, 위치(Location)관리를 통한 재고 내역 및 실물위치 추적용이성
주문관련 기능	피킹(Picking)관리, 자동발주시스템
출고관련 기능	수·배송관리, 배차 스케줄 운영
관리관련 기능	인력관리, 물류센터 지표관리
인터페이스 기능	무선통신, 물류센터의 실시간 정보화

(2) **WMS의 관련 정보시스템**

① **WMS와 연계하는 정보시스템**

　WMS와 연계하는 주요 정보시스템으로는 ㉠ 수·발주 계통 시스템으로 주문관리 시스템(OMS: Order Management System)이 있고, ㉡ 수·배송 계통 시스템으로는 운송관리 시스템(TMS: Transportation Management System)이 있다. ㉢ 기타 운반관리 시스템(MHS: Material Handling System)과도 연계되어 있다.

② **주문관리 시스템**(OMS): 주문관리시스템(OMS: Order Management System)은 WMS 정보의 출입구에 위치하는 시스템이고 업태에 따라 물류센터 내에 구축할 경우와 상위시스템으로서 구축할 경우가 있어 특히 전자문서교환 시스템(EDI)과 밀접한 관련이 있다.

③ **운송관리 시스템**(TMS) : 운송관리 시스템(TMS : Transportation Management System)은 물류 활동의 주된 기능인 수·배송관련 전문 정보시스템으로 운송관련 다양한 기능으로 발전되어 활용되고 있다.

④ **운반관리 시스템**(MHS) : 운반관리 시스템(MHS : Material Handling System)과의 접속시스템 내용은 WMS와 물류기기를 어떻게 융합시켜 어느 정도의 비용 대 효과를 도모할 것인가를 주제로 하고 있다.

(3) WMS 물류센터

① WMS를 갖춘 물류센터의 특징

㉠ RFID나 바코드 스캔 시스템, 무선자동인식 시스템 등 물품과 정보의 일체적 관리를 자동적으로 실시하는 시스템이 정비되어 있다.

㉡ 출하상황에 따라 물품이 신속하게 흐르도록 입·출하, 보관과 검품, 피킹, 분류 등의 라인이 설계되어 있다.

㉢ 수주를 거점으로 한 물품흐름에 관한 작업지시 정보가 일련의 흐름으로 거의 자동적으로 생성·발신되는 시스템을 구축하고 있다.

㉣ 최적의 배송계획, 최적의 보관위치 설정 등 물류센터 운영관리에 있어서의 최적화를 위한 계획 정보시스템이 구축되어 있다.

㉤ 수주한 주문의 처리에 관한 물류센터 내의 작업 진척상황이 모니터링 된다.

② WMS 물류센터의 유용성

위에서 본 일련의 시스템들이 정보기술(IT)에 의해 통합되어 물류센터가 공급사슬(supply chain)의 전략거점으로서의 목표관리지표를 평가·관리할 수 있는 시스템으로 구성되어 있어 SCM 전략이나 ERP 프로그램 운용과도 연동되어 있다.

(4) WMS의 기대 효과

① **증가 효과** : 재고정확도, 공간설비 활용도, 제품처리 능력, 재고회전율, 고객서비스, 노동·설비 생산성 향상 등이 있다.

② **감소 효과** : 제품 망실, 보관위치 오지정, 제품 피킹 시간, 안전 재고, 서류·전표 작업, 직간접 인건비, 설비비용 감소 등의 효과가 있다.

▋2 디지털 피킹 시스템(DPS)

(1) 디지털 피킹 시스템(DPS)의 개요

① DPS의 정의

디지털 피킹 시스템(DPS : Digital Picking System)은 물류센터에서 피킹할 물품을 컴퓨터와 디지털 표시기를 통해 과거의 피킹작업에서 주로 사용하던 작업전표 없이 피킹할 수 있는 시스템을 의미한다. DPS는 최근의 다품종 소량 다빈도 피킹 및 분배업무에 필수적인 시스템이다.

② DPS의 필요성

    ㉠ DPS는 계절에 따른 피킹 아이템의 변동, 작업자의 교체 등으로 인한 피킹 및 분배작업에서의 혼란을 최소화시킬 수 있으며, 미숙련자라도 빠르고 정확한 피킹 및 분배작업을 수행하여 물류센터의 작업합리화 및 생산성 극대화를 달성할 수 있는 시스템이다.

    ㉡ 따라서 평균적인 피킹물량이 있는 경우는 물론 갑작스러운 피킹물량 증가 시에는 피킹작업을 쉽게 하여 물류비의 절감 및 작업생산성의 향상을 도모할 수 있는 시스템이다.

③ DPS의 장점 및 기대효과

    ㉠ 컴퓨터가 정확한 피킹품목과 수량을 디지털 표시기(digital display)를 통해 자동으로 알려줌으로써 검색시간이 줄어들기 때문에 다품종 소량 품목의 다빈도 피킹 및 분배에 유용하다.

    ㉡ 시스템의 변경이 용이하며 시각성이 높기 때문에 피킹의 신속성과 정확성을 통하여 작업생산성의 향상과 고객서비스 향상을 도모할 수 있다.

    ㉢ 피킹시간의 단축, 피킹작업 인원의 감소, 피킹오류의 감소를 통해 피킹 생산성의 향상과 물류비용의 절감이 이루어진다.

(2) DPS의 유형

① 대차식 DPS

랙에 피킹 표시기가 붙어 있어 작업자는 그것을 보면서 피킹 작업을 대차(platform)를 이용하여 수행한다. 피킹 지시는 DPS 관리용 컴퓨터로 하고 다른 타입의 랙에도 쉽고 빠르게 작업이 가능하다.

② 구동 컨베어식 동기식 DPS

작업 인원수에 따라 설정된 구역(zone)별로 피킹 표시에 따라 구역단위로 피킹작업을 진행하여 전체 구역에서 완료버튼이 눌러지면 컨베이어가 출하박스를 한 구역씩 움직이는 컨베이어 동기식 피킹 시스템이다. 구역별로 피킹수량을 균등하게 하므로 피킹효율을 높일 수 있다.

③ 무구동 컨베어식 DPS

    ㉠ 오더 단위로 출하박스를 무구동 컨베이어에 투입하여 구역별로 피킹하고 해당 구역에서 오더의 피킹이 완료되면 구동 컨베이어로 밀어 출하라인으로 이송되는 방식이다.

    ㉡ 오더의 건수에 따라 구역수를 설정하므로 물량에 따라 피킹작업 인원을 조절할 수 있어 배송처가 많고 오더 단위당 건수가 적은 인터넷, 카탈로그, 홈쇼핑, 방문판매 등의 무점포 물류센터에 적합한 방식이다.

3 디지털 어소팅 시스템(DAS)

(1) 디지털 어소팅 시스템(DAS)의 개요

① DAS의 정의

디지털 어소팅 시스템(DAS : Digital Assorting System)은 동일한 제품을 토탈 피킹(total picking)한 후 거래처별로 분배하는 형태의 시스템을 말한다. 즉 피킹한 물건을 컴퓨터와 디지털 표시기에 의해 별도의 작업지시서 없이 분류·분배하는 작업을 말한다. DAS은 디지털 피킹 시스템의 반대로 디지털 표시기에 표시된 수량만큼 뿌리는(분배하는) 방식이다.

② DAS의 장점

㉠ DAS를 통해 적은 작업인원으로도 빠르고 정확한 분배를 할 수 있으며, 분배 누락이나 실수를 현저히 낮추어 물류비용의 절감과 고객서비스 향상을 도모할 수 있다.

㉡ 취급 물품에 대한 특별한 지식이 없어도 어느 누구라도 바로 작업이 가능하고, 작업지시서가 필요 없으므로 양손을 모두 사용할 수 있어 작업능률이 향상될 수 있다.

(2) DAS의 도입효과

① **분배속도** : 전표에 의한 분배작업에 있어서 "전표를 본다 – 판단한다 – 분배 로케이션을 설정한다." 부분을 없애고 램프가 점멸하고 있는 로케이션에 표시된 수량을 분배하므로 단순비교만으로도 2배 이상의 작업속도를 유지할 수 있다.

② **분배의 정확성** : 점멸하는 표시기와 숫자표시의 단순작업에 의해 전표를 사용한 작업에서 발생할 수 있는 "행을 잘못 본다 – 분배 로케이션을 잘못 안다"의 문제점을 미리 방지하고 분배 오류율을 크게 절감할 수 있다.

(3) DAS의 유형

① **멀티 및 릴레이(multi and relay) 분배방식 DAS** : 물류센터의 입고수량을 1차 구역(zone)별 중분류와 2차 점포별 소분류로 분배하는 방식이다. 짧은 시간 동안 많은 품목을 분배하므로 동시에 4종류의 품목을 분배할 수 있도록 하여 단품 분배보다 생산성을 30~40% 이상 향상 시킬 수 있어 냉장식품 및 신선식품의 통과형 물류센터에 적합하다.

② **멀티(multi) 분배방식 DAS** : 고객별로 물품을 합포장 해야 하는 경우에 적합한 분배 시스템으로 품목과 고객수가 많고 히트율이 매우 낮은 인터넷 서적판매와 카탈로그 등에 적합하다. 통과형의 물류센터와 배송처가 많고 오더 단위당 히트 건수가 적은 인터넷, 카탈로그, 홈쇼핑, 방문판매 등이 무점포 물류센터에 적합하다.

③ **멀티 다품종 분배방식 DAS** : 의류업 등에 유용한 시스템으로서 품목수가 많기 때문에 동시에 4가지 상품을 분배할 수 있도록 하고 남은 잔량을 표시하여 박스 수를 줄일 수 있다. 그리고 박스 명세서를 출력하여 박스에 투입한 상품리스트로 매장에서 검품하는 데에 도움을 준다.

01 실전예상문제

01 보관에 관한 설명으로 옳지 않은 것은? ▶ 제14회

① 수요와 공급의 완충역할을 수행한다.

② 재화를 물리적으로 보존하고 관리한다.

③ 수송과 배송 간의 윤활유 역할을 수행한다.

④ 물(物)에 대한 시간적 효용과 장소적 효용의 창출을 지원한다.

⑤ 물류활동의 링크(Link)와 링크를 이어주는 노드(Node)의 역할을 수행한다.

해설 보관(storage)이란 물품을 물리적으로 보존하고 관리하는 활동을 의미한다. 보관은 물품의 수요와 공급의 시간적인 격차를 조정하여 시간적 효용을 창출함으로써 경제생활은 안정시킬 뿐만 아니라 촉진시키는 역할을 한다.

④ 물(物)에 대한 시간적 효용과 장소적 효용의 창출을 지원하는 것은 하역이다.

02 보관에 관한 설명으로 옳지 않은 것은? ▶ 제17회

① 단순 저장기능 중심에서 라벨링, 재포장 등 유통지원기능이 강화되고 있다.

② 생산과 판매의 조정 및 완충기능을 수행한다.

③ 수요변동의 폭이 적은 물품에 대해 안전재고 수준을 높이고 있다.

④ 운영효율성을 향상시키기 위해 물류정보시스템의 사용이 증가하고 있다.

⑤ 다품종 소량화, 소량 다빈도화, 리드타임 단축 등 시장환경 변화에 신속하게 대응해야 한다.

해설 ③ 수요변동의 폭이 큰 제품에 대해서는 안전재고의 수준을 높여야 한다. 안전재고 = 안전계수 × 수요의 표준편차 × $\sqrt{조달기간}$ 이다. 여기서 수요변동의 폭이 크면 수요의 표준편차가 커지므로 안전재고는 커진다.

Answer 1. ④ 2. ③

03 보관기능에 관한 설명으로 옳지 않은 것은?　　　　　　　　　　　▶ 제20회

① 고객서비스 측면에서 고객의 물품 필요 시 신속히 공급할 수 있다.

② 구매와 생산 측면에서 조달된 원·부자재를 생산 계획에 따라 공급조정할 수 있다.

③ 생산과 판매 측면에서 물품을 판매 시점에 따라 완충하여 공급할 수 있다.

④ 마케팅 측면에서 상품의 담보기능을 제공할 수 있다.

⑤ 유통가공 측면에서 상품을 가공함으로써 부가가치를 증대하고 고객요구에 신속히 응대할 수 있다.

> **해설** ④ 보관(storage)은 물품의 생산과 소비의 시간적 간격을 극복하여 시간적 효용을 창출하는 기능을 가지고 있다. 보관의 기능으로는 수송비와 생산비의 절감, 수요와 공급의 조절 등이 있고 생산과 마케팅 측면에서의 이점도 있다. 담보기능은 보관의 신용기관의 기능에 해당한다.

04 보관시스템의 주요 형태에 관한 설명으로 옳은 것은?　　　　　　　　▶ 제18회

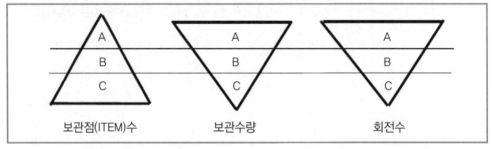

① A-A-C 형태는 보관점(item)수는 적지만 보관수량이 많고 회전수가 큰 맥주·청량음료·시멘트 등 입출고가 빠른 물품으로, 보관설비는 플로우 랙과 주행대차를 많이 이용하며 단시간에 대량처리가 가능한 형태이다.

② C-A-A 형태는 보관점(item)수와 보관수량이 많고 회전수가 높아 관리가 매우 복잡한 형태로, 고층 랙·모노레일 및 스태커 크레인 등의 조합과 함께 컴퓨터 컨트롤 방식을 채용하면 운용효율을 높일 수 있다.

③ A-A-C 형태는 회전수만 높은 제품으로, 보관기능이 미약하기 때문에 중간 공정이나 출고라인에서 피킹하는 제품에 적합한 형태이다.

④ C-C-C 형태는 보관점(item)수는 많지만 보관수량이 적고 이동이 많은 형태로, 주로 고층 랙을 이용하며 개별출고방식에서 오더 피킹머신을 이용하거나 또는 수동으로 피킹하기도 하는 형태이다.

⑤ C-A-A 형태는 보관점(item)수와 보관수량은 많지만 회전수가 적어 자동화 창고의 고층 랙에 모노레일 및 스태커 크레인 등을 이용하거나, 파렛트 직접 쌓기 및 시프터와 로더가 한조가 되는 기능의 하이시프트 방식을 이용하는 형태이다.

해설 ①, ③ A-A-C 형태는 대량의 재고를 갖고 있으면서 별로 이동하지 않는 불량제품이나 계절변동제품이 여기에 해당되며 여기서는 고정설비인 유닛형 랙은 불리하지만 기본적으로 파렛트의 수동적재는 유리하다.

④ C-C-C 형태는 재고량과 이동은 적지만 보관품목(item) 수가 많기 때문에 관리가 어렵고 재고공간을 많이 차지해 파렛트 단위 적재와 이동식 랙을 많이 사용한다.

⑤ C-A-A 형태는 보관품목(item)수와 보관수량이 많고 회전수가 높아 관리가 매우 복잡한 형태로 고층 랙과 모노레일 스태커 크레인의 조합을 통해 컴퓨터 컨트롤 방식을 채용하여 운용하여야 효율적이다.

05 보관기능과 항목이 옳게 연결된 것은? ▶ 제16회

보관기능	항 목
㉠	주문 신속대응, 결품 방지
㉡	시간, 장소, 가격
㉢	물류센터, 배송센터

① ㉠: 고객서비스 기능 ㉡: 수급조정 기능 ㉢: 모달쉬프트 기능
② ㉠: 수급조정 기능 ㉡: 물류거점적 기능 ㉢: 고객서비스 기능
③ ㉠: 수급조정 기능 ㉡: 고객서비스 기능 ㉢: 물류거점적 기능
④ ㉠: 고객서비스 기능 ㉡: 모달쉬프트 기능 ㉢: 물류거점적 기능
⑤ ㉠: 고객서비스 기능 ㉡: 수급조정 기능 ㉢: 물류거점적 기능

해설 ㉠ 주문에 대한 신속대응, 결품 방지는 고객서비스 기능이다. ㉡ 시간, 장소, 가격의 조정을 통해 수급조정이 이루어진다. ㉢ 물류센터, 배송센터는 물류거점을 의미한다.

Answer 3. ④ 4. ② 5. ⑤

06 보관의 원칙으로 옳은 것을 모두 고른 것은?
▶ 제19회

> ㉠ 동일성 및 유사성의 원칙이란 동일품종은 동일장소에 보관하고, 유사품은 근처 가까운 장소에 보관해야 한다는 원칙이다.
> ㉡ 선입선출의 원칙이란 먼저 입고된 제품을 먼저 출고한다는 원칙이다.
> ㉢ 네트워크 보관의 원칙은 도난을 방지하기 위해서 고가 제품을 한 장소에 모아 보관하는 원칙이다.
> ㉣ 중량특성의 원칙이란 동일한 중량의 물품을 같은 장소에 보관하는 원칙이다.
> ㉤ 회전대응보관의 원칙이란 보관할 물품의 장소를 회전정도에 따라 정하는 원칙이다.

① ㉠, ㉡, ㉣　　　　　② ㉠, ㉡, ㉤
③ ㉠, ㉢, ㉣　　　　　④ ㉡, ㉢, ㉤
⑤ ㉡, ㉣, ㉤

해설 ㉢ 네트워크 보관의 원칙은 관련된 상품을 한 장소에 모아 보관하는 원칙으로, 출하 품목의 다양성에 따라 보관상의 곤란을 예상하여 물품정리가 용이하도록 관련된 상품을 네트워크에 따라 계통적으로 보관하는 방식이다.
　　㉣ 중량특성의 원칙은 제품의 중량에 따라 보관장소의 출입구를 기준으로 한 거리와 특히 높낮이를 결정해야 한다는 원칙이다. 제품의 하역작업을 할 때 중량물과 대형물은 하부 및 출구 쪽으로 배치하여 안전사고 및 이동거리를 최소화 하는 원칙을 말한다.

07 다음 중 합리적인 보관의 원칙이 아닌 것은?

① 출입구가 동일한 창고에서 물품을 보관 시 출입구 가까운 곳에는 출하빈도가 낮은 것을, 먼 곳에는 출하빈도가 높은 것을 배치한다.
② 중량에 따라 중량물은 하층부에 경량물은 상층부에 보관한다.
③ 보관품의 장소와 선반 번호 등의 위치를 표시한다.
④ 시각적으로 보관품을 용이하게 식별할 수 있도록 보관한다.
⑤ 가능하면 먼저 들어온 물건이 먼저 나가도록 관리한다.

해설 보관의 기본원칙에 따르면 출입구가 동일한 창고에서 물품을 보관 시 출입구 가까운 곳에는 출하빈도가 높은 것을 먼 쪽에는 출하빈도가 낮은 것을 배치해야 하는 데, 이를 회전대응 보관의 원칙이라고 한다.
　　② 중량 특성의 원칙, ③ 위치표시의 원칙, ④ 명료성의 원칙, ⑤ 선입선출(FIFO)의 원칙이다.

08 보관의 원칙에 관한 설명으로 옳지 않은 것은? ▶ 제17회

① 선입선출의 원칙이란 먼저 입고한 물품을 먼저 출고하는 것으로 제품수명주기(Product Life Cycle)가 짧은 경우에 많이 적용된다.

② 위치표시의 원칙이란 물품의 보관장소에 특정한 기호를 사용하여 위치를 표시하는 것으로 입출고 작업의 효율성을 높일 수 있다.

③ 회전대응 보관의 원칙이란 입출고 빈도의 정도에 따라 물품의 보관장소를 결정하는 것으로 입출고 빈도가 높은 물품은 출입구로부터 가까운 장소에 보관한다.

④ 중량특성의 원칙이란 물품의 중량에 따라 보관장소의 출입구를 기준으로 한 거리와 높낮이를 결정하는 것이다.

⑤ 형상특성의 원칙이란 표준화된 물품은 형상에 따라 보관하고 표준화되지 않은 물품은 랙(Rack)에 보관하는 것이다.

해설 ⑤ 보관의 원칙 중 형상특성의 원칙은 형상(모양)에 따라 보관방법을 변경하며, 형상특성에 따라 보관한다는 원칙이다. 포장의 모듈화에 대응하는 표준화된 제품은 랙(rack)에 보관하고 표준화되지 않은 제품은 모양에 따라 보관효율 등을 고려한 장소를 정하여 보관한다.

09 보관의 원칙에 관한 설명으로 옳지 않은 것을 모두 고른 것은? ▶ 제21회

> ㉠ 네트워크보관의 원칙 : 관련 품목을 한 장소에 모아서 계통적으로 분리하고 보관하여 출하의 효율성을 증대시키는 원칙을 말한다.
> ㉡ 회전대응보관의 원칙 : 입출고 빈도의 정도에 따라 제품의 보관 장소를 결정하는 것으로 입출고 빈도가 낮은 제품을 출입구에서 가까운 장소에 보관하는 원칙을 말한다.
> ㉢ 동일성・유사성의 원칙 : 제품의 입출고를 용이하게 하고 효율적으로 보관하기 위해 통로면에 보관하여 작업의 접근성을 강조하는 원칙을 말한다.
> ㉣ 위치표시의 원칙 : 보관품의 장소, 선반 번호 등의 위치를 표시하여 입출고 업무를 효율화시키는 원칙을 말한다.
> ㉤ 선입선출의 원칙 : 형상의 특성에 따라 보관 방법을 변경하는 것으로 보관 시 파손이나 분실이 생기기 쉬운 제품에 적용되는 원칙을 말한다.

① ㉠, ㉡, ㉣   ② ㉠, ㉡, ㉤

③ ㉠, ㉢, ㉣   ④ ㉡, ㉢, ㉤

⑤ ㉡, ㉣, ㉤

해설 ㉡ 회전대응보관의 원칙은 입출고 빈도의 정도에 따라 제품의 보관 장소를 결정하는 것으로 입출고 빈도가 높은 제품을 출입구에서 <u>가까운 장소에 보관</u>하는 원칙을 말한다.
㉢은 통로대면 보관의 원칙이다. 동일성・유사성의 원칙은 동일품종은 동일장소에 보관하고, 유사품은 근처 가까운 장소에 보관해야 한다는 원칙이다.
㉤은 형상특성의 원칙이다. 선입선출의 원칙은 먼저 입고된 제품을 먼저 출고한다는 원칙이다.

Answer   6. ②   7. ①   8. ⑤   9. ④

10 다음 보관의 원칙 중 출입구가 동일한 경우에 출입구 근처에는 입출하 빈도가 높은 상품을 보관하고 입출하 빈도가 낮은 경우는 출입구에서 다소 먼 곳에 보관한다는 원칙은?

① 회전대응 보관의 원칙 ② 위치표시의 원칙

③ 통로면 보관의 원칙 ④ 선입선출의 원칙

⑤ 네트워크 보관의 원칙

> **해설** 회전대응 보관의 원칙은 보관물의 장소를 회전에 대응하도록 결정하는 원칙으로서 입출고 빈도가 높고 낮은 경우 보관장소를 결정할 때의 원칙이다(ABC 분석에 기초). 즉, 출입구가 동일한 창고의 경우나 입·출고 빈도가 높은 경우에는 출입구 가까운 곳에 보관하며, 낮은 경우에는 출입구에서 먼 장소에 보관한다.
> 이 원칙이 중요한 이유는 일상업무 가운데 이 원칙을 이용해서 물품을 정리할 수 있기 때문이다. 예를 들어, 계절에 따라 입출고 빈도의 차이가 심한 품목의 경우에는 계절에 따라 보관장소를 재검토하여 보관장소를 변경하도록 하여야 한다.

11 보관 제품의 특성에 있어서 종류가 많고 회전수가 높은 경우, 하역시스템과 보관시스템이 올바르게 연결된 것은?

① 무인이송차량(AGV) - 흐름 랙(Flow Rack), 파렛트 랙

② 스태커 크레인(Stacker Crane) - 고층 랙, 자동창고

③ 지게차 - 파렛트 랙, 흐름 랙(Flow Rack)

④ 이동식 선반 - 파렛트 평치, 경량 랙

⑤ 수동 적재 - 파렛트 랙, 데크형 랙

> **해설** 제품의 종류가 많고 회전수가 높은 경우 바람직한 하역시스템은 스태커 크레인이다. 스태커 크레인(Stacker crane)은 입체 자동화 창고의 대표적인 운반기기이다. 랙에 화물을 입출고 시키는 크레인의 일종으로 밑에 주행레일이 있고 위에 가이드레일이 있는 통로 안에서 주행장치로 주행하며 승강장치와 포크장치를 이용하여 입·출고작업을 한다.
> 한편 제품의 종류가 많고 회전수가 높은 경우 보관시스템은 고층 랙, 자동창고가 바람직하다.

12 물품의 입출고를 용이하게 하고 효율적으로 보관하기 위해 작업의 접근성을 강조하는 보관의 원칙은?

① 통로대면 보관의 원칙 ② 회전대응 보관의 원칙

③ 명료성의 원칙 ④ 형상특성의 원칙

⑤ 네트워크 보관의 원칙

> **해설** 창고 내에서 제품의 입고와 출고를 용이하게 하고 보관을 효율적으로 하기 위해서 통로를 서로 대면, 즉 마주보게 보관함으로써 창고 내의 흐름을 원활히 하고 활성화하기 위한 기본원칙은 통로대면 보관의 원칙이다.

13 다음 중 창고의 기능이 아닌 것은?

① 가격조정기능   ② 연결기능

③ 수급조정기능   ④ 수요예측기능

⑤ 배송센터기능

> **해설** 창고의 주요기능은 가격조정기능, 연결기능, 수급조정기능, 배송센터기능, 매매기관적 기능, 저장기능 등이 있다.
> ④ 수요예측기능은 마케팅 기능으로 영업관리, 생산관리의 주요업무이다.

14 창고의 기능에 관한 설명으로 옳지 않은 것은?   ▶ 제15회

① 생산과 소비의 거리 조정을 통해 거리적 효용을 창출한다.

② 생산과 소비의 시간적 간격을 조정하여 수급조정기능을 수행한다.

③ 물품의 수급을 조정하여 가격안정을 도모하는 기능을 수행한다.

④ 물건을 보관하여 재고를 확보함으로써 품절을 방지하고 신용을 증대시키는 기능을 수행한다.

⑤ 직접 물품을 판매하거나 판매를 위한 기지로서의 기능을 수행하기도 한다.

> **해설** 창고(storage)는 물류의 기능 중 하나인 보관활동의 기초가 되는 물류시설이다. 보관활동은 재화의 수요와 공급의 시간적인 격차를 조정하는 기능을 수행한다.
> ① 생산과 소비의 거리 조정을 통해 거리적 효용을 창출하는 것은 운송이다.

15 자가창고와 영업창고를 비교하여 설명한 것 중 옳지 않은 것은?   ▶ 제19회

① 영업창고는 자가창고에 비해 입지선정이 용이하다.

② 자가창고는 영업창고에 비해 자사의 특수 물품에 적합한 구조와 하역설비를 갖출 수 있다.

③ 영업창고는 자가창고에 비해 보관 관련 비용에 대한 지출을 명확히 알 수 있는 장점이 있다.

④ 영업창고는 자가창고에 비해 계절적 수요변동에 탄력적으로 대응할 수 있어 비수기에도 효율적인 운영이 가능하다.

⑤ 자가창고는 영업창고에 비해 낮은 고정비를 갖기 때문에 재무유동성이 향상된다.

> **해설** ⑤ 자가창고는 영업창고에 비해 토지구입 및 설비투자로 인한 높은 고정비를 갖기 때문에 재무유동성이 약화된다.

Answer   10. ①   11. ②   12. ①   13. ④   14. ①   15. ⑤

16 자동화 창고(Automated Warehouse)의 특성에 관한 설명으로 옳지 않은 것은? ▸ 제15회

① 재고관리 및 선입선출에 의한 입출고관리가 용이하다.

② Free Location 보관방식 적용은 보관능력 및 시스템의 유연성면에서 효율성이 낮다.

③ 생산라인과의 동기성, 적정재고, 작업준비를 위한 부품 공급기능을 갖는다.

④ 보관보다는 물품의 흐름(Flow)에 중점을 두고 설계해야 한다.

⑤ 다품종 소량주문에 대응이 용이하다.

> **해설** ② 프리 로케이션(Free Location)이란 품목과 보관 랙 상호 간에 특별한 연관관계를 정하지 않는 방식이다. 입체 자동창고 등에서 이용하는 방법으로 시스템은 컴퓨터로 관리한다. 보관방식을 프리 로케이션으로 하게 되면 공간을 절감할 수 있고 시스템의 유연성을 높일 수 있다.

17 다음 중 자동창고의 장점이 아닌 것은?

① 보관면적의 감소   ② 운영인력의 절감

③ 재고관리 용이   ④ 화물손상 감소 및 안전성 증대

⑤ 시설자금 조달의 경감

> **해설** 자동화 창고의 장점은 시간의 절약, 스페이스의 절약, 인력의 절감, 생산성의 향상, 재고관리의 합리화, 화물손상의 감소 및 안전성의 증대 등이다.
> ⑤ 자동화 창고를 구축하는 데는 초기 시설자금이 많이 투입된다.

18 다음 중 창고에 대한 설명으로 거리가 먼 것은?

① 자동창고 제어방식은 온라인과 오프라인으로 구분한다.

② 창고구조에 의한 분류로는 보통창고, 기계화 창고, 자동화 창고 등으로 구분한다.

③ 냉장·냉동창고는 냉각장치에 의하여 10℃ 이하의 온도로 물품을 보관하는 창고를 말한다.

④ 야적창고는 담장, 철책 등을 설치하여 목재, 컨테이너 등을 야적형태로 보관하는 창고를 말한다.

⑤ 창고 운영형태에 따라 보통창고, 야적창고, 수면창고, 위험물 창고, 냉동·냉장창고 등으로 분류된다.

> **해설** ⑤ 창고를 운영형태에 따라 분류하면 자가창고, 영업용 창고, 임대창고, 공공창고 등으로 구분할 수 있다.

19 영업창고에 대한 설명으로 틀린 것은?

① 시장환경의 변화에 대응하여 입지장소를 용이하게 변경할 수 있다.

② 물류관리에 있어서 보관부문의 비용을 명확히 할 수 있다.

③ 치밀한 고객서비스가 가능하다.

④ 보관에 대한 노하우와 경험을 종합적으로 활용하여 하주의 필요에 신속하게 대응할 수 있다.

⑤ 계절의 변동, 수요의 특성에 따라 공간의 효율적인 운용이 가능하다.

해설 ③ 생산공장을 보유한 제조업 분야의 기업들은 자가 공장 내에 예속된 자가창고를 가지고 있는 곳이 많다. 자가창고는 공장시설의 일부로 인식되며, 치밀한 고객서비스가 가능하기 때문이다.

20 다음은 창고에 관한 설명이다. 해당되는 내용이 올바르게 설명된 것은?

> ⊙ 영업창고는 물류 및 정보시스템의 관점에서 통합물류 시스템과의 연결성이 자가창고에 비해 강하다.
> ⓒ 관세법에 근거하여 창고업자가 국세청의 허가를 받아 세관의 감독하에 수입화물을 보관하는 창고를 보세창고라고 한다.
> ⓒ 리스창고는 시장 환경변화에 따라 보관장소를 탄력적으로 옮기는데 제약요건이 있다.
> ⓔ 자가창고는 계절적 요소에 따라 탄력적으로 이용하는 것이 어려워서 인력·하역장비에 따르는 고정비 요소를 고려하여야 한다.
> ⓜ 창고의 위치 결정은 화물의 흐름을 고려하여 결정하는데 창고입지의 다섯 가지 요인은 P(Product), Q(Quantity), R(Reliability), S(Service), T(Time)이다.

① ⊙, ⓔ

② ⊙, ⓒ

③ ⓒ, ⓒ

④ ⓒ, ⓔ

⑤ ⓒ, ⓔ, ⓜ

해설 ⊙ 물류 및 정보시스템의 관점에서 통합물류 시스템과의 연결성이 강한 것은 자가창고이다. 자가창고는 기계에 의한 합리화 및 생력화가 가능하고, 수주 및 출하가 일관성있게 이루어질 수 있다.
ⓒ 보세창고는 관세법에 근거하여 세관장의 허가를 얻어 수출입 화물을 취급하는 창고이다.
ⓜ 창고입지의 다섯 가지 요인은 PQRST, 즉 P(Product), Q(Quantity), R(Route), S(Service), T(Time)이다.

21 자동화 창고에 대한 다음 설명 중 잘못된 것은?

① 자동화 창고는 선입선출을 확실하게 행할 수 있다.

② 자동화 창고는 입출고상의 효율성을 높이고 인력절감 효과를 거둘 수 있다.

③ 자동화 창고는 다양한 규격의 화물을 취급하는 영업용 창고에 적합하다.

④ 자동화 창고는 협소한 토지를 효율적으로 활용하기 위한 방안으로 추진된다.

⑤ 자동화 창고는 다품종 소량생산이나 소량 다빈도 배송에 효과적으로 대응하기 위하여 추진되고 있다.

> **해설** 자동화 창고(automated warehousing system)는 컴퓨터에 의한 정보시스템과 입출고시스템이 연계되어 운영되는 창고이다. 자동화 창고는 간이 자동화 창고와 자동창고로 구분하기도 한다.
> ③ 자동화 창고는 규격화된 화물을 취급하는 창고에 적합한 형태이다.

22 창고의 형태 및 기능에 관한 설명으로 옳지 않은 것은?　　　　　▶ 제23회

① 생산과 소비의 거리 조정을 통해 거리적 효용을 창출한다.

② 창고의 형태로는 단층창고, 다층창고, 입체자동창고 등이 있다.

③ 소비지에 가깝게 위치하며, 소단위 배송을 위한 물류시설을 배송센터라고 한다.

④ 물건을 보관하여 재고를 확보함으로써 품절을 방지하고 신용을 증대시키는 기능을 수행한다.

⑤ 물품의 수급을 조정하여 가격안정을 도모하는 기능을 수행한다.

> **해설** ① 생산과 소비의 거리 조정을 통해 거리적 효용을 창출하는 것은 운송의 기능이다. 창고는 보관을 통해 시간적 효용을 창출한다.

23 창고관리 시스템(WMS : Warehouse Management System)에 관한 설명으로 옳지 않은 것은?

① 물류센터를 효과적으로 운영하기 위해 자동화, 정보화, 지능화가 요구되고 있으며, 컴퓨터 통합관리 창고의 등장과 정보기술의 발달로 창고관리 시스템(WMS)이 등장하게 되었다.

② 입하, 피킹(Picking), 출하 및 재고 사이클 카운트 등의 창고 비즈니스 프로세스와 창고활동을 효율적으로 관리하는 데 사용되는 시스템이다.

③ WMS와 연휴하는 주요 정보시스템은 PMS(Production Management System), TMS (Transportation Management System) 그리고 MHS(Material Handling System)이다.

④ WMS를 갖춘 물류센터는 RFID(Radio Frequency Identification)나 바코드 시스템, 무선자동인식 시스템 등 물품과 정보의 일체적 관리를 자동적으로 실시하는 시스템이 정비되어 있다.

⑤ WMS 도입으로 재고 정확도, 공간설비 활용도, 제품처리능력, 재고회전률, 고객서비스, 노동 설비 생산성 등이 향상된다.

> **해설** ③에서 PMS(Production Management System)는 생산관리 시스템으로 창고관리 시스템과는 관련이 없다. 창고관리 시스템은 운송관리 시스템(TMS), 하역시스템(MHS)과 연계되어 그 기능을 발휘할 수 있다.

24 물류 과정에서 보관은 입고와 출고, 자재와 생산, 생산과 판매의 유동적이고 일시적인 완충재 역할과 링크(Link)와 링크를 이어주는 노드(Node)의 역할을 한다. 다음 중 보관의 기능이 아닌 것은?

① 포장의 표준화를 통한 포장비 절감기능
② 수송비와 생산비의 절감기능
③ 수요와 공급의 조절기능
④ 판매시점의 조절기능
⑤ 마케팅과 연계한 상품의 시장출시일 조절기능

> **해설** 보관의 기능으로는 ㉠ 수송비와 생산비의 절감기능, ㉡ 수요와 공급의 조절기능, ㉢ 판매시점의 조절기능, ㉣ 마케팅과 연계한 신제품의 시장출시일 조절기능 등을 들 수 있다.
> ① 포장의 표준화를 통한 포장비 절감기능은 포장합리화 개선활동이다.

25 다음은 회전수가 높은 품목의 보관시스템에 대한 설명이다. 차례대로 올바르게 짝지어진 것은?

> ⊙ 회전수만 높고 보관수량이 적은 중간공정이나 임시출고라인에서 피킹을 실시하는 제품에 적합하다.
>
> ⓒ 보관품목수는 적지만 보관수량이 많은 제품으로 맥주, 청량음료, 시멘트 등 입출고가 빠른 물품의 대량 처리에 편리하다.
>
> ⓒ 보관품목수와 보관수량이 많고 회전수가 높아 관리가 매우 복잡한 형태로 고층 랙과 모노레일, 스태커 크레인의 조합을 통해 컴퓨터 컨트롤 방식을 채용해야 효율적이다.

① ⊙ : A – A – A   ⓒ : A – C – A   ⓒ : C – A – A
② ⊙ : A – C – A   ⓒ : A – A – A   ⓒ : C – A – A
③ ⊙ : C – A – A   ⓒ : A – C – A   ⓒ : A – A – A
④ ⊙ : C – A – C   ⓒ : C – C – C   ⓒ : A – C – C
⑤ ⊙ : A – C – A   ⓒ : C – A – A   ⓒ : A – A – A

해설 ⊙ A–C–A 형태는 회전수만 높고 보관수량이 적은 중간공정이나 출고라인에서 피킹을 실시하는 제품에 적합하다. ⓒ A–A–A 형태는 보관품목수는 적지만 보관수량이 많고 회전수가 큰 맥주, 청량음료, 시멘트 등 입출고가 빠른 물품으로 대량처리에 편리하다. ⓒ C–A–A 형태는 보관품목수와 보관수량이 많고 회전수가 높아 관리가 매우 복잡한 형태로 고층 랙과 모노레일, 스태커 크레인의 조합을 통해 컴퓨터 컨트롤 방식을 채용하여 운용하여야 효율적이다.

26 창고관리시스템(WMS : Warehouse Management System)에 관한 설명으로 옳지 않은 것은?

▶ 제23회

① 다품종 소량생산 품목보다 소품종 대량생산 품목의 창고관리에 더 효과적이다.
② RFID/Barcode 등과 같은 자동인식 장치, 무선통신, 자동 제어 방식 등의 기술을 활용한다.
③ 재고 정확도, 공간·설비 활용도, 제품처리능력, 재고회전률, 고객서비스, 노동·설비 생산성 등이 향상된다.
④ 입하, 피킹, 출하 등의 창고 업무 프로세스를 효율적으로 관리하는데 사용되는 시스템이다.
⑤ 자동발주, 주문 진척관리, 창고 물류장비의 생산성 분석 등에 효과적이다.

해설 ① 창고관리시스템(WMS)은 소품종 대량생산 품목보다 통제가 쉽지 않은 다품종 소량생산 품목의 창고관리에 더 효과적이다.

27 다음은 어떤 보관 원칙에 대한 설명인가?

> 물품의 정리와 출고가 용이하도록 관련 품목의 연대적 출고를 예상하여 품목을 정리하고 계통적으로 보관함으로써 출하할 때 피킹 효율의 향상을 도모하기 위한 보관 원칙이다.

① 회전대응의 원칙　　　　　　　　② 선입선출의 원칙
③ 통로대면 보관의 원칙　　　　　　④ 위치표시의 원칙
⑤ 네트워크 보관의 원칙

해설 ⑤ 물품을 창고에 보관할 때는 출하되는 품목들의 연대적 출고를 예상하여 품목을 정리하고 계통적으로 보관함으로써 출하할 때 피킹 효율의 향상을 도모하기 위한 보관 원칙은 네트워크 보관의 원칙이다. 즉, 관련품을 한 곳에 모아 보관하는 원칙이다.

28 다음 (　　)안에 들어갈 적당한 용어는?　　　　　　　　　▶ 제16회

> 시각에 따라 보관품을 용이하게 식별할 수 있도록 보관하는 (　　　　)의 원칙은 창고 내 작업자의 시각에 의하여 보관품 장소나 보관품 자체를 용이하게 찾아낼 수 있도록 하는 것이다.

① 선입선출　　　　　　　　　　　② 형상특성
③ 회전대응 보관　　　　　　　　　④ 명료성
⑤ 네트워크 보관

해설 보관의 원칙으로 명료성의 원칙(principle of clearity)은 보관되어 있는 제품을 시각적으로 용이하게 인식할 수 있도록 보관하는 원칙이다. 위치표시 확인, 동일성, 유사성의 원칙, 높이쌓기 원칙 등을 배려하더라도 창고 내 작업원 시각에 의하여 보관품의 장소나 보관품 자체를 쉽게 파악할 수 있도록 해야 한다는 원칙이다.

29 보관에 대한 다음 설명 중 옳지 않은 것은?

① 물품의 생산과 소비의 시간적 간격을 극복하여 시간적 효용을 창출한다.

② 공장에서 대량으로 운송해온 제품을 보관함으로써 다수의 고객에게 소량 단위의 배송이 가능하게 한다.

③ 기업의 경제적 필요에 의해 이루어지는 물류활동의 한 종류이다.

④ 재화의 생산과 소비의 지리적 간격을 극복하는 역할을 한다.

⑤ 물류 활동이 여러 노드(node)를 링크(link)로 연결하면서 이루어진다고 할 때 보관은 노드(node)에서 수행되는 활동이다.

> 해설 보관(storage)은 물품의 생산과 소비의 시간적 간격을 극복하여 시간적 효용을 창출하는 기능을 가지고 있다. 보관의 기능으로는 ㉠ 수송비와 생산비의 절감, ㉡ 수요와 공급의 조절 등이 있고 생산과 마케팅 측면에서의 이점도 있다.
> ④ 물품의 생산과 소비의 지리적 간격을 극복하는 것은 운송(transportation)의 기능이다.

30 자가창고와 비교할 때 영업창고의 장점으로 옳지 않은 것은? ▸ 제17회

① 창고의 건설자금이 불필요하여 재무유동성이 향상된다.

② 보관관련 비용에 대한 지출을 명확히 알 수 있다.

③ 전문가에 의한 수불관리가 이루어지기 때문에 관리가 안전하다.

④ 시설변경의 탄력성이 높다.

⑤ 입지선정이 용이하다.

> 해설 ④ 영업창고는 화주 마음대로 시설을 변경하기 어렵다. 따라서 시설변경의 탄력성이 작다는 단점이 있다. 시설변경의 탄력성이 높은 것은 자가창고의 장점이다.

31 창고에 대한 설명으로 잘못된 것은?

① 창고는 물품의 감실 및 변질이 발생하지 않도록 보관할 수 있는 장소이다.

② 수요와 공급의 조정을 원활히 하여 생산활동, 판매활동, 소비활동에 기여하는 시설이다.

③ 창고는 물품의 감실 또는 손상을 방지하기 위한 구축물·공작물을 시설한 토지 또는 수면에 물품을 보관하는 시설이다.

④ 최근 물류시스템이 발전하고 소비자 중심의 물류가 중시되면서 창고의 유통기능보다 저장기능이 더욱 중시되는 추세이다.

⑤ 제조업이나 도매업에서 소비지에 위치하고 있는 소규모 배송 거점을 배송센터라고 한다.

> 해설 ④ 최근 물류시스템이 발전하고 소비자 중심의 물류가 중시되면서 창고의 저장(보관)기능보다 유통기능이 더욱 중시되는 추세를 보이고 있다.

32 다음의 자동화 창고에 대한 설명 중 올바르지 않은 것은 어느 것인가?

① 피킹설비 및 운반기기를 자동화하고 컴퓨터 제어방식을 통해 입출고 작업의 효율성 제고 효과와 인력 절감 효과를 거둘 수 있다.

② 물품의 보관에 있어서는 프리 로케이션(free location) 방식을 채택하여 보관능력을 향상시킨다.

③ 자동화 창고는 물품의 흐름보다는 보관에 중점을 두어 설계되어야 한다.

④ 자동화 창고에서 처리할 물품들은 치수와 포장, 중량 등을 기준으로 단위화가 선행되어야 한다.

⑤ 적은 투자로 기존 건물을 개조하고 랙을 설치하여 제한적인 자동창고의 효과를 볼 수도 있다.

해설 ③ 자동화 창고는 보관보다는 물품의 흐름에 중점을 두어 설계되어야 한다.

33 기업의 자동창고 도입배경에 관한 설명으로 옳지 않은 것은? ▶ 제16회

① 인력절감의 효과가 기대된다.

② 소품종 대량주문의 대응과 배송의 신속화가 요구된다.

③ 토지사용 효율성의 증대를 기대할 수 있다.

④ 지가 상승으로 인한 고층의 입체 자동화 창고가 필요하다.

⑤ 제조부문의 자동화와 균형을 맞출 수 있다.

해설 자동창고를 도입한 배경의 하나로 유통환경의 변화를 들 수 있다. 즉 다품종 소량주문과 함께 배송의 신속화가 요구되기 때문이다.

Answer 29. ④ 30. ④ 31. ④ 32. ③ 33. ②

34 창고관리 시스템(WMS)에 대해 잘못 설명한 것은?

① WMS를 활용하면 재고 정확도, 공간·설비 활용도가 높아진다.

② WMS를 활용하면 서류·전표 작업, 직간접 인건비는 증가하지만 제품 피킹 시간, 제품 망실, 설비비용 등은 감소한다.

③ WMS 패키지(package)를 도입하려면 세부 기능 분석이 반드시 필요하다.

④ 물류센터의 대형화, 중앙집중화, 부가가치 기능강화의 추세에 따라 WMS가 유통중심형 물류센터를 위한 차별화 전략의 핵심 요인으로 등장했다.

⑤ 고객의 다양한 요구사항 때문에 WMS 패키지 시장의 성장은 예상보다 저조하나 ERP 패키지의 도입이 활발해지면서, 그 하위 시스템으로서 도입이 확대되고 있다.

> **해설** WMS(Warehouse management system : 창고관리 시스템)는 물류센터에서 화물을 관리하기 위한 모든 정보시스템을 의미한다.
> ② WMS를 활용하면 서류·전표 작업, 직간접 인건비는 감소하고 제품 피킹 시간, 제품 망실, 설비비용 등도 감소한다.

35 경제적인 이용을 위하여 다음 a, b, c, d에 적합한 창고형태를 올바른 순서로 제시한 것은?

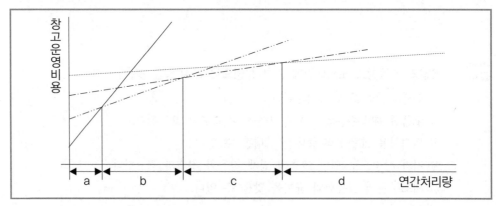

① 리스창고 – 자가자동창고 – 자가창고 – 영업창고

② 영업창고 – 자가창고 – 자가자동창고 – 리스창고

③ 영업창고 – 자가자동창고 – 자가창고 – 리스창고

④ 자가자동창고 – 자가창고 – 리스창고 – 영업창고

⑤ 영업창고 – 리스창고 – 자가창고 – 자가자동창고

> **해설** 연간 처리량에 비례하여 창고운영비용이 가장 급격히 증가하는 것은 영업창고이다. 그 다음으로는 리스창고, 자가창고, 자가자동창고의 순이다.

36 다음 그림은 어떤 물류 설비인가?   ▶ 제15회

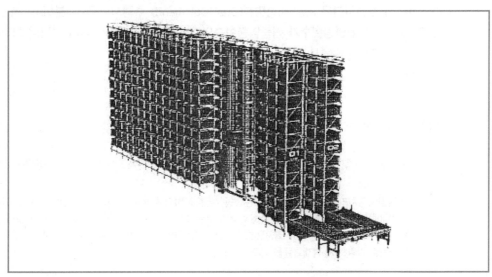

① AS/RS   ② Carousel
③ Mezzanine Rack   ④ Mobile Rack
⑤ Gravity Flow Rack

해설 그림은 자동창고, 즉 AS/RS(Automatic Storage and Retrieval System)이다. 좁은 의미로는 주로 고층 랙식 창고로서 전자제어에 의해 스태커 크레인을 조작함으로써 파렛트의 입출고를 자동적으로 수행하는 현대화된 창고를 의미한다. 넓은 의미로는 입체 자동창고 및 입체 기계화창고를 의미한다.

37 입체 자동화 창고의 대표적인 운반기기 중에서 랙에 화물을 입출고하는 기기의 일종으로, 하단에 주행레일이 있고 상단에 가이드레일이 있는 통로 안에서 주행장치로 이동하며, 승강장치와 포크장치를 이용하여 입출고 작업을 하는 기기를 무엇이라고 하는가?

① 원격제어기   ② 무인 반송차(AGV)
③ 파렛트(Pallet)   ④ 컨베이어(Conveyer)
⑤ 스태커 크레인(Stacker Crane)

해설 입체 자동화 창고에서 하단에 주행레일이 있고 상단에 가이드레일이 있는 통로 안에서 주행장치로 이동하며, 승강장치와 포크장치를 이용하여 랙에 화물의 입출고 작업을 하는 기기는 스태커 크레인(Stacker Crane)이다.

Answer   34. ②   35. ⑤   36. ①   37. ⑤

38 자동창고 시스템에서 단위화물을 처리하는 S/R(Storage/Retrieval) 장비의 단일명령(Single Command) 수행시간은 2분, 이중명령(Dual Command) 수행시간은 3.2분이다. 평균 가동률은 84%이고, 단일명령횟수가 이중명령횟수의 2배라면 S/R 장비 1대의 시간당 처리개수는? (단, 소수점 첫째자리에서 반올림하시오) ▶ 제17회

① 14개   ② 21개   ③ 28개
④ 35개   ⑤ 42개

> **해설** 단일명령의 경우 2분이 소요되므로 시간당 60분 / 2분 = 30개를 처리할 수 있다. 이중명령의 경우 3.2분이 소요되며 왕복 2개를 처리하므로 시간당 (60분 / 3.2분) × 2개 = 37.5개를 처리할 수 있다. 단일명령 횟수가 이중명령 횟수의 2배이므로 $30개(\frac{2}{3})+37.5(\frac{2}{3})$ = 32.5개이다. 평균가동률이 84%이므로 32.5 × 0.84 = 27.3개이다.
>
> ⬡ 단일명령처리(single command)는 보관/인출장비가 화물을 집어서 비어 있는 위치로 이동하여 해당위치에 투입하고 원점으로 반복해서 돌아오는 장치이다. 반면 이중명령(dual command)은 화물을 투입하고 비어 있는 상태로 화물인출 위치로 이동하여 인출작업을 수행한 후, 적재상태에서 입출력 원점으로 귀환하여 적재화물을 내리는 과정이다.

39 물류센터에서 보관중인 제품을 고객의 발주내역에 따라 출하준비를 하는 물류활동은? ▶ 제16회

① Just in Time   ② Order Picking
③ Cross docking   ④ Mezzanine Rack
⑤ Receipt Management

> **해설** 물류센터에서 보관중인 제품을 고객의 발주내역에 따라 출하준비를 하는 물류활동은 오더 피킹(Oder Picking)이다. 즉 '보관 중에 있는 물품을 오더(주문)에 의해 꺼내는 것'을 말한다.

40 오더 피킹(Order picking)의 생산성 향상을 위한 방법에 관한 설명으로 옳지 않은 것은? ▶ 제19회

① 동시에 피킹하는 경우가 많은 물품들은 서로 원거리에 배치한다.
② 분류시간과 오류를 최소화하기 위해 작업자의 편의를 고려한 운반기기를 설계한다.
③ 피킹 빈도가 높은 물품일수록 피커의 접근이 쉬운 장소에 저장한다.
④ 혼잡을 피하기 위하여 피킹장소 간 피킹활동을 조절한다.
⑤ 피킹의 오류를 최소화하기 위해 서류와 표시를 체계화한다.

> **해설** ① 오더 피킹(Order picking)의 생산성 향상을 위해서는 동시에 피킹하는 경우가 많은 물품들은 서로 근거리에 배치해야 한다.

41 다음 오더 피킹 방식의 설명으로 가장 알맞은 것은?

> 릴레이 방법과 같이 여러 사람의 피커가 각각 자기가 분담하는 종류의 작업범위를 정해두고서 피킹 전표 속에 자기가 맡은 종류의 물품만을 피킹한다.

① 1인 1건 방법
② 존 피킹 방법
③ 싱글오더 피킹 방법
④ 일괄오더 피킹 방법
⑤ 총량피킹 방식

해설 릴레이 방법과 같이 여러 사람의 피커가 각각 자기가 분담하는 종류의 작업범위를 정해두고서 피킹 전표 속에 자기가 맡은 종류의 물품만을 피킹하는 방법은 존(Zone) 피킹 방법, 또는 그룹 피킹 방법이다.

42 선반에 표시된 피킹지시에 따라 피킹작업을 수행하기 때문에 상품명과 문자를 읽지 못하는 작업자도 큰 오류 없이 작업수준을 유지할 수 있는 오더 피킹 시스템은 다음 중 어느 것인가?

① Digital Picking System
② Batch-order Picking System
③ Pallet Picking System
④ Peace Picking System
⑤ Split Picking System

해설 디지털 피킹 시스템(Digital Picking System)은 '표시장치 부착 선반피킹'이라고도 한다. 상품을 보관할 선반별로 컴퓨터 제어에 의한 수량표시기를 부착하고 꺼내야 할 상품의 위치와 수량을 디지털 표시기에 표시하여 피킹하는 시스템이다.
이 시스템은 선반에 표시된 피킹지시에 따라 피킹작업을 수행하기 때문에 상품명과 문자를 읽지 못하는 작업자도 큰 오류 없이 작업수준을 유지할 수 있다는 장점이 있다.

43 낱개 피킹시스템 중 작업자 이동형 시스템에서 사용하는 설비가 아닌 것은? ▶ 제17회

① Bin Shelving
② Storage Drawer
③ Mezzanine
④ Carousel
⑤ Mobile Storage

해설 ④ 회전 랙(Carousel)은 피킹 시 피커가 고정되어 있고 랙 자체가 회전하여 물품을 이동하여 입출고하는 방식의 랙이다. 랙이 수평 또는 수직으로 순환하여 소정의 입출고 장소로 이동이 가능한 랙이다. 일반적으로 중량이 비교적 가벼운 제품의 보관에 주로 사용한다.

Answer 38. ③ 39. ② 40. ① 41. ② 42. ① 43. ④

44 다음 내용에 맞는 오더 피킹 방법은? ▶ 제15회

> 여러 사람의 피커가 제각기 자기가 분담하는 품종이나 작업범위를 정해놓고 피킹전표 중에서 자기가 담당하는 종류만을 피킹하여 다음 피커에게 넘겨주는 피킹 방법

① 릴레이 방법   ② 종량피킹 방법
③ 1인 1건 방법   ④ 파종 방법
⑤ 어소트 방법

해설 ① 릴레이 방식의 오더 피킹은 여러 명의 피커가 제각기 자기가 분담하는 품종이나 단위공간의 작업범위를 정해놓고 피킹전표 중에서 자기가 담당하는 종류만을 피킹한 다음 피커에게 릴레이식으로 넘겨주는 방법이다.

45 오더 피킹(Order picking) 방식에 관한 설명으로 옳지 않은 것은? ▶ 제19회

① 1인 1건 방식 : 1인의 피커가 1건의 주문전표에서 요구하는 물품을 피킹하는 방식이다.
② 존 피킹(Zone picking) 방식 : 여러 사람의 피커가 각각 자기가 분담하는 선반의 작업 범위에서 물품을 피킹하는 방식이다.
③ 일괄 오더 피킹 방식 : 여러 건의 전표에 있는 물품을 한 번에 피킹하기 때문에 재분류 작업이 발생하는 방식이다.
④ 릴레이(Relay) 방식 : 여러 사람의 피커가 각각 자신이 분담하는 종류나 선반의 작업범위를 정해놓고 피킹하여 다음 피커에게 넘겨주는 방식이다.
⑤ 캐러셀(Carousel) 방식 : 사람이 걸어서 또는 오더피킹 기계 등에 타고 가서 피킹하는 방식이다.

해설 ⑤ 캐러셀(Carousel) 방식은 피커가 위치한 장소에 물품이 이동되어 오게 하는 방법이 있다. 여기에 사용되는 대표적인 기기로는 회전선반(Carrousel Rack)이나 미니로드 시스템(Mini Road System)이 있다.

46 오더 피킹 작업을 자동화하고자 할 때, 고려해야 할 요건으로 거리가 먼 것은?

① 기존 작업자의 작업패턴   ② 취급 화물의 형상, 규격 및 중량
③ 피킹 규모   ④ 적용기기의 성능
⑤ 투자대비 효과

해설 오더 피킹(order picking)에서 가장 중요한 과제는 고객의 주문내역과 일치하도록 상품을 집품하고, 지정한 납기 안에 배송해 주는 것이라 할 수 있다. 오더 피킹 시스템의 효율화를 기하기 위하여 오더 피킹작업의 자동화를 고려해 볼 수 있다. 이 방법은 피커가 위치한 장소에 물품이 이동되어 오도록 하는 것이 가장 대표적인 유형이다.
① 오더 피킹의 자동화는 피커가 이동하는 것이 아니므로 기존 작업자의 작업패턴은 고려할 필요가 없다.

47 주문 품목을 피킹한 후 재분류 작업이 필요 없는 피킹 방식은? ▶ 제16회

㉠ 단일주문 피킹 방식	㉡ 릴레이 피킹 방식
㉢ 일괄주문 피킹 방식	㉣ 씨뿌리기 피킹 방식

① ㉠, ㉡　　　　　　② ㉠, ㉢　　　　　　③ ㉡, ㉢

④ ㉡, ㉣　　　　　　⑤ ㉢, ㉣

해설 단일 주문 피킹 방식과 릴레이 피킹방식은 주문 품목을 피킹한 후 재분류 작업이 필요 없는 피킹 방식이다. 릴레이 피킹 방식은 여러 사람의 피커가 자기가 분담하는 종류의 작업범위를 정해 두고 피킹전표에서 자기가 담당하는 종류만을 피킹하고 다음 피커에게 릴레이식으로 넘겨주는 방법이다.

48 창고관리에 관한 다음 설명 중 가장 잘못된 것은?

① 오프라인 제어방식은 컴퓨터에 의해 처리된 입출고카드 및 테이프 등을 판독장치로 판독시킴으로써 하역기기를 작동하는 제어방식을 말한다.

② 랙의 적재하중에 따라 경량급(100kg 이하), 중간급(300kg 이하), 중량급(300kg 초과)으로 분류된다.

③ 기계화창고와 자동화 창고의 차이점은 그 시스템이 정보처리시스템과 일체화되어 있는지 여부에 따라 구분된다.

④ 온라인 제어방식은 컴퓨터와 하역기기가 일체가 되어 직접 정보를 교환하여 자동으로 운전하는 제어방식이다.

⑤ 랙 시설을 하고 지게차, 크레인 또는 컨베이어 등에 의해서 시스템적으로 기계화된 창고가 기계화창고이다.

해설 ② 랙의 적재하중에 따라 경량급(150kg 이하), 중간급(150kg 초과하고, 500kg 이하), 중량급(500kg 초과)으로 분류된다.

Answer 44. ①　45. ⑤　46. ①　47. ①　48. ②

49 물류센터에서 사용하는 DAS(Digital Assorting System)와 DPS(Digital Picking System)에 관한 설명으로 옳지 않은 것은? ▶ 제17회

① DAS는 물품을 주문별로 분배하는 파종식이며, DPS는 주문별로 피킹하는 채취식으로 볼 수 있다.

② DPS는 소품종 다량화물 및 피킹빈도가 낮은 화물의 피킹에 유리하다.

③ DAS는 보관장소와 주문별 분배장소가 별도로 필요하다.

④ DPS는 품목 증가 및 변경에도 정확히 피킹할 수 있다.

⑤ DPS는 피킹의 신속성과 정확성을 향상시킬 수 있다.

> 해설 ② DPS(Digital Picking System)는 피킹할 물건을 컴퓨터와 디지털 표시기에 의해 작업전표 없이 피킹할 수 있는 시스템으로서 다품종 소량, 다빈도 피킹 및 분배업무에 필수적인 시스템이다.

50 트렁크 룸(Trunk Room)에 관한 설명으로 옳지 않은 것은? ▶ 제16회

① 개인이나 기업을 대상으로 의류, 골동품, 서류, 자기테이프 등을 주로 보관하는 영업창고이다.

② 창고의 공간을 세분하여 소단위의 화물을 위탁 보관한다.

③ 물품을 해충, 곰팡이, 습기 등으로부터 지키기 위해 항온 · 항습 서비스를 부가하여 보관한다.

④ 물품을 적시에 간편하고도 신속하게 배송하기 위해 대체로 도심과 인접한 곳에 입지한다.

⑤ 화물의 입출고, 저장, 물품선별 및 분류작업 등이 기계화 · 전산화를 통해 자동화되어 있다.

> 해설 트렁크 룸(Trunk Room)은 모피 코트 등의 제품 및 기타 고급 잡화품을 보관하기 위한 영업창고를 말한다. 또는 일반 소비자들로부터 가재도구, 의류, 서류나 자기테이프 등의 물품을 맡아서 보관하는 창고, 새로운 소비자 물류서비스형태의 하나이다. 물품을 해충, 곰팡이, 습기 등으로부터 지키기 위해 훈증처리나 공기 조절 등이 완비되어 있다.
> ⑤ 트렁크 룸은 소량의 고급 잡화품 등을 주로 취급하므로 입출고 작업 등이 수동적으로 이루어진다.

51 동일한 제품을 토탈피킹(Total Picking)한 후 거래처별로 분배하는 형태의 시스템은?

▶ 제15회

① DAS(Digital Assort System)

② DPS(Digital Picking System)

③ WMS(Warehouse Management System)

④ ERP(Enterprise Resource Planning)

⑤ R/F(Radio Frequency)

> **해설** 디지털 어소팅 시스템(DAS : Digital Assorting System)은 디지털 피킹시스템(DPS)의 반대로 디지털로 표시된 수량만큼 뿌리는(분배하는) 방식이다. 반면 DPS(Digital Picking System)는 피킹할 물건을 컴퓨터와 디지털 표시기에 의해 작업전표 없이 피킹할 수 있는 시스템으로서 다품종 소량, 다빈도 피킹 및 분배업무에 필수적인 시스템이다.

52 창고관리 시스템(WMS)에 관한 설명으로 옳지 않은 것은?

▶ 제15회

① WMS의 주문관련 기능은 입고관리, 보관관리, 재고관리, 선입선출관리 등이다.

② 물류단지의 대형화, 중앙집중화, 부가가치기능강화의 추세에 따라 WMS가 유통중심형 물류단지를 위한 차별화 전략의 핵심요인으로 등장했다.

③ WMS를 활용하면 재고정확도, 공간과 설비의 활용도가 높아진다.

④ WMS의 출고관련 기능은 수·배송관리, 배차스케줄 운영 등이다.

⑤ WMS를 활용하면 창고에 관한 업무 프로세스를 전산화·정보화하여 일반적으로 적은 인원으로 쉽고 편리하게 업무를 수행할 수 있다.

> **해설** 창고관리 시스템(WMS : Warehouse Management System)은 입하, 입고, 피킹, 출하 그리고 재고사이클 카운트 등의 창고 비즈니스 프로세스와 직접적인 창고활동의 효율적 관리에 사용되는 시스템이다. WMS는 또한 공간효율의 최대화, 입고 프로세스 자동화 등을 통해 운반관리(material handling)를 최소화한다.
> ① WMS의 입고관리, 보관관리, 재고관리, 선입선출관리 등은 보관관련 기능이다.

53 자동창고 시스템의 구성요소로 옳지 않은 것은?

▶ 제14회

① 스태커 크레인(Stacker Crane) ② 트레버서(Traverser)

③ 랙(Rack) ④ 대기점(Home Position)

⑤ 스트래들 캐리어(Straddle Carrier)

> **해설** 자동창고 시스템을 구성하는 하드웨어로는 랙(Rack), 스태커 크레인(Stacker Crane), 트레버서(Traverser), 셀(Cell), 대기점(Home Position), 컨베이어(Conveyor), 버킷(Bucket), 무인반송차(AGV) 등이 있다.
> ⑤ 스트래들 캐리어(Straddle Carrier)는 컨테이너선에서 크레인으로 컨테이너를 에이프런에 내린 후 운반하는 기기를 의미한다. 컨테이너를 2~3단으로 적재할 수 있다.

Answer 49. ② 50. ⑤ 51. ① 52. ① 53. ⑤

54 창고관리 시스템(WMS : Warehouse Management System)에 관한 설명으로 옳은 것은?

▶ 제14회

① WMS를 도입하면 물류 프로세스의 표준화 과정 없이 물류센터의 효율을 극대화 시킬 수 있다.

② WMS는 운영계획, 수요예측, 조달계획, 배송계획 등을 수립하여 전체 물류센터의 효율화를 추구한다.

③ WMS는 물류센터 운영 효율에 초점을 두고 있기 때문에 재고 부담을 최소화하거나 재고비용을 절감시키는 효과는 크지 않다.

④ WMS 도입으로는 무재고로 표현되는 크로스 도킹(Cross Docking)을 실현시키지 못한다.

⑤ WMS는 업무적인 측면과 고객 서비스 측면에서는 높은 효과가 있지만, 투자비용 측면에서는 효과를 기대하기 어렵다.

> **해설** 창고관리 시스템(WMS)은 입하, 입고(put away), 피킹, 출하 그리고 재고사이클 카운트 등의 창고 비즈니스 프로세스와 직접 창고활동을 효율적으로 관리하는데 사용되는 시스템이며, 또 무선(RF)시스템으로 컴퓨터와 작업자 간에 실시간의 데이터 교환을 가능하게 한다. WMS는 또한 공간효율의 최대화, 입고 프로세스를 자동화하는 것에 의해서 운반관리(material handling)를 최소화한다.

55 아래 자동창고시스템의 조건에 의한 자동창고의 평균 가동률은? (단, 소수점 둘째자리에서 반올림하시오)

▶ 제15회

- 자동창고시스템에서 단일명령의 수행시간이 3분
- 입고와 출고를 동시에 수행하는 이중명령의 수행시간이 5분
- 1시간당 평균 입고 및 출고작업이 각각 10건
- 작업의 80%는 이중명령으로 수행

① 52.1%   ② 65.2%   ③ 73.5%
④ 86.7%   ⑤ 91.4%

> **해설** 1. 시간당 10건의 작업 중 80%가 이중명령으로 수행되므로 이중명령에 의한 처리시간 = 10건 × 0.8 × 5분 = 40분이다.
> 2. 20%는 단일명령으로 수행되므로 입고와 출고를 모두 고려하면 처리시간 = 10건 × 0.2 × 3분 × 2 = 12분이다.
> 3. 총소요시간이 52분이므로 평균 가동률 = 52분 / 60분 = 86.7%이다.

56 오더 피킹(Order Picking)의 방법에 관한 설명으로 옳지 않은 것은?

① 1인 1건 방법은 1인의 피커(Picker)가 1건의 주문전표에 명기된 물품을 피킹하는 방법이다.

② 릴레이 방법은 여러 사람의 피커가 각각 자기가 분담하는 종류나 선반의 작업범위를 정해 두고서 피킹전표 속에서 자기가 맡은 종류의 물품만을 피킹해서 릴레이식으로 다음의 피커에게 넘겨주는 방법이다.

③ 존 피킹(Zone Picking) 방법은 릴레이 방법과 똑같이 여러 사람의 피커가 각각 자기가 분담하는 종류의 선반의 작업 범위를 정해 두고서 피킹전표 속의 자기가 맡은 종류의 물품만을 피킹한다.

④ 일괄오더 피킹 방법은 여러 건의 주문전표를 모아서 한번에 피킹하는 방법으로, 주문별로 분류할 필요가 없다.

⑤ 총량피킹 방법은 한나절이나 하루의 주문전표를 모아서 피킹하는 방법이다.

해설 ④ 일괄오더 피킹 방법은 여러 건의 주문전표를 모아서 물품을 한 번에 피킹하는 방법으로, 주문별로 재분류 작업이 발생한다.

57 창고관리 시스템(WMS : Warehouse Management System)의 주요기능에 관한 설명으로 옳지 않은 것은?

① 재고관련기능 - 입고관리, 보관관리, 선입선출관리

② 주문관련기능 - 피킹(Picking)관리, 자동발주시스템

③ 출고관련기능 - 수 배송관리, 배차 스케줄 운영

④ 관리관련기능 - 인력관리, 물류센터 지표관리, 위치(Location)관리를 통한 재고 내역 및 실물위치 추적용이성

⑤ 인터페이스(Interface) 기능 - 무선통신, 물류센터의 실시간 정보화

해설 WMS(Warehouse management system : 창고관리 시스템)는 물류센터에서 화물을 관리하기 위한 모든 정보시스템을 의미한다.
④ 위치(Location)관리를 통한 재고 내역 및 실물위치 추적용이성은 재고관련기능이다.

58 창고의 형태 및 기능에 관한 설명으로 옳지 않은 것은?

① 소비지에 가깝게 위치하여 소단위 배송을 위한 거점시설을 물류센터라고 한다.

② 자동화 창고를 구성하는 필수 설비로 보관 랙(Storage Rack), S/R(Storage and Retrieval) 장비, 보관용기(Storage Container) 등이 있다.

③ 소비자 지향의 물류가 강조되면서 창고의 기능은 유통을 지원하는 분배기능에서 보관기능으로 전환되고 있다.

④ 보관 랙의 화물을 입출고시키는 스태커 크레인(Stacker Crane)은 주행 및 승강장치, 포크(Fork)장치로 구분되어 있다.

⑤ 창고의 형태로는 단층창고, 다층창고, 입체 자동창고 등이 있다.

> **해설** ③ 소비자 지향의 물류가 강조되면서 창고의 기능은 보관기능에서 유통을 지원하는 분배기능으로 전환되고 있다.

59 자동창고의 시스템 구성요소이며, 화물을 원하는 임의 위치까지 운반하는 자동주행장치로 최근에는 레이저로 유도되는 장비가 등장하였다. 이 장비는 무엇인가?

① Stacker Crane ② Traverser

③ Conveyor ④ Bucket

⑤ AGV

> **해설** 무인반송차(AGV : Automatic Guided Vehicle)는 화물을 지정 입·출고대까지 이동시키는 자동주행장치로 최근에는 레이저로 유도되는 무인반송차가 등장하였다.

60 다음 (   )안에 들어갈 말을 알맞게 짝지은 것은?

> 입고구와 출고구가 달라서 입고되는 물품이 일방통행으로 창고 내를 이동하여 출구에서 반
> 출되는 방식을 (㉠), 입고구와 출고구가 동일하거나 또는 동일한 방향에 있어서 보관물품
> 은 보관 후 입고방향과 반대방향의 흐름으로 출고되는 방식을 (㉡)이라 한다.

① ㉠ One Way 방식, ㉡ L형 방식
② ㉠ One Way 방식, ㉡ U Turn 방식
③ ㉠ U Turn 방식, ㉡ One Way 방식
④ ㉠ U Turn 방식, ㉡ L형 방식
⑤ ㉠ L형 방식, ㉡ One Way 방식

해설 보관물품의 레이아웃 흐름방식에서 입고구와 출고구가 달라서 입고되는 물품이 일방통행으로 창고 내를 이동하여 출구에서 반출되는 방식을 One Way 방식, 입고구와 출고구가 동일하거나 또는 동일한 방향에 있어서 보관물품은 보관 후 입고방향과 반대방향의 흐름으로 출고되는 방식을 U Turn 방식이라 한다. U Turn 방식은 입출고 사이클 타이밍의 절약이 가능하지만 입출고 및 입출하가 혼란해질 우려가 있다.

61 자동창고시스템에서 수직과 수평방향으로 동시에 이동 가능하고, 수평으로 초당 2m, 수직으로 초당 1m의 속도로 움직이는 스태커 크레인(Stacker Crane)을 활용한다. 이 스태커 크레인이 지점 A(60, 15)에서 지점 B(20, 25)로 이동할 때 소요되는 시간은? [단, (X, Y)는 원점으로부터의 거리(m)를 나타낸다]   ▶ 제23회

① 10초   ② 15초
③ 20초   ④ 25초
⑤ 30초

해설 수평 이동거리 = 60m − 20m = 40m이고, 이동시간 = 40m / 2m = 20초이다. 수직 이동거리 = 25m − 15m = 10m이고, 이동시간 = 10m / 1m = 10초이다. 동시에 이동하므로 최대이동시간 20초가 이동 소요시간이다.

Answer   58. ③   59. ⑤   60. ②   61. ③

02 물류시설과 물류단지

| 학습목표 |
1. 물류시설의 개념과 종류를 이해한다.
2. 물류단지와 물류터미널, 특히 복합 물류터미널의 의의와 기능을 이해한다.
3. 물류단지 시설 중 내륙 컨테이너 기지, 항만지역의 보관시설, 물류센터를 이해한다.

| 단원열기 |
물류시설과 물류거점시설의 종류, 복합 물류터미널의 기능, 내륙 컨테이너 기지(ICD)의 기능과 효과, 공동집배송 단지의 효과, 항만지역의 보관시설은 자주 출제되는 내용이다. 이와 함께 물류센터의 의의와 기능, 물류센터의 종류 등도 잘 정리해두어야 한다.

제1절 물류시설의 개념과 종류

1 물류시설의 의미와 유형

(1) 물류시설의 의미

① **일반적인 의미**: 물류시설은 운송·보관·하역 등 화물의 유통을 위한 항만·철도·공항·화물터미널 및 창고 등 물류와 관련된 시설을 의미한다. 따라서 넓은 의미에서 물류시설은 물류터미널과 물류단지를 포함하는 개념이다.

② **법적인 의미**: 「물류시설의 개발 및 운영에 관한 법률」에서는 물류시설을 다음과 같이 정의하고 있다.
  ㉠ 화물의 운송·보관·하역을 위한 시설
  ㉡ 화물의 운송·보관·하역과 관련된 가공·조립·분류·수리·포장·상표부착·판매·정보통신 등의 활동을 위한 시설
  ㉢ 물류의 공동화·자동화 및 정보화를 위한 시설
  ㉣ ㉠부터 ㉢까지의 시설이 모여 있는 물류터미널 및 물류단지

(2) 물류시설의 분류

① **단위물류시설**

단위(unit)물류시설은 물류활동을 독립적으로 수행할 수 있는 개별입지의 물류시설로서 창고 등을 말한다.

② **집적물류시설**

집적(cluster)물류시설은 둘 이상의 단위물류시설 등이 군집화된 물류시설을 의미하는 것으로 클러스터 물류시설이라고도 한다. 복합물류터미널(내륙컨테이너 물류기지 포함)·공항물류터미널·철도물류터미널·물류단지·공동집배송센터·일반물류터미널·농수산물도매시장 및 농수산물종합유통센터 등을 의미한다.

③ **연계물류시설**

연계물류시설은 단위물류시설 상호 간, 단위물류시설과 집적물류시설 간, 집적물류시설 상호 간의 화물운송이 원활히 이루어지도록 제공되는 교통시설을 의미한다. 도로·공항·철도 및 파이프라인 등을 말한다.

④ **물류거점시설**

  ㉠ 물류거점시설은 '물류활동의 근거가 되는 중간지점 시설'이라는 뜻으로, 생산과 소비활동을 연결하기 위한 물적유통의 중간지점 또는 시설을 의미한다.

  ㉡ 물류거점시설의 종류로는 물류단지, 유통단지, 물류터미널(복합, 일반), 집배송 센터, 내륙컨테이너 물류기지(ICD : Inland Container Depot), 컨테이너 야드(CY : Container Yard), 컨테이너 화물취급장(CFS : Container Freight Station), 물류센터, 유통센터, 배송센터, 데포(Depot), 창고 등이 포함된다.

제 2 절　물류단지의 의의와 유형

1 물류단지와 물류터미널

(1) **물류단지**

① **물류단지의 의미** : 물류단지는 물류단지시설과 지원시설을 집단적으로 설치·육성하기 위하여 「물류시설의 개발 및 운영에 관한 법률」에 따라 지정·개발하는 일단(一團)의 토지 및 시설로서 도시첨단 물류단지와 일반 물류단지를 말한다(제2조).

도시첨단 물류단지	도시 내 물류를 지원하고 물류·유통산업 및 물류·유통과 관련된 산업의 육성과 개발을 촉진하려는 목적으로 도시첨단 물류단지시설과 지원시설을 집단적으로 설치하기 위하여 도시지역에 지정·개발하는 일단의 토지 및 시설을 말함.
일반 물류단지	물류단지 중 도시첨단 물류단지를 제외한 것을 말함.

② **일반 물류단지시설** : 일반 물류단지시설이란 화물의 운송·집화·하역·분류·포장·가공·조립·통관·보관·판매·정보처리 등을 위하여 물류단지 안에 설치되는 다음의 시설을 말한다.

　　　㉠ 물류터미널 및 창고

　　　㉡ 대규모점포, 전문상가단지, 공동집배송센터, 중소유통공동도매물류센터

　　　㉢ 수산물도매시장, 농수산물공판장 및 농수산물종합유통센터

　　　㉣ 기타 화물의 운송·하역 및 보관시설

　　③ **지원시설** : 지원시설이란 물류단지시설의 운영을 효율적으로 지원하기 위하여 물류단지 안에 설치되는 다음의 시설을 말한다.

　　　㉠ 가공·제조 시설

　　　㉡ 정보처리시설

　　　㉢ 금융·보험·의료·교육·연구 시설

　　　㉣ 물류단지의 종사자 및 이용자의 생활과 편의를 위한 시설

(2) 물류터미널

　　① **물류터미널의 의미** : 물류터미널이란 화물의 집화·하역 및 이와 관련된 분류·포장·보관·가공·조립 또는 통관 등에 필요한 기능을 갖춘 시설물을 말한다.

　　② **물류터미널 사업** : 물류터미널 사업은 물류터미널을 경영하는 사업으로서 복합 물류터미널 사업과 일반 물류터미널 사업을 말한다.

　　　㉠ 복합 물류터미널 사업 : 두 종류 이상의 운송수단 간의 연계운송을 할 수 있는 규모 및 시설을 갖춘 물류터미널 사업

　　　㉡ 일반 물류터미널 사업 : 물류터미널 사업 중 복합 물류터미널 사업을 제외한 것

2 복합 물류터미널

(1) 복합 물류터미널의 의미

　　① 복합 물류터미널은 두 종류 이상의 운송수단 간 연계운송을 할 수 있는 규모 및 시설을 갖춘 물류터미널을 말한다.

　　② 반면 일반 물류터미널은 노선트럭수송사업자가 실시하는 지역 간 및 도시 간의 소량화물 혼재수송에 있어서 화물을 동일한 방면별로 집약 또는 분산시키기 위한 시설을 말한다.

(2) 복합 물류터미널의 기능

　　① **터미널 기능의 실현** : 환적기능을 구비하여 출발지에서 도착지까지 수송·하역·보관·포장 활동을 통하여 단위화 및 규격화 실현

　　② **혼재기능의 강화** : 단위화의 촉진을 위해 소규모 화물의 로트화를 통해 혼재기능을 강화

　　③ **유통·보관기능의 구비** : 대량생산체제를 배경으로 하여 수주의 소량분산화에도 불구하고 생산자와 소비자를 연결하는 역할

④ **트랜스폼**(transform) : 상품을 수요단위에 적합하게 소량으로 가공·포장·판매 단위화하는 역할

⑤ **정보센터 기능** : 수송수단의 예약 탁송, 화물의 운행 및 도착, 재고관리 등의 정보제공을 통하여 화물정보센터로서 기능을 강화하는 역할

(3) 복합 물류터미널의 운영방식

① **정부 및 지방자치단체 주도방식** : 국가 또는 지방자치단체, 공공기관이 주도하여 복합물류터미널을 건설하고 운영하는 공기업 방식을 말한다.

② **개별기업 방식** : 개개의 사업자가 조성주체로부터 물류단지 부지를 분양받아 각각 전용시설을 건설하여 집단화하는 방식이다.

③ **기업공동체 방식** : 복수의 기업이 공동으로 부지를 분양받아 시설을 정비하여 집단화하는 방식이다. 주로 중소기업들이 주체가 되어 협동조합을 설립하고 정비하는 방식이다.

④ **협동조합 방식** : 「중소기업 협동조합법」에 따라 협동조합을 결성하여 집단화 시설의 정비를 수행하고 상호부조의 정신을 기초로 공동화를 도모하는 방식이다.

⑤ **공동출자 방식** : 관련업계 민간기업의 공동출자에 의하여 법인을 설립해 물류터미널의 건설·운영하는 방식이다.

⑥ **제3섹터 방식**(민관합동방식) : 공공부분(제1섹터)과 민간부문(제2섹터)이 공동으로 참여하는 제3의 경영형태이다. 공공부문이 토지를 제공하면 민간부문이 자금을 조달하여 물류센터를 건축하고 운영하는 방식이다.

임대형 민자사업 (BTL 방식)	민간 사업자가 공공시설을 지은 후 소유권을 이전하고 임대한 후 사용자로부터 사용료를 받아 투자비를 회수하는 투자 방식
수익형 민자사업 (BTO 방식)	민간 사업자가 공공시설을 지은 뒤 소유권을 정부에 이전하고 일정기간 운영하여 얻은 수익으로 투자비를 회수하는 방식

제 3 절 | 물류단지시설

1 내륙 컨테이너 기지(ICD)

(1) 내륙 컨테이너 기지(ICD)의 정의와 기능

① ICD의 정의

내륙 컨테이너 기지(ICD : Inland Container Depot)는 화물의 대부분이 컨테이너화되어 항만터미널의 화물수용능력이 한계를 보임에 따라, 항만터미널과 내륙운송수단과의 연계가 편리한 산업지역에 건설한 컨테이너 장치장(CFS)이나 컨테이너 화물의 통관기지를 말한다.

② ICD의 기능

㉠ 컨테이너의 장치·보관기능

㉡ 화물의 집화·보관기능

㉢ 컨테이너의 통관기능

(2) 내륙컨테이너 기지의 역할

내륙컨테이너는 항만 또는 공항이 아닌 내륙시설이지만 공적 권한(public authority)을 지니고 있으며, 공공설비를 갖추고 여러 내륙운송수단에 의해 통관이 완료되지 않은 상태에서 이송된 여러 종류의 화물의 일시적 저장과 취급에 대한 서비스를 제공한다.

① **세관통제하에 수출 및 연계수송** : 일시적 장치, 창고보관, 재수출, 일시상륙 등을 담당하는 단체들이 있는 장소로써 주로 항만터미널 및 내륙운송수단과 연계가 편리한 주요 산업지역에 건설하고 있다.

② **전통적 항만기능 수행** : 컨테이너 기지에서는 항만에서 반드시 이루어져야 할 본선작업과 마샬링(Marshalling, 컨테이너 적재준비) 기능을 제외한 전통적인 항만기능이 수행되고 있으며, 항만지역에 위치한 많은 관련 서비스 시설을 포함하고 있기 때문에 "내륙항만"이라고도 부른다.

(3) 내륙 ICD의 효과

① **시설비 절감** : 항만지역과 비교하여 창고·보관시설용 토지 취득이 쉽고 시설비가 절감되어 창고 보관료가 저렴하다.

② **운송비 절감** : 화물의 대단위화로 운송효율의 향상과 교통혼잡의 회피로 운송비가 절감된다.

③ **노동생산성 향상** : 노동력의 안정적 확보와 기계화로 노동생산성이 향상된다.

④ **포장비 절감** : 통관검사 후 재포장이 용이하므로 포장비가 절감된다.

⑤ **통관비 절감** : 통관의 혼잡을 피하고 통관의 신속화로 통관비가 절감된다.

2 공동 집배송 단지

(1) 공동 집배송 단지의 개념

① 공동 집배송 단지란 화물을 공동으로 집화(모으는 것)하고 배송(배달하여 줌)하는 단지를 의미한다.

② 유사한 업종의 제품유통을 위하여 대규모 단지를 조성하고 도매·검수·포장 등과 같은 가공기능과 정보처리시설 등을 갖추어 체계적으로 공동관리하는 물류단지(예를 들면 가락동 농수산물시장, 노량진 수산시장 등)이다.

③ 여러 화주와 물류업자 또는 제조업자가 공동으로 사용할 수 있도록 집배송시설 및 부대업무시설이 설치되어 있는 시설이다.

④ 공동 집배송 단지의 기능은 공동구매에서 오는 대량구매와 계획매입으로 인한 구매력의 향상으로 수익의 증대와 공급조절을 통한 가격의 급등락을 방지하는 기능을 가지고 있다.

(2) 공동 집배송 단지의 필요성

① 관련법상의 제약과 높은 지가로 개별업체의 적정입지 확보가 곤란

② 토지효율 및 투자효율의 극대화 필요성

③ 일괄매입 및 일괄조성으로 단지조성의 능률화 필요성

④ 도시기능의 순화 필요성

(3) 공동 집배송 단지의 효과

① **물류비 절감 효과** : 공동 집배송은 다수업체가 배송센터를 1곳의 대단위 단지에 집결시킴으로서 배송물량의 지역별·업체별 계획배송 및 혼재배송에 의해 차량적재율의 증가, 운송횟수의 감소 및 운송거리의 단축을 통하여 물류비를 절감시키는 효과가 있다.

② **공간효율의 극대화** : 공동 집배송은 작업을 공동으로 수행하므로 상품흐름의 원활화, 인력의 공동 활용, 공간효율의 극대화를 기대할 수 있다.

3 항만지역의 보관시설

(1) 보세구역(창고, 장치장)

① **보세구역의 정의** : 보세구역(bonded area)이란 '세금이 보류된 구역'이란 뜻으로 수출입화물의 관세를 지불하지 않고 세관장의 허가에 의해 운영되는 특별지역을 말한다. 수출입 화물의 집화, 분류, 보관, 운송을 효율적으로 하기 위하여 세관장이 지정하거나 특허한 장소이다.

② **보세구역의 구분** : 보세구역은 지정보세구역과 특허보세구역으로 구분되는데 지정보세구역은 지정장치장과 세관검사장으로 세분된다. 특허보세구역은 보세장치장·보세창고·보세공장·보세전시장·보세건설장 및 보세판매장으로 세분된다(「관세법」 제65조).

구 분	특 징
지정장치장	통관하기 위한 물품을 일시 장치하기 위하여 세관장이 지정한 장소이다. 즉 통관비행장·통관장 및 세관구내 등이다.
보세장치장	통관하기 위한 물품을 장치하기 위한 구역으로, 보세장치장 설영(설치·운영)의 특허기간은 10년 내로 하되 변경할 수 있다
보세창고	보세창고는 외국물품을 장치하기 위한 구역으로, 10년 이내의 기간을 정하여 특허한다.
보세공장	보세공장은 외국물품을 원료로 제조 ·가공 기타 유사한 작업을 하기 위한 구역이다.

(2) **CY/CFS**(Container Yard/Container Freight Station)

　① **CY**(Container Yard)

　　㉠ 수출입용 '컨테이너를 보관 취급하는 장소'를 말한다. 일반적으로 컨테이너 야드는 CFS(Container Freight Station), Marshalling Yard(부두선적대기장), 에이프런(Apron), 샤시 및 트랙터 장치장까지를 포함한다.

　　㉡ FCL(Full Container Load)화물은 부두 컨테이너 터미널의 야적보관장(CY)에서 대기하며, LCL(Less than Container Load) 화물은 CFS(Container Freight Station)에서 혼재작업(consolidation)을 하여 FCL(Full Container Load) 화물로 만들어 CY로 보내진다.

　　㉢ FCL(Full Container Load) 화물은 컨테이너 1대에 가득 채워진 화물을 말하고, LCL(Less than Container Load) 화물은 컨테이너 1대에 채우기에는 부족한 화물을 말한다. 이러한 LCL화물은 CFS에서 혼재작업 후 FCL로 만들어져 CY로 보내진다.

　② **CFS**(Container Freight Station)

　　LCL화물을 모아서 FCL화물로 또는 FCL화물을 분해해서 LCL화물로 만드는 취급장을 말한다. 즉 컨테이너에 화물을 넣고 꺼내는 장소와 시설을 말한다.

█ 4 물류센터

(1) **물류센터의 의의**

　① **물류센터의 정의**

　　물류센터(logistics center)는 물적유통의 중심지를 의미하는 것으로, "물류기능과 물류활동의 중심이 되는 시설"이라는 의미로 사용되고 있다.

② **물류센터와 창고**

　　㉠ 물류센터와 창고(warehouse)는 동일한 개념으로 사용되고 있다. 그러나 엄밀한 의미에서 물류센터는 과거의 단순한 보관(또는 저장)의 기능을 위한 시설에서 더 나아가 효율적인 공급사슬관리(SCM)를 위한 역할의 증대로 인하여 고객의 주문에 대한 서비스를 제공하기 위하여 재고를 보관하면서 하역과 보관 · 출고 · 배송의 기능을 수행하는 물류시설을 의미하는 개념으로 해석하고 있다.

　　㉡ 즉 창고는 저장 및 보관을 위한 시설이라는 개념이 강한 데 반하여, 물류센터는 보관 · 출하 및 정보시스템의 토털 물류기능을 강조한다는 측면에서 차이가 있다.

③ **물류센터와 유통센터**

　　㉠ 유통센터는 상류활동이 중심이 되어 도소매업의 입 · 출고 상품이 상류기능을 위해서 동일한 장소에서 집하 · 보관되는 장소를 의미한다.

　　㉡ 반면에 물류센터는 일정한 물류시설을 갖추어 놓고 물류활동이 중심이 되어 일련의 물류기지 역할을 수행하는 장소를 의미한다고 볼 수 있다.

　　㉢ 다시 말하면, 유통센터는 상류기능과 상류활동의 중심이 되는 시설이고, 물류센터는 물류기능과 물류활동이 중심이 되는 시설로 파악하고 있다.

　　㉣ 특히 물류센터는 공급사슬관리상의 흐름과 동기화를 위하여 대형화와 중앙집중화, 지능적 자동화로 발전, 부가가치 기능 강화 등의 특징이 강조되고 있다.

(2) 물류센터의 역할 및 기능

① 판매와 생산의 조정 완충역할

② 수요와 공급의 조정 완충역할

③ 수송과 배송의 조정 완충역할

④ 제조공정의 일부로서의 역할

⑤ 마케팅 지원의 역할

⑥ 재고집약에 의한 적정재고의 유지

⑦ 판매점의 구입활동을 집약함으로써 거래를 유리하게 하는 역할

⑧ 판매점의 품목정리 간략화로 판매활동에 전력하게 하는 역할

⑨ 신속, 정확한 배송에 의한 고객서비스 향상

⑩ 판매정보의 집약, 조기 파악으로 구입(생산)계획에 반영

⑪ 수급조정을 재고집약에 의해 수급변동 영향의 흡수완화

⑫ 상물분리에 의한 물류효율화

⑬ 교차 및 중복수송의 감소

(3) 물류센터의 종류

① **보관센터**(S/C : Stock Center)

㉠ 보관센터는 제품의 보관이 주요 목적이며 입출고의 취급물동량 단위에 큰 차이가 없다. 컨테이너 야드(CY), 광역물류센터(logistics center) 및 제품공장의 스톡센터가 있다.

㉡ 제품을 집약하는 보관의 기능을 중심으로 하역, 집하, 가공, 포장, 검품, 출하, 피킹, 정보관리 등의 종합물류활동이 이루어지는 물류센터를 말한다. 스톡 포인트(stock point)라고도 부른다.

② **배송센터**(D/C : Delivery Center)

㉠ 배송센터는 그 지역의 소매점 및 소비자에 대한 배송기능을 수행하며 보관기능보다는 출고 및 배송기능을 주로 한다. 유사한 용어로는 집배송센터, 집배센터, 유통센터가 있다.

㉡ 물품의 배송, 보관, 검품, 검수, 유통가공, 분류 및 포장 등의 물류활동을 통하여 소비자 요구의 다양화, 배송의 다빈도화에 따른 시간적·공간적 서비스를 제공하는 물류센터이다.

㉢ 배송센터의 특징으로는 제품의 보관과 함께 입고된 제품을 집하 및 분류하는 기능을 수행한다. 배송센터는 상물의 분리를 통해 물류의 효율화를 이룰 수 있다.

㉣ 배송센터가 구축되어 공동수배송이 이루어지면 교차수송이 감소됨으로써 차량 운행효율의 증대, 물류시설 및 인력의 효율적 운영, 교통혼잡의 감소 등을 통해 화주기업은 물론 물류산업의 경쟁력이 강화된다.

③ **통과센터**(T/C : Transport Center)

㉠ 통과센터(Flow Center)는 최근 정보기술(IT)과 교통의 발달에 따라 창고의 보관기능을 최소화하기 위하여 운영되는 시스템이다. 물자의 유통단계, 거리, 재고를 줄이고 신속하게 대응하기 위한 물류센터를 말한다. 무재고 창고, 데포 등을 들 수 있다.

㉡ 제품의 보관보다는 통과, 환적, 일시적 보관 및 단순중계가 주요한 기능이다. 최근 창고를 줄이고 재고를 최소화하는 물류혁신차원에서 많이 운영되는 크로스 도킹(Cross Docking) 시스템과 함께 활용되고 있다.

㉢ 무재고 창고를 지향하는 데포(Depot)는 "소비지에 가까운 일시 보관 장소"라는 개념으로 배송처리 건수가 많고 소량 다빈도 요구에 대응하는 소비지에 가까운 소규모 배송처를 말한다. 데포는 수출입용 컨테이너 물류기지 개념으로도 사용되고 있다.

┌─ **보충학습** ┤

물류센터(거점)의 수와 물류비용의 관계

물류센터의 수가 증가하면 물류센터로부터 배송처까지의 배송비용은 감소한다. 그러나 물류센터까지의 수송비용, 물류센터에서의 재고유지비용, 물류센터의 관리비용은 증가한다.

02 실전예상문제

01 내륙 컨테이너 기지(ICD)의 기능에 해당되지 않은 것은?

▶ 제18회

① 수출입 통관업무
② 선박 적하, 양하기능
③ 집화, 분류기능
④ 장치, 보관기능
⑤ 육상운송 수단과의 연계기능

해설 ICD(inland container depot)는 내륙 컨테이너 기지로 컨테이너 터미널의 하나이다. ICD는 통관·장치보관·집화분류·포장·내륙운송 등의 기능을 수행한다.
② 선박 적하 및 양하는 항만에서만 이루어지는 기능이다.

02 크로스 도킹(Cross docking)에 관한 설명으로 옳은 것을 모두 고른 것은?

▶ 제16회

㉠ 재고가 입하될 때 보낼 곳을 알고 있고 1일 처리량이 적을 때 크로스 도킹의 도입이 유리하다.
㉡ 크로스 도킹을 통해 보관, 하역, 수배송, 창고관리 프로세스의 단축과 개선이 가능하다.
㉢ 크로스 도킹을 효과적으로 실현하기 위해서는 ASN(Advanced Shipping Notice)과 JIT (Just in Time) 환경이 필요하다.
㉣ 공급처에서 수령한 물품을 물류센터에서 재고로 보관하지 않고 바로 출하할 수 있도록 하는 물류시스템이다.
㉤ 크로스 도킹은 기계설비의 고려없이 정보기술만 활용하면 쉽게 도입할 수 있다.

---

① ㉠, ㉡, ㉢
② ㉠, ㉢, ㉣
③ ㉡, ㉢, ㉣
④ ㉡, ㉢, ㉤
⑤ ㉢, ㉣, ㉤

해설 크로스 도킹(Cross-docking)은 창고나 물류센터로 입고되는 상품을 보관하지 않고, 곧바로 소매점포에 배송하는 물류시스템이다. 보관 및 피킹(storage & picking)작업 등을 제거함으로써 물류비용을 상당히 절감할 수 있다.
크로스 도킹은 제품 입하 시 출하지를 알고 있을 때, 즉 소비자가 재고를 즉시 받을 준비가 되어 있고, 선적장소가 적거나 입하화물이 대량이고 일일처리량이 많을 때 효과적이다. 크로스 도킹은 제품의 수요가 일정하고 안정적이며, 재고품절비용이 낮을 경우 가장 효율적으로 운영될 수 있다.

Answer 1. ② 2. ③

03 배송센터 구축의 이점이 아닌 것은? ▶ 제16회

① 교차수송의 실현　　　　　　　　② 납품작업의 합리화

③ 수송비 절감　　　　　　　　　　④ 배송서비스율의 향상

⑤ 상물분리의 실시

> **해설** ① 배송센터가 구축되어 공동수배송이 이루어지면 교차수송이 배제됨으로써 차량 운행효율의 증대, 물류시설 및 인력의 효율적 운영, 교통혼잡의 감소 등을 통해 화주기업은 물론 물류산업의 경쟁력이 강화된다.

04 동일한 조건하에서 배송센터의 수가 늘어나는 경우에 관한 설명으로 옳은 것은? ▶ 제16회

① 배송센터에서 배송처까지의 수송비용은 증가한다.

② 전체 배송센터의 재고수준은 증가한다.

③ 전체 배송센터의 운영비용은 감소한다.

④ 납기준수율은 감소한다.

⑤ 고객 대응시간은 증가한다.

> **해설** 배송센터의 수가 증가하면 전체 배송센터의 재고수준은 증가하지만 납기준수율이 높아져 고객 서비스 수준은 높아진다. 배송센터까지의 수송비는 증가하지만 배송센터에서 배송처까지의 배송비용은 감소한다.

05 수요의 불확실성에 대처하기 위한 방법 중 하나로 제품의 완성을 뒤로 미루어 물류센터에서 출고 직전에 간단한 조립이나 패키징을 하는 것은? ▶ 제16회

① ATP(Available to Promise)

② VMI(Vendor Managed Inventory)

③ Cross docking

④ Postponement

⑤ SAM(Sales Agent Model)

> **해설** 지연(postponement)전략은 차별화 지연(delayed differentiation)이라고도 하는데, 고객의 욕구가 정확히 알려질 때까지 되도록 생산을 연기하다가 욕구가 확실해졌을 때 생산하는 것이다. 제품의 설계부터 고객에 인도되기까지의 총비용을 최소화시키는 것을 목표로 하는 제품생산 지연방식으로 SCM 개선방식 중 하나이다. 본래 개념은 차별화 시점, 즉 상품이 독특한 개성을 가지는 단계가 가능한 지연될 수 있게 제품이나 공정을 재설계하는 것이다. 지연전략은 고객 요구사항을 지연시키는 것이 아니라 생산을 지연시키는 전략이다.

06 물류센터에 관한 설명으로 옳지 않은 것은? ▸ 제20회

① 적정한 수준의 재고를 유지할 수 있다.

② 신속·정확한 배송으로 고객서비스를 향상시킨다.

③ 교차 및 중복수송이 증가한다.

④ 상물 분리에 의한 물류효율화를 실현할 수 있다.

⑤ 유통가공이 가능하다.

해설 ③ 물류센터의 장점 중 하나는 교차 및 중복수송이 감소한다는 것이다. 물류센터 특히 배송센터가 구축되어 공동수배송이 이루어지면 교차수송이 감소됨으로써 차량 운행효율의 증대, 물류시설 및 인력의 효율적 운영, 교통혼잡의 감소 등을 통해 화주기업은 물론 물류산업의 경쟁력이 강화된다.

07 물류단지에 관한 설명으로 옳지 않은 것은? ▸ 제14회

① 물류단지에서 사용하는 자동인식 시스템의 대표적인 사례는 바코드, 무선 태그, RFID, 머신 비전(Machine Vision) 등이다.

② 창고관리 시스템(WMS)은 물류단지 내의 업무와 정보를 총괄하며 설비제어 시스템을 통제하는 물류단지의 핵심기능이다.

③ 물류단지에 필요한 기본설비는 입·출고장, 입·출고 설비 및 기계, 보관 관련 설비, 하역용 기기 및 비품, 사무실, 후생시설 등이다.

④ 물류단지의 입지선정 방법은 총비용 비교법, 손익분기 도표법, EOQ 모형 등이다.

⑤ 물류단지 시스템 기본설계항목은 입지선정, 시설배치, 격납구분, 시스템 흐름(Flow)과 매뉴얼 작성 등이다.

해설 ④ 물류단지의 입지선정 방법으로는 임대료 곡선(Bid-Rent Curve) 방식, 베버(Weber)의 산업분류 방식, 총비용 비교법, 손익분기 도표법, 체크리스트를 이용한 요소분석법, 무게중심법 및 톤-킬로법 등이 있다.
EOQ 모형(경제적 주문량 모형)은 재고관리 모형이다.

Answer   3. ① 4. ② 5. ④ 6. ③ 7. ④

08 물류센터의 기능 및 역할에 관한 설명으로 옳지 않은 것은? ▸ 제23회

① 공급자와 수요자의 중간에 위치하여 수요와 공급을 통합하고 계획하여 효율화를 높이는 시설이다.

② 물류센터의 규모는 목표 재고량을 우선 산정한 후 서비스 수준에 따라서 결정된다.

③ 물류센터의 설계 시 제품의 특성, 주문 특성, 설비 특성 등이 고려되어야 한다.

④ 물류센터의 입지선정 시 경제적, 자연적, 입지적 요인 등을 고려해야 한다.

⑤ 물류센터 입지의 결정에 있어서 관련 비용의 최소화를 고려해야 한다.

해설 ② 물류센터의 규모를 결정하기 위해서는 먼저 어느 정도의 서비스를 제공할 것인가, 즉 서비스 수준을 결정하고, 그 서비스 수준을 충족할 수 있는 제품별 재고량을 결정해야 한다. 그리고 보관량과 보관방식을 결정하고 하역작업 방식과 설비를 결정한 후 이를 기초로 총면적을 산출한다.

09 물류단지시설에 관한 설명으로 옳은 것은? ▸ 제14회

① DP(Depot) : 재고품의 보관거점으로 상품의 배송거점인 동시에 예상수요에 대한 보관거점을 의미하며 일명 하치장이라 부른다.

② ICD(Inland Container Depot) : 산업단지와 항만 사이를 연결하여 화물의 유통을 원활히 하기 위한 대규모 물류단지이다.

③ CY(Container Yard) : LCL(Less than Container Load) 화물을 모아서 FCL(Full Container Load) 화물로 만드는 취급장이다.

④ SP(Stock Point) : 수송을 효율적으로 하기 위해 갖추어진 집배중계지 및 배송처에 컨테이너가 CY에 반입되기 전 야적된 상태에서 컨테이너를 적재하는 장소이다.

⑤ CFS(Container Freight Station) : 컨테이너 보세장치장, 마샬링 야드 등을 의미한다.

해설 ② ICD(inland container depot)는 내륙 컨테이너 기지로 컨테이너 터미널의 하나이다. ICD는 통관ㆍ장치보관ㆍ집화분류ㆍ포장ㆍ내륙운송 등의 기능을 수행한다.
① 데포(depot)는 소비지에 가까운 일시 보관장소라는 개념으로, 수송을 효율적으로 하기 위해 갖추어진 집배중계지 및 배송처에 컨테이너가 CY에 반입되기 전 야적된 상태에서 컨테이너를 적재하는 장소이다.
③ CY(container yard)는 컨테이너 터미널 내의 컨테이너 장치장으로 FCL의 인도와 인수는 여기에서 이루어지고 해상운송인의 책임은 여기에서 개시 또는 종료된다.
④ SP(Stock Point)는 재고품의 보관거점으로 상품의 배송거점인 동시에 예상수요에 대한 보관거점을 의미하며 일명 하치장이라 부른다.
⑤ CFS(container freight station)은 컨테이너 화물 조작장소이다. LCL화물을 FCL화물로 만들어 컨테이너에 적입(vanning, stuffing)하거나 적출(devanning, unstuffing) 장치작업을 하는 장소이다.

10 물류터미널의 역할로 옳지 않은 것은?　　　　　　　　　　　　　　　▶ 제14회

① 수송비와 생산비의 절충 역할　　　　② 수요와 공급의 조절 역할

③ 제조 공정의 일부로서의 역할　　　　④ 마케팅 지원의 역할

⑤ 재고분산에 따른 재고비용 감축 역할

해설 물류터미널, 즉 물류센터(Logistics Center)는 '물적유통의 중심지'라는 뜻으로 '물류기능과 물류활동의 중심이 되는 시설'의 의미로 사용되고 있다.
　　⑤ 물류터미널은 재고집약에 의한 적정재고의 유지 역할을 담당한다.

11 공동집배송의 개념과 도입효과에 관한 설명으로 옳지 않은 것은?

① 공동집배송을 통하여 차량 적재율을 높이고 운송거리의 단축을 통하여 물류비의 절감을 기대할 수 있다.

② 공동집배송은 작업을 공동으로 수행하므로 화물흐름의 원활화, 인력절감, 공간활용의 극대화를 기대할 수 있다.

③ 공동집배송센터는 화주 및 물류업자가 공동으로 사용할 수 있도록 집배송시설 및 부대업무시설이 설치되어 있는 지역 및 시설물이다.

④ 공동집배송단지는 관련법상의 제약과 높은 지가로 개별업체차원에서 개발이 곤란한 경우에 유용하다.

⑤ 공동집배송단지로 개발하는 것은 토지효율 및 투자효율을 낮출 수 있다.

해설 ⑤ 공동집배송단지로 개발하면 토지효율은 물론 투자효율을 높일 수 있다.

12 다음 중 물류센터에 대한 설명으로 옳지 않은 것은?

① 신속한 배송체제의 구축에 의한 기업의 판매력 강화 기능이 있다.

② 유통단지는 상품의 수송, 보관, 포장, 하역, 가공, 통관, 도소매 정보처리 등을 위한 유통시설과 지원시설을 집단적으로 설치·육성하기 위해 조성된 일련의 장소이다.

③ 여러 개의 물류센터들을 통폐합하면 물류센터 수의 감축에 따라 재고수준이 낮아진다.

④ 물류센터의 수가 증가하면 전체 재고수준이 낮아져서 고객서비스 수준이 낮아진다.

⑤ 대량화물의 유통기지로는 데포(Depot), 집배송단지, 물류터미널, 보세창고, 보세장치장, 해외 물류기지 등이 있다.

해설 ④ 물류센터 수가 증가하면 전체 재고수준이 높아져서 재고유지비, 관리비용은 증가하지만, 고객서비스 수준은 높아진다.

Answer　　8. ②　　9. ②　　10. ⑤　　11. ⑤　　12. ④

13 다음 중 물류거점에 대한 설명으로 옳지 않은 것은?

① CFS(Container Freight Station)는 "소비지에 가까운 일시보관장소"라는 개념으로 규모가 작은 2차 센터(창고)의 의미를 지닌다.

② 물류단지란 물류단지시설과 지원시설을 집단적으로 설치·육성하기 위하여 지정·개발 하는 일단의 토지를 말한다.

③ 공동집배송센터는 제조업자 및 유통업자가 공동으로 화물을 생산지에서 집화, 하역, 보 관, 가공, 포장, 배송하는 역할을 한다.

④ 복합물류터미널은 두 종류 이상의 운송수단 간 연계운송을 할 수 있는 시설을 갖춘 터미 널이다.

⑤ 내륙 ICD(Inland Container Depot)는 컨테이너의 장치보관, 통관을 내륙에서 수행하는 물 류거점이다.

> **해설** 컨테이너가 CY에 반입되기 전 소비지에서 가까운 일시보관소는 데포(Depot)라고 하며, CFS (Container Freight Station)는 소량화물 LCL(Less than Container Load)화물을 모아서 컨테이너 하 나의 분량으로 채우는 FCL(Full Container Load)로 만드는 취급장이다.

14 배송센터 계획시 고려해야 할 사항에 해당하지 않는 것은?

① 배송센터의 목표는 고객주문 충족률을 일정 수준 이상으로 유지하는 것이다.

② 교통사정을 검토하여 입지를 선정하여야 한다.

③ 취급 상품의 특성이 생산입지형과 소비입지형 중 어느 쪽이냐를 고려하여 입지를 결정 하여야 한다.

④ 종업원의 지속적 충원이 가능한가를 고려하여 입지를 결정하여야 한다.

⑤ 제조공장에 근접하도록 입지를 결정하여 수송비를 최소화하여야 한다.

> **해설** 배송센터(distribution center)는 물품을 정해진 시간 내에 정확하게 배송하도록 하는데 가장 큰 목적 을 두고 있다. 따라서 교통사정과 수송비를 고려하여 입지를 결정해야 하므로, 취급 물품의 특성이 생 산입지형과 소비입지형 중 어느 쪽이냐를 고려하여 입지를 결정하여야 한다.

15 다음은 무엇에 관한 설명인가?

> 공급처에서 물류 거점으로 입하된 상품을 격납 및 인출 과정을 거치지 않고 환적 등의 작업을 통하여 수요처로 즉시 출하하는 시스템이다. 이를 위해서는 공급처의 출하정보 사전 입수체계와 물류 거점으로의 적시 입하 체계를 갖추어야 한다.

① 직접선적(Direct Shipment)
② 창고 자동화(Warehouse Automation)
③ 크로스 도킹(Cross Docking)
④ 판매시점관리(Point-of-Sale Management)
⑤ EDI(Electronic Data Interchange)

해설 크로스 도킹(Cross Docking)은 창고나 물류센터로 입고되는 상품을 보관하는 것이 아니라 즉시 배송할 준비를 하는 물류시스템이다. 따라서 크로스 도킹은 배달된 상품을 수령하는 즉시 중간저장단계가 거의 없거나 전혀 없이 배송지점으로 배송한다.
물류센터에서의 크로스 도킹은 배달된 상품을 수령하는 즉시 중간저장단계가 거의 없거나 전혀 없이 배송지점으로 배송하므로 배송의 동시화가 결정적으로 중요하다.

16 물류거점의 수와 관련된 주요 비용은 재고유지비용, 수배송비용 및 관리비용 등이다. 이들의 상관관계에 대한 다음 설명 중 틀린 것은?

> ㉠ 물류센터의 수가 늘어나면 재고유지비용은 증가한다.
> ㉡ 물류센터의 수가 늘어나면 수송비용은 증가한다.
> ㉢ 물류센터의 수가 늘어나면 배송비용은 증가한다.
> ㉣ 물류센터의 수가 늘어나면 시설투자비용은 증가한다.
> ㉤ 물류센터의 수가 늘어나면 관리비용은 증가한다.
> ㉥ 물류센터의 수가 늘어나면 안전재고의 합은 증가한다.
> ㉦ 물류센터의 수가 늘어날수록 총비용은 증가하다가 감소한다.

① ㉠과 ㉥   ② ㉡과 ㉢   ③ ㉢과 ㉦
④ ㉤과 ㉦   ⑤ ㉥과 ㉦

해설 물류거점의 수가 늘어날수록 배송비용은 감소하고, 수송비용·재고유지비용·관리비용은 증가한다.

17 A회사는 중앙물류센터를 통하여 전국 5개의 지역물류센터에서 고객에게 제품을 공급하고 있다. 판매량과 고객의 서비스 수준은 일정하게 유지하고 물류센터의 수(數)만을 증가시키면 어떤 현상이 발생하겠는가? 해당되는 내용이 올바르게 연결된 것은?

> ㉠ 창고의 고정비는 감소한다.
> ㉡ 배송 LEAD TIME이 단축된다.
> ㉢ 재고 유지비용이 증가한다.
> ㉣ 재고가 점차적으로 감소한다.

① ㉠, ㉡, ㉢   ② ㉠, ㉡   ③ ㉠, ㉢
④ ㉢, ㉣   ⑤ ㉡, ㉢

해설 물류센터의 수만 증가시키면 배송 LEAD TIME이 단축되며, 증가된 수의 물류센터 내의 재고를 관리하기에 재고유지비용이 증가한다.

18 물류단지시설에 관한 설명으로 옳지 않은 것은?   ▶ 제19회
① 물류센터는 운송비와 생산비의 절충점을 찾아 총비용을 절감할 수 있다.
② 공동집배송단지는 참여업체들의 공동구매 및 보관을 가능하게 한다.
③ 중계센터는 제품의 보관보다는 단순중계가 주요한 기능으로 크로스 도킹(Cross docking) 등의 기능을 수행할 수 있다.
④ 물류단계의 축소를 위해 물류터미널의 소형화 및 분산화가 이루어지고 있다.
⑤ 복합물류터미널은 소규모 화물의 로트화를 통해 혼재기능을 수행한다.

해설 ④ 물류단계를 축소하기 위해서는 물류터미널의 대형화 및 집중화가 필요하다.

19 어느 정도 직접수익이 가능한 도로, 철도, 항만 등 물류기반시설에 대해 준공과 동시에 해당 시설의 소유권이 국가 또는 지방자치단체에 귀속되며, 사업시행자에게 일정기간의 시설관리 운영권을 인정하는 방식은?   ▶ 제19회
① 운영 후 이전 방식(BOT : Build Operate Transfer)
② 이전 후 운영 방식(BTO : Build Transfer Operate)
③ 임대운영 후 이전 방식(BLT : Build Lease Transfer)
④ 소유권을 갖고 임대하는 방식(BOL : Build Own Lease)
⑤ 소유권을 갖고 운영하는 방식(BOO : Build Own Operate)

해설 ② 물류기반시설에 대해 준공과 동시에(Build) 해당 시설의 소유권이 국가 또는 지방자치단체에 귀속되며(이전, Transfer), 사업시행자에게 일정기간의 시설관리운영권을 인정하는(운영, Operate) 방식은 BTO(Build Transfer Operate) 방식, 즉 이전 후 운영 방식이다.

20 다음은 '을'회사에서 창고용량의 결정 및 내부설계를 위하여 창고의 용적을 조사·분석한 결과에 대한 설명이다. 적절하지 않은 것은?

총용적			
사용용적			높이로스
랙 용적		통로용적	
실질용적	랙공간로스		

높이로스 30%, 통로용적 35%, 실질용적 25%, 랙공간로스 10%

① 총용적에서 전체로스는 40%를 차지하고 있다.

② 랙용적은 실질용적과 랙공간로스로 구성되어 있으며 35%를 차지하고 있다.

③ 총용적은 랙용적, 통로용적, 높이로스로 구성되어 있으며 높이로스의 비율이 가장 낮다.

④ 실질용적은 총용적에서 높이로스, 통로용적, 랙공간로스를 제외한 용적을 말하며 25%를 차지하고 있다.

⑤ 사용용적은 총용적에서 높이로스와 랙공간로스를 제외한 용적을 말하며 60%를 차지하고 있다.

> **해설** 랙내의 빈자리 로스 원인은 랙 보관의 경우, 소량씩 출고하여 일부분의 상품만 남을 때에는, 그 랙내 용적에 빈 자리가 생긴다. 파렛트가 상품 사이즈에 비해 크기 때문에 공간이 생긴 것이다. 보관 효율 저하에 대한 대책을 제시하면 포장이 적정하게 되었는지 관련 부서와 검토하여, 과대 용적으로 포장된 경우 포장 용적을 감축할 수 있도록 조치한다.
> ⑤ 사용용적은 총용적에서 높이로스를 제외한 용적을 말하며 70%를 차지하고 있다.

21 한 제품의 1회 피킹 수량이 1개에 가깝고 피킹 횟수가 많은 다품종 소량 오더 피킹 기기로 가장 적합한 것은?

① SLIDING RACK ② DRIVE IN RACK

③ MOBILE RACK ④ HIGH RACK

⑤ CAROUSEL

> **해설** ⑤ 회전 랙(Carrousel Rack)은 피커가 고정되어 있고 랙 자체가 회전하여 물품을 이동시켜 신속하게 입·출고하는 방식으로 한 제품의 1회 피킹 수량이 1개에 가깝고 피킹횟수가 많은 다품종 소량 오더 피킹기기로 적합하다.

Answer	17. ⑤	18. ④	19. ②	20. ⑤	21. ⑤

22 보관효율 분석에서 로스(Loss)는 크게 높이에서 본 로스, 투영면적에서 본 로스, 랙 안에서 생기는 공간의 로스로 분류할 수 있다. 높이에서 본 로스와 가장 거리가 먼 것은?

① 각각 다른 상품을 겹쳐 쌓으면 꺼낼 때 그만큼 일손이 많이 가기 때문에 위를 비워둔다.

② 출입구나 장내 통로가 상당한 면적을 차지한다.

③ 포크리프트가 들어올리는 능력에 한계가 있기 때문에 원하는 만큼 높이 쌓지 못하는 경우가 있다.

④ 같은 종류라도 쌓고 내리는 작업성이 나쁘기 때문에 너무 많이 쌓지 않는다.

⑤ 상품의 포장 형태가 불안정하여 높이 쌓는 것이 불가능하다.

> **해설** 높이 면에서 본 로스
> 1. 서로 다른 상품을 높이 쌓으면, 꺼낼 때 힘이 들어 위쪽을 비워 둔다.
> 2. 같은 종류의 것이라도 쌓기와 내리기 작업이 불편하여 너무 높이 쌓지 않는다.
> 3. 포크리프트의 들어 올리는 높이에 제약이 있기 때문에 그 이상 높이 쌓을 수 없다.
> 4. 화물의 형태가 불안정하기 때문에 높이 쌓을 수 없다.
> 5. 기둥 파렛트나 상자형 파렛트로 2~3단까지 쌓을 수 있지만, 작업하기 어려워서 그대로 둔다.

23 창고의 입·출고의 기능 향상에는 소프트웨어와 하드웨어에 의한 방식이 있다. 다음 중 하드웨어에 의한 방법이 아닌 것은?

① 각종 운반차량을 물품의 수평이동에 사용한다.

② 엘리베이터, 컨베이어, 리프트 등을 수직·수평 운반에 사용한다.

③ 크레인 등 기타 하역기기는 중량물을 입·출고 하는데 이용한다.

④ 물품의 이동라인을 짧게 하여 낭비를 배제한다.

⑤ 창고와 연계되는 접점에서 간접적인 설비의 기능을 이용한다.

> **해설** ④ 물품의 이동라인을 짧게 하여 낭비를 배제하는 것은 소프트웨어에 의한 방식이다. 소프트웨어에 의한 방안에는 이외에도 입출고 및 도착트럭에 대한 작업시간대 할당, 보관품의 검색을 용이하도록 하는 것, 보관을 활성화 하는 방안 등이 있다.

24 다음 중 물류센터의 구분과 기능에 대하여 설명한 내용으로 잘못된 것은?

① 배송센터는 대형할인점의 중앙배송센터와 같이 보관과 함께 입고된 제품을 취합·분류하여 배송하는 기능을 수행한다.

② 중계센터는 보관보다는 Cross Docking 기능에 충실하다.

③ 보관센터는 보관이 주요 목적이며 항만의 CY, 일반 임대창고 등이 있다.

④ 보관센터의 입고와 출고의 단위는 큰 차이가 있다.

⑤ 배송센터의 활동으로 오더 피킹(Order picking)이 가장 많은 인력과 비용이 소모된다.

01

해설 물류센터는 다품종 대량의 물품을 공급받아 분류, 보관, 유통가공, 정보처리 등을 수행하여 다수의 수요자에게 주문에 대한 구색을 맞추어 서비스 수준을 유지하여 적기에 배송하기 위한 시설이라고 할 수 있다. 즉, 물류센터는 복수의 공급자와 수요자가 교차하는 배송의 경우, 그것들을 통합하여 계획화하고 효율화를 도모하기 위해서 공급자와 수요자의 중간에 설치하는 시설을 의미한다. 입고와 출고의 단위는 큰 차이가 없다.

25 물류센터 내의 작업공정이 올바른 순서대로 나열된 것을 고르시오.

① 입하(receiving) − 보관(storage) − 격납(putaway) − 피킹(picking) − 출하(shipping)
② 입하(receiving) − 보관(storage) − 피킹(picking) − 격납(putaway) − 출하(shipping)
③ 입하(receiving) − 격납(putaway) − 보관(storage) − 피킹(picking) − 출하(shipping)
④ 입하(receiving) − 격납(putaway) − 피킹(picking) − 보관(storage) − 출하(shipping)
⑤ 입하(receiving) − 피킹(picking) − 보관(storage) − 격납(putaway) − 출하(shipping)

해설 물류센터에서는 포장, 보관, 하역, 수·배송, 유통가공, 정보처리 등이 이루어진다. 위의 여러 기능 중에서 어떠한 기능에 중점을 두느냐에 따라 물류센터의 성격이 결정되며, 이에 따라 입지, 건물구조, 규모, 시설, 기기 등 제반 시설이 달라진다. 물류센터 내의 작업공정이 올바른 순서는 입하(receiving) − 격납(putaway) − 보관(storage) − 피킹(picking) − 출하(shipping)의 순으로 이루어진다.

26 물류시설에 관한 설명으로 옳지 않은 것은? ▶ 제18회

① CFS(Container Freight Station)에는 FCL(Full Container Load) 화물이 보관되어 있으며, CY(Container Yard)에서는 LCL(Less than Container Load) 화물이 혼재작업 후 FCL 화물로 만들어져 CFS로 보내진다.
② 스톡 포인트(Stock Point)는 대도시, 지방중소도시에 합리적인 배송을 실시할 목적으로 설립된 유통의 중계기지이다.
③ 보세구역은 지정보세구역·특허보세구역 및 종합보세구역으로 구분하고, 지정보세구역은 지정장치장 및 세관검사장으로 구분한다.
④ ICD(Inland Container Depot)는 산업단지와 항만 사이를 연결하여 컨테이너화물의 유통을 원활히하기 위한 대규모 물류단지로서 복합물류터미널의 역할을 수행한다.
⑤ 특허보세구역은 보세창고·보세공장·보세전시장·보세건설장 및 보세판매장으로 구분한다.

해설 ① LCL 화물은 CFS에서 FCL 화물로 만들어진 후 CY로 보내져 보관된다. FCL 화물이 보관되는 곳은 CY이다.

Answer 22. ② 23. ④ 24. ④ 25. ③ 26. ①

27 물류센터의 수와 재고비용, 운송비용 및 배송 리드타임과의 관계에 대한 설명 중 틀린 것은?

① 물류센터의 수가 늘어나면 재고비용은 증가한다.

② 물류센터의 수가 늘어나면 배송 리드타임은 단축된다.

③ 물류센터를 적정 수 이상으로 증가시키면 운송비용이 증가한다.

④ 물류센터의 수가 늘어나면 시설투자비용은 증가한다.

⑤ 시설투자비용을 고려하지 않고 물류센터의 개수를 늘리면 재고비용과 운송비용의 합이 줄어든다.

> **해설** 물류센터는 다품종 대량의 물품을 공급받아 분류, 보관, 유통가공, 정보처리 등을 수행하여 다수의 수요자에게 주문에 대한 구색을 맞추어 서비스 수준을 유지하여 적기에 배송하기 위한 시설이라고 할 수 있다. 즉, 물류센터는 복수의 공급자와 수요자가 교차하는 배송의 경우, 그것들을 통합하여 계획화하고 효율화를 도모하기 위해서 공급자와 수요자의 중간에 설치하는 시설을 의미한다. 물류센터의 개수를 늘리면 재고비용과 운송비용의 합이 줄어든다고 할 수 없다.

28 PC를 국내에서 생산하여 수출하는 A사는 유럽 지역 판매를 위하여 암스테르담에 물류센터를 건립하였다. 유럽 각국의 언어가 매우 다양하므로 수요를 예측하여 각국의 언어에 맞는 제품을 포장한 상태로 완제품 재고를 유지하기에는 많은 재고와 수요예측 차이로 인한 결품과 과잉재고가 발생할 수 있다. 따라서 가급적 주문이 확정되거나 가시화된 시점에서 각국의 언어에 맞는 자판 조립, OS설치, 내용물 피킹 등을 하여 최종 제품을 포장하고자 한다. 이러한 물류체계 운영방식을 무엇이라고 하는가?

① 신속 대응(Quick Response)

② 지연(Postponement)

③ 크로스 도킹(Cross Docking)

④ 판매시점관리(POS Management)

⑤ 혼재(Consolidation)작업

> **해설** 지연(postponement)전략은 차별화 지연(delayed differentiation)이라고도 하는데, 고객의 욕구가 정확히 알려질 때까지 되도록 생산을 연기하다가 욕구가 확실해졌을 때 생산하는 것이다. 제품의 설계부터 고객에 인도되기까지의 총비용을 최소화시키는 것을 목표로 하는 제품생산 지연방식으로 SCM 개선방식 중 하나이다. 본래 개념은 차별화 시점, 즉 상품이 독특한 개성을 가지는 단계가 가능한 지연될 수 있게 제품이나 공정을 재설계하는 것이다.

Answer   27. ⑤   28. ②

Certified Professional Logistician

03 물류시설의 계획과 입지선정

| **학습목표** | 1. 보관시스템의 설계와 관련하여 물류센터의 구조결정요인과 물류센터의 업무를 이해한다.
2. 물류센터의 설계에서 고려해야 할 요인과 창고의 배치를 이해한다.
3. 물류센터의 입지선정 조건과 입지선정 방법을 이해한다.

| **단원열기** | 물류센터의 구조결정 요인, 물류센터의 작업순서와 업무의 내용, 물류센터 설계에서 고려할 요인, 창고의 배치는 비교적 자주 출제되는 내용이다. 물류센터의 입지선정 요인, 물류센터 입지의 선정조건도 잘 정리해두어야 한다. 물류센터의 입지선정 방법은 가장 많이 출제되는 내용이므로 특히 중요하다.

제1절 보관시스템의 설계

1 물류센터의 구조결정

(1) **물류센터의 구조결정 요인**

물류센터 구조를 결정하는 요인을 정리하면 다음과 같다.

구조결정 요인	내 용
제품 특성	제품의 크기, 무게, 가격 등
주문 특성	주문건수, 주문빈도, 주문의 크기, 처리속도 등
관리 특성	재고정책, 고객 서비스 목표, 투자 및 운영비용 등
환경 특성	지리적 위치, 입지제약, 환경제약 등
설비 특성	설비종류, 운영방안, 자동화 수준 등
운영 특성	입고방법, 보관방법, 피킹방법, 배송방법 등

① **제품 특성과 주문 특성**

물류센터의 특성을 결정하는 가장 중요한 요소는 제품 특성과 주문 특성이다. 일반적으로 이들 요소는 물류 부문이 자체적으로 결정할 수 없으며 기업의 경영 전략과 환경에 따라 주어지는 조건이다.

② **관리 특성과 환경 특성**

㉠ 관리 특성과 환경 특성은 물류부문이 자체적으로 결정할 수도 있으나 일부 요소는 다른 부문 혹은 외부로부터 주어진다. 예를 들면, 물류센터를 새로 건립할 때는 지리적 위치와 그에 따른 환경특성을 결정할 수 있으나 기존의 물류센터의 경우에는 주어지는 제약조건이 된다.

    ⓛ 서비스 목표나 재고관리 정책은 영업 및 제조관리 부문 등과 밀접히 연결되어 있으므로 물류부문에서만의 결정은 바람직하지 않다.

③ **설비 특성과 운영 특성**

설비 특성과 운영 특성은 물류센터가 독자적으로 결정하는 것이 일반적이다. 즉 다른 네 가지 요소에 의해 결정된 제약과 목표를 가장 효과적으로 달성하기 위해서는 설비와 운영 전략을 선택하고 실행하게 된다. 물론 설비 특성과 운영 특성이 서로 독립적일 수는 없다. 설비가 선택되면 센터의 운영방안은 설비의 특성에 따라 어느 정도 정해진다.

2 물류센터의 업무

(1) 보관시스템의 작업순서

보관시스템의 작업, 즉 물류센터에서의 작업은 입하 ⇨ 보관 ⇨ 오더 피킹 ⇨ 검품 ⇨ 포장 ⇨ 출하의 순서에 따라 이루어진다.

(2) 물류센터의 업무

① **입 하**

입하(receive)는 '물류센터에 물자가 들어오는 것'으로 반입되는 모든 물자의 정규적인 수령, 수량 및 품질에 대한 검품 검수, 보관 저장 혹은 해당 물자를 필요로 하는 다른 부문의 기능에 배분하는 일 등과 관련된다.

② **인 입**

인입(putaway)은 '안으로 끌어들인다'는 뜻으로 입하된 물자를 저장 공간에 옮겨두는 행위를 의미한다. 여기에는 물자의 취급, 보관할 위치의 확인 그리고 물자의 적치가 포함된다. 입고 (warehouse)는 창고에 넣는다는 뜻으로 입하된 물자를 보관하는 행위를 말한다.

③ **보 관**

좁은 의미의 물류센터 내 보관(storage)은 주문을 대기하는 동안 물자를 물리적으로 저장해 두는 행위이다. 보관방법은 재고품목의 크기와 수량 그리고 제품이나 용기의 취급조건에 의해 결정된다. 보관하고 있는 물자를 재고(inventory)라고 한다.

④ **피 킹**

    ㉠ 피킹(picking)은 '보관 중인 물품을 꺼내는 작업'을 말한다. 즉 특정 주문을 만족시키기 위하여 보관된 품목을 선별하여 출하를 위한 후속 공정으로 넘기는 작업이다.

    ⓛ 주문(order)에 의해 피킹이 이루어질 때 주문피킹(오더 피킹), 출고지시서에 의해 행해질 때 출고피킹이라고 한다.

    ㉢ 피킹은 고객을 위하여 물류센터가 제공하는 기본적인 서비스이며 대부분의 물류센터 설계에 있어 피킹 기능의 원활화는 중요한 고려 사항이다.

ⓔ 피킹을 효율적으로 진행하기 위해서는 피킹의 기계화와 자동화가 선행되어야 한다. DPS (Digital Picking System), DAS(Digital Assorting System), 피킹카트의 도입 등이 그 예가 된다.

⑤ 포장

포장(packaging)은 피킹 업무에 이어지는 선택적 절차로서 수행된다. 예비포장에서와 마찬가지로, 더욱 편리한 사용을 위하여 개별 품목단위로 혹은 세트단위로 용기에 적입되거나 포장된다.

⑥ 분류

분류(sorting)는 피킹된 품목을 '고객별, 거래처별, 지역별 등으로 구분 분류하는 것'을 말한다. 분류는 개별주문에 따라 분류하거나 분산피킹된 품목을 주문내역에 따라 구성하여 모으는 작업 등 목적에 따라 다양하게 수행된다. 분류에 이용되는 설비를 소팅 머신(sorting machine)이라고 한다.

⑦ 단위화 및 출하

물류센터 업무의 마지막 단계는 단위화 및 출하이다. 이 단계에서는 ㉠ 주문 품목 대한 검품, ㉡ 적절한 출하 용기에 적입 및 포장, ㉢ 송장, 주소지 레이블 및 선하증권 등을 포함하는 출하서류의 준비, ㉣ 선적비용을 산정하기 위한 계량 및 계근, ㉤ 상차 작업 등이 이루어진다.

● 물류센터의 주요업무와 업무내용

구 분	주요업무	업무내용
입 고	수주, 발주, 입하, 포장해체, 입고검수	• 수주, 발주 후 도착한 제품하역 • 입고를 위한 제품 검수
재 고	분류, 로케이션관리, 재고보충, 실재고관리	• 효율적 보관을 위한 제품분류 • 최적의 제품 및 저장작업
출 고	출하지시, 피킹, 분류, 품질검사, 수 · 배송, 포장	• 수요에 의한 정확한 제품출고 • 출고지역별 최적의 수 · 배송관리
지 원	재고실사, 실적관리, 반품관리, 재고통제, 물품추적, 통계관리	• 물류센터의 원활한 운영을 위한 각종 지원 업무 및 통계

3 물류센터의 설계

(1) 물류센터 설계의 기본방침

① 설계의 기본방침

㉠ 출고조건이나 구내운반에서 일정한 화물형태의 설계

㉡ 최저 필요량의 계산

㉢ 입하능력의 평준화, 입하시간의 규제, 출하시간의 단축, 물품의 취급횟수 최소화

　　　ⓔ 보관 용적률의 향상 등과 같은 사내목표의 달성을 중시

　　　ⓜ 사내 물류범위에서 외부 물류경로까지 그 범위를 확대

　② 설계에서 고려할 기능

　　　㉠ 물류센터의 설계에서 보편적으로 요구되는 기능에는 수요조정 기능과 연락 거점으로서의 기능 등이다.

　　　㉡ 과거 전통적인 물류센터의 설계에 있어서는 수요조정 기능과 연락거점으로서의 기능 외에도 매매기관적 기능, 신용기관적 기능 등이 강조되었으나 최근에는 대량생산과 대량소비 체제에서 다품종 소량생산 체제로 전환하면서 앞의 두 가지 기능에 대한 요구가 강조되고 있다.

　　　㉢ 또한 과거의 물류센터는 항만을 중심으로 하는 입지를 강조하였으나, 최근에는 소비 중심지로 입지가 변화하고 있다.

　　　㉣ 과거 물류센터에서 강조하던 보관기능은 집배송 효율화를 위한 종속기능으로 변화하고 있고 대신 유통기능이 강조되고 있다.

(2) 물류센터 설계의 기본방안

　① 보관 효율화 방안

　　　㉠ 하드웨어 측면 : 물류센터 내부공간의 활용도를 높이기 위한 높은 선반과 적층식 선반의 설치, 통로내부의 불필요한 공간을 활용하기 위한 드라이브 인 랙 및 이동 랙의 이용, 입체적 보관 효율을 높이기 위하여 Hi-Rack 및 Hi-Shifter 시스템 등이 활용된다.

　　　㉡ 소프트웨어 측면 : 통로면적을 최소화하기 위한 드라이브 인 랙 및 파렛트 랙의 경사 배치, 수납설비 내부의 불용공간을 최대한 배제하기 위한 용적 결정, 용기 선택 및 전용용기의 사용, 프리 로케이션(free location) 시스템 채택 등이다.

　② 입출고 효율화 방안

　　　㉠ 하드웨어 측면 : 각종 차량의 수평운반을 위한 손수레 차, 파렛트 트럭, 파렛트 돌리, 파렛트 리프트의 활용, 수직·수평 운반을 위한 엘리베이터와 컨베이어의 활용, 각종 스태커 크레인 등을 포함하는 크레인 및 기타 하역 기기의 활용, 트럭 대차와 물류센터 바닥면의 높이 조절기 등을 포함한 물류센터 내외의 접점 조정, 고층의 경우 램프 설치 또는 고강력 엘리베이터 설치 등을 통한 각종 간접설비의 활용 등이다.

　　　㉡ 소프트웨어 측면 : 입출고 및 도착 트럭에 대한 작업 시간대 할당, 난이도와 빈도를 곱하여 결정되는 작업량에 근거하여 이동라인을 단축하는 물품 이동의 낭비 제거, 물품의 신속한 출납을 위한 재고위치의 자동검색을 통한 보관품의 검색용이화 등이다.

(3) 물류센터 용량의 결정

　① 물류센터 용량의 의의

　　　㉠ 물류센터의 용량은 주로 보관용량을 의미하는 경우가 많지만 입하 및 출하 물동량의 처리용량, 포장 및 유통가공 작업의 처리용량 등을 종합적으로 연계하여 결정하여야 한다.

　　ⓛ 물류센터의 처리용량은 결국 입하, 검품, 입고, 보관, 피킹, 분류, 포장, 유통가공, 선적, 출하 등의 모든 작업요소들의 개별적 용량의 합계이다.

② **물류센터 용량의 결정**

　　㉠ 다양한 물류센터 작업요소들의 개별적 용량 중에서 가장 취약한 공정의 용량이 결국은 전체 물류센터의 처리용량을 제약하게 된다.

　　㉡ 따라서 물류센터의 설계용량을 산정하기 위해서는 우선적으로 개별적인 요소 작업 공정에 대한 물동량 규모를 예측하여야 한다. 이러한 소요 용량에 대하여 상시적으로 발생할 수 있는 물량 변동의 규모를 반영하고, 향후에 예상되는 물동량 증가의 효과를 감안하여야 한다.

　　㉢ 장기간에 걸친 물동량의 변화 추세에 탄력적으로 대응하기 위해서는 연차별로 소요 용량을 산정할 필요가 있다.

⑷ **물류센터 작업방식의 설계**

① **입하작업 방식**

　　㉠ 운반수단 : 트럭, 철도화차, 선박 등의 종류, 진입·출입 경로, 접안·대기 장소

　　㉡ 하역방식 : 하역 자동화 정도, 하역 설비의 종류 및 규격·용량

　　㉢ 검수방식 : 검수기준과 검수작업 방법 및 소요설비

　　㉣ 화물형태 : 화물의 소분 혹은 포장 여부, 방법 및 소요설비

　　㉤ 입고방식 : 보관위치의 결정방식, 이동방법 및 소요설비

② **보관작업 방식**

　　㉠ 보관방식 : 평치, 선반(일반/모빌) 및 특수 시설(탱크 및 사일로)의 사용 여부

　　㉡ 품질관리 : 공조설비, 방화설비, 보안설비 등의 각종 부대설비

③ **출하작업 방식**

　　㉠ 출하 관련서류 준비 : 피킹 리스트, 출하 리스트, 송장, 선하 증권 및 주소지 레이블 등의 준비방식과 관련 소요설비

　　㉡ 오더 피킹 : 보관위치 지정방식과의 업무연계를 고려한 단품·다품 주문의 오더 피킹 방식 및 그에 따른 소요설비

　　㉢ 분류 및 집산 : 품목별로 일괄 피킹한 물품의 주문별 분류 및 집산방식 그리고 이러한 작업에 소요되는 관련설비

　　㉣ 포장 및 레이블 부착 : 출하를 위한 포장 및 관련 레이블 부착 작업방식과 그에 부수되는 소요설비

　　㉤ 출하차량 동선 : 출하차량의 진입, 대기, 접안, 검수를 위한 위치 및 동선의 설계와 관련 소요설비

　　㉥ 상차 및 선적 : 유닛로드의 적용 여부 및 작업방식과 관련 소요설비

제 2 절 물류시설의 입지선정

1 물류시설의 입지선정 개요

(1) 입지선정 문제의 결정범위

① 입지선정 문제의 의의

㉠ 물류센터 입지선정(selection of location)과 관련된 문제는 기업 입장에서 볼 때 장기적인 영향을 주기 때문에 전략적인 의사결정이다. 따라서 의사결정에 고려해야 할 요인도 많을 뿐만 아니라 진행과정에서 신중한 검토가 이루어져야 한다.

㉡ 일반적으로 공급체인(supply chain)의 네트워크는 공급자, 생산공장, 물류센터 및 물류센터 고객으로 구성되어 있다. 이러한 네트워크상에서 중심이 되는 연결점(node)이 물류센터이고, 물류센터의 위치에 따라 운송비용과 보관비용 등이 장기적으로 총비용에 영향을 미치게 된다.

② 입지선정의 의사결정 내용

물류센터의 입지선정 문제와 관련되어 의사결정이 이루어져야 할 사항들은 크게 다음의 4가지로 구분할 수 있다.

㉠ 적정 물류센터의 수 결정

㉡ 각 물류센터의 입지결정

㉢ 각 물류센터의 규모 결정

㉣ 특정 물류센터와 거래할 수요지의 할당

③ 입지선정의 목표

이러한 입지 및 규모의 산정 문제의 최종 목표는 생산 및 판매비용, 재고유지비용, 보관비용, 운송비용 등을 포함한 전체시스템의 총비용을 최소화하면서 고객의 서비스 요구수준을 만족시키기 위한 것이다.

(2) 입지선정에서의 유의사항과 관련데이터

① 입지선정에서의 유의사항

물류센터의 입지선정과 관련하여 위에서 언급한 4가지 결정사항인 물류센터의 수와 위치, 규모, 할당 수요처를 개별적으로 결정하기보다는 전체 물류시스템의 특성을 고려하여 결정해야 한다.

② 입지선정 관련 데이터

㉠ 고객, 소매점, 기존물류센터 및 물류센터, 제조공장 및 공급자의 위치

㉡ 제품정보와 각 제품을 취급하는 특정 운송수단

㉢ 소비지역에 따른 제품별 연간수요

㉣ 운송수단별 운송 요율

    ㉤ 인건비를 포함한 물류센터비용, 재고유지비용, 조정운영비용

    ㉥ 배송을 위한 적재규모와 빈도

    ㉦ 주문처리비용

    ㉧ 고객서비스 요구 및 목표

(3) 물류센터 입지선정 요인과 분석

① 물류센터의 입지선정 요인

물류센터(창고)의 입지(location)는 화물의 흐름을 고려하여 결정한다. 물류센터의 입지선정 시 고려하여야 할 5가지 요인은 물품(P, Product of Material), 물동량(Q, Quantity), 경로(R, Route), 서비스(S, Service), 시간(T, Time)이다.

② 물류센터 입지선정 분석

    ㉠ P-Q분석 : 물자가 어느 정도의 양으로 흐르고 있는가에 대한 물류유형 분석기법으로서, 대량으로 조달되는 몇 종류의 물자가 전체 물동량의 대부분을 차지한다는 일반적인 원리에 착안하여 파레토 그림(Pareto Diagram)을 이용하여 분석한다.

    ㉡ R(route)분석 : 어떤 물량이 어떠한 경로로 흐르고 있는가를 과거로부터 현재까지의 경향을 파악함으로써 장래계획에 대해 결정하는 분석기법으로서 연관차트(relationship chart)를 이용하는 것이 효과적이다. 이 차트에 의해 근접정도와 근접이유 등 현상을 그대로 기록하고 장래의 평가기준에 따라 재평가한다. R분석에서 물(物)의 범위에 속하는 분석요소는 품종, 하자, 단위중량, 단위용적 등이며, 양(量)의 범위에 속하는 분석요소는 중량, 개수, 용적, 시간, 건수 등이다.

    ㉢ S-T(service-time)분석 : 핵심부문인 제조부문과 판매부문을 효율적으로 가동시키기 위해서 보조부문이 어떠한 기능을 갖추어야 하는지를 과거와 현재의 상태를 분석한 후 결정하는 기법이다.

2 물류시설 입지의 선정조건

(1) 유통물류센터의 입지조건

① 유통물류센터의 요건

    ㉠ 물류센터를 유통물류센터와 조달물류센터로 분류할 수 있다. 유통물류센터는 넓게 보면 데포(depot)나 배송센터 그리고 집배송단지나 복합화물터미널까지 포함시킬 수 있다.

    ㉡ 유통물류센터는 단순한 보관을 위한 물류센터가 아니라 공장에서 출하된 상품의 원활한 유통을 위해 필요한 물류센터이므로 재고회전율이 높아야 한다.

    ㉢ 따라서 유통물류센터의 입지선정에서는 공장의 내부나 인근에 입지하는 조달물류센터와는 달리 교통의 편리성, 고객의 지역적 분포, 경쟁사의 물류거점 위치, 관계 법규, 투자비용 및 운영비용 등의 요소를 감안해야 한다.

② 유통물류센터의 입지선정에서 고려해야 할 요인

　㉠ 운송비 : 운송비는 일 회 운송량이 많을수록 저렴해지므로 운송수단을 선박, 철도 및 트럭으로 구분하고 각각의 상대적인 운송비를 비교하여 배송비를 최소화할 수 있는 곳에 입지를 정해야 한다.

　㉡ 시장의 크기 : 물류센터의 입지선정을 위하여 시장의 크기(지역의 넓이)를 고려하는 경우에는 다음과 같은 방법으로 시장의 크기를 산정한다.

불특정 다수 고객형	시장을 형성하는 고객이 불특정 다수인 경우에는 자사의 시장점유율을 인구예측 구획단위로 계산하고 일인당 소비량을 구한 다음 인구예측과 곱하여 각 연도의 지구별 소비량을 구한다.
특정 다수 고객형	시장을 형성하는 고객이 특정한 업체로 제한되는 경우 시장의 크기는 인구가 아니고 특정고객에 대한 공급량의 예상수치 간의 상호관계를 통해 정해진다.

　㉢ 지가 : 지가, 즉 토지가격에 대한 입지의 경제성은 주로 상업성과 도시 중심지로부터의 거리와 시간에 의존하여 결정된다. 따라서 지가의 경제적 측면에 너무 집착해서 값이 싼 외곽지역으로 입지를 정하게 되면 거리가 멀어 불편하고 운송비가 많이 소요되어 잘못된 입지가 될 수도 있다.

(2) 조달물류센터의 입지조건

① 조달물류센터의 분류

조달물류센터는 ㉠ 자재의 수급이 제조현장을 중심으로 이루어지는 형태의 물류센터와 ㉡ 재료에서부터 제품까지 하나의 시스템으로 파이프라인이나 컨베이어와 같은 설비를 통하여 제조현장과 일체식으로 설계되는 장치산업 형태의 물류센터로 구분할 수 있다.

② 조달물류센터의 위치결정 요인

조달물류센터의 위치결정은 물자의 흐름을 중심으로 하여 공장전체의 합리적 레이아웃을 기준으로 하여 결정되어야 한다. 입지선정의 5대 요인은 P(물품), Q(수량), R(경로), S(서비스), T(시간)이다.

③ 조달물류센터의 기능

　㉠ 조달물류센터도 단순한 물품의 입고와 출하 등 현업중심에서 물자를 통한 현품의 공정관리로 전환되어 가고 있는데, 이와 같은 경향을 구체화시킨 것이 바로 마셜링 시스템(Marshalling System)[1]이다.

　㉡ 전자제어에 의해 공정관리를 하고 있는 제조공장에서는 정보를 통해 제조현장의 작업자로부터 조달물류센터의 작업자에게로 지시와 협조요청이 전달되고 있어 조달물류센터의 현품배송 역할을 통해 제품의 다양화에 대한 적응력을 제고시키고 있다.

---

1) 원래 마셜링(Marshalling)이란 항만구역의 컨테이너 야드(CY) 내 컨테이너 화물을 컨테이너선에 싣기 쉽도록 정렬시키는 것을 의미한다. 즉, 컨테이너를 정렬된 장소에서 에이프런(Apron)까지 운송하는 작업공간을 의미하며, 정렬된 장소를 마셜링 야드(Marshalling Yard)라고 한다.
물류센터 내에서의 마셜링은 적재된 화물을 반출입을 위해 사전에 물류센터 입출구 인근 공간으로 옮겨 적재해 놓는 시스템을 의미한다.

3 물류시설의 입지선정 방법

(1) 임대료 곡선 방식

① 임대료와 임대료 곡선

㉠ 독일의 농업경제학자인 튀넨(Johann Heinrich von Thünen)은 농업입지에 대한 연구에서 토지사용에 대해 지불할 수 있는 최대 임대료(maximum rent) 혹은 수익은 제품의 시장가격과 시장으로 제품을 운송하는데 드는 비용(생산비와 운송비)의 차이라고 정의한다.

㉡ 그리고 생산비와 운송비가 다른 각각의 경제활동이 토지에 대해 지불할 수 있는 임대료를 연결한 선을 임대료 곡선(bid-rent curve) 또는 경쟁 임대료 곡선(임대료 지불 곡선)이라고 정의한다.

② 입지결정의 원리

㉠ 튀넨의 「고립국 이론」 이론에 의하면 특정 경제활동이 토지에 대해 지불할 수 있는 임대료의 크기에 따라 그 경제활동의 입지가 결정되는데 지불할 수 있는 임대료가 높을수록 도시의 중심에 위치하게 된다.

㉡ 튀넨의 이론은 오늘날에도 소매점, 거주지역, 공장지역 그리고 농업지역의 입지형태를 도시중심과 관련해서 살펴보면 타당성이 있다. 토지에 더 많은 임대료를 지불할 수 있는 활동들은 도시 중심지에 인접한 곳이나 주요 교통망을 따라 위치하게 된다.

(2) 베버의 산업분류 방식

① 베버의 공업입지론

베버(Alfred Weber)는 생산공정을 거치면서 원자재의 무게와 제품의 무게가 달라진다는 점에 착안하여 원료산지 입지형과 시장 입지형 등으로 공업입지를 설명하였다.

② 입지의 유형

㉠ 원료산지 입지형: 원자재 무게의 총합이 완제품의 무게보다 무거운 경우에는 운송비를 최소화하기 위해서 공장을 원료산지(원자재 공급지) 근처에 두고 불필요한 부산물이 운반되는 것을 막는 것이 바람직하다.

㉡ 시장 입지형: 어떤 경우에는 공정과정을 거치면서 무게가 증가하게 된다. 이것은 일반적으로 공기나 물과 같이 어느 곳에서나 이용할 수 있는 원자재(보편원료)가 공정에 들어갈 경우에 일어나게 된다. 이러한 경우에는 운송비를 최소화하기 위해서 생산지는 시장에 가까운 곳에 입지해야한다.

(3) 총비용 비교법 방식

각 입지 대안별로 물류센터 건설비, 하역비, 수송비, 재고유지비 및 각종 관리비를 합한 총비용을 산출하고, 총비용이 최소가 되는 대안을 선택하는 방식이다. 다음 표에서와 같이 A, B, C, D의 네 지역에 대한 총비용을 비교하여 총비용이 최소가 되는 B지역을 물류센터의 위치로 결정하는 방식이다.

◉ 총비용 비교법

구 분	A 지역	B 지역	C 지역	D 지역
창고건설비	4,500	4,200	4,500	4,300
하역비	450	550	400	500
수송비	750	800	850	900
재고유지비	60	90	130	85
세 금	30	28	55	35
합 계	5,790	5,668	5,935	5,820

⑷ 손익분기 도표법

① 손익분기 도표법의 의의

손익분기 도표법은 일정한 물동량 즉, 입고량 또는 출고량을 전체로 하여 고정비와 변동비의 합을 비교하는 방법이다. 물동량에 따라 변동비가 증가하므로 물동량에 따라 총비용이 최소가 되는 대안을 선택하게 된다.

② 손익분기 도표법의 적용

예를 들어 아래와 같은 상황에서는 일정한 물동량(100만 단위) 이하일 경우에는 고정비가 적은 C지역이 타당하며 그 이상일 경우에는 변동비가 적은 A지역에 입지하는 것이 유리하다.

◉ 총비용 함수

지 역	연간 고정비	단위당 변동비	총비용 함수
A 지역	550만원	1,400만원	$TC(A) = 550 + 1,400Q$
B 지역	510만원	1,650만원	$TC(B) = 510 + 1,650Q$
C 지역	500만원	1,500만원	$TC(C) = 500 + 1,500Q$

◉ 손익분기점 계산

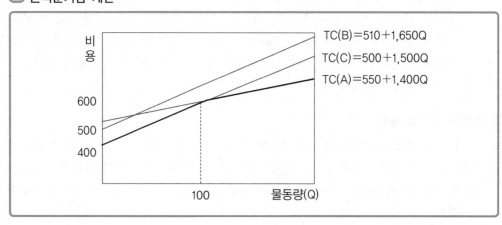

(5) 체크리스트를 이용한 요인분석법

① 체크리스트법의 의의

입지 후보지에 대해 입지요인별로 점수를 계산하여 가장 높은 점수를 얻은 후보지를 선택하는 방법이다. 물류센터 입지에 관련된 양적인 요인과 질적인 요인을 동시에 고려할 수 있다는 장점이 있다.

② 체크리스트법의 활용

다음에서와 같이 대형할인점을 A, B, C 후보지 중에 한 곳에 세우려고 한다. 할인점 입지에 미치는 요인과 평가점수는 다음과 같다.

◉ 체크리스트표

입지요인	가중치	입지요인 분석					
		A 지역		B 지역		C 지역	
		평가점수	가중점수	평가점수	가중점수	평가점수	가중점수
시장접근성	35	4	140	5	175	3	105
교통편리성	20	3	60	4	80	4	80
토지·건설비	20	3	60	3	60	4	80
법적 제약	15	4	60	3	45	3	45
노동력	10	2	20	3	30	3	30
합 계	100		280		390		340

각 입지요인에 대한 평가점수를 5등급으로 부여한 후 가중치를 곱하여 구한 가중점수의 합계를 계산한 결과, 가장 높은 점수를 받은 B지역을 할인점의 입지로 선택하게 된다.

(6) 무게중심법

① 무게중심법의 아이디어

㉠ 무게중심법(center of gravity method)은 공급지 및 수요지의 위치가 고정되어 있고, 각 공급자로부터 단일의 물류센터로 반입되는 물량과 그 물류센터로부터 각 수요지로 반출되는 물동량이 정해져 있다고 가정한다.

㉡ 이 방법은 물류센터를 기준으로 고정된 공급지에서 물류센터까지의 운송비와 물류센터에서 각 수요지의 운송비를 구하여 그 합이 최소가 되는 지점을 구하는 방법이다.

② 물류센터의 입지결정

㉠ 물류센터로 반입 및 반출되는 각 지점과 물류센터와의 거리에 거리당 운임과 물동량을 곱하면 각 지점과 물류센터 간의 수송비를 산출할 수 있다. 이러한 계산을 모든 지점들에 대하여 적용하여 합산하면 총 운송비가 산출된다.

㉡ 두 지점 간의 물자이동이 직선거리를 따라 이루어진다면 단일 물류센터의 최적입지는 입지를 나타내는 좌표에 대한 두개의 방정식을 통해서 구할 수 있다.

A공장의 수요처가 다음과 같이 주어질 때, 무게중심법을 이용한 최적의 물류센터입지 좌표는? (단, 지역별 월평균 물동량은 지역1이 35톤, 지역2가 20톤, 지역3이 15톤이며, 소수점 첫째자리에서 반올림 하시오)

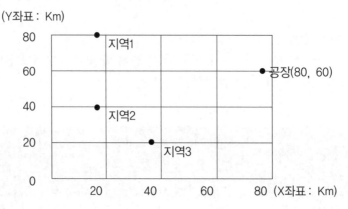

풀이 이 방법은 운송비를 운송거리와 운송량의 선형함수로 가정하고 공장과 수요지를 연결하는 물류센터의 누적 수송량은 시장수요에 공장에서 물류센터로 가는 수요를 합하여야 한다. 최적의 입지는 아래와 같이 구한다.

$$(X, Y) = \frac{(X, Y \text{ 좌표 수요지별 거리} \times \text{수요지별 수요량 합계}) + (\text{공장거리} \times \text{공장 공급량})}{\text{수요량 총합계(수요지 + 공장)}}$$

$$X = \frac{20 \times 35 + 20 \times 20 + 40 \times 15 + 80 \times 70}{35 + 20 + 15 + 70} = 52$$

$$Y = \frac{80 \times 35 + 40 \times 20 + 20 \times 15 + 60 \times 70}{35 + 20 + 15 + 70} = 58$$

(7) 톤 – 킬로법

각 수요지에서 배송센터까지의 거리와 각 수요지까지의 운송량에 대하여 운송량(톤) × 거리(km)에 의해서 평가하고, 그 총계가 가장 적은 곳에 배송센터를 설치하는 방법이다.

(8) 브라운 깁슨법

브라운 깁슨(Brown and Gibson)법은 양적 요인과 질적 요인을 모두 고려하여 다수의 입지를 결정하는 기법이다. 세 가지 평가기준으로는 장소적 적합성을 판정하는 필수적 기준, 화폐가치로 평가될 수 있는 경제적 기준인 객관적 기준, 지역의 민심 등 객관적으로 평가하기 어려운 질적 요인인 주관적 요인 등이 있다.

실전예상문제

01 물류거점계획을 위한 기본조건에 관한 설명으로 옳은 것을 모두 고른 것은? ▶ 제17회

> ㉠ 수요조건은 고객의 분포, 잠재고객의 예측, 매출 증감, 배송가능지역 등을 고려한다.
> ㉡ 법규제 조건은 토지의 이용문제(기존 토지와 신규 취득), 지가, 소요자금 내 가능한 용지 취득의 범위 등을 고려한다.
> ㉢ 배송서비스 조건은 고객에 대한 도착시간, 배송빈도, 리드타임, 거리 등을 고려한다.
> ㉣ 운송조건은 각종 운송거점 및 영업용 운송사업자 사업장과의 근접도 등을 고려한다.

① ㉠, ㉡, ㉢   ② ㉠, ㉡, ㉢, ㉣
③ ㉠, ㉡, ㉣   ④ ㉠, ㉢, ㉣
⑤ ㉡, ㉢, ㉣

해설 물류거점 계획의 기본요건 중 ㉡의 토지의 이용문제, 토지의 가격(지가), 소요자금 내에서 가능한 용지 취득의 범위 등은 용지조건이다. 법규제 조건은 정부의 용도지역 지정가능 지역을 검토하는 것이다.

02 단일물품을 생산하는 A회사는 신규 물류센터에 대한 두 가지 운영방식을 검토하고 있다. 첫째는 수요지 인근에 단일 대규모 물류센터를 운영하는 집중형 방식이고, 둘째는 각 수요지별로 소규모 물류센터를 운영하는 분산형 방식이다. 동일한 여건에서 운영된다고 가정할 때 두 가지 운영방식의 비교에 관한 설명으로 옳지 않은 것은? ▶ 제17회

① 집중형 방식이 생산지에서 수요지까지의 총운송비용이 적다 .
② 분산형 방식이 고객과의 거리가 가까워 고객요구 대응이 유리하다.
③ 분산형 방식이 물류센터의 총운영비용이 많다.
④ 물류센터별 고객서비스 수준이 동일하다면 분산형 방식의 안전재고 수준이 낮다.
⑤ 집중형 방식은 관리공간이 한 곳으로 집중되어 정보와 현품의 대응이 용이하다.

해설 ④ 고객서비스 수준이 동일하다면 분산형 방식을 택하는 경우 안전재고 수준은 높아진다.

Answer 1. ④ 2. ④

03 다음 작업조건의 물류센터에서 필요한 출하도크의 길이는? (단, 소수점 첫째자리에서 반올림하시오) ▶ 제17회

1일 평균 출고물동량	7,280박스
트럭 1대당 도크의 점유길이	3.0m
트럭 1대당 유효적재량	280박스
출고회전수(계획출고)	2회전

① 3m
② 26m
③ 39m
④ 52m
⑤ 78m

해설 필요한 트럭수는 7,280박스 / 280박스 = 26대이지만 출고회전수가 2회전이므로 26대 / 2 = 13대이다. 1대당 도크의 점유길이가 3.0m이므로 필요한 출하도크의 길이 = 3.0m × 13대 = 39m이다.

04 물류단지의 입지결정 방법에 관한 설명으로 옳지 않은 것은? ▶ 제21회

① 총비용 비교법 : 각 대안별로 관리비용을 산출하고, 총비용이 최소가 되는 대안을 선택하는 방법이다.
② 무게중심법 : 물류센터를 기준으로 고정된 공급지(공장 등)에서 물류센터까지의 수송비와 물류센터에서 수요지(배송처 등)까지의 수송비를 구하여 그 합이 최소가 되는 입지를 선택하는 방법이다.
③ 톤 - 킬로법 : 입지에 관련된 요인(접근성, 지역환경, 노동력 등)에 주관적으로 가중치를 설정하여 각 요인의 평가점수를 합산하는 방법이다.
④ 브라운깁슨법 : 입지에 영향을 주는 인자들을 필수적 요인, 객관적 요인, 주관적 요인으로 구분하여 평가하는 방법이다.
⑤ 손익분기 도표법 : 일정한 물동량(입고량 또는 출고량)의 고정비와 변동비를 산출하고 그 합을 비교하여 물동량에 따른 총비용이 최소가 되는 대안을 선택하는 방법이다.

해설 ③은 '총비용비교법'에 대한 설명이다. 톤-킬로법은 각 수요지에서 배송센터까지의 거리와 각 수요지까지의 운송량에 대해 평가하고 총계가 최소가 되는 입지를 선정하는 기법이다.

05 A공장에서 신설 물류센터를 경유하여 B, C, D 수요지에 제품을 공급하고자 한다. 공장과 수요지의 위치, 수요량, 수송단가가 다음 표와 같다면 총수송비를 최소로 하는 신설 물류센터의 입지를 무게중심법을 이용하여 구한 좌표는? (단, 소수점 첫째자리에서 반올림하시오)

▶ 제20회

구 분	위치좌표(X, Y) (km)	수요량(Box)	Box당 수송단가 (원/km)
A공장	(90, 70)	7,000	30
B수요지	(10, 80)	1,000	10
C수요지	(20, 20)	2,000	20
D수요지	(40, 50)	4,000	20

① (68, 60) 　　　　　　　② (68, 49)

③ (77, 60) 　　　　　　　④ (77, 49)

⑤ (52, 64)

해설 무게중심법(center of gravity method)은 물류센터를 기준으로 고정된 공급지에서 물류센터까지의 운송비와 물류센터에서 각 수요지의 운송비를 구하여 그 합이 최소가 되는 지점을 구하는 방법이다. 이 방법은 현재 존재하고 있는 여러 물류기지의 중심에 운송비를 최소로 하는 새로운 물류센터의 입지를 결정할 때 이용된다. 이 방법은 운송비를 운송거리와 운송량의 선형함수로 가정하고 공장과 수요지를 연결하는 물류센터의 누적 수송량은 시장수요에 공장에서 물류센터로 가는 수요를 합하여야 한다.

$$(X,\ Y) = \frac{(X,\ Y\ 좌표\ 수요지별거리 \times 수송단가)합계 + (공장거리 \times 공장\ 공급량 \times 수송단가)}{(수요량 \times 수송단가)합계(수요지 + 공장)}$$

$$X = \frac{10 \times 1,000 \times 10 + 20 \times 2,000 \times 20 + 40 \times 4,000 \times 20 + 90 \times 7,000 \times 30}{1,000 \times 10 + 2,000 \times 20 + 4,000 \times 20 + 7,000 \times 30} = 68$$

$$Y = \frac{80 \times 1,000 \times 10 + 20 \times 2,000 \times 20 + 50 \times 4,000 \times 20 + 70 \times 7,000 \times 30}{1,000 \times 10 + 2,000 \times 20 + 4,000 \times 20 + 7,000 \times 30} = 60$$

Answer　3. ③　4. ③　5. ①

06 배송센터의 입지선정 기법에 관한 설명 중 옳은 것은? ▸ 제15회

① '톤-킬로법'은 공급지 및 수요지가 고정되어 있고, 각 공급지로부터 단일 배송센터로 반입되는 물량과 배송센터로부터 각 수요지로 반출되는 물동량이 정해져 있을 때 활용하는 기법이다.

② '무게중심법'은 각 수요지에서 배송센터까지의 거리와 각 수요지까지의 운송량에 대해 평가하고 총계가 최소가 되는 입지를 선정하는 기법이다.

③ '브라운 깁슨법'은 물류센터 유지관리비용을 산출하고 총비용이 최소가 되는 대안을 선정하는 기법이다.

④ '총비용 비교법'은 입지에 영향을 주는 인자들을 필수적 요인, 객관적 요인, 주관적 요인 등을 고려하여 다수의 입지를 결정하는 기법이다.

⑤ '체크리스트법'은 입지에 관련된 양적 요인과 질적 요인을 동시에 고려하여 중요도에 따라 가장 평가점수가 높은 입지를 선정하는 기법이다.

> **해설** ①은 무게중심법, ②는 톤-킬로법, ③은 총비용 비교법, ④는 브라운 깁슨(Brown and Gibson)법이다. 브라운 깁슨법은 양적 요인과 질적 요인을 고려하여 다수의 입지를 결정하는 기법이다. 세 가지 평가기준으로는 장소적 적합성을 판정하는 필수적 기준, 화폐가치로 평가될 수 있는 경제적 기준인 객관적 기준, 지역의 민심 등 객관적으로 평가하기 어려운 질적 요인인 주관적 요인 등이 있다.

07 물류단지의 입지선정을 위해 어떤 물량이 어느 경로로 흐르고 있는가를 과거에서부터 현재까지의 경향을 파악하는 분석기법은? ▸ 제14회

① P - Q분석   ② R분석
③ SWOT분석   ④ ABC분석
⑤ S - T분석

> **해설** 물류단지의 입지선정을 위한 다섯 가지 요인은 P(Product), Q(Quantity), R(Route), S(Service), T(Time)이다. 이 중 R분석은 어떠한 물량(物量)이 어떠한 경로로 흐르고 있는가를 과거에서부터 현재까지 경향을 파악함으로써 장래계획에 대한 의사를 결정하는 분석기법으로, 연관 차트(Relationship Chart)를 이용하는 것이 효과적이다. 이 차트에 의해 근접 정도와 근접이유 등 현상을 그대로 기록하고 장래의 평가기준에 따라 재평가한다. R분석에서 물(物)의 범위에 속하는 분석요소는 품종, 하자, 단위중량, 단위용적 등이며, 양(量)의 범위에 속하는 분석요소는 중량, 개수, 용적, 시간, 건수 등이다.
> ① P-Q분석은 화물이 어느 정도의 양으로 흐르고 있는가에 대한 물류유형 분석기법으로서 대개 파레토 법칙을 이용하여 분석한다.
> ⑤ S-T분석은 주부문인 제조와 판매부문을 효율성 있게 가동시키기 위하여 보조부문이 어떠한 기능을 갖추어야 하는지를 과거와 현재의 실상을 면밀히 분석한 후 결정하는 기법을 의미한다.

08 다음은 물류단지 입지선정을 위한 지역별 물류관련 비용에 관한 자료이다. 이에 대한 설명으로 옳은 것은?

▶ 제14회

(단위: 천원)

구 분		A지역	B지역	C지역
고정비	연간 자본비용	4,000	5,000	3,600
	연간 연료·동력비	100	200	250
	연간 수용비	20	50	50
	연간 세금	230	250	250
	소 계	4,350	5,500	4,150
변동비	톤당 하역비	30	40	30
	톤당 재고비	60	70	70
	톤당 수송비	10	20	20
	소 계	100	130	120

① 연간 물동량이 10톤인 경우 총비용면에서 가장 유리한 물류단지는 B지역이다.
② 연간 물동량이 50톤인 경우 총비용면에서 가장 유리한 물류단지는 C지역이다.
③ 연간 물동량이 100톤 이상으로 증가할 경우 총비용면에서 가장 유리한 물류단지는 B지역이다.
④ 총비용을 산출할 때 연간 물동량이 많아질수록 중요하게 고려해야 할 것은 고정비 부분이다.
⑤ 연간 물동량이 계속 증가한다고 예측되는 경우 총비용면에서 가장 유리한 물류단지는 A지역이다.

해설 ⑤ 연간 물동량이 계속 증가한다고 예측되는 경우 총비용면에서 가장 유리한 물류단지는 변동비용이 가장 적게 드는 A지역이다.
④ 총비용을 산출할 때 연간 물동량이 많아질수록 중요하게 고려해야 할 것은 변동비 부분이다.

09 물류센터의 설계 시 입지선정을 위한 고려사항으로 옳지 않은 것은?

① 물류센터의 입지선정을 위해서는 운송비를 고려하여 비용이 최소화되는 위치를 후보지로 삼는다.

② 물류센터의 입지선정을 위해서는 물동량을 분석해야 한다.

③ 물류센터의 입지선정을 위해서는 시장을 형성하는 고객의 형태를 고려하여 불특정 다수 고객형과 특정 고객형으로 구분하여 의사결정에 반영한다.

④ 물류센터의 입지선정을 위해서는 자산가치의 상승가능성은 고려할 필요가 없다.

⑤ 물류센터의 입지선정을 위해서는 R(Route)분석을 실시한다.

> 해설 ④ 자산가치의 상승가능성도 고려할 필요가 있다. 한편으로 경제적 측면에 너무 집착하여 값이 싼 외곽 지역에 입지선정을 할 경우 공급, 소비지와 거리가 멀어 불편하고 운송비가 많이 소요되는 문제점이 있다.

10 공동집배송단지의 운영효과에 관한 설명으로 옳지 않은 것은?　　▶ 제23회

① 배송물량을 통합하여 계획 배송하므로 차량의 적재 효율을 높일 수 있다.

② 공동집배송단지를 사용하는 업체들의 공동 참여를 통해 대량 구매 및 계획 매입이 가능하다.

③ 보관 수요를 통합 관리함으로써 업체별 보관 공간 및 관리 비용의 절감이 가능하다.

④ 혼합배송이 가능하여 차량의 공차율이 증가한다.

⑤ 물류 작업의 공동화를 통해 물류비 절감 효과가 있다.

> 해설 ④ 같은 방면으로 배송되는 여러 화주의 화물이 혼합배송(혼재배송)이 가능하게 되어 차량의 공차율은 감소한다.

11 다음은 보관 시스템의 구체적인 작업을 나열한 것이다. 작업의 순서가 바르게 나열된 것은?
　　▶ 제21회

① 입하 ⇨ 검품 ⇨ 오더 피킹 ⇨ 포장 ⇨ 보관 ⇨ 출하

② 입하 ⇨ 오더 피킹 ⇨ 검품 ⇨ 보관 ⇨ 포장 ⇨ 출하

③ 입하 ⇨ 보관 ⇨ 오더 피킹 ⇨ 검품 ⇨ 포장 ⇨ 출하

④ 입하 ⇨ 보관 ⇨ 오더 피킹 ⇨ 포장 ⇨ 검품 ⇨ 출하

⑤ 입하 ⇨ 오더 피킹 ⇨ 보관 ⇨ 검품 ⇨ 포장 ⇨ 출하

> 해설 보관 시스템의 작업순서는 보관물품의 입하 ⇨ 보관 ⇨ 오더 피킹 ⇨ 검품 ⇨ 포장 ⇨ 출하 등이다.

12 창고 내 각 작업장의 공간을 결정 시 고려할 요소들에 대한 설명 중 가장 거리가 먼 것은?

① 보관장에서 주변여건으로 고려해야 할 점은 물품보관, 창고 내 운반통로 및 하치장 내 하역통로와 필요 시 현장 내 전표처리를 위한 공간 등이다.

② 물품보관 공간은 재고량, 화물의 형태, 보관사양 및 선반 등의 설비에 따라 달라진다.

③ 공간계산에 대해서는 품종별로 입화 시의 최대재고를 파악하여 이에 적합한 공간을 준비해야 한다.

④ 선입선출 방식이 후입선출 방식보다 공간을 절약할 수 있는 방법이다.

⑤ 보관방식을 프리 로케이션(Free Location)으로 하게 되면 공간을 절감할 수 있다.

> **해설** 선입선출(FIFO : First In First Out) 원칙이란 먼저 보관한 물품을 먼저 끄집어내는 원칙으로서 이 원칙은 일반적으로 상품의 라이프 사이클이 짧은 경우에 많이 적용된다. 재고관리상 선입선출(FIFO)이 필요한 경우는 ㉠ 형식(model)이 자주 바뀌는 상품, ㉡ 라이프 사이클(life cycle)이 짧은 상품, ㉢ 보관 시 파손, 마모가 생기기 쉬운 상품(필름, 식품 등) 등이다.
> ④ 선입선출 방식이건 후입선출 방식이건 공간 절약과는 관계가 없다.
> ⑤ 프리 로케이션(free location) 방식은 품목과 보관 랙 상호 간에 특별한 연계관계를 정하지 않기 때문에 보관장소가 정해지지 않은 랙 관리의 방식을 말한다. 입체 자동창고 등에서 이용하는 방식으로 시스템은 컴퓨터로 관리한다. 자동창고의 랙의 관리방식으로 공간효율을 높일 수 있고, 크레인 가동률을 높일 수 있다는 장점이 있다. 반면 픽스 로케이션(fixed location) 방식은 보관장소가 정해진 랙 관리의 방식을 말한다.

13 창고의 배치 방법 중 집중형 배치방법의 장점에 해당되지 않는 것은?

① 관리공간이 한곳에 집중되어 있으므로 정보 및 화물관리가 용이하다.

② 수요에 대처할 수 있는 품목들과 수량, 모두 구비 가능하다.

③ 배송센터 규모에 맞는 출하시설의 운영이 가능하다.

④ 창고 규모에 비하여 적은 수의 관리요원으로 효율적인 창고운영관리가 가능하다.

⑤ 분산배치형에 비하여 창고의 크기가 작아도 되므로 창고 내에서 작업 시 운반거리가 짧다.

> **해설** 창고를 집중형으로 배치하면 창고가 대형화된다. 이로 인해 창고 내에서 작업시 운반거리가 길어진다는 문제점이 있다. 또한 집중형의 경우 작업자 개개인의 책임추적이 어려운 문제점도 있다(현병언 등, 신물류관리, 율곡, 493면).

14 입하시스템에 대한 설명 중 가장 적합하지 않은 것은?

① 입하란 화물을 창고 내에 적입하는 작업이다.

② 작업시간의 경우 입화와 오더 피킹이 출하작업보다 높은 비중을 차지하고 있다.

③ 입하 시 입하설비 외에도 트럭에 입하설비를 갖추어야 하므로 영업용 보다는 자가용이나 전용트럭이 훨씬 효율적이다.

④ 입하시스템에는 입하 화물의 임시보관, 검품 및 보관 장소에 대한 사무능률화가 요구된다.

⑤ 입하와 동시 출고청구서와 출고지시서가 교부되는 유기적인 동시공학이 요구된다.

> **해설** 물류센터나 창고 등의 보관물류 장소로의 물품의 입하작업도 효율적으로 시스템화하지 않으면 안 된다. 즉 입화의 처리시간이 길어지면 트럭 등 수송수단의 운용이 원활하게 이루어질 수 없으므로, 오늘날 입하작업이 원활하고도 효율적으로 이루어질 수 있도록 입하설비의 자동화·기계화 등 다방면의 노력이 경주되고 있으며, 수송수단에 입하와 관련된 설비를 부착하는 문제까지도 고려되고 있다.
> 또한 입하시스템에 있어서는 입하된 물품의 일시보관이나 검품 및 보관상의 위치관리 등 입하에 따르는 서류작업과 정보처리 등의 사무처리의 효율화도 기하여야 하는데, 이를 위하여 오늘날에는 정보시스템을 이용하여 각종 서류를 온라인으로 처리하는 방식을 적용함으로써 입하작업의 사무처리시간을 신속·정확하게 수행하고 있다.

15 다음에서 설명한 물류센터 입지결정의 방법은?   ▶ 제20회

> 양적 요인과 질적 요인을 모두 고려할 수 있도록 평가기준을 필수적 기준, 객관적 기준, 주관적 기준으로 구분하여 입지평가지표를 계산 후 평가하는 방법이다.

① 총비용 비교법   ② 톤-킬로법
③ 브라운 & 깁슨법   ④ 무게 중심법
⑤ 요소분석법

> **해설** ③ 물류센터 입지결정 방법 중 양적 요인과 질적 요인을 함께 고려하여 다수의 입지를 결정하는 방법은 브라운 & 깁슨(Brown & Gibson)법이다. 세 가지 평가기준으로는 장소적 적합성을 판정하는 필수적 기준, 화폐가치로 평가될 수 있는 경제적 기준인 객관적 기준, 지역의 민심 등 객관적으로 평가하기 어려운 질적 요인인 주관적 요인 등이 있다.

16 창고의 입지선정 시 고려해야 할 사항으로 옳지 않은 것은?   ▶ 제20회

① 물품(Product)   ② 품질(Quality)
③ 경로(Route)   ④ 서비스(Service)
⑤ 시간(Time)

> **해설** ② 창고의 위치 결정은 화물의 흐름을 고려하여 결정하는데 창고입지의 다섯 가지 요인은 PQRST, 즉 P(Product), Q(Quantity), R(Route), S(Service), T(Time)이다. 품질(Quality)은 창고의 입지와는 관련이 없다.

17 물류센터를 설계할 때 고려해야 할 기본방침을 모두 고른 것은? ▸ 제20회

| ㉠ 입하 능력의 평준화 | ㉡ 입하 시간의 규제 |
| ㉢ 출하 시간의 단축 | ㉣ 물품의 취급횟수 최대화 |

① ㉠, ㉡ ② ㉢, ㉣

③ ㉠, ㉡, ㉢ ④ ㉡, ㉢, ㉣

⑤ ㉠, ㉡, ㉢, ㉣

해설 ③ 물류센터를 설계할 때 물품의 취급횟수는 최소화해야 한다.

18 물류센터 입지 선정 시 고려사항에 관한 설명으로 옳지 않은 것은? ▸ 제19회

① 유통물류센터의 입지를 선정할 때, 각 운송수단에 대한 운송비를 고려하여야 한다.

② 유통물류센터의 입지를 선정할 때, 고객의 지역적 분포, 시장의 크기 등을 고려하여 물류센터의 입지를 선정하여야 한다.

③ 조달물류센터의 입지를 선정할 때, 물자의 흐름을 중심으로 공장 전체의 합리적 레이아웃을 기준으로 결정되어야 한다.

④ 조달물류센터의 입지를 선정할 때, 토지가격만을 고려하여 외곽지역에 입지를 결정하여야 한다.

⑤ 유통물류센터의 입지를 선정할 때, 교통의 편리성, 경쟁사 물류거점의 위치, 관계법규, 투자 및 운영비용 등의 요소를 종합적으로 고려하여야 한다.

해설 ④ 토지가격에 대한 입지의 경제성은 주로 상업성과 도시 중심지로부터의 거리와 시간에 의존하여 결정된다. 따라서 지가의 경제적 측면에 너무 집착해서 값이 싼 외곽지역으로 입지를 정하게 되면 거리가 멀어 불편하고 운송비가 많이 소요되어 잘못된 입지가 될 수도 있다.

Answer 14. ⑤ 15. ③ 16. ② 17. ③ 18. ④

물류시설의 설계·운영

| 학습목표 | 1. 물류센터의 설계, 레이아웃, 로케이션 관리 및 랙 관리를 이해한다.
2. 물류센터의 주요 설비와 시스템의 내용을 이해한다.
3. 여러 가지 랙의 특징과 용도를 이해한다.

| 단원열기 | 물류센터 레이아웃의 기본원칙, 물류센터의 로케이션(location) 방법, 랙(rack) 관리 등을 정리한다. 물류시설의 주요 설비 중 파렛트 시스템과 분류 시스템은 여러 번 출제된 내용이다. 특히 여러 가지 랙(rack)의 종류와 특징 및 용도는 가장 많이 출제되는 내용 중의 하나이다.

제1절 물류센터 규모산정과 설계

1 물류센터의 설계

(1) 물류센터의 계획

① 현황 조사·분석, 장래계획

불필요한 기능 삭제에 따른 개선안을 만들고 시스템 및 기기구성을 위한 기초 데이터인 물동량과 제품의 규격 등을 조사한다.

② 시스템의 기본설계

㉠ 입지선정: 수·배송 네트워크의 총비용을 최소화하는 거점수와 위치를 결정한다.

㉡ 시설배치: 재고유지를 위한 공간 및 입·출하에 필요한 하역공간을 산정한 후에 필요면적을 산정한다. 재고량은 재고 리드타임, 출하변동을 고려한 적정재고량을 산정하고 입·출하에 필요한 하역공간은 랙의 동선 및 장래확장성을 고려하여 공간면적을 산출한다.

㉢ 격납구분: 보관 효율, 파킹 방식에 따른 격납방법을 검토한다.

㉣ 시스템 흐름과 매뉴얼 작성: 정보흐름 및 제품흐름도, 작업 매뉴얼을 작성한다.

㉤ 시스템의 설계 및 작성: 구체적인 기기와 정보처리의 사양을 결정하고, 수·배송계획과 인력배치 계획을 수립한다. 또한 토지 금리, 기기의 내용연수, 물류비 등을 고려하여 채산성을 검토한다.

㉥ 상세설계 및 시공

③ 설계의 기본 데이터

㉠ 취급품의 사양: 품목 수, 박스사양, 적재사양, 적재무게, 파렛트의 규격과 적재량

ⓒ **물동량**: 일평균 입·출고량 및 출하 형태별 예측량, 취급점포수, 입·출고 차량, 차량별 적재량 및 면적, 적재가능 파렛트와 박스 등

ⓒ **차량별 입·출고 대수 산정**

④ **취급상품의 입·출고량 및 재고량**: 각 구역별 보관의 형태, 방식, 수량 등

⑤ **물류 플로우 설정**

⑥ **운영시스템**: 운영업무 플로우 및 업무 매뉴얼, 스케줄 관리, 시스템 설계, 인원 운영계획 등

⑦ **운용설비 사양**: 랙(rack), 분류기(sorter), 컨베이어(conveyor), 지게차(forklift), 파렛트, 컴퓨터 기기, 기타 각종 정보관리를 위한 네트워크 구축

(2) 물류센터의 규모 결정 순서

① 어느 정도의 서비스를 제공할 것인가(서비스 수준의 결정)

② 서비스 수준을 충족할 수 있는 제품별 재고량의 결정

③ 보관량과 보관방식의 결정

④ 하역작업 방식과 설비의 결정

⑤ 총면적의 산출

2 물류센터의 레이아웃(layout)

(1) 레이아웃의 의의

① **레이아웃의 의미**: 레이아웃(layout)은 서비스 내지 생산의 흐름에 맞춰 '건물시설, 기계설비, 통로, 차고, 사무실 등의 위치를 공간적으로 적절히 배치하는 것'으로, 주로 기계설비의 배치가 중심이 된다. 설비배치 본래의 목적은 생산시스템의 유효성이 극대화되도록 기계, 원자재, 작업자 등의 생산요소와 생산설비의 배열을 최적화하는 것이다.

② **레이아웃의 최적화**: 유닛 로드(unit load)의 오더 피킹 작업 및 구성과 출고빈도, 화물처리 작업량과 그 난이도에 따라서 레이아웃의 방법은 달라진다. 단순한 데이터에 의존하지 않고 기업의 실정이나 보관제품의 성격 등을 고려하여 최적의 레이아웃을 구현하여야 한다.

(2) 레이아웃의 기본원칙

① **직진성의 원칙**: 물품, 통로, 운반기기 및 작업자 등의 흐름에 있어 가능한 한 직진성에 중점을 두어야 한다.

② **역행교차 회피의 원칙**: 물품, 운반기기 및 작업자의 역행·교차는 피한다.

③ **물품 취급횟수 감소의 원칙** : 가능한 한 물품의 취급횟수를 감소시킴으로써 비용과 시간을 절약할 수 있다.

④ **물품 이동간 고저간격 축소 원칙** : 물품의 흐름 과정에서 높낮이 차이의 크기와 횟수를 줄인다.

⑤ **모듈화의 원칙** : 운반기기와 랙, 통로입구 및 기둥간격 등은 그 규격에 있어 정합성이 필요하다. 모듈(module)화란 다양한 규격, 종류, 치수 등을 계열화, 단순화, 통합화, 그룹핑화 하는 것이다.

3 로케이션(Location) 관리

(1) 로케이션의 의의

로케이션이란 '배치(Layout)된 지역 및 위치에 주소를 부여하는 것'으로 일반적으로 로케이션 방법에는 자유위치(Free Location), 구역위치(Zone Location), 고정위치(Fixed Location), 혼합형(Free & Fixed Location) 등이 있다.

(2) 로케이션 방법

① **프리 로케이션(Free Location)** : 품목과 보관 랙 상호 간에 특별한 연관관계를 정하지 않는 방식이다. 입체자동창고 등에서 이용하는 방법으로서, 시스템은 컴퓨터로 관리한다. 보관방식을 프리 로케이션으로 하게 되면 공간을 절감할 수 있고 시스템의 유연성을 높일 수 있다. 저회전율 물품에 적합하다.

② **구역 로케이션(Zone Location, Joint Free Location)** : 이는 일정 품목군에 대하여 일정한 보관구역을 설정하지만 그 범위 내에서는 Free Location을 채택하는 방법으로서, 일반적으로 널리 이용되고 있는 선반관리 방법이다. 주로 컴퓨터로 제어되는 입체자동창고에서 이러한 절충식 방법을 채용하고 있다.

③ **고정 로케이션(Fixed Location)** : 고정 선반번호 방식으로, 선반번호마다 그에 대응하는 품목을 정하여 보관하는 방법이다. 앞의 두 가지 방법은 컴퓨터 등을 이용하여 관리하는 데 반해, 이 방법은 수작업 방식으로 관리하는 경우가 많다. 종전에는 선반 꼬리표 방식과 병용하는 경우도 있었다. 고회전율 물품에 적합하다.

④ **혼합 로케이션(Free & Fixed Location)** : 일부는 프리 로케이션으로 일부는 고정위치 로케이션으로 운영하는 절충 혼합형도 이용되고 있다.

4가지 제품(A~D)을 보관하는 창고의 기간별 파렛트 저장소요공간은 다음 표와 같다. 현재 지정위치 저장(Dedicated storage) 방식으로 창고의 저장소요공간을 산정하였다. 만약, 임의위치저장(Randomized storage) 방식으로 산정한다면 창고의 저장소요공간은 지정위치저장 방식의 산정값에 비해 어떻게 변하는가? (단, 소수점 셋째자리에서 반올림한다)

기 간	제품별 파렛트 수(개)			
	A	B	C	D
1월	16	18	17	22
2월	15	15	20	18
3월	19	13	15	23
4월	17	20	16	21
5월	18	22	18	19

풀이 지정위치저장 방식의 경우 각 품목별 최대보관수의 합 A(19) + B(22) + C(20) + D(23) = 84개가 필요하다. 임의위치저장 방식의 경우 각 기간별 A, B, C 전 품목 보관수의 합계 중 최대수인 77개가 필요하다. 따라서 현재 의 지정위치저장 방식에 비해 임의위치저장 방식으로 하면 84개에서 77개로 약 8% 감소한다.

기 간	제품별 파렛트 수(개)				합 계
	A	B	C	D	
1월	16	18	17	22	73
2월	15	15	20	18	73
3월	19	13	15	23	70
4월	17	20	16	21	74
5월	18	22	18	19	77

4 물류센터의 건축

(1) 물류센터 건축의 업무절차

물류센터의 건축을 위한 업무절차는 크게 세 단계로 구분할 수 있다. 즉 1단계는 물류거점의 분석 이고, 2단계는 물류센터 설계이며, 3단계는 시공 및 운영이다.

① **제1단계: 물류거점 분석**

물류거점 분석에서는 지역분석, 시장분석, 정책 및 환경 분석, SWOT 분석 등을 통해 건립 후보지의 입지를 분석하게 되고, 물류거점이 수행할 기능을 분석하여 취급 물품의 특성을 감 안하여 건립할 물류센터의 개념을 구체화한 후, 시설규모 및 운영방식, 경제적 측면의 투자 타당성 등을 검토하는 투자효과 분석을 진행하게 된다.

② 제2단계 : 물류센터 설계

물류센터 설계에서는 1단계에서 진행된 작업의 결과에 근거하여 개념적 특징과 투자규모에 적합한 기본설계를 진행하고, 이에 근거하여 레이아웃, 작업방식, 운영방식, 정보처리 방식 등을 고려한 상세 설계작업을 거쳐 토목·건축 설계안을 도출한다.

③ 제3단계 : 시공 및 운영

시공 및 운영 단계에서는 소요시설 및 장비에 대한 시공설계를 거쳐, 토목·건축에 대한 시공이 이루어지고, 이어서 시설 및 장비의 설치가 진행되며, 테스트 및 보완을 거쳐 실질적인 물류센터의 안정적인 운영단계로 진행하게 된다.

(2) 단계별 주요 고려사항

① 입지분석 단계

㉠ 입지분석 단계에서는 인허가 관련 조사와 경제성, 타당성, 채산성에 대한 분석과 검토를 통하여 향후 설계에 필요한 기본 자료와 향후 건립된 물류센터에 대한 개념적 특성과 한계를 설정하는 작업이 중요하다.

㉡ 인허가 문제와 관련해서는 토지 형질 변경의 가능 여부 및 소요 비용에 대한 조사, 용도지역에 대한 검토와 적용되는 건폐율 및 용적률, 향후 개발 계획의 여부 등을 검토하여야 한다.

② 타당성 분석 단계

타당성 분석과 관련해서는 입지의 타당성, 경제적 채산성 등을 분석하게 되며, 이러한 분석 결과에 근거하여 시설의 적정 규모가 설정되며, 물류센터의 개념적 특성이 결정되며 투입 자금의 규모가 결정된다.

③ 설계 단계

설계 단계에서는 물류센터의 구조 및 운영 체계에 대한 기본 설계를 포함하여 주요 설비에 대한 기본적 계획이 수립된다. 이러한 기본적 설계에 근거하여 레이아웃, 작업 방식, 운영 체계 등이 상세하게 설계되어야 하며, 이러한 상세설계에 따라 구체적인 토목 및 건축에 관한 설계가 진행되고, 동시에 관련설비의 용량이나 스펙이 결정된다.

④ 시공 단계

㉠ 시공 단계에서는 토목과 건축에 대한 시공이 진행되며, 시설 및 장비에 대한 선정을 거쳐 설비가 설치됨과 동시에 물류센터 운영시스템(WMS : warehouse management system)이 구축되어 전체적인 통합 테스트 운영을 거치게 된다.

㉡ 시운전 과정에서 발생하는 문제를 보완한 후에, 작업자의 배치를 위한 교육 및 훈련이 진행되고 완공단계에 이르러 본격적인 운영을 개시하게 된다.

01

(3) 물류시설의 투자타당성 분석

① 타당성 분석에서의 편익과 비용

물류시설 투자타당성 분석에서 편익(benefit)은 운송비용 절감, 보관·하역비용 절감 등이며, 비용(cost)은 토지구입비, 건설비, 운영 및 유지관리비 등이 있다.

② 순현가(NPV)법

㉠ 순현재가치(NPV : Net Present Value)는 사업의 경제성을 평가하는 척도 중 하나로 현재가 치로 환산된 장래의 연차별 기대현금유입의 합계에서 현재가치로 환산된 장래의 연차별 기대현금유출의 합계를 뺀 값을 의미한다.

㉡ 독립적인 투자안의 경우 순현가(NPV) > 0이면 투자안을 채택하고, 순현가(NPV) < 0이면 투자안을 기각한다. 그리고 상호배타적인 투자안의 경우 순현가(NPV) > 0인 투자안 중 순 현가가 가장 높은 투자안을 채택한다.

③ 내부수익률(IRR)법

㉠ 내부수익률(IRR : Internal Rate of Return)은 기대현금유입과 기대현금유출의 현재가치 합 계가 동일하게 되는, 즉 순현재가치(NPV)를 0으로 만드는 수준의 할인율을 의미한다.

㉡ 계산된 내부수익률이 내부수익률 ≥ 요구수익률이면 그 투자를 채택하고, 내부수익률 < 요구수익률이면 그 투자를 기각한다. 높은 내부수익률이 산출되는 대안일수록 수익성이 좋다고 판단할 수 있다.

④ 수익성지수(PI)법

㉠ 수익성지수(PI : Profit Index)는 사업기간 중의 총현금 수입합계의 현재가치를 순현금 투자 지출 합계의 현재가치로 나눈 상대지수로서, 순현가(NPV)가 같은 두 개 이상의 사업을 비 교 검토할 때 유효한 지표로 사용된다.

㉡ 만일 순현가(NPV)와 기타 모든 판단 지표가 동일할 경우 초기 현금투자가 적은 사업일수 록 높은 수익성지수를 나타내게 된다.

⑤ 투자이익률(ROI)법

투자이익률(ROI : Return On Investment)은 순이익을 투자액으로 나눈 것으로 투자이익률이 클수록 높은 투자타당성을 갖는다.

⑥ 비용편익(B/C)비율법

비용편익비(B/C : Benefit/Cost ratio)는 편익을 비용으로 나눈 비율을 뜻하며 비용편익비가 클 수록 높은 투자타당성을 갖는다.

제 2 절 　 물류시설의 설비 및 운영

1 　 물류시설의 주요 설비

(1) **파렛트 시스템**(pallet system)

파렛트를 보관하고 출하하는 파렛트 시스템은 목적에 따라 파렛트 보관 시스템과 파렛트 출하 시스템으로 구분할 수 있다. 경우에 따라서는 보관과 출하를 동시에 수행할 수도 있다.

① **파렛트 보관 시스템**

구 분	특 징
랙(rack)	철강 프레임을 의미하는 것으로 파렛트를 각각의 칸에 보관한다.
플로우 랙 (flow rack)	프레임이 전면으로 기울어져 있어 파렛트가 출하되면 후면의 파렛트가 앞으로 흘러나오는 시스템이다. 플로우 랙은 선입선출(first in first out)을 물리적으로 보장할 수 있고, 한 칸에 많은 파렛트를 넣을 수 있어서 효율적이다.
모빌 랙 (mobile rack)	랙이 수평적으로 이동할 수 있어 랙 사이의 통로가 필요 없으며, 필요할 때 랙을 이동시켜 보관이나 출하 작업을 수행한다.

② **파렛트 출하 시스템**

파렛트 출하 시스템의 대표적인 예로는 지게차(forklift)와 같은 특수차량을 들 수 있다. 즉, 보관은 랙을 이용하고, 파렛트의 이동은 지게차를 이용하는 것이 일반적이다. 이외에도 통로별로 전용 스태커 크레인을 사용할 수 있다.

③ **파렛트 시스템의 운영방안**: 공간 효율성이나 이동 효율성의 관점에서는 다음에서 설명하는 바와 같은 운영 및 설계 방안을 고려할 수 있다.

　　㉠ 평치 창고와 랙의 경우에는 공간 효율성이 중요시 되며, 이를 위해서는 랙 혹은 파렛트의 적절한 배치와 이동통로의 효율적 설계가 중요하다.

　　㉡ 특히 평치 창고의 경우 파렛트가 출하되면서 발생하는 공간은 그 줄이 완전히 빌 때까지는 사용할 수 없다. 따라서 이러한 벌집효과를 감안하여 최적으로 보관구역을 배치해야 한다.

(2) **낱개 피킹 시스템**(broken case picking system)

① **낱개 피킹 시스템의 분류**

낱개 피킹 시스템의 종류는 수동에서부터 완전 자동화 시스템까지 다양하다. 먼저 이들 시스템을 작업자의 관점에서 보면 작업자가 직접 이동하는 작업자 이동형 시스템과 작업자의 위치로 해당 품목을 설비가 가져오는 물품 이동형 시스템으로 크게 나눌 수 있다.

② **작업자 이동형 시스템**

　　㉠ 작업자 이동형 시스템에서는 상자 혹은 낱개 포장 단위로 각 칸에 보관하는 방식을 사용하므로 투자비용이 적은 장점이 있다.

ⓛ 단점으로는 자동화 수준이 낮고 작업자의 이동시간이 길어지므로 작업자의 생산성이 낮아지고 작업자의 실수에 대한 대책이 부족하다는 점이다.

◉ 작업자 이동형 시스템에서 사용하는 설비

- Bin Shelving : 개방형 선반
- Storage Drawer : 보관 서랍으로 폐쇄형 선반
- Gravity Flow Rack : 파렛트 시스템의 흐름 랙과 유사한 경사 흐름 랙
- Mezzanine : 선반이나 서랍을 이층으로 배치하는 적층식 설비
- Mobile Storage : 모빌 랙과 유사한 이동형 선반
- Person-Abroad AS/RS(Automated Storage/Retrieval System) : 작업자가 크레인에 탑승하여 피킹하는 탑승형 자동창고시스템

③ 물품 이동형 시스템

ⓐ 물품 이동형 시스템에서는 작업자 위치가 고정되어 있으며 설비가 필요한 품목을 작업자에게 가져다주는 시스템으로서 일반적으로 자동화 수준이 높은 편이다.

ⓑ 물품 이동형 시스템은 초기 투자가 높은 반면에 작업자의 생산성이 높아진다. 이 생산성의 증가는 이동시간을 생략할 뿐만 아니라 설비로 특정 품목을 이동시키는 도중에 작업자가 별도의 작업을 수행할 수 있기 때문이다. 따라서 한 명의 작업자가 2~3대의 설비를 동시에 담당할 수 있다.

ⓒ 또한 물품에 대한 접근이 제한되기 때문에 고가품이나 초소형품 등의 보안유지에 유리하고, 물품 이동이 자동화되어 있으므로 물품의 추적관리가 용이하다는 점도 장점이다. 물류센터 이외에도 공장의 자재창고 혹은 공정 내의 재공품 관리수단으로도 널리 사용된다.

◉ 물품 이동형 시스템에서 사용하는 설비

- 캐러셀(Carousel) : 작업자의 전면에 물품이 오도록 모든 선반이 동시에 회전하는 다층식 회전선반이다. 그 종류로 수평 회전식과 수직 회전식이 있는데, 선반의 각 층이 동시에 다른 방향으로 이동하는 경우는 로터리 랙이라고도 한다.
- Mini-load A/S R/S : 하나의 셀(cell)에 여러 개의 보관품을 저장하는 소형 자동창고로 파렛트형 자동창고와 동일한 구조이다. 그러나 파렛트 대신에 운반상자를 사용하고 투입·출하 지점에 있는 작업자가 피킹을 완료하면 운반상자를 다시 랙으로 복귀시킨다.

(3) **분류 시스템**(sorting system) : 분류 시스템의 구성요소를 분류하면 다음과 같다.

① **이동설비** : 피킹구역으로부터 출하된 물품들을 분류 시스템으로 가져오며 분류 시스템 내에서 물품들을 이동시키는 설비

② **인식 및 제어 시스템** : 이동 물품 혹은 상자들을 인식하여 각 물품 혹은 상자에 대응되는 주문을 찾아내고 그 주문이 배정된 분류 칸을 결정하는 시스템

③ **분리설비** : 상자가 해당되는 분류 칸을 통과할 때 물리적으로 상자를 해당 칸으로 밀어 내거나 떨어뜨리는 설비

④ **분류 칸** : 동일 주문에 속하는 물품들은 같은 칸에 모으고 모든 물건이 분류되면 포장 작업자 가 별도의 상자로 포장하는 설비와 구역

(4) **이송 시스템**(transport system)

① **이송 시스템의 종류** : 이송 시스템의 종류는 크게 컨베이어, 산업용 차량, 무인반송차량 등으로 구분할 수 있다. 이송할 물품의 특성, 크기, 중량과 운송의 목적에 따라 다양한 컨베이어가 이용되고, 지게차(포크리프트)로 대표되는 산업용 차량의 경우도 마찬가지이다. 무인반송차량 은 작업자를 필요로 하지 않는 이송자동화 시스템의 대표적인 예이다.

② **이송 시스템의 운영**

㉠ 이송 시스템은 물류센터의 배치형태 및 운영방식과 밀접한 관계가 있다. 물류센터의 배치 형태에 따라 이송되는 물품, 거리, 수량 등이 결정되며 이에 따라 적절한 이송경로와 이송 수단이 결정된다.

㉡ 흐름의 경로가 고정되어 있고 수량이 많다면 컨베이어가 효율적이지만, 경로가 일정하지 않고 수량이 많지 않다면 산업용 차량이나 무인반송차량이 효율적이다.

㉢ 또한 컨베이어를 설치하는 경우에는 컨베이어 흐름 동선에 의하여 전체 물류센터 내부의 공간이 단절된다는 점을 고려하여야 한다.

(5) **정보 시스템**(information system)

① **창고관리 시스템**(WMS : Warehouse Management System)
물류센터 내의 업무와 정보를 총괄하며 설비 제어 시스템을 통제하는 WMS는 물류센터의 핵 심이다. WMS의 주요 기능은 다음과 같다.

㉠ 주문접수(Order Entry) : 외부 시스템으로부터 주문정보를 접수

㉡ 일정계획(Job Scheduling) : 주문을 처리하기 위한 배차계획, 상차계획, 피킹계획, 보충계 획, 입고계획 등을 수립

㉢ 작업관리(Work Management) : 각 구역별 작업자와 설비제어 시스템에게 일정계획을 통보 하고 진척상황을 감시

㉣ 출하관리(Shipping Management) : 주문별 송장 작성, 차량 확인 등의 업무

㉤ 차량관리(Vehicle Management) : 입출고 차량 등의 관리 및 차량 업체 관리

㉥ 재고관리(Inventory Management) : 위치별, 품목별 재고 수량 관리

㉦ 입고관리(Receipt Management) : 입고검사와 입고계획의 실적관리

㉧ 운영관리(Operation Management) : 기타 운영업무 처리와 지표관리

② **자동인식 시스템**

자동인식 시스템은 작업자의 업무부담을 줄일 수 있을 뿐만 아니라 물자의 이동상황을 실시간으로 감시하는 가장 효과적인 방법이다. 자동인식 시스템의 대표적인 예로 바코드, RFID, 머신 비전(Machine Vision)을 들 수 있다.

2 랙(rack)의 관리

(1) 랙의 의의와 중요성

① **랙의 의의**

한국산업표준(KS)에서는 랙(rack)은 물품을 보관하기 위해 사용하는 기둥과 선반으로 구성된 구조물로 정의하고(KS T 0001 물류용어), 랙의 종류를 제시하고 있다(KS T 2023). 랙은 자동창고와 랙 창고의 주요부를 구성하는 설비이다.

② **랙의 중요성**

랙 관리는 수량관리의 기본이다. 이것 없이는 정상적인 창고 내 작업을 기대할 수 없다. 소품종 소량시대와 소품종 다량시대에는 이 랙 관리가 경시되어 온 경향이 있었으나, 다품종 소량시대를 맞이한 오늘날에는 창고관리의 기본으로 매우 중요시되고 있다.

(2) 보관품의 창고배치시 유의점

① **회전율 고려**

고회전 물품은 되도록 출고구 가까이에 배치한다. 회전율이 중간 정도인 물품은 그 다음에 배치하고, 회전율이 가장 낮은 물품은 출고구에서 가장 먼 장소에 배치한다. 이를 위해서는 IQ(품목과 수량 또는 건수)곡선을 작성하여 보관할 물품을 ABC그룹으로 구분한다.

② **보관의 기본원칙 준수**

㉠ 물품의 보충 혹은 피킹이 용이한 시스템이 될 수 있도록 유의한다. 예를 들어 수작업으로 물품을 입출고(격납, 추출)하는 경우에는 주력품을 허리 높이에 배치한다.

㉡ 회전율 변화에 상응하여 그 보관 장소를 바꾼다.

㉢ 높게 쌓는다.

㉣ 통로 변에 보관한다.

㉤ 피킹 분포에 따라 보관한다.

(3) 랙의 종류

① **파렛트 랙(Pallet Rack)**

화물이 적재된 파렛트 그대로 지게차를 사용하여 보관 랙의 셀(cell)마다 격납시켜 보관할 수 있는 랙을 말한다. 즉, 파렛트에 쌓아올린 물품의 보관에 이용되는 랙이다. 범용성이 있어 화물의 종류가 여러 가지라도 유연하게 보관할 수 있다. 그러나 용적효율이 낮고, 바닥면적 활용이 비효율적이다.

② 드라이브 인 랙(Drive In Rack)

　㉠ 랙에 지게차를 가지고 들어가 격납하고 추출하도록 되어 있어 깊이 방향으로 여러 파렛트를 보관할 수 있는 랙이다. 안쪽 상단부터 순차적으로 격납하고 추출 시에는 앞쪽 하단부터 한다. 따라서 선입후출(First In, Last Out)해야 하는 단점이 있다. 회전율이 낮은 제품, 계절적 수요제품, 소품종 대량이면서 겹쳐 쌓기가 불가능한 상품에 적합하다. 파렛트에 적재된 물품의 보관에 이용되고 한쪽에 출입구를 두며 지게차를 이용하여 실어 나르는데 사용하는 랙이다.

　㉡ 따라서 지게차 통로면적이 절감되며 보관 효율이 높은 편이다. 소품종 다량 또는 로트(Lot) 단위로 입·출고될 수 있는 화물을 보관하는 데 이용된다. 양쪽에 출입구를 두면 드라이브 스루 랙(Drive Through Rack)이 된다.

③ 적층 랙(Mezzanine Rack)

　천장이 높은 단층창고 등의 경우 현재 사용하고 있는 높이에서 천장까지의 사이를 이용하기 위해 설치한 것으로, 통로와 선반을 다층식으로 겹쳐 쌓은 랙을 말한다. 보관 효율과 공간활용도가 매우 높고, 최소의 통로로 최대로 높게 쌓을 수 있어 경제적이다. 입·출고 작업과 재고관리가 용이하다.

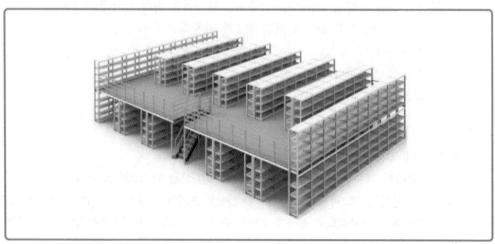

④ **슬라이딩 랙**(Sliding Rack)

선반을 앞 방향 또는 앞뒤 방향으로 꺼내는 기구를 가진 랙을 말한다. 파렛트가 랙에서 미끄러져 움직이므로 한쪽에서 입고하고 다른 한쪽에서 출고되는 이상적인 선입선출 방법이다. 보관효율이나 용적효율이 양호하지만 다품종 소량에는 부적합하며 랙 설치비용이 많이 든다.

⑤ **모빌 랙**(Mobile Rack)

레일 등을 이용하여 직선적으로 수평 이동되는 랙을 말한다. 통로를 크게 절약할 수 있으므로 한정된 공간을 최대한 사용할 수 있다. 수동식, 자동식 등이 있으며 다품종 소량 물품 보관에 적합하고 통로공간을 활용하므로 보관효율이 높다.

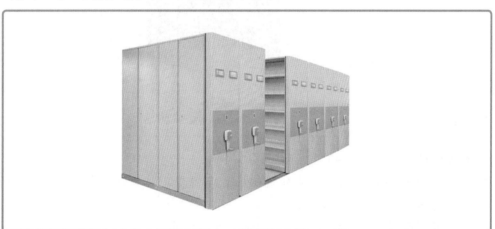

⑥ **암 랙**(Arm Rack)

암 랙 또는 캔티레버 랙(cantilever rack)은 외팔걸이 랙이라고도 하는데 외팔 지주걸이 구조로 되어 있어 파이프 같은 장척물 보관에 편리하다. 캔티레버 랙은 전면에 기둥이 없으므로 공간 낭비 없이 화물을 보관할 수 있고 재고품 검사 및 관리가 용이하다.

⑦ 플로우(Flow) 랙

소품종 다량의 상품을 파렛트 또는 케이스 단위로 보관하는 데 적합한 보관 랙을 말한다. 기본적으로는 입체형이며, 랙의 격납부분에 롤러컨베이어 또는 휠컨베이어가 부착되어 있다. 랙 전체가 한 쪽으로 기울어져 있어 랙의 한 끝에서 보관품을 넣으면 중력에 의해 출구까지 스스로 움직여 정지하도록 되어 있다. 선입선출(first in first out)이 필요한 제품의 보관에 이용된다.

⑧ 회전 랙(Carrousel rack)

ㄱ 캐러셀(Carrousel)이란 피킹 시 피커가 고정되어 있고 랙 자체가 회전하여 물품을 이동하여 입출고하는 방식의 랙이다.

ㄴ 수평형 회전 랙(Horizontal Carousel)과 수직형 회전 랙(Vertical Carousel)으로 구분할 수 있다. 수직형 회전 랙은 수평형 회전 랙보다 높은 천장이 필요하고, 품목보호 및 보안성에서는 수평형 회전 랙보다 수직형 회전 랙이 더 뛰어나다.

ㄷ 일반적으로 중량이 비교적 가벼운 제품의 보관에 주로 사용한다. 자동창고와 비교할 때 도입비용이 저렴하여 소화물 자동창고(AS/RS)의 대안으로 사용된다.

⑨ 특수 랙

타이어, 유리 등과 같이 형태가 특수한 물품이나 조심스럽게 다루어야 하는 물품의 전용 랙이다.

⑩ **하이 스택 랙**(High stack Rack)

상품을 대량으로 취급하는 경우 건물의 층고에 여유가 있는 경우 활용할 수 있는 랙이다. 좁은 통로에 높게 적재했기 때문에 바닥면의 효과적인 사용과 공간활용이 좋고 입·출고도 임의적으로 할 수 있으며, 재고관리도 용이한 편이다.

실전예상문제

01 물류센터의 업무에 관한 설명으로 옳지 않은 것은? ▶ 제17회

① 입고는 입고제품의 수량 및 상태 이상 유무에 대한 검수 등을 포함한다.

② 보관은 입고구역으로부터 검수된 제품을 파렛트 랙에 저장하는 것이며, 보관위치는 품질에 따라 정해져야 한다.

③ 피킹은 출고지시에 따라 파렛트, 박스, 낱개 단위별로 이루어지며 일괄피킹, 순차피킹 등의 방법이 있다.

④ 분류는 파렛트, 박스, 낱개 단위별로 피킹된 제품을 배송처별로 구분하는 활동으로 자동 컨베이어, DPS(Digital Picking System), 분류자동화 기기 등의 설비를 이용한다.

⑤ 유통가공은 가격표 부착, 바코드 부착, 포장 등의 작업을 수행한다.

해설 ② 입고구역으로부터 검수된 제품을 파렛트 랙에 저장하는 것은 입고(putaway)이다. 여기에는 제품의 취급, 보관할 위치의 확인, 제품의 적치가 포함된다.

02 공급자와 수요자 중간에 위치하여 수요와 공급을 통합하고, 계획하여 효율화를 도모하는 물류센터에 관한 설명으로 옳지 않은 것은? ▶ 제13회

① 공동물류센터는 자금 조달능력이 부족하고 물량을 확보하기 어려운 다수의 중소기업이 물류시설을 한 장소에 설치하고 공동으로 운영하는 시설이다.

② 물류센터를 한 곳에 집중해 설치할 경우 거점 간의 수송업무가 늘어난다.

③ 물류센터의 설치 시 창고규모가 커지므로 입출하, 유통가공, 집품, 분류 등의 업무량이 증가한다.

④ 물류시설의 집약화로 저렴한 비용으로 대고객 서비스를 제공할 수 있다.

⑤ 물류센터는 재고량을 시계열적으로 분석할 수 있어서 시장동향을 쉽게 파악할 수 있고, 인기상품과 사양상품을 신속히 파악할 수 있다.

해설 ② 물류센터를 한 곳에 집중해 설치할 경우 거점 간의 수송업무가 줄어든다.

03 창고 레이아웃(Layout)의 기본원리 중 잘못된 것은?

① 원칙 I : 물품, 통로, 운반기기 및 사람 등의 흐름 방향에 있어 항상 직진성에 중점을 두어야 한다.

② 원칙 II : 물품, 운반기기 및 사람의 순행교차는 피해야 한다.

③ 원칙 III : 물품의 취급횟수를 줄여야 한다.

④ 원칙 IV : 물품의 흐름과정에서 높낮이 차이의 크기와 횟수를 감소시켜야 한다.

⑤ 원칙 V : 화차, 운반기기, 랙, 통로입구 및 기둥간격의 모듈화와 디맨션(dimention)의 관계를 구축한다.

해설 창고관리 시스템은 보관의 기본요소로서 창고 내의 원활한 화물의 흐름과 활성화를 위한 보관의 기본적인 원칙으로, 이들 원칙 사이에는 상호 연관성이 있으므로 보관을 할 경우에는 물품의 성격이나 창고 내 상황에 따라 적절히 조합하여 적용하여야 한다. 물품의 입출고 작업을 용이하게 하고 효율적으로 보관하기 위해서는 통로면에 보관하는 것이 창고 내 레이아웃의 기본원칙이며, 이 같은 원칙에 따라 창고 내에서 원활한 물(物)의 흐름을 활성화하는 기본적 요건이 바로 통로대면 보관이다.

04 로케이션 관리방법 중에서 일정한 범위(위치)를 한정하여 특정 품목군을 보관하되, 그 범위 내에서는 위치를 자유롭게 선택하는 방식은? ▶ 제14회

① 프리 로케이션(Free Location) ② 고정 로케이션(Fixed Location)

③ 임의 로케이션(Random Location) ④ 할당 로케이션(Dedicated Location)

⑤ 구역 로케이션(Zone Location)

해설 ⑤ Zone Location(Joint Free Location)은 일정 품목군에 대하여 일정한 보관구역을 설정하지만 그 범위 내에서는 Free Location을 채택하는 방법으로서, 일반적으로 널리 이용되고 있는 선반관리 방법이다. 주로 컴퓨터로 제어되는 입체 자동창고에서 절충식 방법을 채용하고 있다.

05 보관 시 레이아웃에 대한 설명 중 가장 거리가 먼 것은?

① 긴 물건은 바 랙(Bar-Rack)과 사이드 포크리프트를 활용한다.

② 선입선출이 가능하도록 설계한다.

③ 저회전율 물품은 고정 로케이션(Fixed Location)이 좋고, 고회전율 물품은 프리 로케이션(Free Location)이 좋다.

④ 바닥은 하중을 충분히 견디게 설계하고, 운반차의 활동에 충분한 공간을 부여한다.

⑤ 랙 이용 시 빈 공간이 생기지 않도록 한다.

해설 ③ 저회전율 물품은 프리 로케이션(Free Location)이 좋고, 고회전율 물품은 고정 로케이션(Fixed Location)이 좋다.

Answer 1. ② 2. ② 3. ② 4. ⑤ 5. ③

06 창고 내 로케이션(Location) 관리에 관한 설명으로 옳지 않은 것은? ▶ 제20회

① 로케이션(Location) : 배치된 지역 및 위치에 주소를 부여하는 것을 말한다.

② 고정 로케이션(Fixed Location) : 선반 번호별로 보관하는 품목의 위치를 고정하여 보관하는 방법이다.

③ 프리 로케이션(Free Location) : 품목과 보관하는 랙 상호간에 특별한 연관관계를 정하지 않는 보관방법이다.

④ 구역 로케이션(Zone Location) : 특정 품목군을 일정한 범위 내로 한정하여 보관하고, 그 범위 내에서 특정 위치를 고정하는 방법이다.

⑤ 고정 로케이션(Fixed Location) : 수작업으로 관리하는 경우가 많고, 선반 꼬리표 방식과 병행해서 사용하는 경우도 있다.

해설 ④ 존 로케이션(Zone Location, Joint Free Location) : 일정 품목군에 대하여는 일정한 보관구역(zone)을 설정하지만 그 범위 내에서는 Free Location을 채택하는 절충식 방법이다. 일반적으로 이용되고 있는 선반관리방법으로, 컴퓨터로 제어되는 입체자동창고에서 채용하고 있다.

07 각 품목의 입출고 비용은 입출고 횟수에만 비례하고, 1회당 입출고량과는 상관없다. 창고의 입구와 출구는 동일한 곳에 위치하며, 품목별로 보관위치를 지정하여(dedicated) 사용한다. 단위시간당 전체 입출고에 필요한 총 이동거리를 최소화하기 위해 입·출구에서 가장 가까운 위치에 배치하여야 할 품목은? ▶ 제15회

품 목	보관 소요공간	단위시간당 평균 입출고 횟수
㉠	200	20
㉡	60	5
㉢	80	10
㉣	140	7
㉤	90	6

① 품목 ㉠　　　　　　　　　② 품목 ㉡

③ 품목 ㉢　　　　　　　　　④ 품목 ㉣

⑤ 품목 ㉤

해설 지정위치 저장방식을 사용할 경우 단위시간당 전체 입출고에 필요한 총 이동거리를 최소화하기 위해 입·출구에서 가장 가까운 위치에 배치하여야 할 품목은 회전율이 빠르면서 보관 소요공간이 적은 품목이다. 보관 소요공간 대비 시간당 입출고 횟수가 가장 큰 품목은 ㉢ 품목이다.

08 자동화 창고에서 물품을 보관하는 위치를 결정하는 보관(Storage)방식에 관한 설명으로 옳은 것은? ▶ 제15회

① 근거리 우선보관(Closest Open Location Storage)방식은 지정위치 보관방식의 대표적 유형이다.

② 급별 보관(Class-based Storage)방식은 일반적으로 품목별 보관소요 공간과 단위시간당 평균 입출고 횟수를 고려하여 보관위치를 결정한다.

③ 지정위치 보관(Dedicated Storage)방식은 일반적으로 품목별 보관소요 공간과 단위시간당 평균 입출고 횟수를 고려하여 보관위치를 결정한다.

④ 임의위치 보관(Randomized Storage)방식은 일반적으로 물품의 입출고 빈도를 고려하여 보관위치를 결정한다.

⑤ 전체 보관소요 공간을 가장 많이 차지하는 보관방식은 임의위치 보관(Randomized Storage)방식이다.

해설 보관시스템에서 지정위치 보관(Dedicated or fixed slot storage)방식은 화물의 보관위치를 사전에 지정하는 방식으로서, 임의위치 보관방식에 비해 전체적인 공간이 여유가 있어야 한다. 반면 임의위치 보관(Randomized or floating slot storage) 방식은 지정위치 보관방식에 비해 편리하고 공간을 집약적으로 활용할 수 있다는 장점이 있으나, 정확도 측면에서는 한계가 있다.
① 근거리 우선보관(Closest Open Location Storage)방식은 임의위치 보관방식의 대표적 유형이다. ② 일반적으로 품목별 보관소요 공간과 단위시간당 평균 입출고 횟수를 고려하여 보관위치를 결정하는 것은 지정위치 보관(Dedicated Storage)방식이다. ④ 일반적으로 물품의 입출고 빈도를 고려하여 보관위치를 결정하는 것은 고정위치 보관방식이다. ⑤ 전체 보관소요 공간을 가장 많이 차지하는 보관방식은 고정위치 보관방식이다.

09 물류단지시설에 관한 설명으로 옳지 않은 것은? ▶ 제17회

① 데포(Depot)는 제조업체가 원료나 완성품을 쌓아 두거나 유통업체가 배송 전 단계로 재고품을 비축 또는 다음 단계의 배송센터로 제품을 이전시키기 전에 일시 보관하는 시설이다.

② 물류터미널은 화물의 집화, 하역 및 이와 관련된 분류, 포장, 보관, 가공, 조립 또는 통관 등에 필요한 기능을 갖춘 시설이다.

③ 복합물류터미널은 두 종류 이상의 운송수단 간의 연계운송을 수행할 수 있는 시설이다.

④ 공동집배송센터는 여러 유통사업자 또는 제조업자가 공동으로 사용할 수 있도록 집배송시설 및 부대업무시설이 설치되어 있는 시설이다.

⑤ 내륙 컨테이너 기지(ICD)는 주로 항만터미널과 내륙운송수단과의 연계가 편리한 산업지역에 위치한 컨테이너 장치장으로 컨테이너 화물의 통관기능까지 갖춘 시설이다.

해설 ①은 SP(Stock Point)에 대한 설명이다. 데포(Depot)는 소비지에 가까운 일시 보관장소라는 개념으로, 수송을 효율적으로 하기 위해 갖추어진 집배중계지 및 배송처 또는 컨테이너가 CY에 반입되기 전 야적된 상태에서 컨테이너를 적재하는 장소이다.

Answer 6. ④ 7. ③ 8. ③ 9. ①

10 창고 내 시설 및 물류동선 배치 레이아웃의 기본원칙에 관한 설명으로 옳지 않은 것은?

▸ 제20회

① 회전성의 원칙 : 물품, 통로, 운반기기 및 사람 등의 흐름방향을 곧바로 흐르도록 하는 것을 말한다.

② 역행교차 없애기 원칙 : 물품, 운반기기 및 사람의 흐름배치는 서로 교차하거나 역주행이 되지 않도록 하는 것을 말한다.

③ 취급횟수 최소화의 원칙 : 보관효율을 높이기 위하여 임시보관 취급과 같은 동작이나 업무를 줄이는 것을 말한다.

④ 중력이용의 원칙 : 자체 중력을 이용하여 위에서 아래로 움직이도록 하고 무거운 것은 하단에 배치하는 것을 말한다.

⑤ 모듈화의 원칙 : 물류동선의 패턴, 복도 및 랙 방향 등의 설계를 통해 작업 및 보관 효율을 높이는 것을 말한다.

해설 ①은 직진성의 원칙이다. 물품, 통로, 운반기기 및 사람 등의 흐름방향을 곧바로 흐르도록 하는 것을 말한다.
④는 물품 이동간 고저간격의 축소 원칙이라고도 한다.

11 창고의 레이아웃(Layout) 설계에서 고려해야 할 사항으로 옳지 않은 것은?

▸ 제17회

① 화물, 운반기기 및 작업자 등의 흐름 직진성을 고려해야 한다.

② 화물 및 작업자 등의 역방향 흐름을 최소화해야 한다.

③ 화물의 취급횟수가 증가하도록 해야 한다.

④ 화물의 흐름과정에서 높낮이 차이의 크기를 줄여야 한다.

⑤ 운반기기, 랙(Rack) 등의 모듈화를 고려해야 한다.

해설 창고의 레이아웃(layout) 설계의 기본원칙은 물품의 입출고 작업을 용이하게 하고 효율적으로 보관하기 위한 것으로 다섯 가지 원칙이 제시되고 있다.
③ 화물의 취급횟수를 줄여야 한다.

12 물류센터(창고)를 설계하기 위하여 천정의 높이를 결정해야 한다. 아래와 같은 조건으로 물류센터의 천정 높이를 올바르게 산출한 것은?

> • 파렛트 포장화물 높이(파렛트 높이 포함) : 2.0m
> • 파렛트 포장화물 적재단수(랙 사용안함) : 4단
> • 지게차 포크가 파렛트 포장화물을 들어 올리는데 필요한 높이 : 0.3m
> • 파렛트 화물의 최대높이와 천정의 여유 치수 : 0.5m

① 2.8m   ② 3.7m

③ 4.3m   ④ 8.0m

⑤ 8.8m

> **해설** 천장의 높이는 파렛트 포장화물 높이(파렛트 높이 포함) 2.0m × 파렛트 포장화물 적재단수(랙 사용안함) 4단 + 지게차 포크가 파렛트 포장화물을 들어 올리는 데 필요한 높이 0.3m + 파렛트 화물의 최대높이와 천정의 여유 치수 0.5m = 8.8m

13 물류센터(창고)에 제품을 보관하려고 할 때 다음과 같은 조건에 맞는 창고평수는 얼마인가? (단, 사무실 등의 부대시설은 제외한다)   ▶ 제18회

> • 제품수량 : 50,000 Box
> • 파렛트당 제품적재수량 : 100 Box
> • 파렛트의 면적 : 0.5평
> • 창고 면적충진(적재)율 : 50%
> • 파렛트 적재 단수 : 1단

① 100평   ② 200평

③ 250평   ④ 500평

⑤ 625평

> **해설** 필요 파렛트 수 = 제품수량 / 파렛트당 제품적재수량 = 500개이다. 파렛트 적재를 위해 필요한 면적 = 필요 파렛트 수 × 파렛트 면적 = 500 × 0.5평 = 250평이고, 창고 면적충진(적재)율이 50%이므로 필요면적의 2배가 되는 창고평수를 갖추어야한다. 따라서 조건에 맞는 창고평수는 500평이다.

Answer   10. ①   11. ③   12. ⑤   13. ④

14 물류합리화를 위한 창고시설의 설비에서 유닛로드에 의한 보관, 적재, 입출고 작업을 하기 위한 설비기준은 한국산업규격(KSA 1619)의 규정에 정해져 있다. 다음 중 한국산업규격의 창고시설 설비기준 규정에 해당되지 않는 것은?

① 창고시설 내 바닥의 강도　　　　② 보의 높이

③ 기둥간격　　　　　　　　　　　④ Dock 및 Canopy 치수

⑤ 창고 출입구의 치수

> **해설** 한국산업표준 KSA 1619는 보관창고의 시설기준을 정하고 있다. 즉 물류합리화를 위한 창고시설의 설비에서 유닛로드에 의한 보관, 적재, 입출고 작업을 하기 위한 설비기준을 규정하고 있는 데 그 내용은 다음의 4가지이다.
> ㉠ 창고시설 내 바닥의 강도, ㉡ 보의 높이(단층 창고는 6~8m, 다층 창고는 5~7m), ㉢ 기둥 간격 (7.5m 이상), ㉣ 창고 출입구의 치수(출입구의 나비는 3.5m 이상, 높이는 4m 이상, 문턱을 설치할 경우 턱의 높이는 5mm 이내)

15 다음 표는 물류센터 하역작업의 연속된 5개 공정별 작업시간이다. 공정개선 후 공정효율 (Balance Efficiency)을 80%로 만들기 위해서는 애로공정의 작업시간을 몇 분 줄여야 하는가? (단, 소수점 첫째자리에서 반올림하시오)　　　　　　　▶ 제17회

공정명	A	B	C	D	E
작업시간(분)	13	10	16	11	10

① 4분　　　　　　② 5분　　　　　　③ 6분

④ 7분　　　　　　⑤ 8분

> **해설** 공정효율(%) = $\dfrac{\text{공정별 사이클타임 합계}}{\text{애로공정 사이클타임} \times \text{공정수}} \times 100$이다. 현재 작업시간이 16분으로 가장 긴 C공정이 애로공정이고 공정효율 = $\dfrac{60}{16 \times 5} = 75\%$이다. 공정개선 후 애로공정은 A공정이고 작업시간은 13분이다. 따라서 공정개선 후 공정효율이 80%가 된다면 $\dfrac{60 - x}{13 \times 5} = 80\%$이다. 여기서 x를 구하면 8분이 된다.

16 다음은 어느 기업 물류센터의 포장작업 공정별 사이클타임(Cycle Time)이다. 이 기업은 현재 애로(Neck)공정인 3공정을 개선하여 사이클타임을 4분으로 단축하였다. 새로이 등장하는 애로공정명과 사이클타임, 그리고 이때의 공정 Balance효율을 각각 구하시오.

$$※ 공정 Balance효율(\%) = \frac{공정별\ 사이클타임\ 합계}{애로공정\ 사이클타임 \times 공정수} \times 100$$

공정명	1공정	2공정	3공정	4공정	5공정
사이클타임	5분	3분	8분	4분	2분

① 1공정, 5분, 72.0%

② 4공정, 4분, 72.0%

③ 1공정, 5분, 55.0%

④ 4공정, 4분, 55.0%

⑤ 5공정, 2분, 55.0%

해설 현재의 애로공정 및 공정 Balance효율 = 3공정 8분 55% = {(5 + 3 + 8 + 4 + 2) / (8분×5)}이다. 3공정의 사이클 타임을 (8분 - 4분)으로 줄이고 다시 정리를 하면 다음과 같다. 새로운 애로공정 및 공정 Balance효율 = 1공정 5분 72% = {(5 + 3 + 4 + 4 + 2) / (5분×5)}

17 다음에서 설명하는 랙(Rack)의 종류는? ▶ 제17회

- 한쪽에 출입구를 두며 포크리프트를 이용하여 실어 나르는 데 사용하는 랙이다.
- 로드빔(Load-beam)을 제거하여 포크리프트가 랙 안으로 진입이 가능하고 포크리프트 통로면적이 절감되어 보관효율이 높은 편이다.
- 소품종 다량 또는 로트(Lot) 단위로 입출고될 수 있는 화물보관에 최적인 랙이다.

① 파렛트 랙(Pallet Rack)

② 적층 랙(Mezzanine Rack)

③ 슬라이딩 랙(Sliding Rack)

④ 모빌 랙(Mobile Rack)

⑤ 드라이브 인 랙(Drive-in Rack)

해설 ⑤ 드라이브 인 랙(drive-in rack)은 Load Beam을 제거하여 포크리프트가 랙 안으로 진입할 수 있도록 한 것으로, 깊이 방향으로 여러 파렛가 보관된다. 따라서 포크리프트 통로면적이 절감되며 보관효율이 높은 편이다.

Answer 14. ④ 15. ⑤ 16. ① 17. ⑤

18 자재보관을 위하여 사용되는 회전 랙(Carousel)에 관한 설명으로 옳지 않은 것은? ▶ 제16회
① 랙이 작업자의 위치로 이동하므로 작업자의 이동을 최소화하는 방법이다.
② 회전 랙은 수평형 회전 랙(Horizontal Carousel)과 수직형 회전 랙(Vertical Carousel)으로 구분할 수 있다.
③ 일반적으로 수직형 회전 랙은 수평형 회전 랙보다 높은 천장이 필요하다.
④ 일반적으로 수평형 회전 랙이 수직형 회전 랙보다 품목보호 및 보안성이 뛰어나다.
⑤ 자동창고와 비교할 때 도입비용이 저렴하여 소화물 자동창고(AS/RS)의 대안으로 사용된다.

> **해설** 회전 랙(Carrousel)은 피킹 시 피커가 고정되어 있고 랙 자체가 회전하여 물품을 이동하여 입출고하는 방식의 랙이다. 랙이 수평 또는 수직으로 순환하여 소정의 입출고 장소로 이동이 가능한 랙이다. 일반적으로 중량이 비교적 가벼운 제품의 보관에 주로 사용한다.
> ④ 품목보호 및 보안성에서는 일반적으로 수평형 회전 랙보다 수직형 회전 랙이 더 뛰어나다.

19 보관용 랙 중 물품의 선입선출이 가장 용이한 것은? ▶ 제16회
① 파렛트(Pallet) 랙　　　　　　　② 암(Arm) 랙
③ 드라이브(Drive in) 랙　　　　　④ 바(Bar) 랙
⑤ 플로우(Flow) 랙

> **해설** 플로우(Flow) 랙은 소품종 다량의 상품을 파렛트 또는 케이스 단위로 보관하는데 적합한 보관 랙이다. 기본적으로는 입체형이며, 랙의 격납부분에 롤러 컨베이어 또는 휠 컨베이어가 부착되어 있다. 랙 전체가 한 쪽으로 기울어져 있어 랙의 한 끝에서 보관품을 넣으면 중력에 의해 출구까지 가서 정지하도록 되어 있다. 따라서 선입선출(FIFO)이 가장 용이한 랙이다.

20 소품종 다량이면서 계절적 수요변동이 큰 화물의 보관에 적합한 랙은? ▶ 제15회
① 드라이브 인 랙(Drive-in Rack)　　② 파렛트 랙(Pallet Rack)
③ 흐름랙(Flow Rack)　　　　　　　④ 하이스택 랙(High Stack Rack)
⑤ 암 랙(Arm Rack)

> **해설** 소품종 대량이면서 겹쳐쌓기가 불가능한 제품, 계절적으로 수요변동이 큰 화물의 보관에 적합한 랙은 드라이브 인 랙이다.
> 드라이브 인 랙(Drive-in Rack)은 파렛트에 적재된 물품의 보관에 이용되고 한쪽면에 출입구가 있으며 포크리프트가 그 가운데 들어가서 이용하는 랙이다. 랙에 포크리프트가 들어가 격납하고 추출하도록 되어 있다. 안쪽 상단부터 순차적으로 격납하고, 추출 시에는 앞쪽 하단부터 한다. 양쪽에 출입구를 두면 드라이브 스루 랙(Drive Through Rack)이 된다.

21 피킹(Picking) 시 피커(Picker)를 고정시키고 보관선반 자체를 수평 또는 수직으로 순환하여 이동시키는 랙(Rack)은?　　　　　　　　　　　　　　　　　　▸ 제14회

① 선반(Shelves)

② 회전 랙(Carousel Rack)

③ 흐름 랙(Flow Rack)

④ 고층 랙(High Stack Rack)

⑤ 드라이브 인 랙(Drive-in Rack)

해설 회전 랙(Carousel Rack)은 피킹 시 피커를 고정시키고 랙 자체가 수평 또는 수직으로 회전하는 형태로, 제약회사의 의약품 등 다품종 소량제품과 가벼운 상품에 많이 이용된다. 수평 또는 수직으로 순환하여 소정의 입출고 장소로 이동이 가능한 랙이다. 캐러셀(carousel)은 순환 또는 회전을 의미한다.

22 랙(Rack)에 관한 설명으로 옳은 것은?　　　　　　　　　　　　　　　　　　　▸ 제21회

① 적층 랙(Mezzanine Rack): 소품종 대량 입출고될 수 있는 물품 보관에 적합하고 적재 공간을 지게차 통로로 활용하여 적재 효율은 높으나 선입후출(先入後出)해야 하는 단점이 있다.

② 모빌 랙(Mobile Rack): 레일을 이용하여 직선적으로 수평 이동되는 랙으로 통로를 대폭 절약할 수 있어 다품종 소량의 보관에 적합하다.

③ 플로 랙(Flow Rack): 피킹 시 피커를 고정하고 랙 자체가 회전하는 형태로 다품종 소량 물품과 가벼운 물품에 많이 이용된다.

④ 회전 랙(Carousel Rack): 외팔지주걸이 구조로 기본 프레임에 암(Arm)을 결착하여 물품을 보관하는 랙으로 파이프, 가구, 목재 등의 장척물 보관에 적합하다.

⑤ 드라이브 인 랙(Drive-in Rack): 천정이 높은 창고에서 복층구조로 겹쳐 쌓는 방식으로 물품의 보관 효율과 공간 효용도가 높다.

해설 ①은 드라이브 인 랙(Drive-in Rack), ③은 회전 랙(Carousel Rack), ④는 캔티레버 랙(Cantilever rack, Arm rack), 외팔걸이 랙), ⑤는 적층 랙(Mezzanine Rack)에 대한 설명이다.

23 다음 창고보관 장비 중 포크리프트가 랙 내부에 진입하여 하역작업을 할 수 있고, 보관장소와 통로를 겸하기 때문에 화물의 적재율을 높일 수 있으며, 소품종 대량의 제품이며 회전율이 적은 제품에 적합하고, 계절적인 수요가 있는 화물의 보관에 매우 경제적인 랙은 무엇인가?

① 모빌 랙   ② 파렛트 랙   ③ 드라이브 인 랙
④ 암 랙   ⑤ 적층 랙

> **해설** 드라이브 인 랙은 포크리프트가 랙 내부에 진입하여 하역작업이 가능한 랙으로 적재율 향상과 회전율이 낮고 계절적인 수요의 화물보관에 경제적이다.

24 보관시스템 운영의 효율성을 위해 지정 위치 저장방식(Dedicated Storage Policy)을 적용하고, 보관할 물품의 종류를 입·출고 빈도가 가장 높은 순서대로 A, B, C로 구분할 때 아래 조건하에서 저장구역의 지정이 가장 잘 된 것은?

- 전체 창고 크기: 가로 100m, 세로 40m
- 단위 저장 공간: 가로 10m, 세로 10m
- 거리조건: 직각거리 적용
- 저장공간 비율: A: 20%, B: 30%, C: 50%

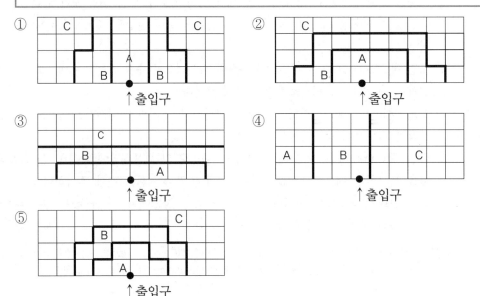

> **해설** 출하빈도가 높은 품목은 출입구 가까이 보관하는 회전대응 보관의 원칙이 적용된다.
> 단위 저장 공간 1개의 크기가 10m × 10m, 전체 창고의 크기는 100m × 40m = 4,000m 기준으로 품목별 저장공간은 A - 20%로 80m - 8개 소요, B - 30%로 120m - 12개 소요, C - 50%로 200m - 20개가 소요된다.
> 입출고 빈도 높은 품목순서는 A > B > C 순서조건의 경우 출입구 중심 가운데 위치로 A - B - C 순서의 그림 ②가 정답이 된다. 하역의 기본원칙인 이동거리를 최소화하여야 한다. 입출고 빈도가 낮은 C물품은 출입구로부터 안쪽 양쪽 깊숙이 보관한다.
> ⑤번 그림은 저장공간이 6개뿐이므로 답이 아니다.

25 랙(Rack)에 관한 설명으로 옳지 않은 것은? ▶제19회

① 암 랙(Arm rack)은 외팔지주걸이 구조로 기본 프레임에 암(Arm)을 결착하여 화물을 보관하는 랙으로 파이프, 가구, 목재 등 장척물 보관에 적합하다.

② 드라이브 인 랙(Drive in rack)은 회전율이 낮은 제품이나 계절적 수요제품에 경제적이다.

③ 파렛트 랙(Pallet rack)은 주로 파렛트에 쌓아올린 물품의 보관에 이용한다.

④ 적층 랙(Mezzanine rack)은 상품의 보관효율과 공간 활용도가 높다.

⑤ 드라이브 스루 랙(Drive through rack)은 넓은 장소에서 다른 종류의 물품을 많이 보관할 경우 유용하다.

> **해설** ⑤ 드라이브 스루 랙(Drive through rack)은 드라이브 인 랙(Drive in rack)과 유사하지만 양쪽에 출입구가 있는 것으로 좁은 장소에서 한 종류의 물품을 많이 보관할 경우 유용하다.

26 보관설비에 대한 다음 설명 중 틀린 것은?

① 평치보관은 특별한 자동화 설비가 필요 없다는 장점을 가지고 있으나, 공간 활용률이 낮아진다는 단점도 가지고 있다.

② 보관 물품의 선입선출을 위하여 플로우 랙(flow-through rack)을 운용할 수 있다.

③ 타이어, 유리 등과 같이 형태가 특수한 물품이나 조심스럽게 다루어야 하는 물품은 캔티레버 랙(cantilever rack)에 보관하여야 한다.

④ 창고 내의 공간 활용도를 높이기 위하여 모바일 랙(mobile rack)을 사용하는 것이 유리하다.

⑤ 상품을 대량으로 취급하는 경우 건물의 층고에 여유가 있으면 하이스택 랙(high-stack rack)을 설치하는 것이 바람직하다.

> **해설** 타이어, 유리 등과 같이 형태가 특수한 물품이나 조심스럽게 다루어야 하는 물품은 이러한 물품의 전용 보관 랙인 특수 랙에 보관하여야 한다. 캔티레버 랙(cantilever rack)은 외팔걸이 랙(업계에서는 아암 랙)이라고도 하는데 외팔 지주걸이 구조로 되어 있어 파이프 같은 장척물 보관에 편리하다. 캔티레버 랙은 전면에 기둥이 없으므로 공간낭비 없이 화물을 보관할 수 있고 재고품 검사 및 관리가 용이하다.

27 물류시설 투자타당성 분석에 관한 설명으로 옳지 않은 것은? ▶ 제19회

① 물류시설 투자타당성 분석에서 편익은 운송비용절감, 보관·하역비용절감 등이며, 비용은 토지구입비, 건설비, 운영 및 유지관리비 등으로 볼 수 있다.

② 순현재가치(NPV : Net Present Value)는 사업의 경제성을 평가하는 척도 중 하나로 현재가치로 환산된 장래의 연차별 기대현금유입의 합계에서 현재가치로 환산된 장래의 연차별 기대현금유출의 합계를 뺀 값을 의미한다.

③ 투자이익률(ROI : Return On Investment)은 순이익을 투자액으로 나눈 것으로 투자이익률이 클수록 높은 투자타당성을 갖는다.

④ 비용편익비(B/C : Benefit/Cost ratio)는 편익을 비용으로 나눈 비율을 뜻하며 비용편익비가 클수록 높은 투자타당성을 갖는다.

⑤ 내부수익률(IRR : Internal Rate of Return)은 기대현금유입과 기대현금유출의 현재가치 합계가 동일하게 되는 수준의 할인율을 의미하며, 낮은 내부수익률이 산출되는 대안일수록 수익성이 좋다고 판단할 수 있다.

> **해설** ⑤ 내부수익률(IRR)은 기대현금유입과 기대현금유출의 현재가치 합계가 동일하게 되는, 즉 순현재가치(NPV)를 0으로 만드는 수준의 할인율로 높은 내부수익률이 산출되는 대안일수록 수익성이 좋다고 판단할 수 있다.

28 다음 중 길이가 긴 물품의 보관에 가장 적합한 랙(rack)은?

① Sliding Rack   ② Mezzanine Rack
③ Mobile Rack   ④ Arm Rack
⑤ Drive-in Rack

> **해설** 파이프나 목재처럼 길이가 긴 장척물을 보관하는데 적합한 랙은 암 랙(arm rack)이다. 암 랙은 캔티레버 랙(cantilever rack)이라고도 하는데 외팔 지주걸이 구조로 되어 있어 파이프 같은 장척물 보관에 편리하다. 암 랙은 전면에 기둥이 없으므로 공간낭비 없이 화물을 보관할 수 있고 재고품 검사 및 관리가 용이하다.

29 일반적으로 물류센터의 규모를 계획할 경우 순서를 옳게 나열한 것은?   ▶ 제18회

> ㉠ 총면적의 산출   ㉡ 제품별 재고량 결정
> ㉢ 하역작업 방식과 설비의 결정   ㉣ 보관량 및 보관용적의 산정
> ㉤ 서비스 수준의 결정

① ㉡ ⇨ ㉤ ⇨ ㉢ ⇨ ㉣ ⇨ ㉠

② ㉡ ⇨ ㉤ ⇨ ㉣ ⇨ ㉢ ⇨ ㉠

③ ㉣ ⇨ ㉢ ⇨ ㉤ ⇨ ㉡ ⇨ ㉠

④ ㉤ ⇨ ㉡ ⇨ ㉣ ⇨ ㉢ ⇨ ㉠

⑤ ㉤ ⇨ ㉣ ⇨ ㉢ ⇨ ㉠ ⇨ ㉡

> **해설** ④ 물류센터의 규모를 결정하기 위해서는 먼저 어느 정도의 서비스를 제공할 것인가, 즉 서비스 수준을
> 결정하고, 그 서비스 수준을 충족할 수 있는 제품별 재고량을 결정해야 한다. 그리고 보관량과 보관방
> 식을 결정하고 하역작업 방식과 설비를 결정한 후 이를 기초로 총면적을 산출한다.

30 다음과 같은 조건이 주어졌을 때 창고 내 공간활용 손실률(%)은?

> 파렛트 랙은 50m 길이에 10m 높이로 설치되며, 3.5m의 작업통로와 5m의 주 통로가 필요하다.

① 43.0   ② 45.2   ③ 49.4

④ 52.7   ⑤ 54.0

> **해설** 공간활용 손실률을 계산할 때 파렛트 랙의 높이만 제시되고 창고의 높이가 제시되지 않았으므로 높이
> 는 고려할 필요 없이, 바닥면적만으로 계산하면 된다.
> 창고의 전체면적은 50m 길이에 폭이 16(= 2+3.5+5+3.5+2)m이므로 50m×16m = 800m² 이다. 한
> 편 통로면적은 (3.5m+3.5m)×45m+16m×5m = 395m²이다. 따라서 공간활용 손실률(%) = 395m² /
> 800m² = 49.375%이다.

Answer   27. ⑤   28. ④   29. ④   30. ③

31 창고 내 격납장 유형 중에서 선입선출이 어느 정도 필요하게 될 때, 2열(2산법) 또는 3열(3산법)로 입출고하는 형태는?

①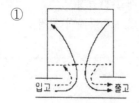

②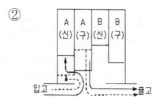

③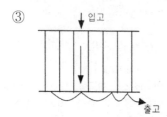

④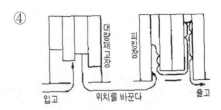

⑤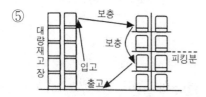

해설 ②는 선입선출이 어느 정도 필요한 경우 2열, 3열의 병렬로 정리 · 입출고하는 유형이다.

①은 소품종 다량의 경우 선입선출이 크지 않다면 적치장 안쪽에 순서대로 적재해 놓고 출고 시 가까운 곳에 있는 물품부터 출고하는 방식이다. 공간자체가 통로가 되는 가장 간단한 유형이다.

③은 재고량의 종류가 많아질 때, 피킹의 순회거리를 짧게 하기 위해 동일품목은 가능한 한 정면 폭을 좁게 그리고 깊이는 깊게 적치하는 유형으로, 꺼내기가 어려운 경우 플로우 랙(flow rack)을 사용하기도 하는 격납유형이다.

④는 물품을 대량으로 쌓아두면 피킹의 순회거리가 길어지는 문제점을 해소하기 위해 피킹장과 대량재고의 격납장을 분리해서 2단으로 쌓아 놓는 유형이다.

⑤는 손이 미치지 않는 피킹용 선반상부에 예비물품을 파렛트에 적재해 두었다가 손이 잘 미치는 선반 하단부가 비게 되면 그 공간에 배치하고 다시 상단부에 새로운 물품을 보충하는 유형이다.

32 창고나 공장의 천장이 높은 경우, 하단에 랙을 설치하고 그 위에 플로어를 깔아 다시 랙을 설치한 형태로써 자립구조체이며, 필요에 따라 그 일부 또는 전체를 분해 이동할 수 있는 그림과 같은 랙을 무엇이라 하는가?

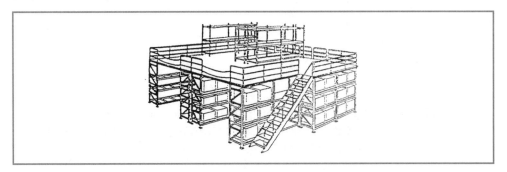

① 유동 랙(Flow-though Rack)

② 서랍 랙(Slide Rack)

③ 암 랙(Arm Rack)

④ 적층 랙(Mezzanine Rack)

⑤ 회전 랙(Carrousel Rack)

해설 그림은 적층 랙(Mezzanine Rack)이다. 선반을 여러 층으로 겹쳐 쌓은 적층 랙(메자닌 랙)은 천장이 높은 단층창고의 경우 현재 사용하고 있는 높이에서 천장과의 사이를 이용하기 위하여 설치한 보관장소이다. 적층 랙은 보관효율을 높일 수 있고, 자립구조체이기 때문에 일부 또는 전체의 분해이동이 가능하다. 또한 입출고 작업과 재고관리가 용이하고, 최소의 통로를 최대한 높게 쌓을 수 있어 경제적이다.

33 보관을 위한 랙 창고의 파렛트 래킹시스템 중에서 다음 설명에 가장 알맞은 것은?

> 파이프 등과 같이 보관이 어려운 장척물의 화물을 보관하고, 전면에 기둥이 없으므로 공간낭비 없이 화물을 보관할 수 있는 랙

① 드라이브 인 랙(Drive In Rack)

② 슬라이딩 랙(Flow Rack)

③ 모빌 랙(Mobile Rack)

④ 암 랙(Arm Rack)

⑤ 드럼 랙(Drum Rack)

해설 파이프나 목재처럼 길이가 긴 장척물을 보관하는데 적합한 랙은 암 랙(arm rack)이다. 암 랙은 캔티레버 랙(cantilever rack)이라고도 하는데 외팔 지주걸이 구조로 되어 있어 파이프 같은 장척물 보관에 편리하다. 암 랙은 전면에 기둥이 없으므로 공간낭비 없이 화물을 보관할 수 있고 재고품 검사 및 관리가 용이하다.

Answer 31. ② 32. ④ 33. ④

34 일반적인 평가항목을 기준으로 보관방식을 선택할 때 면적효율, 용적효율, 선입선출의 용이성이 보다 유리한 보관방식은 다음 중 어느 것인가?

① 플로우 랙(Flow Rack)
② 드라이브 인 랙(Drive-in Rack)
③ 가동선반
④ 고층 랙
⑤ 고정선반

> **해설** 입출고가 빠른 물품으로서 보관설비는 플로우 랙(Flow Rack)과 주행대차를 이용한 대차 랙을 많이 이용한다. 이 중 플로우 랙(Flow Rack)은 보관방식을 선택할 때 면적효율, 용적효율, 선입선출의 용이성이 보다 유리한 보관방식이다.

35 프리 플로우 랙(Free Flow Rack)의 설계 시 유의사항이 아닌 것은?

① 중량이 거의 일정해야 한다.
② 파렛트에 흠집이 없어야 한다.
③ 비교적 품종이 적고 유동량이 많아야 한다.
④ 화물이 붕괴되기 어려운 상품이어야 한다.
⑤ 화물의 입고측과 출고측이 혼용된 경우 유리하다.

> **해설** 랙(Rack)은 선반 특히 자동창고에서 제품 또는 부품을 정리해 넣는 장소를 말한다. 프리 플로우 랙(Free Flow Rack)의 설계 시 유의사항으로는 중량이 거의 일정하거나 파렛트에 흠집이 없어야 하고, 비교적 품종이 적고 유동량이 많아야 한다. 또한 화물이 붕괴되기 어려운 상품이어서 설계 시 주의를 한다.

36 다음은 물류거점의 운영성과측정 등에 활용되고 있는 스코어카드(Scorecard)기법에 관한 설명이다. 적절하지 않은 것은?

① 스코어카드는 Robert S. Kaplan과 David P. Norton에 의해 창안된 것으로 이들은 기업의 전략적 목표를 성과측정지표로 전환시킬 수 있다고 생각, 성과측정관리기법의 하나로서 개발한 것이다.

② 제품 및 서비스의 질, 조직구성원의 사기 및 숙련도, 업무절차, 고객의 충성도 등 기업의 성패에 결정적 영향을 미치면서도 재무제표에는 직접적으로 포함되지 않는 요소들을 측정하는 것이다.

③ 산업화 시대에는 표준화된 제품의 대량 생산을 통해 원가를 낮추는 것이 기업 경쟁력을 좌우하는 핵심이었기 때문에 재무제표상의 결과를 통해 기업의 역량을 판단하였으나 정보화 시대에 들어서면서 기업가치를 종합평가할 수 있는 스코어카드기법이 도입되었다.

④ 현재 우리나라에 도입된 스코어카드의 기본 프레임은 유통·물류, 제조 등 공급체인에 참여하고 있는 기업들 간의 협업관점이 아니라 내부역량 중심의 평가영역으로 구성되어 있다.

⑤ 특히 주요 성과지표(KPI : Key Performance Index)를 각 영역별로 설정하여 모범사례(Best Practice)와 비교토록 함으로써 성과 향상을 도모하고 있다.

해설 물류시스템은 크게 수·배송 경로에 해당하는 연결선(link)과 이러한 연결선들 간의 접점이 이루어지는 장소인 연결점으로 구성되어 있는데, 바로 이 연결점에 해당하는 장소 및 시설이 물류거점 또는 물류단지에 해당한다. 이러한 물류거점의 운영성과측정 등에 활용되고 있는 스코어카드(Scorecard)기법에서 공급체인에 참여하고 있는 기업들 간의 내부역량 중심의 평가영역은 할 수가 없다.

05 재고관리 시스템

| 학습목표 | 1. 재고관리의 전략과 재고관리시스템, 재고관리의 효율성 지표를 이해한다.
2. 재고관리 기법과 주문량 결정 모형을 이해한다.
3. 수요를 예측하는 여러 가지 방법을 이해한다.
4. JIT 시스템, MRP 시스템, SCM과 구매방법 등을 이해한다.

| 단원열기 | 재고관리의 의의, 재고관리의 기능 및 재고관리의 지연전략 등을 정리해 두어야 한다. 재고의 종류와 재고관리 비용, 재고관리의 효율성을 측정하는 지표는 여러 번 출제된 내용이다. 여러 가지 재고관리기법의 내용과 장단점, 주문량 결정모형은 가장 많이 출제되는 내용이다. 수요예측기법, JIT와 MRP 시스템의 특징과 차이점, SCM과 채찍효과, 구매방법 역시 가장 많이 출제되는 내용이다.

제1절 재고관리의 개요

1 재고관리의 의의와 과제

(1) 재고관리의 의의

① 재고의 정의

㉠ 재고(inventory)란 경제적 가치를 지닌 모든 물품의 흐름이 시간적 관점에서 시스템 내의 어떤 지점에 정체 또는 저장되어 있는 상태를 의미한다.

㉡ 제조업의 경우 재고는 원재료·재공품·반제품·구입부품·완성품 등의 형태로 존재하며, 제조공정의 각 단계 간에는 저장이 있다. 완성품 재고는 공장창고뿐만 아니라 영업창고 또는 배송센터 등에도 보관된다.

② 재고관리의 의의

㉠ 재고관리(inventory control)는 능률적이고 계속적인 생산활동을 위해 또는 고객의 요구에 부응하기 위해, 필요한 원재료·반제품·제품 등의 최적 보유량을 계획·조직·통제하는 기능을 말한다.

㉡ 재고보유에는 비용이 들기 때문에, 재고관리란 재고보유의 이익과 비용의 균형을 유지할 수 있는 적정수준의 재고량 보유와 관련된 관리기능을 의미한다. 재고관리에 관한 논의는 주로 발주(order)가 반복하여 행해지는 표준적 제품이나 부품·원재료에 대해서이다.

③ **독립 수요품목의 재고관리**

㉠ 재고품목 중에서 제조업자의 완성품이나 유통업자의 상품과 같은 독립 수요품목(그 품목에 대한 수요가 다른 품목의 수요와는 관계없이 이루어지며, 수요량은 예측으로 구해짐)에 대해서는 통계적 재고관리 기법을 이용할 수 있다.

㉡ 통계적 재고관리 기법에서는 재고보유의 이익을 대신하여 재고를 보유하지 못한 데 따른 기회손실(기회비용)을 고려한 재고관련 총비용(즉, 재고품의 제조·구입비, 발주비, 보관비, 재고조사비, 기회손실비용 등)을 최소화 방법으로 재고관리 문제를 해결한다.

④ **종속 수요품목의 재고관리**

한편 제조업에서의 부품이나 원재료는 종속 수요품목으로, 그 수요의 양과 시기는 최종제품의 수요량을 기준으로 하여 부품구성표(bill of materials : BOM)와 제조 리드타임을 검토함으로써 계산할 수 있다. 이와 같은 종속 수요품목의 재고관리에 대해서는 자재소요계획(MRP)이 활용된다.

⑵ **재고관리의 목적과 기능**

① **재고관리의 목적**

㉠ 재고의 적정화에 의해 재고투자 및 재고 관련비용의 절감

㉡ 재고 금액의 감소와 과다재고 방지에 의한 운전자금의 절감

㉢ 재고관리에 의한 생산 및 판매활동의 안정화 도모

㉣ 과학적이고 혁신적인 재고관리에 의거, 업무 효율화 및 간소화 추진

㉤ 제품의 품절방지와 고객 서비스율 향상

② **재고관리의 기능**

㉠ 생산과 판매의 기능

㉡ 유통가공 기능

㉢ 경제적 발주량 기능

㉣ 생산의 계획·평준화 기능

㉤ 수송 합리화 기능

⑶ **재고관리의 과제와 전략**

① **재고관리의 과제**

㉠ 재고관리의 과제는 기업의 입장에서 볼 때 시장에서의 고객 수요를 신속히 수용할 수 있는 생산체제를 갖추고 원재료, 재공품 및 상품 등의 재고량을 경제적 관점에서 최소한으로 유지하는 것이다.

㉡ 그러기 위해서는 고객의 요구 수준을 충족시키되 발주비용, 재고 유지비용, 생산준비비용(set-up cost), 재고부족으로 인한 공급상의 품절로 입게 되는 판매 손실비용 등 총 재고비용을 최소화하여야 한다.

② **재고관리의 세부내용**

㉠ 1회 주문량을 얼마로 하여야 하는지 경제발주량(EOQ) 결정

ⓒ 언제 주문하여야 하는지 발주시기 내지 발주점 결정

ⓒ 어느 정도의 재고수준을 유지해야 하는지 적정재고 수준이나 안전재고(safety stock) 수준
의 문제

③ **재고관리의 지연(postponement)전략**

㉠ 지연(postponement)전략은 차별화 지연(delayed differentiation)이라고도 하는데, 고객의 욕
구가 정확히 알려질 때까지 되도록 생산을 연기하다가 욕구가 확실해졌을 때 생산하는 것
이다.

㉡ 지연전략은 수요의 불확실성에 대처하기 위한 방법 중 하나로 제품의 완성을 뒤로 미루어
물류센터에서 출고 직전에 간단한 조립이나 패키징을 하는 것을 의미한다. 제품의 설계부
터 고객에 인도되기까지의 총비용을 최소화시키는 것을 목표로 하는 제품생산 지연방식으
로 SCM 개선방식 중 하나이다.

㉢ 구매자의 요구사항 다양화 및 설계변경 등으로 인한 경영기회 손실을 최소화 하기 위해
유통가공이 이루어지지 않는 기본적인 부품 및 반제품을 보유하다가 실제 수요가 인지될
때까지 포장 또는 라벨작업 등을 지연시켜 위험을 최소화 한다. 지연전략에는 최종조립,
부분가공 등의 유통가공 기능을 포함한다.

2 재고관리시스템

(1) 재고의 종류

① **수송 중 재고**: 자재흐름 체계를 통해 한 지점에서 다른 지점으로 이동 중인 재고를 말한다.

② **투기성 재고**: 가격의 변동이 큰 물품을 가격이 쌀 때 재고를 보유하였다가 가격이 올라가면
출하하여 차익을 얻을 목적으로 보유하는 재고를 의미한다. 주로 재무관리에 초점을 맞춘 재
고를 말한다.

③ **순환재고**: 연속적인 재고보충 시점 간의 평균수요를 충족시키는 데 필요한 재고를 말한다.

④ **안전재고**: 재고에 대한 수요와 보충 조달기간의 변동에 대한 방지책으로 보유하는 재고를 말
한다. 완충재고라고도 한다.

⑤ **침몰재고**: 불용재고 또는 진부화 재고라고도 하는 것으로 재고기간 동안 손상, 손실 및 진부화
(obsolescence)되는 재고를 말한다.

(2) 재고관리 비용

① **주문비용(발주비용)**: 주문비용(ordering cost)은 자재나 부품을 구입할 때 주문에 수반되어 발
생하는 비용이다. 주문관련 서류비용, 통신비, 검사비, 입고비, 통관료, 물품운송비 등을 말한다.

② **재고유지비용**: 재고유지비용(holding cost)은 재고를 보유하고 유지하는 데 수반되는 비용이다.
기회비용으로서의 이자, 창고료, 보험료, 감가상각비, 진부화비용, 세금 등을 말한다.

③ **준비비용** : 재고준비비용(production change cost)은 재고품을 외부로부터 구매하지 않고 자체적으로 생산할 때 발생하는 제비용을 의미한다. 노무비, 자재 공구 교체비, 원료준비 등에 소요되는 비용이다.

④ **재고부족비용** : 재고부족비용(shortage cost)은 재고부족으로 인한 생산중단, 판매기회 상실, 신용하락 등의 손실비용이다.

⑤ **총재고비용** : 총재고비용(total inventory cost)은 위에서 본 재고비용을 전부 합한 것이다. 재고를 주문하여 보유하는 경우, 총재고비용 = 주문비용 + 재고유지비용 + 재고부족비용이다.

(3) 재고관리의 효율성을 측정하는 지표

① 서비스율

재고관리 시스템은 최적의 재고 보유로 서비스율을 향상시키는 것을 목적으로 한다. 서비스율은 고객의 수요를 얼마나 충족시켰는지를 나타내는 지표이다.

$$(고객)서비스율 = 납기내 \ 납품량(액) / 수주량(액) \times 100$$

예를 들어 어떤 회사의 제품의 연간 총수요가 5,000개이며, 제품의 연간 평균 품절량이 300개이면 서비스율 $= \dfrac{5,000개 - 300개}{5,000개} \times 100 = 94\%$이다.

② 백오더율

백오더율(back order rate)은 결품률을 의미한다. 따라서 서비스율 + 백오더율 = 100%이다.

$$백오더(back \ order)율 = 결품량 / 요구량 \times 100$$

③ 재고회전율

$$재고회전율 = 매출액 \ 또는 \ 매출수량 / 평균재고액 \ 또는 \ 재고량$$

여기서 평균재고량(액)은 기초재고량(액)과 기말재고량(액)의 평균값을 의미한다. 재고수량을 최소화 또는 최적화하여 재고회전율을 높게 유지하는 것이 바람직하다.

④ 재고수준

㉠ 운영재고 수준 : 운영재고는 조달기간(lead time) 중에 필요한 자재의 수요 예측량을 의미한다. 운영재고 수준의 결정요소는 가용자금, 저장시설, 재고회전율, 경제적 수송량, 재고보충 빈도 등이다.

㉡ 안전재고 수준 : 안전재고는 수요·공급의 변동, 수송의 지연 등으로 품절이 발생하는 경우 계속적인 공급중단 사태를 방지하기 위한 예비목적의 재고를 의미한다. 안전재고 수준의 결정요소는 수요의 변동, 공급의 변동 등이다. 수요의 변동 폭이 커지면 수요의 표준편차가 커지므로 안전재고는 증가한다.

$$안전재고 = 안전계수 \times 수요의\ 표준편차 \times \sqrt{조달기간}$$

안전계수는 통계적으로 서비스율이 95%(결품률 5%)인 경우 1.645이다.

ⓒ 적정재고 : 적정재고는 수요를 가장 경제적으로 충족시킬 수 있는 재고량으로 운영재고와 안전재고를 더한 것이다.

⑤ 재고일수

$$재고일수 = 현재\ 재고수량(재고금액) / 일평균\ 출하량(출하금액)$$

제 2 절 재고관리 기법

1 정량발주법

(1) 정량발주법의 의의와 적용

① 정량발주법의 의의

정량발주법은 재고량이 일정수준(발주점)까지 내려가면 일정량을 주문하여 재고를 보충하는 방법을 말하는 것으로 발주점법이라고도 한다.

② 정량발주법의 적용

정량발주법은 다음의 특성을 지니는 경우에 일반적으로 적용한다.

㉠ 로트보충의 경우

㉡ 수요예측이 어려운 경우

㉢ 품목이 많고 관리하기 어려운 경우

㉣ 수요가 안정이 되어 있는 경우

㉤ 주문과 생산이 별로 관계가 없는 경우

㉥ 주문이 납입자 또는 자사의 생산능력의 일부 밖에는 차지하지 않는 경우

(2) 재발주점의 계산

정량발주법에서는 재발주점(ROP)과 발주량(OQ)을 결정하여야 한다. 평균판매량을 S(sales), 조달기간을 L(lead time), 조달기간 중의 판매량을 S′L, 안전재고량을 SS(safety stock), 재발주점을 ROP(reorder point), 발주량을 OQ(order quantity)라고 하면 재발주점(ROP) = S′L + SS이고, 평균재고량 = OQ/2 + SS이다. 최대재고량은 OQ/SS, 최소재고량은 SS가 된다.

$$재발주점 = 조달기간 중의 판매량(S'L) + 안전재고(SS)$$
$$= 일일 수요량(S) \times 리드타임(L) + 안전재고(SS)$$

(3) 정량발주법의 장·단점

① 정량발주법의 장점

㉠ 발주점에 도달한 품목만을 자동적으로 발주하면 되기 때문에 관리하기가 매우 쉽고, 초보자도 쉽게 발주업무를 수행할 수 있고, 발주점 발주로트를 고정화시키면 관리가 용이해진다.

㉡ 수량관리를 철저히 하고 재고조사 시점에서 차이를 조정하면 주문량이 일정하기 때문에 수입, 검품, 보관, 출하 등이 용이하고 작업비용이 낮아진다.

㉢ 경제적인 로트 사이즈를 이용할 수가 있기 때문에 재고비용을 최소화 할 수 있고, 관리하기가 쉽기 때문에 다품목의 관리가 가능하다.

② 정량발주법의 단점

㉠ 발주로트를 변경할 때 발주점 발주로트를 정확히 계산하기가 어렵다. 이에 따라 취득기간이 길거나 로트분할이 큰 경우에는 부적당하다.

㉡ 재고관리가 획일적으로 이루어지기 때문에 개개의 품목특성을 고려한 재고관리가 어렵다.

㉢ 발주시기가 일정하지 않기 때문에 대량 일괄발주가 불가능하고, 발주빈도가 높으며 양이 많은 품목에 대하여는 발주비용이 높아진다.

㉣ 발주시기에 앞서 발주를 계획할 수가 없어 공급자가 계획생산을 하고 있는 경우에는 납기가 용이하지 않을 수 있다.

2 정기발주법

(1) 정기발주법의 의의와 적용

① 정기발주법의 의의

정기발주법(ordering cycle system)은 발주시점을 매주·매월 등으로 일정하게 정해놓고 그때마다 발주량을 결정하고 발주하는 방식으로, 자동발주방식(정량발주법)에 대응되는 방식이다.

② 정기발주법의 적용

㉠ 소비량이 큰 주요 원재료 등으로서 엄밀한 재고관리가 필요한 중요품목을 대상으로 하고, 동시에 일괄구입에 의한 비용절감이 가능한 품목을 대상으로 한다.

㉡ 시장동향에 대응하여 재고조정이 가능한 품목, 또는 1회의 구입 로트가 극히 작은 품목을 대상으로 한다. C급 품목의 경우, 재고를 보유하지 않고 수주판매량으로 할 수도 있다.

㉢ 설계변경 제품이나 유행상품처럼 돌연 진부화할 가능성이 큰 제품으로, 조달기간이 장기에 걸치는 품목에도 적용된다.

⑵ 정기발주법의 특징

① 정기발주법의 특징

정량발주법의 경우는 안전재고량과 조달기간 중의 판매량의 합이 발주점이고, 안전재고량은 조달기간 중 매출량의 변동을 생각하면 되었는데, 정기발주법의 경우에는 조달기간과 발주 사이클 기간의 양자를 생각해야 하기 때문에 안전재고량이 상대적으로 증가한다.

② 정기발주법의 장·단점

발주시기가 미리 정해져 있으므로 상품보충이 계획적으로 되는 등의 장점이 있지만, 발주량 등의 결정을 위하여 정확한 수요예측을 필요로 한다.

◉ 정기발주법과 정량발주법의 비교

항 목	정기발주법	정량발주법
소비금액	많아야 좋다.	적은 편이 낫다.
수요의 변동	커도 된다.	적은 편이 낫다.
수요예측	특히 필요하다.	과거의 실적이 있으면 수요의 기준이 된다.
발주시기	일정하다.	부정기적이다.
수주량	변경 가능하다.	고정되어야 좋다.
품목수	적을수록 좋다.	많아도 된다.
표준성	표준보다 전용부품이 좋다.	표준인 편이 좋다.
조달기간	불명확하다.	비교적 짧은 편이 낫다.

3 기타 재고관리 기법

(1) 투 빈(two bin) 시스템

① 투 빈 시스템의 정의

투 빈(two bin) 시스템은 2개의 상자(bin)에 부품을 보관하여 하나의 상자에서 계속 부품을 꺼내어 사용하다가 모두 사용하고 나면 발주를 하여 부품이 모두 소진된 상자를 채우는 방식으로 두 개의 빈을 사용하여 시각적으로 판단하고 보충하는 방식을 의미한다.

② 투 빈 시스템의 적용

투 빈 시스템은 자재의 가격이 싸고 사용빈도가 높으며, 리드타임이 짧은 품목에 주로 적용하는 방법이다. ABC 분석에서 보면 볼트나 넛트 같은 C그룹 품목에 대해 효과적으로 적용할 수 있다.

(2) ABC 관리기법

① ABC 관리기법의 의의

ABC 관리기법은 재고관리의 대상이 되는 자재, 제품, 거래처 등을 수량이나 금액으로 산출하여 크기순으로 나열한 후 A그룹, B그룹, C그룹으로 구분하여 중요도에 따라 차별하여 관리하는 기법이다. ABC 관리기법은 이탈리아의 경제학자인 빌프레도 파레토(V. Pareto)가 제시한 파레토 법칙(또는 20-80법칙)에 근거를 두고 개발된 재고관리 기법이다.

② ABC 관리기법의 내용

㉠ ABC 분석을 통해 재고관리 대상을 3개 그룹으로 분류하여 A그룹은 철저하고 집중적인 관리, B그룹은 중간수준의 관리, C그룹은 단순하게 관리한다.

㉡ A그룹은 가장 중요한 품목으로 연간 사용량이 아주 많거나 가격이 비싼 품목으로서 연간 매출금액이 가장 높은 품목이다. 반면 C그룹은 연간 사용량이 아주 적고 또한 사용횟수도 아주 적어 연간 사용 혹은 매출금액이 적은 품목이다.

㉢ 예외사항으로는 신제품이나 특정 품목은 별도로 고려하여 관리하는 것이 바람직하다. 연간 사용금액은 낮더라도 자재수불 입·출고가 많아 주요 관리대상일 경우에는 과거 기록을 근거로 합리적인 분석이 필요하다.

㉣ 보관품을 ABC로 분류하여 특성에 맞게 관리하는 방법의 경우에 A품목들은 정기발주법을 적용하고, B품목들은 정량발주법, C품목은 정량발주법이나 투 빈(two-bin)법이 바람직하다.

◉ ABC 분석에 따른 재고관리 방법

분류	품목 비율	사용금액 비율(연간)	물동량 비율(연간)	발주방식
A그룹	20%	80%	50%	정기발주법
B그룹	30%	15%	30%	정량발주법
C그룹	50%	5%	20%	Two-Bin법

㉤ 물류비 계산, 물류비 절감 등 물류관리에서는 금액기준보다 출하수량과 출하횟수 기준으로의 ABC 관리가 더 합리적이다.

4 주문량의 결정

(1) 경제적 주문량(EOQ) 모형

① 모형의 의의

경제적 주문량(EOQ : Economic Order Quantity) 모형은 아래와 같은 기본 가정하에서 재고유지비용과 재고주문비용을 더한 연간 재고비용의 최적화(최소화)를 위한 1회 주문량을 결정하는데 사용된다.

② EOQ 모형의 기본가정

㉠ 계획기간 중 해당 품목의 수요량은 알려져 있으며 항상 일정하다.

ⓛ 단위구입비용이 주문수량에 관계없이 일정하다.

ⓒ 연간 단위당 재고유지비용은 수량에 관계없이 일정하다.

ⓔ 1회 주문비용이 수량에 관계없이 일정하다.

ⓜ 주문량이 일시에 입고된다.

ⓗ 조달기간(lead time)이 없거나 일정하다.

ⓢ 재고부족이 허용되지 않는다.

③ **EOQ 계산**

　ⓐ 위의 가정하에서 연간총비용(Annual Total Cost : ATC)은 1회 주문량(Q)에 의해 결정되며, 이를 식으로 나타내면 아래와 같다.

$$ATC = C_h \times \frac{Q}{2} + C_o \times \frac{D}{Q}$$

여기서 C_h는 연간 단위당 재고유지비용, C_o는 회당 주문비용, D는 연간 수요량, Q는 1회 주문량(EOQ)이다. 따라서 $C_h \times \frac{Q}{2}$는 연간 재고유지비용이고, $C_o \times \frac{D}{Q}$는 연간 주문비용이다.

　ⓑ 여기서 ATC를 최소화하는 1회 주문량(Q), 즉 EOQ를 도출하면 아래와 같다.

$$EOQ = \sqrt{\frac{2C_oD}{C_h}} = \sqrt{\frac{2 \times 연간수요량 \times 회당\ 주문비용}{단위당\ 연간\ 재고유지비용}}$$

　ⓒ EOQ 모형의 평가 : EOQ 모형의 기본가정들이 현실적이지 못하다는 비판에도 불구하고 EOQ 모형은 간편하다는 장점으로 인해 현실적으로 많이 활용되고 있다. 또한 현실을 감안한 보다 복잡한 모형을 설계하기 위한 기본모형의 역할을 해오고 있다.

④ **주문횟수와 주문주기** : 위에서 계산한 경제적 주문량(EOQ)에 기초하여 최적 주문횟수와 최적 주문주기는 다음과 같이 구할 수 있다.

　ⓐ 최적 주문횟수 : 최적 주문횟수는 연간 수요량을 주문량(EOQ)으로 나누어 구한다.

　ⓑ 최적 주문주기 : 최적 주문주기는 최적 주문횟수의 역수로 주문량(EOQ)을 연간 수요량으로 나누어 구한다.

예제

할인점에서 기간별 일정수요를 갖고 있는 생활필수품을 BOX 단위로 판매하고 있다. BOX 단위당 단가는 10,000원이고 연간수요의 소비량은 50,000 BOX이며 연간 재고유지비용은 20%로 추정된다. 1회 주문비용이 2,000원이라고 할 때 경제적 주문량(EOQ)은 몇 BOX인가?

풀이
$$EOQ = \sqrt{\frac{2 \times 1회\ 발주비용 \times 연간수요량}{단위당\ 재고유지비}} = \sqrt{\frac{2 \times 50,000 \times 2,000}{10,000 \times 20\%}} = 316.23$$

예제

연간수요량은 4만개이며, 1회 주문비용은 50만원이다. 연간 단위당 재고유지비용이 4만원이라면, 이 때의 연간 주문횟수는 얼마인가?

풀이 연간 주문횟수 = 연간 수요량 / 주문량(EOQ)이다.

$$EOQ = \sqrt{\frac{2 \times 40,000개 \times 500,000}{40,000원}} = 1,000개이므로$$

연간 주문횟수 = 연간 수요량 / EOQ = 40,000 / 1,000 = 40회이다.

예제

어떤 제품의 연간수요는 100,000개, 1회 주문비용은 20,000원, 개당 주문단가는 100원, 개당 연간 재고유지비용은 주문단가의 10%이다. 경제적 주문량(EOQ)을 이용하여 재고보충을 한다면 이 품목의 재고회전율은?

풀이 경제적 주문량 $EOQ = \sqrt{\dfrac{2 \times 2만원 \times 10만개}{10원}} = 2만개이다.$

평균재고 = 경제적 주문량 / 2 = 1만개이다. 따라서 재고회전율 = 매출액 / 평균재고액 = 연간판매량 / 평균재고량 = 10만개 / 1만개 = 10이다.

---

(2) 경제적 생산량(EPQ) 모형

① 경제적 생산량(EPQ)의 의의

㉠ 경제적 생산량(EPQ : Economic Production Quantity)은 재고를 공급자로부터 주문하는 것이 아니라 수요량을 고려하여 자체적으로 생산하여 보충하는 경우 비용을 최소로 하는 생산량을 의미한다.

㉡ EPQ 모형의 목표는 생산품목에 대해 생산조업비용을 최소화하는 로트사이즈(경제적 생산량)를 결정하는 것이다. 또한 생산조업 사이에 필요한 시간의 양을 결정한다.

② EPQ 모형의 가정

㉠ 재고준비비는 생산량의 크기와 관계없이 로트마다 일정하다.

㉡ 재고유지비는 생산량의 크기에 정비례하여 증가한다.

㉢ 생산단가는 생산량의 크기와 관계없이 일정하다.

㉣ 수요량(수요율, D)과 생산능력(생산율, P)은 일정하다. 단, 생산능력은 수요량보다 크다.

㉤ 생산품은 생산기간 중에 순차적으로 생산·입고된다.

③ EPQ 계산

$$경제적\ 생산량(EPQ) = \sqrt{\frac{2DC_o}{C_h} \times \frac{P}{P-D}} = EOQ \times \sqrt{\frac{P}{P-D}}$$

여기서 P는 연간 생산량, D는 연간 수요량을 의미한다. 만일 생산능력이 무한대이면 EPQ = EOQ가 된다.

예제

생산업체 A공장의 제품생산능력은 수요량의 2배이다. 자동화 라인 도입으로 제품생산능력이 수요량의 4배가 될 경우 경제적 생산량(EPQ : Economic Production Quantity)은 기존 EPQ에 비해 어떻게 변하는가? (단, 나머지 조건은 모두 동일하다고 가정하고, $\sqrt{2} = 1.414$, $\sqrt{3} = 1.732$ 이며, 답은 소수점 셋째 자리에서 반올림한다)

풀이 경제적 생산량 $EPQ = EOQ \times \sqrt{\dfrac{P}{P - D}}$ 이다. 현재 P = 2D인 경우 $EPQ = EOQ \times \sqrt{2} = 1.414$이다. 자동화 라인 도입으로 P = 4D가 되면 $EPQ = EOQ \times \sqrt{\dfrac{4}{3}} = 1.155$가 된다. 따라서 EPQ는 약(1.414 − 1.155) / 1.414 = 18% 감소한다.

제 3 절 수요예측과 EOS

1 수요예측의 의의

(1) 수요예측의 정의와 적용범위

① 수요예측의 정의

수요예측(demand forecasting)은 기업의 활동과 관련된 여러 가지 유형의 장·단기 계획을 수립하는데 필수적인 기초자료를 제공한다. 수요예측은 재고감축 및 품절예방, 원활한 생산계획, 안정적인 구매조달, 원가절감, 고객서비스 개선을 위해 가장 우선적으로 고려되어야 할 중요한 사항이다.

② 수요예측의 적용범위

㉠ 생산형태를 불특정다수의 고객을 대상으로 사전에 제품을 만들어 판매하는 계획생산과 고객의 주문에 따라 제품을 생산하는 주문생산으로 구분해 볼 때, 특히 계획생산 형태를 취하는 기업의 경우에는 생산계획과 재고관리에 관한 모든 활동을 수요예측을 토대로 계획하지 않으면 안 된다.

㉡ 또한 완전 주문생산의 경우라도 장기적인 수요예측이 없이는 생산능력, 원자재 확보 등 각종 경영전략을 사전에 계획하여 추진해 나갈 수 없게 된다.

(2) 수요에 영향을 미치는 주요 요인

① 경기변동

수요는 회복기(recovery), 호황기(prosperity), 후퇴기(recession), 불황기(depression) 등의 4국면을 거치는 경기변동(business cycle)에서 현재 경제가 어떤 국면에 있느냐에 따라 영향을 받는다.

② **제품수명주기**

ㄱ 일반적으로 제품이나 서비스는 시장에 처음 도입되어 시간이 지남에 따라 제품수명주기 (PLC : product life cycle)를 거치는데, 제품이 이 주기의 어느 단계에 와 있느냐에 따라 그 수요가 영향을 받는다.

ㄴ 어떤 제품이 시장에 처음 도입되어 호평을 받아 급속한 성장단계에 들어서면 경쟁업체가 출현하여 비슷한 제품을 내놓게 되고, 따라서 시간이 지남에 따라 성장세는 점차 둔화된다.

ㄷ 그리하여 비교적 긴 수명을 가진 제품은 결국 그 제품을 가지고 싶어하는 거의 모든 사람 이 구입해 버린 시점에 도달하게 되는데, 이때부터는 수요가 감소하기 시작한다.

③ **기타 요인**

수요에 영향을 미치는 기타 요인으로는 광고, 판매활동, 품질, 신용정책, 경쟁업체의 가격, 고 객의 신뢰와 태도 등을 들 수 있다.

2 예측방법의 유형

(1) **정성적 기법**

① **정성적 기법의 의의**

정성적(질적) 기법은 개인의 주관이나 판단 또는 여러 사람의 의견에 입각하여 수요를 예측하 며 주로 중·장기 예측에 많이 쓰인다. 정성적 기법으로는 델파이법, 패널 동의법, 시장조사법, 역사적 유추법 등이 있다.

② **델파이법**(Delphi method)

ㄱ 고대 그리스의 유명한 델파이 신탁의 이름을 따서 붙인 델파이법은 예측하고자 하는 대상 의 전문가 집단을 선정한 다음 이들에게 여러 차례 설문지를 돌려 의견을 수렴함으로써 예측치를 얻는다.

ㄴ 일반적으로 이 방법은 시간과 비용이 많이 드는 단점이 있으나 예측의 특성상 불확실성이 크거나 과거의 자료가 없는 경우에 많이 쓰이는데, 특히 생산능력, 설비계획, 신제품개발, 시장전략 등을 위한 장기예측이나 기술예측에 적합하다.

③ **전문가 의견법**(panel consensus)

오랜 경험과 전문적인 지식을 갖춘 전문가들이 서로의 의견을 자유롭게 교환하여 일치된 예측 결과를 얻는 기법으로 단기간에 저렴한 비용으로 예측결과를 얻을 수 있다. 패널 동의법, 경영 자 판단법이나 판매원 예측법도 넓게는 이 범주에 속한다.

④ **시장조사법**(market research)

ㄱ 실제시장에 대해 조사하려는 내용의 가설을 세운 뒤에 설문지, 직접 인터뷰, 전화 조사, 시제 품 발송 등 여러 가지 방법을 통해 소비자의 의견을 조사함으로써 설정된 가설을 검정한다.

ㄴ 시장조사법을 통한 예측은 정성적 기법 중 가장 시간과 비용이 많이 들지만 비교적 정확하 다는 장점이 있다.

⑤ **수명주기 유추법**(historical analogy)

　㉠ 신제품과 비슷한 기존 제품의 제품 수명주기의 도입기, 성장기, 성숙기, 쇠퇴기의 단계에서 수요변화에 관한 과거의 자료를 이용하여 수요의 변화를 유추해 보는 방법이다. 역사적 유추법 또는 자료 유추법이라고도 한다.

　㉡ 중기나 장기의 수요예측에 적합하다고 알려져 있으며, 비용이 적게 든다는 장점이 있다. 신제품과 비슷한 기존 제품을 어떻게 선정하는가에 따라서 예측결과에 큰 차이가 나는 단점이 있다.

(2) 정량적 예측방법

① **시계열 분석법**(time series analysis)

　㉠ 시계열 분석법이란 과거의 역사적 수요에 입각하여 미래의 수요를 예측하는 방법을 총칭한다. 시계열 분석기법에서는 과거의 패턴이 미래에도 계속될 것이라는 가정하에서 과거의 패턴을 분석하여 미래에 투영(project)함으로써 미래수요를 예측한다.[2]

　㉡ 그러나 이와 같은 과거의 수요 패턴이 장기간 계속적으로 유지된다고 보기는 힘들기 때문에 시계열 분석법은 주로 단기와 중기 예측에 많이 쓰인다. 시계열 분석법에는 이동평균법(단순 이동평균법, 가중 이동평균법), 지수평활법 등이 있다.

　㉢ 단순 이동평균법 : 단순 이동평균법(simple moving average method)은 최근 몇 기간 동안의 시계열 관측치의 평균을 내어 이 평균치를 다음 기간의 예측치로 사용하는 방법이다. 과거 각 기간의 관측치에 대해 동일한 가중치를 부여한다.

　㉣ 가중 이동평균법 : 가중 이동평균법(weighted moving average method)은 과거의 각 관측치에 동일한 가중치를 두는 단순 이동평균법과는 달리 오래된 값보다 최근의 값에 가중치를 좀 더 두어 가중평균한 값을 예측치로 사용하는 방법이다.

　㉤ 지수평활법

　　ⓐ 지수평활법(exponential smoothing)은 단기예측에 있어서 매우 유용한 기법이다. 가장 최근의 값에 가장 많은 가중치를 두고 자료가 오래될수록 지수함수처럼 가중치를 급격하게 감소시키면서 예측하는 방법이다.

　　ⓑ 이 기법은 가장 최근의 예측 데이터와 주요 판매 데이터 간의 차이에 적합한 평활상수(smoothing parameter)를 사용함으로써 과거의 데이터를 유지할 필요성을 갖지 않는다. 이러한 접근 방법은 어떤 추세를 갖지 않거나 계절적인 패턴을 나타내는 데이터 또는 추세와 계절성을 모두 갖는 데이터에 사용될 수 있다.

　　ⓒ 가중 이동평균법의 단점을 해소하기 위해 평활상수를 이용해 현재에서 과거로 갈수록 더 적은 비중을 주는 방법을 채택하고 있다.

　　ⓓ 지수평활법에서 평활상수를 a라고 하면 수요예측치(D)는 다음 식에 의해 구해진다.

---

2) 시계열(time series)이란 시간에 따라 변화하는 어떤 형상을 일정한 시간 간격으로 관찰할 때 얻어지는 일련의 관측치를 말한다. 예를 들면 일별, 주별, 월별 매출자료가 시계열이다. 일반적으로 시계열은 추세(trend), 계절적 수요(seasonal component), 순환요인(cyclical element) 등의 요소를 지니고 있다.

01

$$D = a(\text{전기의 실적치}) + (1 - a)(\text{전기의 예측치})$$

 예제

K사의 2013년 5월 물동량 예측치는 11,000상자이었으나 실적치는 13,000상자이었다. 2013년 6월의 물동량을 수요예측기법인 지수평활법을 사용하여 예측하면 얼마인가? (단, 지수평활계수 $a = 0.2$)

풀이 평활상수를 a로 표시하면 지수평활법에 의한 예측치(C)는 다음의 식에 의해 구해진다.
 $C = a \times \text{전기의 실적치} + (1 - a) \times \text{전기의 예측치}$
 따라서
 $C = 0.2 \times 13,000 + 0.8 \times 11,000 = 11,400$상자

② 인과형 예측기법

ⓐ 인과형 모형에서는 과거의 자료에서 수요와 밀접하게 관련되어 있는 변수들을 찾아낸 다음 수요와 이들 간의 인과관계를 분석하여 미래수요를 예측한다.

ⓑ 인과형 모형에 속하는 기법으로는 회귀분석(regression analysis), 계량경제모형(econometric model), 투입 − 산출모형(input-output model), 시뮬레이션 모형(simulation model) 등이 있다.

ⓒ 회귀분석법 : 회귀분석법(regression analysis)은 인과형 예측기법의 대표적인 기법으로 종속변수의 예측에 관련된 독립변수를 파악하여 종속변수와 독립변수의 관계를 방정식으로 나타내는 것이다. 즉, 과거의 수요자료가 어떤 변수와 선형의 관계가 있다고 가정하고 그 관계를 찾음으로써 미래의 수요를 예측하려는 방법이다.

예제

다음은 어느 TV 제조업체의 최근 5개월 동안 컬러TV 판매량을 나타낸 것이다.

구 분	1월	2월	3월	4월	5월	6월
판매량	10	14	9	13	15	
가중치	0.0	0.1	0.2	0.3	0.4	

6월의 컬러TV 판매량을 단순 이동평균법, 가중이동평균법, 단순 지수평활법을 이용하여 예측하라 (단 이동평균법에서 주기는 4개월, 단순 지수평활법에서 평활상수는 0.4를 각각 적용한다).

풀이
1. 단순 이동평균법에 의한 예측치는 $\dfrac{14 + 9 + 13 + 15}{4} = 12.75$이다.

2. 가중 이동평균법에 의한 예측치는 $\dfrac{14 \times 0.1 + 9 \times 0.2 + 13 \times 0.3 + 15 \times 0.4}{1.0} = 13.10$이다.

3. 평활상수를 a로 표시하면 지수평활법에 의한 예측치(E)는 $E = a \times \text{전기의 실적치} + (1 - a) \times \text{전기의 예측치}$가 된다. 그런데 여기서는 전기(5월)의 예측치를 알 수 없으므로 단순이동평균치나 가중이동평균치를 예측치로 사용한다. 4월까지의 단순이동평균치 = $(10 + 14 + 9 + 13) / 4 = 11.500$이다. 따라서 $E = 0.4 \times 15 + 0.6 \times 11.50 = 12.900$이다.

제 4 절 JIT와 MRP 시스템

1 JIT 시스템

(1) JIT 시스템의 의의

① JIT 시스템

㉠ JIT(just in time) 시스템은 일본 도요타(TOYOTA) 자동차회사의 생산시스템(TPS)에서 도입된 개념으로, 필요할 때마다 수요에 맞추어 공급할 수 있는 적시생산방식을 의미한다.

㉡ JIT 시스템이란 필요한 물자를 필요한 양만큼 필요한 장소와 필요한 시간에 조달 생산하고 공급하는 것이다. 이는 필요 시마다 공급을 받기 때문에 철저한 낭비의 요인을 제거하는 것이 목표이다.

㉢ JIT시스템은 수주물량만큼만 끌어당기기 방식(pull system)으로서, 생산시스템상에서 후속공정이 인수해 간 수량만큼 선행공정에서 생산해서 보충해 주는 방식을 말한다.

㉣ JIT 생산(또는 재고, 자재, 물류)시스템, TOYOTA 생산방식(TPS : Toyota Product System), TOYOTA 간판방식 또는 린(Lean) 시스템 등으로 불리기도 한다.

② JIT 시스템의 목표

㉠ 준비 시간의 단축

㉡ 재고의 감소

㉢ 리드타임의 단축

㉣ 자재취급 노력의 경감

㉤ 불량품의 최소화

③ JIT 시스템 협력관계의 특징

㉠ 공급업체와 구매업체와의 협력적 관계를 기초로 하여 공급업체는 납품하는 물품의 품질수준이 불량률 0이 되도록 하여 생산라인이 멈추는 일이 없도록 해야 한다.

㉡ 3~5년 장기계약으로 안정적 공급이 가능하여야 하고 납품업체와 가까워야 한다.

㉢ 가격, 품질, 납기 등이 통제가능하고 납품 수량, 시간의 정확도를 준수하여야 한다.

㉣ 동일한 부품은 한 두 업체와만 계약을 하여 공급되어야 효율적이다.

● 전통적 구매방식과 JIT 구매방식 비교

구 분	전통적 구매방식	JIT 구매방식
공급자·판매자의 역할	종속적 관계	공존 관계
거래기간	단기 또는 장기	장기
발주수량	대량 발주	소량 발주
품질조건	수입검사 실시	무검사

재고개념	자산	감소 대상
공급자수	다수	소수
생산수량	대 로트(lot)	소 로트(lot)
공급자의 지역별 분포	넓은 범위	가능한 한 집중
창고형태	대형, 자동화	소형, 가변화

(2) JIT-II 시스템

① JIT-II 시스템의 의의

㉠ JIT 시스템과 기본개념은 같으나 발주회사의 제품설계 단계부터 납품회사 직원이 설계에 참여하는 것이 두드러진 차이점이며, 기본 사상은 "철저한 낭비의 배제"라고 할 수 있다.

㉡ JIT 시스템은 계약관계를 전제로 하기 때문에 그 힘이 발주회사에 많이 있고 재고가 납품 업체로 전이되어 제품원가 중 구매비용의 비율이 상승하여 원가통제 및 절감노력이 한계 에 다다르는 역기능이 생길 수도 있어, 이런 문제점을 보완한 것이 JIT-II 시스템이다.

② JIT-II 시스템의 효과

발주회사 측면	납품회사 측면
• 납품회사와의 중복기능 없애 구매기능 및 구매인력 감축 • 신제품 설계변경의 감소와 설계기간의 단축 • 부품 공급가격의 인하 또는 동결이 가능	• 발주회사와의 공존공영, 동반성장을 보장받음 • 장기계약의 보장 • 이익률 향상 • 신기술 동반연구 등 기술개발 가능

2 MRP 시스템

(1) MRP 시스템의 의의

① MRP 시스템의 정의

㉠ 자재소요계획(MRP : Material Requirement Planning)은 제품의 생산계획에 기초하여 조립 품, 부품, 원자재 등의 자재소요에 대해 필요한 물품을 필요할 때에 필요한 만큼 구매하여 제조하기 위한 계획을 수립하는 생산정보시스템이다.

㉡ MRP 시스템은 원자재, 조립품, 부품처럼 완성품이나 상위단계의 품목에 종속되어 있는 종 속수요품에 주로 적용되는 자재관리 시스템이다.

② MRP 시스템의 목적 : MRP 시스템의 주된 목적은 재고수준을 통제하고, 각 품목의 생산 또는 구매에 있어 우선순위를 결정하며, 생산시스템의 부하가 적정하도록 생산능력을 계획하는 것이다. MRP 시스템의 목적을 정리하면 다음과 같다.

     ㉠ 재고수준 통제를 통하여 재고감축

     ㉡ 각 품목의 생산 또는 구매우선순위 결정

     ㉢ 적정 생산능력계획 확보로 생산효율 향상

     ㉣ 고객서비스의 향상

③ **MRP 시스템의 주요 기능**

     ㉠ 필요한 물자를 언제, 얼마나 발주할 것인지 알려준다(재고계획과 통제).

     ㉡ 발주 내지 제조지시를 내리기 전에 경영자가 계획을 사전에 검토할 수 있게 한다.

     ㉢ 발주시기 및 일정을 조절하기 용이하다(오더 발행계획과 통제).

     ㉣ 상황변화에 맞게 주문변경이 가능하다(생산능력계획 수행을 위한 정확한 계획 오더 리딩).

     ㉤ 우선순위 조절을 통해 자재조달 및 생산작업 진행이 가능하다.

④ **MRP 시스템의 주요 입력자료**

     ㉠ 주일정계획(MPS : Master Production Schedule) : 최종 품목을 언제, 얼마나 생산할 것인가에 대한 생산계획이다.

     ㉡ 재고기록철(Inventory Record File) : 재고로 유지되고 있는 모든 품목의 상태에 대한 정보를 기록한 것이다.

     ㉢ 자재명세서(BOM : Bill Of Materials) : 체계적인 부품목록, 최종품목을 생산하는 데 필요한 원자재, 부품, 중간조립품 등의 조립순서가 나타나 있다.

(2) MRP 시스템의 효과 및 문제점

① **MRP 시스템의 효과**

MRP 시스템의 주요 효과는 기업의 계획생산을 가능하게 하며 재고관리 기능을 제공한다는 점과 다른 기능(분배 구매 재무계획 등)과의 연계로 업무의 효율화를 도모하는 데 있다.

② **MRP의 취약점**

     ㉠ 자재의 생산·조달에서 Just-In-Time을 추구하므로 생산계획의 차질을 예방하기 위한 긴밀한 통제노력이 필요하다.

     ㉡ 수주분 반입지연, 결품, 착오 등이 발생한 경우에 생산 중단, 지연 초래의 우려가 있다.

     ㉢ Batch planning system이므로 기계고장 등에 의한 생산차질, 예측과 실제 수요와의 차이가 발생하는 경우 빈번한 계획수정이 필요하다.

(3) JIT와 MRP의 차이점 비교

JIT와 MRP 시스템은 낮은 재고 수준, 높은 생산성과 고객서비스를 지향한다는 점에서는 공통점이 있지만 접근방법에서는 차이가 있다. 또한 두 방식은 모두 소요(requirement)개념에 입각한 관리방식이라는 점에서 공통점이 있다.

비교 내용	JIT 시스템	MRP 시스템
관리시스템	요구(주문)에 따라가는 pull 시스템	계획대로 추진하는 push 시스템
관리목표	낭비 제거(최소의 재고)	계획·통제(필요 시 필요량 확보)
재고개념	주문이나 요구에 대한 소요개념	계획에 의한 소요개념
생산시스템	생산 사이클 타임 중심	MPS 중심
생산계획	안정된 MPS 필요	변경이 잦은 MPS 수용
공급자와의 관계	구성원 입장에서의 장기거래	경제적 구매위주의 단기거래
적용분야	반복적 생산	비반복적 생산(주문생산, 로트생산 등)
발주(생산)로트	준비비용 축소에 의한 소로트	경제적 발주량(생산량)
품질관리	100% 양품 추구	약간의 불량은 인정
관리도구	눈으로 보는 관리	컴퓨터 처리

⑷ MRP 시스템 계획표

① MRP 시스템의 전개순서

㉠ 총소요량의 결정 : 제품의 총소요량을 주생산계획(MPS)으로부터의 생산일정에 맞추어 결정한다. 총소요량 결정에는 자재명세서, 품목별 재고와 조달기간, 제작 스케줄이 필요하다.

㉡ 현재고의 산출 : 기초재고량에서 계획된 수주량을 공제하여 현재고를 산출한다.

㉢ 순소요량의 결정 : 총소요량에서 현재고를 공제하여 순소요량을 산출한다.

㉣ 발주량의 결정 : 발주량은 대체로 순소요량과 일치하지만 가감할 수 있다.

㉤ 발주일자의 결정 : 생산 또는 구매조달기간을 고려하여 발주일자를 결정한다.

② MRP 계획표 작성(예제) : 다음은 테이블을 생산하기 위해 상판과 다리를 주문한 MRP 계획표의 일부분이다. 이 표를 통해서 알 수 있는 내용은 다음과 같다.

주항목 \ 주	1	2	3	4	5
테이블					
총소요량					200
현재고					20
순소요량					180
발주량				180	

상판					
총소요량				180	
현재고				100	
순소요량				80	
발주량		80			
다리					
총소요량				360	
현재고				50	
순소요량				310	
발주량	310				

㉠ 5주차에 테이블의 총소요량이 200개이므로 테이블 주문량은 200개이다.

㉡ MRP 계획표에는 현재고, 순소요량, 발주량만 표시되어 있으므로 테이블 생산 시 불량품 발생은 고려하지 않고 있다.

㉢ 상판의 4주차 소요량을 2주차에 발주하기 때문에 상판의 리드타임은 2주이고, 다리의 4주차 소요량을 1주차에 발주하기 때문에 다리의 리드타임은 3주이다.

㉣ 4주차 상판과 다리의 소요량으로 5주차에 테이블을 생산하므로 생산에 소요되는 기간은 1주이다.

㉤ 테이블 200개 생산에 소요되는 상판은 180개, 다리는 360개이다. 따라서 테이블 1개 생산에 소요되는 다리는 평균 2개이다(테이블 20개는 안전재고로 파악).

3 MRP-II, ERP, DRP 등

(1) MRP-II 시스템

① **MRP-II 시스템의 정의** : MRP-II(Manufacturing Resource Planning), 즉 제조자원계획은 재고관리, 생산현장관리, 자재소요량관리 등의 생산자원계획과 통제과정에 있는 여러 기능들을 하나의 단일시스템에 통합하여 생산 관련 자원투입의 최적화를 통해 생산성 향상을 목적으로 하는 시스템이다.

② **MRP 시스템과의 차이** : MRP 시스템과의 차이점은 생산자원의 능력소요계획과 일정계획(Scheduling)을 수립하는 것이다. MRP-II는 제조활동의 계획관리뿐만 아니라 재무와 마케팅에서의 계획과 관리를 포괄한 시스템으로, 기업에서의 모든 자원을 관리하는 전사적 정보시스템으로 확장된다.

(2) ERP 시스템

전사적 자원계획(ERP : Enterprise Resource Planning)은 기업 내의 설계, 생산, 물류, 재무, 영업, 회계, 인사 등 기업의 전반적인 업무 프로세스를 유기적으로 연결하여 하나의 체계로 통합·재구축하고 정보를 서로 공유하여 기업의 경영상태를 실시간으로 파악할 수 있게 하는 전사적 자원관리 패키지시스템으로 기업통합 정보시스템을 말한다.

(3) DRP 시스템

① DRP의 정의

㉠ 유통자원계획(DRP : Distribution Resource Planning) 또는 자원분배계획은 고객과 가장 가까운 곳에서 수요데이터를 얻고, 수요를 예측하여 이를 생산계획 수립에 빠르게 반영하는 것을 목적으로 한다. 제조업체의 완제품 창고 이후 소매점(도매점)에 이르는 유통망 상의 재고를 줄이는 데 근본적인 목적이 있다.

㉡ DRP(Distribution Resource Planning)는 크게 Drp(Distribution Requirement Planning), IP(Inventory Planning), Deployment의 3가지로 이루어져 있다고 볼 수 있으며, Drp에서 더 폭넓게 전개된 부문은 재고관리 및 운송에 관련된 역할과 물류센터 위치설정들에 관련된 개념이다.

② MRP 시스템과의 차이

MRP	DRP
• 생산일정에 의해 결정	• 고객의 수요에 의해 결정
• 종속적 수요환경에서 작용	• 독립적 수요환경에서 작용
• 제조나 조립이 완료될 때까지 재고통제	• 완제품이 공장창고에 도착하면 재고통제
• 생산과 관련된 자재에 관한 생산관리 시스템	• 생산이 완료된 후의 판매에 관한 판매관리 시스템

(4) VMI

① **VMI의 의의** : 공급자주도 재고관리(VMI : Vendor Managed Inventory)는 재고를 줄이기 위한 기법의 하나로, '벤더(공급자)가 POS 매출량에 대응하여 재고를 관리한다'는 의미 혹은 '공급자 주도형 재고관리 방식'을 의미한다. 공급자가 물류창고에서 상품을 보충하고 유지하도록 고객과 공급자 사이에서 정보를 교환하는 보충프로그램을 말한다.

② **VMI의 목적** : VMI의 목적은 공급체인(supply chain)상에서 고객의 요구를 보다 효과적으로 충족시키기 위하여 생산계획·수발주 프로세스를 간소화시키고, 인터넷에 의한 수요예측정보에 의하여 적시·적기에 신속하게 납품에 대응하는 것이다.

③ **VMI의 유용성의 전제** : VMI는 기간시스템(ERP)과의 기준정보가 실시간 상호간에 연계·연동되고 정보공유를 통한 상호간의 신뢰성의 향상을 위하여 상호 협력관계와 관리의 요소를 고려하여야 효과적 운용이 가능하다.

제 5 절   SCM과 재고관리

1 SCM의 의의

(1) SCM의 개념과 필요성

① SCM의 개념

㉠ 공급사슬관리(SCM : Supply Chain Management)는 원자재 공급자로부터 생산자, 유통업자 그리고 최종 소비자에 이르는 전 과정에 있어서 물자(material), 자금(cash), 정보(information)의 흐름을 전체적 관점에서 일원적으로 통합하여 관리하기 위한 물류경영전략의 한 기법이라고 할 수 있다.[3]

㉡ SCM은 불확실한 시장상황의 변화에 대응하여 소비자, 소매상, 도매상, 제조업자 그리고 부품·원자재 공급자 등으로 이루어진 공급사슬(supply chain) 전체의 최적화를 도모하려는 경영 패러다임이라고 할 수 있다.

㉢ SCM이란 고객서비스 수준을 만족시키면서 전체 시스템의 비용을 최소화할 수 있도록 제품이 적절한 수량으로, 적절한 장소에, 적절한 시간에 생산과 유통이 가능하도록 공급자, 제조업자, 창고·보관업자, 소매상들을 효율적으로 통합하기 위해 구축되는 시스템이다.

◉ SCM의 개념도

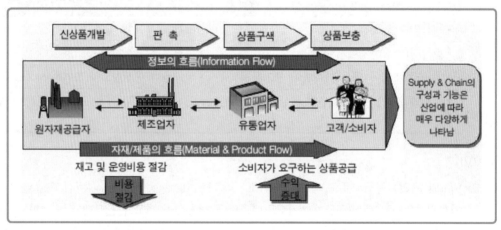

---

3) 미국의 물류협회는 그동안 사용하던 CLM(Council of Logistics Management)이라는 공식명칭을 2005년에 CSCMP (Council of Supply Chain Management Professionals)로 변경하였는데, 이는 물류관련산업에서 SCM이 장래 물류혁신을 위한 핵심전략이 되었음을 의미한다. 이와 함께 CSCMP는 로지스틱스를 "고객의 요구를 충족시키기 위해 발생지와 소비지 간에 상품 및 서비스, 관련 정보의 흐름과 저장이 효율적이고 효과적으로 이루어지도록 계획, 실행, 통제하는 공급사슬 프로세스의 한 분야"라고 정의하고 있다. 이는 SCM이 로지스틱스의 확장·진전된 개념이라는 것을 의미하는 것으로 해석할 수 있다(인하대학교 물류산학협력센터, 『물류학원론』, 서울경제경영, 2009, p.29 참조).

② **SCM의 특징**

    ㉠ 마이클 포터(M. Porter)는 가치사슬(value chain) 개념에 기초하여, SCM을 원재료 공급자로부터 최종 고객 간에 존재하는 관련 기관들을 하나의 단위로 보고, 물류와 정보의 흐름을 체계적으로 관리하여 통합된 전체의 흐름을 최적화하는 기법으로 파악한다. 여기서 상품이나 정보 등이 흘러가는 경로를 공급체인(supply chain) 또는 파이프라인(pipeline)이라고 한다.

    ㉡ 미국 SCM협회(Supply Chain Council)는 SCM을 생산과 분배의 모든 단계를 연결하는 고리로써 생산과 소비에 이르는 각 과정의 구성요소들이 서로 공급자이면서 소비자(prosumer)로써의 관계를 맺는 것이라고 설명한다.

③ **SCM의 목표**

    SCM은 운송과 재고를 효율적으로 관리하고 고객 만족도를 높이기 위해 전체 공급사슬 또는 파이프라인을 마치 하나의 시스템처럼 통합 관리한다. 즉 실시간(real time) 정보공유와 협력을 통해 공급경로를 단축하고, 수요의 불확실성 및 재고과잉 등의 부작용을 최소화하려는 것이다.

④ **SCM 등장배경**

    ㉠ 부가가치의 원천 : 대부분의 제조기업의 경우 전체 부가가치의 60~70%가 제조공정 이외의 활동에서 창출되고 있다. 따라서 기업은 외부의 전체 공급사슬을 효율적으로 관리함으로써 보다 많은 부가가치를 창출할 수 있다.

    ㉡ 기업환경의 글로벌화 : 기업의 경영이 글로벌화 되고 공급사슬의 범위가 더욱 복잡해지며 넓어지고 있다. 따라서 이러한 글로벌 공급사슬의 계획 및 통제를 합리적으로 수행하기 위한 SCM의 중요성이 보다 커지고 있다.

    ㉢ 외부의 불확실성의 증가 : 고객들의 요구가 더욱 다양해지고 복잡해지고 있다. 따라서 기업들은 이러한 대외적인 불확실성에 보다 적극적으로 대응할 수 있는 체제로의 전환이 필요하다.

    ㉣ 채찍효과(Bullwhip effect)의 심화 : 공급사슬이 복잡해지고 길어짐에 따라 최종 고객으로부터 공급사슬의 상류로 갈수록 정보가 왜곡되는 현상(채찍효과)이 심화되고 있다. 채찍효과는 공급사슬 전체의 통합관리 및 정보공유를 통해서 해소할 수 있다.[4]

    ㉤ 기업 경쟁우위 전략의 변화 : 기업들 간의 경쟁이 심화됨에 다라 기업들은 핵심역량에만 집중하고 나머지 활동은 아웃소싱하는 경향이 증가하고 있다. 따라서 전문업체에 의한 공급사슬의 효율적인 관리가 필요하게 되었다.

    ㉥ 고객요구의 다양화 및 소량화 : 고객의 요구가 다양화 및 소량화되고 주문 리드타임도 더욱 짧아지고 있다. 기업은 이에 대응하기 위해 주문, 생산, 조달 등의 전과정을 보다 체계적으로 관리할 필요가 생겼다.

---

4) 채찍효과(Bullwhip effect)는 제조업자, 유통업자, 고객 사이에서 제품의 거래와 관련된 정보의 불일치에 기인한 문제로 볼 수 있다. 채찍효과를 해결하기 위해서는 인터넷을 통한 정보의 공유, 기업 간 협업을 통한 재고관리, 효과적인 가격정책 확립, 공급파트너 간 물류정책의 조정 및 합의, 비용 절감과 리드타임 단축, ABC나 POS 및 VMI 등에서 다양한 개선활동이 요구된다.

Ⓢ 제품 라이프사이클의 단축 : 시장에 수많은 경쟁제품이 출시되고 품질의 차별화가 더 이상 어려워짐에 따라 제품의 수명주기(PLC)가 더욱 짧아지고 있다. 따라서 이러한 변화에 보다 유연하게 대응하기 위한 체제로의 변환이 필요하다.

ⓞ 정보기술의 발전 : 최근 확산되고 있는 ERP, SCM 및 기타 정보기술의 발전은 기업들이 공급사슬의 전과정을 보다 효율적으로 관리할 수 있는 기반을 제공하게 되었다.

2 채찍효과(Bullwhip Effect)

(1) SCM의 필요성 : 채찍효과

① 채찍효과의 정의

㉠ 공급사슬에서 원자재 공급자로 갈수록 상류(upstream), 소비자 쪽으로 갈수록 하류(downstream) 라고 한다. 채찍효과(Bullwhip effect)는 공급사슬에서 최종 소비자로부터 멀어져 상류로 갈수록 정보가 지연되거나 왜곡되어 수요와 재고의 불안정이 확대되는 현상을 말한다.

㉡ 이러한 정보의 왜곡현상으로 공급사슬 전체에서 재고가 증가하고 고객서비스의 수준은 낮아지며, 생산능력 계획의 오류, 수송상의 비효율, 생산계획의 난맥 등과 같은 현상이 나타나 제품비용을 전반적으로 상승시키고, 기업의 자금 유동성을 위축시켜 기업의 경쟁력을 약화시키게 된다.

㉢ 미국의 유명한 생활용품업체인 P&G사는 자사가 판매하는 기저귀 공급사슬에서 Bullwhip Effect가 일어나는 것을 발견하였다. 소비자들이 기저귀를 구매하는 양에는 큰 변화가 없는데 반하여 자사가 원재료를 주문하는 양에는 상당히 심한 변화가 있음을 안 것이다. 이에 따라 이러한 채찍효과를 줄이는 것이 SCM의 핵심사항의 하나로 부각되었다.

② 채찍효과의 발생원인

채찍효과의 주요 원인으로는 여러 부문에서의 중복적인 수요예측, 일괄주문에 의한 주문량의 변동 폭 증가, 결품에 대한 우려로 경쟁적인 주문증대에 의한 가수요, 고가 또는 저가정책에 의한 선행 구입, 긴 리드타임 등을 들 수 있다. 채찍효과의 원인을 구체적으로 보면 다음과 같다.

㉠ 공급사슬 전체의 관점이 아닌 개별기업의 관점에서 의사결정을 수행하게 되면 공급사슬 전체의 왜곡현상이 나타난다.

㉡ 정부의 세금인하, 유가인상, 수입금지 등의 정책변경 같은 기업 외부환경의 영향에 빠르게 대응하지 못하기 때문에 나타난다.

㉢ 공급처 관리의 효율성만 생각하여 주문을 자주하지 않고 한꺼번에 모아서 주문하는 경우에 발생한다.

㉣ 일방적인 정보의 전달과 공급사슬 구성원의 비합리적 사고와 의사결정으로 인해 발생한다.

㉤ 불안정한 가격구조와 리드타임(lead time)의 확대로 수요와 공급의 변동 폭이 확대되어 발생하기도 한다.

(2) 채찍효과에 대한 대처방안 : SCM 전략

① 채찍효과와 SCM

채찍효과는 전통적인 공급사슬상에서 나타나기 때문에 SCM의 구축을 필요하게 만드는 가장 중요한 이유가 된다. 즉, 공급사슬의 가장 마지막 단계인 소매단계 고객으로부터의 주문 및 수요행태의 변동에 관한 정보가 공급사슬을 거슬러 전달되는 과정에서 지연되거나 왜곡되어 납기지연, 결품, 과잉재고 등의 문제가 발생하기 때문이다. 따라서 SCM의 주요 과제는 채찍효과를 줄이는 것이라고 할 수 있다.

② 채찍효과의 해결방안

채찍효과를 줄이는 방법으로는 실시간(real time) 주문처리, 불확실성의 제거, 주문량의 변동 폭 감소, 리드타임의 단축 등을 들 수 있다.

㉠ 공급사슬 전반에 걸쳐 수요에 대한 정보를 집중화하고 공유함으로써 불확실성을 제거해야 한다.

㉡ 안정적인 가격을 유지할 수 있는 상시저가 전략(EDLP : every day low pricing) 등을 통해 소비자 수요의 변동 폭을 줄여야 한다.

㉢ 공급사슬 구성원 간 정보의 실시간 공유를 위한 정보기술(IT) 전략수립 및 운용이 필요하다.

㉣ 제품을 생산하고 공급하는데 소요되는 주문 리드타임(lead time)과 주문이 처리되는 데 소요되는 정보 리드타임을 단축시킨다. 예를 들면 크로스 도킹(cross-docking)[5]에 의해 주문 리드타임을 줄이고, EDI를 통해 정보 리드타임을 단축시키는 것이 필요하다.

㉤ 정보가 공유되고 공급사슬상에서 재고가 관리되기 위한 전략적 파트너십을 구축해야 한다. 예를 들면 공급자주도 재고관리(VMI)나 지속적인 재고보충(CRP)[6] 등을 도입하는 것이다.

㉥ 제조업체의 세일즈맨 업무평가를 소매상에게 판매한 실적이 아니라 소매상이 소비자에게 판매한 실적기준으로 평가하거나, POS 데이터에 의한 정보공유가 이루어져야 한다.

---

5) 크로스 도킹(Cross-docking)은 창고나 물류센터로 입고되는 상품을 보관하지 않고, 곧바로 소매점포에 배송하는 물류 시스템이다. 보관 및 피킹(storage & picking)작업 등을 제거함으로써 물류비용을 상당히 절감할 수 있다. 크로스 도킹은 제품 입하 시 출하지를 알고 있을 때, 즉 소비자가 재고를 즉시 받을 준비가 되어 있고, 선적장소가 적거나 입하화물이 대량이고 일일처리량이 많을 때 효과적이다. 크로스 도킹은 제품의 수요가 일정하고 안정적이며, 재고품절비용이 낮을 경우 가장 효율적으로 운영될 수 있다.

6) 전통적인 상품보충 방법은 유통업체에서 주문서를 작성하여 거래업체에게 발송함으로써 이루어졌다. 이에 비해 CR(continuous replenishment) 또는 CRP, 즉 지속적 상품보충은 소비자로부터 나온 재고 및 판매정보를 기초로 하여 상품보충량을 공급업체가 결정하는 방법으로서 전통적인 상품보충프로세스를 근본적으로 변화시키는 새로운 시스템이다 (ECR Europe의 정의).

■3 SCM의 전개

(1) SCM의 기원과 적용부분

① SCM의 기원

㉠ SCM의 기원은 1980년대 중반에 미국의 의류제품부문에서 일었던 QR(Quick Response)에서 찾을 수 있다. QR의 도입으로 미국 의류업계와 유통업체에 매출증대 및 재고감소를 가져 왔다.

㉡ 이후 1993년에는 가공식품산업에서 이전까지 관행처럼 있어왔던 과다재고를 반품의 감소 등을 통한 생산성 증대와 유통산업의 경쟁력 제고를 위해 ECR(Efficient Consumer Response), 즉 효율적 소비자 대응이라는 이름으로 공급사슬 내에 존재하는 비효율을 제거하고자 하였다.

② SCM의 사례

SCM은 적용되는 산업별로 그 표현을 달리하고 있다. 즉, 섬유·의류부문에서는 QR(Quick Response), 식품·잡화 부문에서는 ECR(Efficient Consumer Response), 신선식품 부문에서는 EFR(Efficient Food service Response), 의약품 부문에서는 EHCR(Efficient Healthcare Consumer Response)이라고 표현한다.

③ SCM의 구축

SCM을 위한 정보시스템으로는 지속적 상품보충(CRP), 자동발주시스템(CAO), 크로스 도킹(cross docking), 전사적 자원관리(ERP) 등이 있다. 또한 SCM을 위한 정보기술로는 데이터 웨어하우스(data warehouse), 데이터 웨어하우징(data warehousing), 데이터 마이닝(data mining) 등이 있다.

(2) 보관과 SCM

① **보관과 SCM의 관계**: 물자를 효율적으로 보존관리하는 보관에서 SCM은 매우 중요한 관리시스템이 된다. 종전 각각의 자재구매중심, 생산중심, 판매영업 관리중심의 창고관리, 재고관리 방식에서 벗어나 물자흐름, 정보흐름 전체를 통합하고 최적화하는 SCM 전반의 관점에서 물자를 보존관리하는 것이 가장 효율적이라고 할 수 있다.

② **보관을 위한 SCM의 역할**: 보관에서의 SCM은 공급자, 생산자, 물류업자, 유통업자 전반의 판매시점 정보를 공유하고 종합적으로 대응하는 것이 중요한 포인트가 된다. 공급사슬 전체입장에서 고객과 시장에 신속하게 대응하는 것은 물론 재고를 최소화하고 운송, 보관, 하역을 효율적으로 운영하여야 한다.

제6절 구매관리와 공급업체의 선정

1 구매관리

(1) 구매관리의 의의

① **구매관리의 정의**

구매관리(purchase management)는 자재의 최적구매를 위해 계획, 조정, 통제, 평가하는 일련의 과정을 의미한다. 즉, 필요한 자재를 적절한 거래선(vendor)으로부터 적절한 품질(quality)을 확보하여 적절한 시기(time)에 필요한 수량(quantity)만을 최소의 비용(cost)으로 입수하기 위한 일련의 관리활동을 말한다.

② **구매관리의 중요성**

㉠ 과거에는 구매관리를 단순히 사용부문의 요구에 따라 필요량을 적절한 시기에 적정가격으로 구입하고 이에 따르는 사무처리를 하는 것으로 이해하였다.

㉡ 그러나 오늘날에는 기술혁신 및 제품생산의 고도화로 인해 구매업무의 내용이 복잡해졌고, 경영활동 전반과 연결되어 이익의 원천으로서 보다 창조적인 구매활동이 강조되고 있다.

㉢ 과거에는 다수 공급자의 확보에 따른 안정적 공급가능성 증대와 공급자 간 경쟁유도에 따른 가격인하 등이 구매관리의 핵심을 이루었다.

㉣ 그러나 오늘날에는 단일 또는 소수 공급자의 유지, 경매나 기타 단기 구매기법보다는 협상과 장기계약으로의 이행, 품질·조달기간·서비스·안정성 등 특정 목적을 달성하기 위한 공급자 육성이 중시되고 있다.

(2) 구매관리의 전제조건과 방법

① **구매관리의 전제조건**

㉠ 용도에 따라 가장 적정하고 적합한 것을 찾아 구입할 것(구매의 가치분석·구매시장조사·품질관리)

㉡ 납기에 늦지 않도록 구입할 것(납기 관리)

㉢ 일정한 재고를 필요로 하는 제품과 자재에 대해서는 재고를 될 수 있는 대로 최소한도로 하면서 특히 재고고갈의 위험도 없앨 것(적정재고관리)

㉣ 우량업체 또는 업자로부터 구입할 것(구매 시장조사·납품업자의 선정·외주 관리)

㉤ 적절한 수송수단으로 구입할 것(수송 관리)

㉥ 최저의 구매비용으로 구입할 것(구매 비용관리)

㉦ 사용 중 발생된 잔재(남은 자재)의 유효적절한 활용(잔재 관리)

㉧ 기타 구매관리 기능의 능률화와 관련하여 구매조직의 합리화, 유리한 조건의 구매방법 선택 등

② **구매관리의 방법**

   ⊙ 구매요구에 의한 구매

   ⓛ 장기계약구매

   ⓒ 일괄구매 : 사용량은 적지만 여러 종류로 품종이 많은 것은 제품종류 그룹별로 공급처를 선정하여 일괄구매

   ⓔ 투기구매 : 시장상황이 유리한 시점에서 구매

   ⓜ 시장구매 : 연간 예측되는 필요수량을 확보하고 계획에 따라 구매

(3) 집중구매와 분산구매

① **집중구매**

   ⊙ 집중구매(centralized purchase)는 각 부서에서 필요로 하는 자재의 주문을 한 업체에 집중시켜 대량으로 구매하는 방식을 말한다.

   ⓛ 집중구매는 수요량이나 수요빈도가 높은 품목, 구매량에 따라 가격차가 큰 품목, 대량으로 사용되는 품목, 전사적 공통품목 및 표준품목 등의 구매에 유리하다.

   ⓒ 대량구매하므로 구매교섭력이 증가하여 가격과 거래조건이 유리하고, 공통자재를 종합구매하므로 표준화 · 단순화가 가능하고 구입단가가 싸지며 재고를 줄일 수 있다. 그리고 시장조사나 거래처의 조사, 구매효과의 측정 등이 용이하다는 장점이 있다. 또한 자재수입 등 절차가 복잡한 구매에서 구매절차를 통일하기가 유리하다는 점도 장점이다.

   ⓔ 집중구매의 단점으로는 입하시간의 지연, 원거리 거래처와의 거래시 입하일수와 운임 등의 추가 손실 발생, 공장 간 재고량 파악의 애로, 긴급을 요하는 경우 적시 구매의 애로 등을 들 수 있다.

② **분산구매**

   ⊙ 분산구매(decentralized purchase)는 각 사업장(또는 부서)마다 필요한 물품을 자율적으로 구매하는 것을 의미한다.

   ⓛ 분산구매는 구매절차가 간단하고 비교적 단기간으로 끝나며, 자주적 구매가 가능하고 사업장의 특수한 요구가 반영되는 것이 장점이다. 또한 긴급수요가 발생할 때 신속히 대응할 수 있고, 구매선이 사업소에서 가까운 곳에 있는 경우에 운임이나 그 밖의 모든 것이 값싸게 지불되고 납입서비스에 유리하다.

   ⓒ 분산구매에 적합한 품목으로는 사무용 소모품, 구매량에 따른 가격차이가 없는 품목, 소량 · 소액 품목 등을 들 수 있다.

● 집중구매와 분산구매

구 분	적용대상 품목	장 점	단 점
집중 구매	• 전사공통품목 • 표준품목 • 수요가 높은 품목 • 구매량별 가격차 큰 품목	• 가격과 거래조건 유리 • 절차 복잡한 구매에 유리 • 시장조사, 거래처조사 용이 • 구매효과 측정 용이	• 각 구매부서별 자주성 없고, 수속 복잡함. • 긴급조달 곤란 • 각 공장별 재고상황 파악 곤란 • 조달기간과 운임증가
분산 구매	• 시장성 품목 • 가격차 없는 품목 • 소량·소액 품목 • 사무소모품 • 수리부속품	• 자주적 구매 가능 • 사업장의 특수요구 반영 용이 • 긴급수요의 경우 유리 • 구매수속 신속히 처리	• 본사 방침과 다른 자재를 구입하는 경우가 발생 • 구입경비가 많이 들고 구입단가가 비쌈. • 구입처와 거리가 먼 경우 적절한 자재구입 곤란

2 공급업체의 선정

(1) 공급자 관리의 중요성

① 공급자 선정기준

㉠ 공급자의 선정은 일반적으로 품질·가격·물량·서비스·납기 등과 관련된 공급자의 능력을 기준으로 이루어진다. 이들 중 어느 것에 비중을 더 둘 것인가는 구매자재의 특성이나 구매기업의 사업특성 등에 따라 달라질 수가 있다.

㉡ 예를 들면, 제품수명주기(PLC)에서 성숙기에 접어든 제품을 생산하는 구매기업의 경우, 이미 품질면에서는 안정성을 확보하였으므로, 자재구입 시 가장 중점을 둘 기준은 가격과 물량이라고 할 수 있으며, 도입기에 있는 신제품의 제조에 필요한 자재를 구매할 경우에는 그 중점을 품질·서비스 그리고 납기 등에 두어야 한다.

② 공급자의 육성

㉠ 경쟁력 있는 공급자의 육성을 위해서는 앞에서 제시한 기준에 의거하여 선정된 소수의 공급자에 대하여 기술과 경영혁신 차원에서의 적극적인 지원이 요구된다.

㉡ 린더스와 블렝크혼(Leenders and Blenkhorn)은 구매관리자의 가장 중요한 직무는 우량 공급자를 찾아내고 이들을 유지·육성하는 일이라고 하였다.

(2) **공급업체의 선정방법**

① **입찰에 의한 방법** : 미리 정한 제한가격 범위 내에서 가장 유리한 가격으로 입찰자를 선정하는 방법으로 이는 공고 ⇨ 입찰등록 ⇨ 입찰 ⇨ 개찰 ⇨ 낙찰 ⇨ 계약 등의 순서에 따라 이루어진다.

② **지명경쟁에 의한 방법** : 지명경쟁에 의한 방법은 공고 ⇨ 지명 ⇨ 등록 ⇨ 개찰 ⇨ 낙찰 ⇨ 계약 등의 순서에 따라 이루어진다.

③ **제한경쟁에 의한 방법** : 제한경쟁에 의한 방법은 공고 ⇨ 등록 ⇨ 개찰 ⇨ 낙찰 ⇨ 계약 등의 순서에 따라 이루어진다.

④ **협의에 의한 방법** : 특수한 품목 등에 대해서 구매자가 적당하다고 인정될 때 입찰 후 각 업체 별로 구체적으로 협의하여 선정한다.

⑤ **수의계약에 의한 방법** : 기술, 품질, 구조, 가격, 납기 등에서 현저하게 유리할 때 적용한다.

05 실전예상문제

01 다음은 재고에 대한 설명이다. 적절하지 못한 것은?

① 재고관리란 수요에 신속히 경제적으로 대응할 수 있도록 재고를 최적상태로 관리하는 절차를 말한다.

② 재고관리의 목적은 고객의 서비스 수준을 만족시키면서 품절로 인한 손실과 재고유지비용 및 발주비용을 최적화하여 총재고관리비를 최소로 하는 것이다.

③ 기업 내부의 생산시스템에 원활한 자재 공급을 통해서 고객이 요구하는 제품이나 서비스를 경제적으로 제공할 수 있도록 하기 위해서 재고의 보유는 필수적이다.

④ 재고 보유는 보관비 등의 관련비용을 발생시키지만 운반비 등 다른 부문의 비용을 직접적으로 줄일 수 있다.

⑤ 시장에서의 고객 수요를 신속히 수용할 수 있는 생산 체제를 갖추고 원재료, 재공품 및 상품 등의 재고량을 경제적 관점에서 최소한으로 유지하는 것이 재고관리의 과제이다.

> **해설** 재고관리(inventory control)의 목적은 고객의 서비스 수준을 만족시키면서 품절로 인한 손실과 재고유지비용 및 발주비용을 최적화하여 총재고관리비용을 최소로 하는 것이다.
> ④ 재고 보유는 보관비 등의 재고유지비용은 물론 재고준비비용 및 운반비 등의 발주비용(주문비용)을 발생시킨다.

02 재고관리의 주요 목적을 설명한 것이다. 잘못된 것은?

① 재고의 적정화에 의해 재고 투자 및 재고 관련 비용의 절감

② 재고 금액의 감소와 과다재고 방지에 의한 운전자금 절감

③ 재고관리에 의한 생산 및 판매활동의 안정화 도모

④ 과학적이고 혁신적인 재고관리에 의거, 업무 효율화 및 간소화 추진

⑤ 기업의 합리적 재고관리는 소비자와는 밀접한 관계가 적고 기업의 이익만을 추구

> **해설** 재고관리는 보관의 기본적인 기능이다. 재고감축은 기업경영의 중요한 과제이므로, 불필요한 재고량이 발생하지 않도록 노력해야 한다. 품절에 의한 판매기회의 손실을 막아야 하고 신속정확한 재고정보시스템이 구축되어야 한다. 입출고와 하역작업은 수주에서 납품까지의 리드타임(lead time)의 단축을 도모하기 위해서 입출고 하역작업의 스피드화·효율화가 요구된다.
> ⑤ 이러한 합리적 재고관리는 소비자와는 밀접한 관계가 높고 기업의 이익을 추구할 수가 있다.

Answer ┃ 1. ④ 2. ⑤

03 기업의 재고관리에 있어서 재고가 많은 경우의 특징으로 구성되어 있는 항목은?

> ㉠ 자금운용 곤란   ㉡ 품절·결품률 증가
> ㉢ 재고 회전율 높음   ㉣ 보관시설의 과다 필요
> ㉤ 작업을 계획적으로 수행   ㉥ 서비스율 낮음
> ㉦ 재고수량관리가 어려움   ㉧ 적정서비스 유지
> ㉨ 계획적인 자금 운용

① ㉠, ㉡, ㉢   ② ㉠, ㉡, ㉨
③ ㉠, ㉣, ㉦   ④ ㉠, ㉣, ㉨
⑤ ㉡, ㉢, ㉦

> **해설** ③ 재고관리에 있어서 재고가 많은 경우의 특징은 자금운용이 곤란하고, 보관시설이 과다하게 필요하며, 재고수량관리가 어렵다.

04 다음 중 재고유지비용에 포함되지 않는 것은?   ▶ 제22회
① 준비교체 비용   ② 저장비용
③ 진부화 비용   ④ 자본비용
⑤ 자재 취급비용

> **해설** 재고유지비용(inventory holding cost or carrying cost)은 재고품을 실제로 유지·보관하는 데 소요되는 비용으로 이자비용, 보관비, 진부화에 의한 감손비, 자재 취급비용, 재고품의 보험료 등이다. 이 중에서 이자비용은 재고자산에 투하된 자본비용으로서 다른 유동자산의 형태로 가지고 있지 않는 자금에 대한 기회비용이다.

05 효율적인 재고관리와 물류운영 최적화를 위해 가장 우선적으로 고려되어야 할 사항은?
① 보관시설의 설계   ② 제품의 품질
③ 운반경로의 예측   ④ 정확한 수요의 예측
⑤ 적정 서비스

> **해설** 수요예측은 기업의 활동과 관련된 여러 가지 유형의 장·단기 계획을 수립하는 데 필수적인 기초자료를 제공한다. 수요예측은 재고감축 및 품절예방, 원활한 생산계획, 안정적인 구매조달, 원가절감, 고객서비스 개선을 위해 가장 우선적으로 고려되어야 할 중요한 사항이다.

06 수요·공급변동 등으로 인한 품절현상을 방지하기 위한 재고의 수준을 결정할 때 고려사항이 아닌 것은?

① 품질수준   ② 고객서비스 수준

③ 이 윤   ④ 경쟁성

⑤ 보관거점수

> **해설** 품질수준은 수요·공급의 변동요인으로 인한 재고수준의 의사결정요소는 아니다. 수요·공급의 변동 요인으로 품절예방을 위한 재고수준결정 시 고려사항은 다음과 같다.
>   ⊙ 고객서비스 수준   ⓒ 경쟁의 정도
>   ⓒ 이윤   ② 보관거점수
>   ⓜ 대체품의 보유   ⓑ 수요의 변동폭
>   ⓢ 공급 리드타임

07 다음은 재고관리의 효율성을 측정하기 위한 지표들이다. 올바르지 않은 것은?   ▶ 제19회

① 서비스율 = 납기 내 납품량(금액) / 수주량(금액)

② 백오더(Back Order)율 = 결품량 / 요구량

③ 재고회전율 = (일정기간의)매출액 / 평균 재고액

④ 재고일수 = 일평균 출하량(금액) / 현재 재고수량(금액)

⑤ 평균재고량 = (기초재고량 + 기말재고량) / 2

> **해설** ④ 재고일수는 현재 재고수량(금액) / 일평균 출하량(금액)으로 계산된다.
> ① 서비스율은 수요를 얼마나 충족시켰는가를 나타내는 지표이고, ② 백오더(Back Order)율은 (1 −
> 서비스율)로 납기 내에 납품되지 못한 주문에 대한 결품비율이다.

08 재고관리 지표에 관한 설명으로 옳은 것은?   ▶ 제17회

① 서비스율은 전체 수주량에 대한 납기 내 납품량의 비율이다.

② 백오더율은 전체 주문에 대한 접수마감 후 신청된 주문의 비율이다.

③ 재고회전율은 연간 평균재고량을 입출고 횟수로 나눈 값이다.

④ 재고회전기간은 재고회전율을 수요대상기간으로 나눈 값이다.

⑤ 평균재고액은 기말재고액에서 기초재고액을 뺀 값이다.

> **해설** ① 서비스율은 수요를 얼마나 충족시켰는가를 나타내는 지표이다. 즉 서비스율 = 납기 내 납품량(금 액)/수주량(금액)이다.
> ② 백오더율은 납기 내에 납품되지 못한 주문에 대한 결품비율이다. 백오더(Back Order)율 = 결품량 / 요구량 = 1−서비스율 ③ 재고회전율 = (일정기간의) 매출액 / 평균 재고액 ⑤ 평균재고액 = (기초재 고액+기말재고액) / 2

Answer   3. ③   4. ①   5. ④   6. ①   7. ④   8. ①

09 다음 중 재고를 줄이기 위한 기법과 직접적인 관련이 없는 것은?

① BSC(Balanced Score Card)

② JIT(Just In Time)

③ MRP(Material Requitement Planning)

④ SCM(Supply Chain Management)

⑤ DRP(Distribution Requirement Planning)

> **해설** ① BSC(Balanced Score Card)는 1990년대 초반 하버드 비즈니스 스쿨의 카플란, 노턴 교수에 의해 창안된 것으로 기존의 성과지표들이 주로 재무적인 분야에만 초점을 맞추고 있는데 반해 BSC는 성과지표를 재무, 고객, 내부 프로세스, 학습 및 성장 관점의 4가지 카테고리에 맞춰 '균형있게' 선정하고 그 지표들 간의 인과관계를 파악하여 strategy map으로 구성한다. 이렇게 선정된 지표를 관리함으로써 어느 한곳에 치우치지 않고 기업의 성과 향상에 핵심적인 성과 동인을 향상시킨다는 아이디어이다. BSC는 재고절감과는 직접적인 관련은 없다.
> ③ MRP는 자재소요계획이고, ④ SCM은 공급사슬관리로 재고를 신속하고 정확하게 파악하여 전달하는 것을 목표로 한다. ⑤ DRP(Distribution Requirement Planning)는 유통소요계획, 혹은 분배소요계획이라고 하는데 근래에는 그 개념이 확장되어 Distribution Resource Planning, 즉 유통자원계획으로 사용하고 있다.

10 재고관리의 지연(Postponement)전략에 관한 설명으로 옳지 않은 것은? ▶ 제14회

① 지연전략은 고객 요구사항을 지연시켜 고객서비스 향상에 장애요인이 된다.

② 구매자의 요구사항 다양화 및 설계변경 등으로 인한 경영기회 손실을 최소화한다.

③ 유통가공이 이루어지지 않는 기본적인 부품 및 반제품을 보유할 필요가 있다.

④ 실제 수요가 인지될 때까지 포장 또는 라벨작업 등을 지연시켜 위험을 최소화한다.

⑤ 지연전략에는 최종조립, 부분가공 등의 유통가공 기능을 포함한다.

> **해설** 지연(postponement)전략은 차별화 지연(delayed differentiation)이라고도 하는 데, 고객의 욕구가 정확히 알려질 때까지 되도록 생산을 연기하다가 욕구가 확실해졌을 때 생산하는 것이다. 제품의 설계부터 고객에 인도되기까지의 총비용을 최소화시키는 것을 목표로 하는 제품생산 지연방식으로 SCM 개선방식 중 하나이다. 본래 개념은 차별화 시점, 즉 상품이 독특한 개성을 가지는 단계가 가능한 지연될 수 있게 제품이나 공정을 재설계하는 것이다.
> ① 지연전략은 고객 요구사항을 지연시키는 것이 아니라 생산을 지연시키는 전략이다.

11 재고관리 및 통제에 관한 설명으로 옳지 않은 것은?　　　　　　　▶ 제17회

① 정량발주법은 현재의 재고상태를 파악하여 재고량이 재주문점에 도달하면 미리 설정된 일정량을 주문하는 시스템이다.

② ABC 재고관리에서 A품목은 매출액이 매우 적어서 가능한 노력이 적게 드는 관리방법을 택하며, B품목은 매출액이 비교적 적지만 품목이 많으므로 정량발주시스템 적용이 바람직하고, C품목은 매출액이 높은 품목으로 정기발주시스템 이용이 적합하다.

③ 정기발주법은 재고량이 특정수준에 이르도록 적정량을 일정기간마다 재주문하는 방법이다.

④ 안전재고는 수요의 변동, 수요의 지연, 공급의 불확실성 등으로 품절이 발생하여 계속적인 공급중단사태를 방지하기 위한 예비목적의 재고량이다.

⑤ 조달기간(Lead Time)은 발주 후 창고에 주문품목들이 들어오기까지의 기간으로 기간이 짧을수록 재고수준은 낮아진다.

[해설] ② ABC 분석은 재고자산을 ABC의 3등급으로 분류하여 각기 다른 재고관리방법을 적용하는 것이다. A품목은 가장 중요한 품목으로 연간 사용량이 아주 많거나 가격이 비싼 품목으로서 연간 매출액도 가장 많은 품목이므로 정기발주법에 의해 발주한다. B품목은 정기 또는 정량발주법을 사용할 수 있다. C품목은 연간 사용량도 가장 적고 사용횟수도 아주 낮기 때문에 정량발주방식의 변형인 Two-Bin법을 사용하면 된다.

12 A회사 제품의 연간 총수요는 20,000개이고, 단위당 구매비용은 10원이다. 주문비용(Order cost)은 50원/회이고, 단위당 연간 재고유지비용(Inventory holding cost)은 구매비용의 20%이다. 경제적주문량(EOQ : Economic Order Quantity) 모델에서 연간 재고유지비용과 연간 주문비용의 합은?　　　　　　　▶ 제19회

① 1,000원　　　　　　　　　　　② 1,500원

③ 2,000원　　　　　　　　　　　④ 2,500원

⑤ 3,000원

[해설] 경제적 주문량 $EOQ = \sqrt{\dfrac{2 \times 1회당\ 주문비용 \times 연간수요량}{단위당\ 연간\ 재고유지비용}}$

$= \sqrt{\dfrac{2 \times 20,000개 \times 50원}{10원 \times 0.2}} = 1,000개이다.$　연간 최적 주문횟수 = 연간수요량 / EOQ = 20회이다.

연간 주문비용 = 주문횟수당 주문비용 $\times \dfrac{연간\ 수요량}{1회\ 주문량} = 50원 \times \dfrac{20,000개}{1,000개} = 1,000원$

연간 재고유지비용 = 단위당 재고유지비용 $\times \dfrac{1회\ 주문량}{2} = 2원 \times 500개 = 1,000원$

13 제품 A는 주당 500박스에서 1,000박스 사이로 수요가 발생하며, 회사는 박스당 20,000원에 공급받아 40,000원에 판매한다. 이 때의 서비스수준 및 최적재고수준은? (단, 판매되지 않은 제품의 잔존가치는 없으며, 무상 폐기처분됨)　　▶ 제15회

① 서비스수준 : 30%, 최적재고수준 : 160박스

② 서비스수준 : 33%, 최적재고수준 : 665박스

③ 서비스수준 : 50%, 최적재고수준 : 750박스

④ 서비스수준 : 67%, 최적재고수준 : 335박스

⑤ 서비스수준 : 77%, 최적재고수준 : 835박스

해설 주당 500박스에서 1,000박스 사이로 수요가 발생하면 주당 평균수요는 (500박스 + 1000박스) / 2 = 750박스이고 표준편차는 500박스이다.
여기서 서비스 수준은 = 1 - 품절확률이다. 여기서 품절확률은 50%이므로 서비스수준도 50%이다.
그리고 최적재고수준은 평균수요에 해당하는 750박스이다.

14 투빈시스템(Two Bin System)에 관한 설명으로 옳지 않은 것은?　　▶ 제17회

① 부품의 재고관리에 많이 사용되는 기법으로 선입선출(FIFO)을 지킬 수 있는 가능성이 높아진다.

② 주문량이 중심이 되므로 Q시스템이라고도 부르며, 계속적인 재고수준 조사를 통하여 리드타임기간의 수요변동에 대비해야 한다.

③ 흐름랙(Flow Rack)을 사용하면 통로공간의 낭비를 줄일 수 있어 공간효율성이 뛰어나며, 저장 및 반출작업을 단순화시킬 수 있다.

④ 투빈시스템을 사용하기 위해서는 한 가지 품목에 대하여 두 개의 저장공간이 필요하다.

⑤ 조달기간이 짧은 저가품목에 대하여 많이 사용하는 방법이다.

해설 투빈시스템(Two Bin System)은 2개의 용기(bin)에 자재를 보관하여 하나의 용기에서 자재를 꺼내어 사용하다가 모두 사용하고 나면, 발주를 하여 용기를 채우는 방식으로 두 개의 빈(bin)을 사용하여 시각적으로 판단하고 보충하는 방식이다.
② 주문량이 중심이 되므로 Q시스템이라고 부르는 것은 정량발주법이다. 정량발주법은 발주점(주문점)법이라고도 하는 것으로 재고량이 일정수준(발주점)까지 내려가면 일정량을 주문하여 재고관리를 하는 방법이다.

15 다음의 관리시스템에 관한 설명으로 옳지 않은 것은? ▸ 제17회

① JIT는 필요한 부품을 필요한 수량만큼 필요한 시기에 생산하여 낭비요소를 제거한다.

② JIT Ⅱ는 JIT와 기본적으로 같으나 공급업체와 계약관계가 아닌 상호 협력관계를 전제로 한다.

③ MRP는 제품생산에 필요한 원자재, 부분품, 공산품, 조립품 등의 소요량 및 소요시기를 역산해서 조달계획을 수립한다.

④ MRP Ⅱ는 재고관리, 생산현장관리, 자재소요관리 등의 생산자원계획과 통제과정에 있는 여러 기능들이 하나의 단일시스템에 통합되어 생산관련 자원투입의 최적화를 추구한다.

⑤ SCM은 기업활동을 위해 필요한 기업 내의 모든 인적, 물적자원을 통합적으로 관리한다.

해설 ⑤ 기업활동을 위해 필요한 기업 내의 모든 인적·물적 자원을 통합적으로 관리하는 것은 ERP(전사적 자원계획)이다.

16 A제품의 출하량은 정규분포를 따르며, 1일 평균수요는 50개, 1일 수요의 표준편차는 40개이고, 평균 조달기간은 4일이다. 제품수요에 대한 서비스 수준을 99%(안전계수 z = 2.33)로 유지하기 위한 재주문점은? (단, $\sqrt{2}=1.414$, $\sqrt{3}=1.732$, $\sqrt{4}=2$이며, 소수점 첫째자리에서 반올림하시오) ▸ 제17회

① 144개   ② 232개   ③ 312개
④ 386개   ⑤ 413개

해설 재주문점(ROP) = 리드타임 동안의 평균수요＋안전재고이다. 여기서 리드타임 동안의 평균수요 = 1일 평균수요 × 리드타임이고, 안전재고 = 안전계수 × 수요의 표준편차 × $\sqrt{\text{리드타임}}$ 이다. 따라서 재주문점 = 50개×4 + 2.33×40개× $\sqrt{4}$ =386개이다.

17 물류업체 A회사는 공급업체로부터 제품을 배달받는데 5일이 걸린다. 연평균 운송재고 (Transportation inventory)가 130개, 1년을 365일이라 할 경우 연간 수요량은? ▸ 제20회

① 8,850개   ② 9,060개   ③ 9,280개
④ 9,490개   ⑤ 10,000개

해설 ④ 배송횟수는 365일 / 5일 = 73회이다. 연간수요량은 = 연평균 운송재고 × 배송횟수 = 73회×130개 = 9,490개이다.

Answer   13. ③   14. ②   15. ⑤   16. ④   17. ④

18 A제품의 연간 수요량이 1,000개이고 제품단가는 1,000원이며, 단위재고 유지비용은 제품단가 10%이다. 연간 수요량이 2,000개로 증가하고, 단위재고 유지비용이 제품단가의 80%로 증가하면 증가하기 전과 비교할 때 EOQ는 얼마나 변동되는가? ▶ 제17회

① 변동 없음 ② 50% 증가

③ 50% 감소 ④ 100% 증가

⑤ 100% 감소

[해설] $EOQ = \sqrt{\dfrac{2 \times 1회\ 발주비용 \times 연간수요량}{단위당\ 재고유지비}}$ 이다. 여건의 변동으로 연간 수요량은 1,000개에서 2,000

개로 2배 증가, 단위당 재고유지비는 10%에서 80%로 8배 증가하였으므로 EOQ의 총변동 $= \sqrt{\dfrac{2}{8}} =$

$\dfrac{1}{2}$ 이다. 따라서 EOQ는 50% 감소하였다.

19 어느 공장에서는 A부품을 연간 1,000,000개 납품하고 있다. 이를 위한 회당 생산 준비비용은 200원이고 연간 단위당 재고유지비용은 100원이다. 공장의 생산능력이 무한대라고 가정할 때 경제적 생산량(EPQ)은? (단, $\sqrt{2} = 1.414$, $\sqrt{3} = 1.732$, $\sqrt{4} = 2$, $\sqrt{5} = 2.236$) ▶ 제16회

① 약 1,400개 ② 약 1,700개 ③ 약 2,000개

④ 약 2,200개 ⑤ 약 3,400개

[해설] 경제적 생산량 모형(Economic Production Quantity : EPQ)에서 경제적 생산량을 구하는 식은 다음과 같다.

경제적 생산량 $EPQ = \sqrt{\dfrac{2\ DS}{H} \times \dfrac{P}{P-D}} = EOQ \times \sqrt{\dfrac{P}{P-D}}$ (단, P는 연간 생산량, D는 연간 수요

량, S는 회당 생산준비비용, H는 연간 단위당 재고유지비용이다)

생산능력이 무한대이면 EPQ = EOQ이므로 주어진 문제에서는 EOQ를 구하면 된다.

경제적 주문량(EOQ) $= \sqrt{\dfrac{2 \times 200원 \times 100만개}{100원}} = \sqrt{400백만개} = 2,000개이다.$

20 B사에서 생산하는 제품은 사이클타임이 2시간, 1일 생산량이 200개이다. 1일 10시간 작업을 한다면 공정중 재고(In process Inventory)는 몇 개인가? ▶ 제16회

① 10개   ② 20개   ③ 30개

④ 40개   ⑤ 50개

> **해설** 1일 생산량 200개 생산에 소요되는 총시간 = 200개 × 2시간 = 400시간이다. 1일 10시간 작업을 하므로 공정중 재고 = 400시간 / 10시간 = 40개이다.

21 어떤 제품의 연간수요는 100,000개, 1회 주문비용은 20,000원, 개당 주문단가는 100원, 개당 연간 재고유지비용은 주문단가의 10%이다. 경제적 주문량(EOQ)을 이용하여 재고보충을 한다면 이 품목의 재고회전율은? ▶ 제16회

① 5   ② 8   ③ 10

④ 12   ⑤ 14

> **해설** 경제적 주문량 $EOQ = \sqrt{\dfrac{2\ DS}{H}} = \sqrt{\dfrac{2 \times 2만원 \times 10만개}{10원}} = 2만개이다.$
>
> 평균재고 = 경제적 주문량 / 2 = 1만개이다.
> 재고회전율 = 매출액 / 평균재고액 = 연간판매량 / 평균재고량 = 10만개 / 1만개 = 10이다.

22 다음 표와 같이 과거 실적치가 주어졌을 때, 가중이동평균법(Weighted Moving Average)으로 예측한 5월의 수요량은? (단, 2월 가중치는 0.1, 3월 가중치는 0.3, 4월 가중치는 0.6이며, 소수점 첫째자리에서 반올림하시오) ▶ 제17회

월	1	2	3	4	5
실수요량	145	183	163	178	?

① 166   ② 170   ③ 174

④ 178   ⑤ 182

> **해설** 가중이동평균법은 과거의 실적치에 가중치를 곱하여 이를 전부 합계한 후 가중치의 합계로 나누어 수요 예측치를 구한다.
> 5월의 수요량 예측치 $= \dfrac{183 \times 0.1 + 163 \times 0.3 + 178 \times 0.6}{0.1 + 0.3 + 0.6} = 174$

Answer   18. ③   19. ③   20. ④   21. ③   22. ③

23 MRP시스템과 JIT시스템을 비교하여 설명한 것 중 옳지 않은 것은? ▸ 제15회

① MRP시스템은 Push방식이며, JIT시스템은 Pull방식이다.

② MRP시스템은 자재의 소요 및 조달계획을 수립하여 그 계획에 의한 실행에 중점을 두며, JIT시스템은 불필요한 부품, 재공품, 자재의 재고를 없애도록 설계된 시스템이다.

③ MRP시스템은 칸반(Kanban)에 의해 자재의 제조명령, 구매주문을 가시적으로 통제하며, JIT시스템은 컴퓨터에 의한 정교한 정보처리를 한다.

④ MRP시스템은 품질수준에 약간의 불량을 허용하나, JIT시스템은 무결점 품질을 유지한다.

⑤ MRP시스템은 종속수요 품목의 자재 수급계획에 더 적합하다.

해설 ③ 칸반(Kanban)에 의해 자재의 제조명령, 구매주문을 가시적으로 통제하는 것은 JIT시스템이다. MRP시스템은 컴퓨터에 의한 정교한 정보처리를 한다.

24 EOQ 모형과 EPQ 모형에 관한 설명으로 옳은 것을 모두 고른 것은? ▸ 제17회

⊙ EOQ 모형에서 평균재고수준은 경제적 발주량의 절반과 같다.
ⓒ EOQ 모형에서 연간 발주비는 경제적 발주량에 반비례한다.
ⓒ EOQ 모형은 안전재고를 고려해야 한다.
② EOQ 모형에서 재주문점은 1일 수요량과 리드타임으로 구할 수 있다.
ⓜ EPQ 모형에서 1일 수요량은 일정하고 확정적이며, 1일 생산량보다 많다.
ⓗ EPQ 모형에서 제품의 1일 생산량은 생산기간 동안 일정량씩 증가한다.
ⓢ EPQ 모형에서 1회 생산에 소요되는 준비비용은 생산수량과 관계없이 일정하다.

① ⊙, ⓒ, ②, ⓢ ② ⊙, ⓒ, ②, ⓢ ③ ⊙, ⓒ, ⓜ, ⓗ
④ ⓒ, ②, ⓜ, ⓗ ⑤ ⓒ, ⓒ, ⓜ, ⓢ

해설 ⊙ 경제적 주문량(EOQ) 모형은 매번 주문 시 주문량이 동일하고, 재고단위당 구입원가는 1회당 주문량에 영향을 받지 않으며, 재고부족비용은 없다는 가정하에 재고주문비용과 재고유지비용을 더한 총재고비용을 최소로 하는 주문량을 구하는 모형이다. ⓒ 안전재고는 고려하지 않는다. ⓜ EPQ모형에서 생산능력은 수요량보다 크다고 가정한다. ⓗ EPQ모형에서 1일 생산량은 일정하고 확정적이라고 가정한다.

25 일일 수요가 정규분포를 따르며 평균이 5, 표준편차가 3, 리드타임이 2일인 제품이 있다. 수요가 불확실한 상태에서 서비스 수준이 95%(표준정규분포 값은 1.645)일 때, 안전재고량은? (단, $\sqrt{2} = 1.414$, $\sqrt{3} = 1.732$, $\sqrt{4} = 2$, $\sqrt{5} = 2.236$이며, 소수점 첫째자리에서 반올림하시오.)

▶ 제15회

① 5 　　　　　　　　　② 7 　　　　　　　　　③ 9
④ 12 　　　　　　　　　⑤ 15

> **해설** 안전재고 = 안전계수 × 수요의 표준편차 × $\sqrt{리드타임}$ 의 식에 의해 구한다. 여기서 안전계수는 서비스 수준(service level)으로 95%인 경우 표준정규분포의 값은 1.6450이다.
> 따라서 안전재고 = $1.645 \times 3 \times \sqrt{2}$ = 6.97 ≒ 7이다.

26 자원분배계획(DRP : Distribution Resource Planning)에 관한 설명으로 옳지 않은 것은?

▶ 제15회

① 고객의 수요정보를 예측하여 제품의 재고수준을 낮추는 효과를 가져온다.
② 주요 산출물은 물류망의 최적 단계수를 결정한다.
③ 정시 배송을 늘리고 고객의 불만을 감소시켜 고객서비스 향상에 기여한다.
④ 생산완료된 제품을 수요처에 효율적으로 공급하기 위한 시스템이다.
⑤ 생산시스템에 원자재나 부품을 효율적으로 공급하여 조달 및 생산물류를 효율적으로 계획, 통제한다.

> **해설** DRP(Distribution Requirement Planning)는 유통소요계획, 혹은 분배소요계획이라고 하는데 근래에는 그 개념이 확장되어 Distribution Resource Planning, 즉 자원분배계획(유통자원계획)으로 사용하고 있다. DRP(Distribution Resource Planning)는 크게 Drp(Distribution Requirement Planning), IP(Inventory Planning), Deployment의 3가지로 이루어져 있다고 볼 수 있으며, Drp에서 더 폭넓게 전개된 부문은 재고관리 및 운송에 관련된 역할과 물류센터 위치설정들에 관련된 개념이다.
> ⑤는 MRP(Material Requirement Planning), 즉 자재소요계획에 대한 설명이다. MRP는 제품 생산계획에 기초하여 조립품, 부품, 원자재 등의 자재 소요에 대해 필요한 물품을 필요할 때에 필요한 만큼 구매하여 제조하기 위한 수배계획을 수립하는 생산정보시스템이다.

27 소비자, 도소매점, 물류창고, 제조업체로부터의 수요정보가 시간이 지나면서 더욱 왜곡되는 이른바 채찍효과(Bullwhip Effect)에 관한 대처방안으로 옳지 않은 것은? ▶ 제15회

① 정보를 공유하고 공급망(Supply Chain)상에서 재고를 관리할 수 있는 전략적 파트너십을 구축한다.

② 공급망 전반에 걸쳐 있는 수요정보를 공유함으로써 안전재고를 줄인다.

③ 제조업체 판매실적 평가는 소매상이 제품을 소비자에게 판매한 POS(Point on Sales) 판매정보보다 소매상에게 판매한 실적을 활용한다.

④ 소비자 수요절차상의 고유한 변동폭을 감소시키거나 안정적인 가격구조 등으로 소비자 수요의 변동폭을 조정한다.

⑤ 고객, 공급자와 정보의 실시간 공유를 위한 정보 기술전략을 수립하고 운용한다.

해설 채찍효과(Bullwhip effect)는 공급사슬에서 최종 소비자로부터 멀어지면(즉 상류로 갈수록) 정보가 지연되거나 왜곡되어 수요와 재고의 불안정이 확대되는 현상을 말한다. 이러한 정보의 왜곡현상으로 공급사슬 전체로는 재고가 많아지게 되고 고객에 대한 서비스 수준도 떨어지며 생산능력 계획의 오류, 수송상의 비효율, 생산계획의 난맥 등과 같은 악영향이 발생하게 된다.
채찍효과의 주요 원인으로는 ㉠ 여러 부문에서의 중복적인 수요예측, ㉡ 일괄주문에 의한 주문량의 변동폭 증가, ㉢ 결품에 대한 우려로 경쟁적인 주문증대에 의한 가수요, ㉣ 고가 또는 저가정책에 의한 선행 구입, ㉤ 긴 리드타임 등이다.
채찍효과를 줄이는 방법으로는 실시간(real time) 주문처리, 불확실성의 제거, 주문량의 변동폭 감소, 리드타임의 단축 등을 들 수 있다.
③ 제조업체 판매실적 평가는 소매상에게 판매한 실적보다 소매상이 제품을 소비자에게 판매한 POS(Point on Sales) 판매정보를 활용한다.

28 아래와 같은 조건일 때, 재발주점은 얼마인가? (단, $\sqrt{2} = 1.414$, $\sqrt{3} = 1.732$, $\sqrt{4} = 2$, $\sqrt{5} = 2.236$이며, 소수점 첫째자리에서 반올림하시오) ▶ 제15회

• 자재의 평균조달기간 : 4일	• 1일 평균수요 : 30개
• 1일 수요의 표준편차 : 5개	• 안전계수 : 1.6

① 75 ② 96 ③ 120
④ 136 ⑤ 154

해설 재발주점(ROP) = 리드타임 동안의 평균수요 + 안전재고이다. 여기서 리드타임 동안의 평균수요 = 1일 평균수요 × 리드타임이고, 안전재고 = 안전계수 × 수요의 표준편차 × $\sqrt{\text{리드타임}}$ 이다.
따라서 재발주점 = 30개 × 4일 + 1.6 × 5개 × $\sqrt{4}$ = 120개 + 16개 = 136개이다.

29 분산구매에 관한 설명으로 옳지 않은 것은? ▶ 제16회

① 절차가 복잡한 구매에 유리하다.

② 긴급수요가 발생할 때 신속히 대응할 수 있다.

③ 거래업자가 사업장으로부터 근거리일 경우 경비가 절감된다.

④ 사업장의 특수요구를 반영할 수 있다.

⑤ 사업장에서 자율적으로 구매한다.

> **해설** ① 절차가 복잡한 경우에는 구매절차를 통일하는 것이 바람직한데 이런 경우에는 집중구매가 유리하다. 분산구매(decentralized purchase)는 구매절차가 간단하고 비교적 단기간으로 끝나며, 자주적 구매가 가능하고 사업장 특수한 요구가 반영되는 것이 장점이다.
> 반면 집중구매(centralized purchase)는 각 부서에서 필요로 하는 자재의 주문을 한 업체에 집중시켜 대량으로 구매하는 방식을 말한다. 대량구매하므로 가격과 거래조건이 유리하고, 공통자재를 종합 구매하므로 구입단가가 싸며 재고를 줄일 수 있다는 장점이 있다.

30 기업소모성자재(MRO) 구매에 대한 설명으로 옳은 것은? ▶ 제16회

① 생산활동과 직접 관련되는 원자재가 주 구매품목이다.

② 구매대상 품목은 표준화되기 어렵다.

③ 정보기술과 전자상거래의 발달로 영역이 확대되고 있다.

④ MRO는 Main Resource Operation의 약어이다.

⑤ 대행구매보다 수요부서의 직접구매가 유리하다.

> **해설** MRO(Maintenance, Repair and Operations materials), 즉 기업의 소모성 자재 또는 간접자재(indirect material)는 복사용지나 사무용품 등 소모품을 의미한다. 생산활동에 직접 투입되는 원자재가 아니라 기업의 각종 유지보수, 수리 및 운영에 필요한 재화와 서비스를 의미한다.
> ③ MRO는 최근 정보기술과 전자상거래의 발달로 그 거래영역이 크게 확대되고 있다.

31 집중구매의 장점에 관한 설명으로 옳지 않은 것은? ▶ 제19회

① 자주적 구매가 가능하고 사업장 특수요구가 반영된다.

② 자재 수입 등 절차가 복잡한 구매에 유리하다.

③ 시장조사나 거래처의 조사, 구매효과의 측정 등이 유리하다.

④ 대량구매로 가격과 거래 조건이 유리하다.

⑤ 공통자재의 표준화, 단순화가 가능하며 재고를 줄일 수 있다.

> **해설** 집중구매(centralized purchase)는 각 부서에서 필요로 하는 자재의 주문을 한 업체에 집중시켜 대량으로 구매하는 방식을 말한다. 대량구매하므로 가격과 거래조건이 유리하고, 공통자재를 종합 구매하므로 구입단가가 싸며 재고를 줄일 수 있다는 장점이 있다. 이와 함께 시장조사나 거래처의 조사, 구매효과의 측정 등이 유리하다는 장점이 있다.
> ① 자주적 구매가 가능하고 사업장 특수요구가 반영되는 것은 분산구매(decentralized purchase)의 장점이다.

Answer   27. ③   28. ④   29. ①   30. ③   31. ①

32 다음은 무엇에 관한 설명인가? ▶ 제14회

> 제조업체 또는 공급업체, 도매배송센터가 상품보충 시스템을 관리하는 경우로 상품보충 시
> 스템이 실행될 때마다 판매, 재고정보가 유통업체에서 제조업체로 전송되는 것으로, 이러한
> 정보는 제조업체의 상품보충 시스템에서 미래의 상품수요량 예측 데이터로 활용되며 또한
> 제조업체의 생산공정에서는 생산량 조절에도 사용된다.

① TMS(Transportation Management System)
② POS(Point Of Sales)
③ VMI(Vendor Managed Inventory)
④ MPS(Master Production Scheduling)
⑤ CPT(Carriage Paid To)

해설 VMI(Vendor Managed Inventory), 즉 공급자주도 재고관리란 재고를 줄이기 위한 기법의 하나로서
벤더가 POS 매출량에 대응하여 재고를 관리한다는 의미 혹은 '공급자 주도형 재고관리 방식'을 의미한
다. 공급자가 물류창고에서 상품을 보충하고 유지하도록 고객과 공급자 사이에서 정보를 교환하는 보
충프로그램을 말한다.
VMI의 목적은 공급체인상에서 고객의 요구를 보다 효과적으로 충족시키기 위하여 생산계획 수발주
프로세스를 간소화 시키고 인터넷에 의한 수요예측정보에 의하여 적시, 적기에 신속하게 납품에 대응
하는 것이다.

33 수요예측기법에 관한 설명으로 옳지 않은 것은? ▶ 제14회

① 단순이동평균법은 6~12개월간의 안정적인 자료를 기반으로 단기 예측값을 구하는데 유
용하다.
② 지수평활법은 과거의 정보 보다는 최근의 정보에 더 많은 가중치를 가지고 예측값을 구
하는 방법이다.
③ 회귀분석은 인과형 예측에 유용한 방법이다.
④ 추세지수평활법은 지수평활법에 추세효과인 평활상수를 고려하여 예측값을 구하는 방
법이다.
⑤ 가중이동평균법은 과거의 모든 자료에 동일한 가중치를 부여하여 예측값을 구하는 방법
이다.

해설 가중이동평균법(weighted moving average method)에서는 과거의 자료 각각마다 고유의 가중치를
지니고 있다. 이 방법에서는 과거의 자료보다 최근의 자료에 더 많은 가중치를 주어 강조할 수 있다.

34

다음 중 MRP(Material Requirement Planning)에 관한 설명으로 옳은 것을 모두 선택한 것은?

▶ 제14회

> ㉠ MRP의 입력요소는 BOM(Bill of Material), MPS(Master Production Scheduling), 재고기록철(Inventory Record File) 등이다.
> ㉡ 주문 또는 생산지시를 하기 전에 경영자가 계획들을 사전에 검토할 수 있다.
> ㉢ 종속수요품 각각에 대하여 수요예측을 별도로 해야 한다.
> ㉣ 개략생산능력계획(Rough-Cut Capacity Planning)에 필요한 정보를 제공한다.
> ㉤ 상위품목의 생산계획이 변경되면 부품의 수요량과 재고보충시기를 자동적으로 갱신하여 효과적으로 대응한다.

① ㉠, ㉢, ㉣   ② ㉡, ㉢, ㉤   ③ ㉠, ㉡, ㉤
④ ㉠, ㉢, ㉤   ⑤ ㉡, ㉣, ㉤

해설 MRP의 기본 시스템은 기준생산계획(MPS : Master Production Schedule), 부품구성표(BOM : Bill of Material) 및 재고기록철(IRF : Inventory Record File)을 입력요소로 하여 최상위 수준으로 완제품을 조립하기 위해 필요한 부품의 필요시기와 소요량을 컴퓨터를 활용하여 출력해내는 재고관리 기법이다. 자재소요계획(MRP)에서는 주생산계획(Master Production Schedule : MPS)을 기초로 완제품 생산에 필요한 자재 및 구성부품의 종류, 수량, 시기 등을 계획한다. MPS에서 확정된 완제품의 소요량은 생산 기간별로 자재 및 부품의 소요량으로 전환된다.
MRP에서는 부품의 재고수준을 합리적으로 낮게 하면서 완제품을 적시에 생산하도록 발주, 생산, 조립의 계획을 수립한다.
MRP는 자재 및 부품의 적절한 재고수준 유지, 작업흐름의 향상, 우선순위 및 납기준수, 생산능력의 활용 등을 목표로 한다.

35

자동차 부품공장에서 하루 100개의 부품을 생산하고 있다. 이를 위한 생산준비비용은 1회당 50,000원이고, 연평균 보관비가 단위당 5,000원이며 연간 수요량은 10,000개이다. 연간 작업일수를 250일이라 할 때 경제적 생산량(EPQ)은? (단, $\sqrt{2}$ =1.414, $\sqrt{3}$ =1.732, $\sqrt{5}$ = 2.236이며, 소수점 이하는 올림)

▶ 제14회

① 578개   ② 622개   ③ 674개
④ 725개   ⑤ 753개

해설 이 모형에서는 필요한 부품을 주문하는 것이 아니라 자체 생산하므로 경제적 생산량 모형(EPQ)을 적용해야 한다. 이 경우 주문비용을 생산준비비용으로 보면 된다.

$EPQ = EOQ \times \sqrt{\dfrac{P}{P-D}}$ (P : 연간생산능력, D : 연간수요량)이다.

경제적 주문량(EOQ) $= \sqrt{\dfrac{2 \times 1회\ 발주비용 \times 연간수요량}{단위당\ 재고유지비}} = \sqrt{\dfrac{2 \times 10,000 \times 50,000}{5,000}}$

따라서 $EPQ = 447.23 \times \sqrt{\dfrac{25,000}{25,000-10,000}} = 447.23 \times \sqrt{\dfrac{5}{3}} = 447.23 \times 1.29 ≒ 577$이다.

Answer 32. ③   33. ⑤   34. ③   35. ①

36 제품 X는 2개의 부품 Y와 3개의 부품 Z로 조립된다. 이때, 부품 Y는 1개의 부품 A와 2개의 부품 B로 조립되고, 부품 Z는 2개의 부품 A와 4개의 부품 C로 조립된다. 각 제품 및 부품의 리드타임이 아래 표와 같을 때, 제품 X가 10주차에 100개가 필요하다면 부품 C를 몇 주차에 몇 개를 주문해야 하는가? (단, 제품 X 및 각 부품의 초기재고는 없음) ▶ 제14회

품 명	X	Y	Z	A	B	C
리드타임 (조립, 조달기간)	1주	2주	3주	2주	1주	3주

① 2주차, 600개
② 3주차, 400개
③ 3주차, 1,200개
④ 6주차, 300개
⑤ 7주차, 1,200개

해설 X = 2Y + 3Z이고, Y = A + 2B, Z = 2A + 4C이므로 X = 8A + 4B + 12C이다. 부품 C의 리드타임이 제품 X의 3배이므로 10주차에 X가 100개 필요하다면 부품 C는 3주차에 1,200개가 필요하다.

37 JIT(Just in Time)를 도입하여 운영하고 있는 A작업장의 부품 수요는 1분당 7개이고, 각 용기당 35개의 부품을 담을 수 있다. 용기의 순환시간이 50분 일 때, 필요한 용기 수와 최대 재고수준은? ▶ 제14회

① 용기 수 - 5개, 최대 재고수준 - 300개
② 용기 수 - 5개, 최대 재고수준 - 350개
③ 용기 수 - 7개, 최대 재고수준 - 300개
④ 용기 수 - 7개, 최대 재고수준 - 350개
⑤ 용기 수 - 10개, 최대 재고수준 - 350개

해설 부품수요가 1분당 7개이므로 35개의 부품을 담은 용기 1개로 해결할 수 있는 시간은 5분이다. 용기의 순환시간이 50분이므로 필요한 용기수 = 50분 / 5분 = 10개이다. 그리고 최대 재고수준 = 용기 10개 × 용기당 부품 35개 = 350개이다.

38 JIT(Just In Time)형 재고보충 방식에 관한 설명으로 옳지 않은 것은?

① 후속공정이 주도권을 갖고 있다.

② 푸쉬(Push)형 재고보충 방식이라고도 한다.

③ 재고감축을 위한 수단으로 현장의 문제점을 근원적으로 찾아서 제거하는 것을 유도한다.

④ 후속공정에서 인수해 간 수량만큼 선행공정에서 보충한다.

⑤ 물류관리시스템 내의 재고를 최소한도로 유지시킨다.

해설 JIT(just in time), 즉 적시공급 시스템은 필요한 제품을 필요한 시간에 필요한 양만큼 공급함으로써, 생산활동에 모든 낭비의 근원이 되는 재고를 없애려는 생각에서 출발하였다. 따라서 재고를 줄인다는 면을 강조할 때는 무재고시스템이라고도 한다. 전통적인 생산관리에서 제품의 생산은 필요한 경우 (Just-In-Case : JIC)에 맞추어 적당량씩 생산하였다. 그러나 JIT는 필요한 때에 필요량만큼만 생산하 므로 훨씬 더 적은 재고, 낮은 비용, 높은 품질의 생산을 가능하게 만든다. JIT 재고관리의 실현을 위하 여 필요한 대표적 정보시스템으로는 POS(Point-Of-Sales)시스템과 자동발주시스템(Electronic Order System : EOS)을 들 수 있다.

② JIT(Just In Time)형 재고보충 방식은 풀(Pull)형 주문대기 끌어당기기 방식이다.

39 안전재고량에 관한 설명으로 옳지 않은 것은?

① 수요는 확정적으로 발생하고, 부품공급업자가 부품을 납품하는데 소요되는 기간(조달기 간)이 확률적으로 변할 때, 조달기간의 평균이 길어지더라도 조달기간에 대한 편차가 같 다면 부품공급업자와 생산공장 사이의 안전재고량은 변동이 없다.

② 안전재고량은 안전계수와 수요의 표준편차에 비례한다.

③ 고객의 수요가 확률적으로 변동한다고 할 때, 수요변동의 분산이 작아지면 완제품에 대 한 안전재고량이 감소한다.

④ 생산자의 생산수량의 변동폭이 작아지면 부품공급업자와 생산공장 사이의 안전재고량 은 감소한다.

⑤ 부품공급업자가 부품을 납품하는데 소요되는 기간의 분산이 작아지면 부품공급업자와 생산공장 사이의 안전재고량은 증가한다.

해설 안전재고(safety stocks)은 고객의 수요 또는 재주문 사이클 동안 제품보충 리드타임에 있어서의 예상 하지 못한 재고 변동분을 충족시키기 위한 재고수준이다. 완충재고(buffer stocks), 위험회피 재고 (hedge stocks)라고도 하는데, 안전재고는 재고를 보유하지 않아 발생하는 판매기회 상실이 없도록 해준다. 안전재고 = 안전계수 × 수요의 표준편차 × $\sqrt{조달기간}$ 이므로 안전계수와 수요의 표준편차 에 비례한다.

⑤ 부품공급업자가 부품을 납품하는데 소요되는 기간의 분산이 작아지면 부품공급업자와 생산공장 사 이의 안전재고량은 감소한다. 반면 분산이 커지면 안전재고량은 증가한다.

Answer 36. ③   37. ⑤   38. ②   39. ⑤

40 수요예측 기법들 중 정량적인 기법이 아닌 것은?

① 지수평활법   ② 이동평균법
③ 회귀분석법   ④ 시계열분석법
⑤ 델파이 기법

해설 수요예측기법은 여러 가지로 분류할 수 있으나 일반적으로 정성적 혹은 질적 기법(qualitative method)과 정량적 혹은 계량적 기법(quantitative method)으로 크게 나눈다. 정량적 기법으로는 회귀분석(regression analysis)법, 지수평활법, 이동평균법, 시뮬레이션 모형(simulation model), 시계열 분석법 등이 있다. 그리고 정성적 기법으로는 델파이법(Delphi method), 시장조사법(market research), 패널 동의법(panel consensus), 역사적 유추법(historical analogy) 등이 있다.

41 어느 소매점이 어버이날을 대비해 카네이션을 주문하려고 한다. 단, 판매기간이 짧기 때문에 주문은 1회만 하고 10송이 단위로 주문해야 한다. 이때 카네이션 한 송이의 구매가격은 1천원, 판매가격은 2천원이다. 어버이날까지 판매하지 못한 카네이션은 2백원을 받고 꽃배달집에 처분된다. 소매점이 추정한 수요분포가 다음과 같을 때 합리적 주문량은?

수 요	확률(p)
10	0.10
20	0.10
30	0.20
40	0.35
50	0.15
60	0.10

① 20   ② 30   ③ 40
④ 50   ⑤ 60

해설 합리적 주문량은 확률적으로 이익이 극대화되는 40단위이다. 40단위를 구매하는 경우 예상판매액 = $40 \times 2,000 \times 0.35 = 28,000$원이다. 그리고 예상구매액 = $40 \times 1,000 \times 0.35 = 14,000$원이므로 이익 = 28,000원 − 14,000원 = 14,000원이 되어 다른 주문량에 비해 이익이 가장 크다.

42 투빈시스템(Two Bin System)에 관한 설명으로 옳지 않은 것은? ▶ 제13회

① 투빈시스템을 사용하면 선입선출을 지킬 수 있는 가능성이 높아진다.

② 투빈시스템을 사용하면 재발주점이 정해져 버리기 때문에 재고감축을 하기 어렵다.

③ 투빈시스템을 사용할 때 흐름 랙(Flow Rack)을 사용하면 통로공간의 낭비를 줄이고, 저장/반출 작업을 단순화시킬 수 있다.

④ 투빈시스템을 사용하면 재고수준을 계속 추적할 필요가 없다.

⑤ 투빈시스템을 사용하기 위해서는 한 가지 품목에 대해 두 개의 저장 공간이 필요하다.

> **해설** 투빈시스템(Two Bin System)은 2개의 상자에 부품을 보관하여 하나의 상자에서 계속 부품을 꺼내여 사용하다가 모두 사용하고 나면 발주를 하여 부품이 모두 소진된 상자를 채우는 방식으로 두 개의 빈을 사용하여 시각적으로 판단하고 보충하는 방식이다.
> ② 투빈시스템은 사용한 후 부족한 수량만큼만 주문하므로 재발주점이 정해져 있는 것은 아니다.

43 공급체인관리(SCM : Supply Chain Management)에서 채찍효과(Bullwhip Effect)에 대한 생성요인 및 대처방안으로 옳지 않은 것은? ▶ 제13회

① 공급체인(Supply Chain) 전반에 걸쳐 수요정보를 중앙집중화하여 체계적으로 관리함으로써 불확실성을 제거한다.

② 리드타임(Lead Time)이 길어지면 수요와 공급의 변동 폭의 증감정도가 축소된다.

③ 제품을 생산하고 공급하는 데 소요되는 리드타임과 주문 처리에 소요되는 정보 리드타임을 단축시킨다.

④ 공급처관리의 효율성을 중시하여 일괄적으로 주문하는 경우 발생한다.

⑤ 공급체인 전체의 관점이 아니라 개별기업 관점에서 의사결정을 수행하게 되면 공급체인 전체의 왜곡현상을 발생시킨다.

> **해설** 채찍효과(Bullwhip effect)는 공급사슬에서 최종 소비자로부터 멀어질수록 정보가 왜곡되어 수요와 재고의 불안정이 확대되는 현상을 말한다. 이러한 정보의 왜곡현상으로 공급망 전체에서 재고가 증가되고 고객에 대한 서비스 수준도 떨어지며, 생산능력 계획의 오류, 수송상의 비효율, 생산계획의 난맥 등과 같은 문제가 발생하게 된다.
> ② 리드타임(Lead Time)이 단축되어야 수요와 공급의 변동 폭의 증감정도가 축소되고 채찍효과가 해소될 수 있다.

Answer 40. ⑤ 41. ③ 42. ② 43. ②

44 다음 자재명세서(BOM : Bill Of Material)를 가지는 제품 X의 소요량이 50개일 때, 부품 H의 소요량은? [단, (　　)안의 숫자는 상위품목 한 단위당 필요한 해당 품목의 소요량]　▶ 제19회

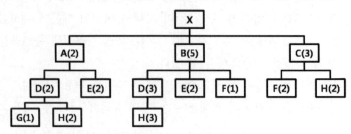

① 1,950개　　　　　　　　　② 2,450개

③ 2,950개　　　　　　　　　④ 3,450개

⑤ 3,950개

> **해설** 자재 A를 위한 H 소요량 = 2 × D(2) × H(2) = 8개
> 자재 B를 위한 H 소요량 = 5 × D(3) × H(3) = 45개
> 자재 C를 위한 H 소요량 = 3 × H(2) = 6
> 따라서 X 50개 생산에 필요한 H 소요량 = (8 + 45 + 6) × 50개 = 59개 × 50 = 2,950개이다.

45 甲회사는 3종류의 제품을 보관하는 창고를 신축하려고 하며, 지정위치저장(Dedicated Storage) 방식을 사용할 예정이다. 각 제품의 입출고는 독립적으로 이루어지며, 각 제품의 재고수준도 상호 독립적이다. 각 제품당 보관 서비스 수준이 98%가 되도록 보관 소요공간을 할당하는 경우 가장 가까운 창고보관 서비스 수준은?　▶ 제13회

① 100%　　　　　　　　　② 98%

③ 96%　　　　　　　　　④ 94%

⑤ 92%

> **해설** 각 제품의 입출고가 독립적으로 이루어지므로 결품률 = 3종류 × 결품률 2% = 6%이다. 따라서 서비스율 = 100 − 결품률 = 94%이다. 또는 지정위치 방식이므로 3종류 최대 서비스 수준을 곱한 (0.98)3 = 94.1%로 구할 수도 있다.

46 현재 지게차 1대로 1파렛트를 처리하는 데 소요되는 시간은 6분이고, 2대의 지게차로 연간 300일(1일 10시간 가동)을 운용하고 있다. 이 창고의 보관능력이 10,000파렛트라고 한다면 창고의 연간 재고회전율은 몇 회인가? ▸ 제12회

① 5회 ② 6회

③ 7회 ④ 8회

⑤ 9회

해설 파렛트 재고회전율 $= \dfrac{\text{가동일수} \times \text{1일 작업시간(분)} \times \text{지게차 운용대수}}{\text{파렛트 보관수량} \times \text{1개 처리시간(분)}}$

$= \dfrac{300일 \times 600분 \times 2대}{10,000 \times 6분} = \dfrac{360,000분}{60,000분} = 6회이다.$

47 甲회사의 3개월간 판매실적 정보와 6월의 수요 예측량은 아래 표와 같다. 3개월간 이동평균 법(A)과 단순지수평활법(B)을 이용하여 계산한 甲회사의 8월의 수요 예측량(개)은? [단, 평활 상수(α)는 0.3, 답은 소수점 첫째자리에서 반올림한다] ▸ 제20회

구 분	5월	6월	7월
실 수요량(개)	205	190	210
수요 예측량(개)		200	

① A : 200, B : 201 ② A : 200, B : 204

③ A : 200, B : 205 ④ A : 202, B : 201

⑤ A : 202, B : 205

해설 1. 3개월 이동평균법 예측치 = (205 + 190 + 210) / 3 = 201.7 ≈ 202개
2. 지수평활법에 의한 예측치(C)는 C = α × 전기의 실적치 + (1 − α) × 전기의 예측치가 된다. 이 문제에서는 7월의 예측치를 먼저 구하고 8월의 예측치를 구해야 한다.
7월의 예측치 = 0.3 × 190개 + 0.7 × 200개 = 197개
8월의 예측치 = 0.3 × 210개 + 0.7 × 197개 = 200.9개 ≈ 201개

Answer 44. ③ 45. ④ 46. ② 47. ④

48 C기업의 공장은 JIT(Just In Time)를 도입하고 있다. 공장 내부의 A작업장에서 가공된 M부품은 B작업장으로 보내져 여기서 또 다른 공정을 거친다. B작업장은 시간당 200개의 M부품을 필요로 한다. 용기 하나에는 20개의 M부품을 담을 수 있다. 용기의 1회 순회시간은 0.8시간이다. 물류담당자는 시스템 내의 다소의 불안요인이 있어 10%의 안전재고가 필요하다고 판단하였다. A작업장과 B작업장 간에 필요한 M부품용기의 수는 최소 몇 개인가?

① 7   ② 8   ③ 9
④ 10   ⑤ 11

해설   시간당 부품용기 소요량 = $\dfrac{\text{시간당 부품소요량}}{\text{1개용기당 담는 수량}}$ = $\dfrac{200개}{20}$ = 10개이다. 용기순회시간은 0.8시간 × 10개 = 8개가 소요된다(시간당). 안전재고는 10% 수준이므로 8개 × 1.1 = 8.8개(약 9개)가 소요된다.

49 JIT(Just In Time)와 MRP(Material Requirement Planning)에 해당되는 특성을 가장 바르게 구성한 것은?

㉠ 안정된 주일정계획(MPS) 필요	㉡ 자재소요계획에 의한 자재소요 판단
㉢ 반복생산의 일정 및 재고관리에 적용	㉣ Push방식 이용
㉤ 간판(Kanban) 이용	㉥ 최소한의 재고수준을 위한 노력

① JIT - ㉠, ㉡, ㉤   MRP - ㉢, ㉣, ㉥
② JIT - ㉠, ㉤   MRP - ㉡, ㉢, ㉣, ㉥
③ JIT - ㉠, ㉢, ㉤, ㉥   MRP - ㉡, ㉣
④ JIT - ㉡, ㉤   MRP - ㉠, ㉢, ㉣, ㉥
⑤ JIT - ㉡, ㉢, ㉤   MRP - ㉠, ㉣, ㉥

해설   • JIT은 안정된 주일정 생산계획(MPS)이 필요하고, 반복 생산일정 및 재고관리에 적용된다. 간판(Kanban)을 이용하여 생산계획을 집행하고, 최소한의 재고수준을 위해 노력한다. JIT는 수주 대비 풀(Pull) 방식이다.
• 반면 MRP는 변경이 잦은 MPS를 수용하고, 자재소요계획에 의해 자재소요를 판단한다. 생산계획 대비 푸시(Push) 방식이다.

50 소비자, 도 · 소매점, 물류창고, 제조업체에서의 수요정보가 시간이 지나면서 더욱 왜곡되는 이른바 채찍효과(Bullwhip Effect)에 대한 대처방안으로 옳지 않은 것은?

① 제조업체의 세일즈맨 업무평가를 소매상에게 판매한 실적이 아니고, 소매상이 소비자에게 판매한 실적기준으로 평가하거나 POS Data에 의한 정보를 활용한다.

② 정보를 공유하고 Supply Chain상에서 재고를 관리할 수 있는 전략적 파트너십을 구축한다.

③ Supply Chain 전반에 걸쳐 있는 수요정보를 각 사업장에 공유함으로써 안전재고를 증가시킨다.

④ 소비자 수요 절차상의 고유한 변동폭을 감소시키거나 안정적인 가격구조 등으로 소비자 수요의 변동폭을 조정한다.

⑤ 고객, 공급자와 정보의 실시간 공유를 위한 정보기술 전략을 수립하고 운용한다.

> **해설** 채찍효과(Bullwhip Effect)에 대한 대처방안
> ㉠ 영업업무의 평가를 소매상 판매실적이 아닌 소비자에게 판매한 실적기준으로 평가하거나 POS 데이터에 의한 정보를 활용한다.
> ㉡ 공급사슬(Supply Chain)상에서 정보공유와 재고관리를 위한 전략적 파트너십을 구축한다.
> ㉢ 공급사슬 전반에 걸쳐 수요정보의 중앙에 집중화하여 불확실성을 제거하고 안전재고를 감소시킨다.
> ㉣ 안정적 가격구조와 소비자 수요의 고유한 변동폭을 감소 또는 조정한다.
> ㉤ 고객, 공급자와 정보의 실시간 공유를 위한 정보기술전략을 수립 · 운영한다.

51 다음은 제조업과 유통업이 협업하는 기법 중에 CMI(Co-Managed Inventory)에 대한 설명이다. 옳지 않은 것은? ▶ 제12회

① 유통업체와 제조업체는 EDI를 통하여 서로의 정보를 공유한다.

② 유통업체는 판매시점정보(POS)를 제조업체에게 제공한다.

③ 유통업체 점포에서의 재고에 대한 관리책임은 전적으로 제조업체에서 부담한다.

④ 연속보충시스템의 한 형태로 유통업체에서 주문서를 전자문서로 작성하여 제조업체로 송부한다.

⑤ 제조업체는 CRP(Continuous Replenishment Program) 시스템을 운영하며 발주권고안을 작성한다.

> **해설** CMI(Co-Managed Inventory)는 유통업체와 재고업체가 공동책임으로 재고관리하는 시스템으로 재고관리의 책임이 제조업체 부담이 아니다. CMI에서 판매, 재고정보는 연속적인 재고보충프로그램인 CRP(Continuous Replenishment Programs) 시스템이 실행될 때마다 유통업체에서 제조업체로 전송되어 상품수요의 예측을 위한 정보로 활용되며 생산량 조절에도 사용되어 재고보유일수의 감소 및 결품방지에 효과가 있다.

Answer | 48. ③　49. ③　50. ③　51. ③

52 갑이라는 회사에서는 A라는 상품의 재고를 정량발주법으로 관리하고 있다. 이 상품에 대한 연간 수요량이 400개, 구매가격은 단위당 10,000원, 연간 단위당 재고유지비는 구매가격의 10% 이고, 1회 주문비용은 8,000원이다. 이 경우에 주문주기는? (단, 1년은 365일로 한다)

① 33일   ② 50일

③ 73일   ④ 80일

⑤ 93일

> **해설** 정량발주법은 발주점(주문점)법이라고도 하는 것으로 재고량이 일정수준(발주점)까지 내려가면 일정량을 주문하여 재고관리를 하는 방법이다. 주문주기는 365 / 연간주문횟수를 의미하는 것으로 연간최적주문횟수 = 연간수요량 / 경제적 주문량(EOQ)이다. 따라서 경제적 주문량(EOQ)을 구하면 주문주기가 계산된다.
>
> $$EOQ = \sqrt{\frac{2 \times 1회\ 발주비용 \times 연간수요량}{단위당\ 재고유지비}} = \sqrt{\frac{2 \times 8,000 \times 400}{10,000 \times 0.1}} = 80이다.$$
>
> 따라서 연간최적 주문횟수 = 400개 / 80 = 5회이고 주문주기 = 365일 / 5회 = 73일이다.

53 전통적 구매방식과 JIT 구매방식을 비교하여 설명한 것 중 올바르지 않은 것은?

① 전통적 구매방식에서는 단기적 거래에서 장기적 거래까지 거래 지속기간의 변동이 크지만, JIT 구매방식에서는 공급 업체와 지속적 파트너십을 형성함으로써 장기적 계약관계를 유지한다.

② 전통적 구매방식은 대 로트 생산에 적합하며, JIT 구매방식은 소 로트 생산에 적합하다.

③ 공급자의 지역별 분포를 기준으로 볼 때, 전통적 구매방식은 광범위한 지역에 분산되어 있어도 무방하나, JIT 구매 방식에선 가능한 한 근거리 지역에 집중되어 있어야 유리하다.

④ 전통적 구매방식에서는 대형화된 창고가 필요하나, JIT 구매방식에서는 가변적인 규모의 소형 창고가 유용하다.

⑤ 전통적 구매방식에서는 무검사 체계를 지향하나, JIT 구매방식에서는 철저한 수입검사 체계를 구축하고 있다.

> **해설** JIT(just in time) 시스템은 적기적량 공급시스템을 말한다. 판매시점에서는 완제품, 완제품의 조립시점에서는 원자재의 조달이 즉시 이루어진다. 따라서 JIT 시스템에서는 재고의 유지가 필요 없거나 극소량의 재고만을 유지하면 되므로 재고관리비용의 획기적 절감이 이루어질 수 있다. QR(quick response) 시스템과 혼용되기도 한다.
> ⑤ 전통적 구매방식에서는 철저한 검사체계를 구축해야 하지만, JIT 구매방식에서는 철저한 무검사 체계를 지향한다.

54 자동차 부품을 생산하는 A회사는 자동차 회사의 파업으로 1억원 상당의 부품을 3개월 동안 납품하지 못하고 보관하고 있었다. 그동안 보관하는 데 소요된 창고 면적은 100㎡이고 보관 비용으로 월 50,000원/㎡을 지출했다. 이 제품의 연간 진부화 비용은 제품가격의 4%이고 금리 또한 연 4%이다. 여기에 제시되지 않은 비용은 무시하고 3개월 동안의 재고유지비를 산출하면 얼마인가?
▶ 제11회

① 17,000,000원
② 35,000,000원
③ 25,000,000원
④ 45,000,000원
⑤ 18,000,000원

해설 재고유비비용(inventory holding cost, carrying cost)은 재고를 실제로 유지 보관하는 데 소요되는 제비용을 말한다. 재고유지비용은 재고수준에 따라 직접적으로 변동하는 데, 여기에는 저장비, 보험료, 세금, 감가상각비, 진부화에 의한 손실, 재고투자에 묶인 자금의 기회비용 등이 포함된다.
문제에서 보관비용 = 50,000원 × 100㎡ × 3개월 = 15,000,000원
진부화 비용 = 1억원 × 4% × 3/12 = 1,000,000원
이자비용(기회비용) = 1억원 × 4% × 3/12 = 1,000,000원
따라서 재고비용은 보관비용과 진부화 비용과 이자비용을 모두 더한 17,000,000원이다.

55 A회사는 제품 판매량을 예측하기 위하여 단순지수평활법(Simple exponential smoothing method)을 사용하고 있다. 1월 제품 판매량을 92,000개로 예측하였으나 실판매량은 95,000개 였고, 2월 실판매량은 90,000개였다. 3월의 제품 판매량 예측치는? (단, 지수평활계수 α = 0.2)
▶ 제19회

① 90,880개
② 91,680개
③ 92,080개
④ 92,600개
⑤ 93,120개

해설 평활상수를 α로 표시하면 지수평활법에 의한 예측치(C)는 C = α × 전기의 실적치 + (1 − α) × 전기의 예측치가 된다. 이 문제에서는 2월의 예측치를 먼저 구하고 3월의 예측치를 구해야 한다.
2월의 예측치 = 0.2 × 95,000 + (1 − 0.2) × 92,000 = 92,600개
3월의 예측치 = 0.2 × 90,000 + (1 − 0.2) × 92,600 = 92,080개이다.

Answer 52. ③   53. ⑤   54. ①   55. ③

56 보관품목의 배치 시에 이용되는 ABC 분석과 관련된 설명 중 올바르지 않은 것은? ▸ 제10회
① 제품들을 회전율이나 매출액 등을 기준으로 A그룹, B그룹, C그룹으로 분류하여 관리하는 방식을 의미한다.
② ABC 관리방식에 있어 사용빈도가 높고 고가의 매출상품들은 A그룹으로 분류되고 사용빈도가 낮고 저가매출상품들은 C그룹으로 분류되며, A그룹과 C그룹의 중간적 성격을 가진 상품들은 B그룹으로 분류된다.
③ A그룹에 속하는 품목들에 대해서는 정량발주시스템을 적용하는 것이 보편적이다.
④ ABC 분석도표 즉, 파레토 그림에서 수량 또는 매출액이 많은 품목은 입출하건수가 많고 회전율 또한 높다는 것을 의미한다.
⑤ C그룹에 속하는 품목들에 대해서는 정량발주시스템의 변형인 Two Bin System을 적용하는 경우가 많다.

해설 ABC 분석은 재고자산을 ABC의 3등급으로 분류하여 각기 다른 재고관리방법을 적용하는 것이다. A품목은 가장 중요한 품목으로 연간 사용량이 아주 많거나 가격이 비싼 품목으로서 연간 매출액도 가장 많은 품목이므로 정기발주법에 의해 발주한다. B품목은 정기 또는 정량발주법을 사용할 수 있다. C품목은 연간 사용량도 가장 적고 사용횟수도 아주 낮기 때문에 정량발주방식의 변형인 Two-Bin법을 사용하면 된다.
ABC 등급을 요약하면 다음과 같다.

등급	품목 비율	사용금액 비율(연간)	물동량 비율(연간)	발주방식
A	20%	80%	50%	정기발주방식
B	30%	15%	30%	정량발주방식
C	50%	5%	20%	Two-Bin 방식

57 구매방식은 집중구매와 분산구매로 크게 나눌 수 있는 데 다음 중 분산구매 방식의 장점이 아닌 것은?
① 자주적 구매가 가능하다.
② 구매선이 사업소에서 가까운 곳에 있는 경우에 운임 그 밖의 모든 것이 값싸게 지불되고 납입서비스에 유리하다.
③ 구입절차를 통일하기가 쉽다.
④ 구매절차가 간단하고 비교적 단기간으로 끝난다.
⑤ 사업장의 특수요구 반영이 유리하다.

해설 ③ 구입절차를 통일하기가 용이한 것은 집중구매의 장점이다.

58 표준편차는 100단위, 연간수요는 52,000단위이고, 발주량은 2,600단위, 안전계수는 1.65, 조달기간은 4일이며, 연간 한 번의 품절을 허용한다. 이러한 가정하에 아래 항목들을 구하시오.

▸ 제10회

> A: 연간 주문횟수
> B: 서비스 수준
> C: 안전재고

① A: 20회 B: 96% C: 660단위

② A: 20회 B: 95% C: 330단위

③ A: 21회 B: 96% C: 330단위

④ A: 20회 B: 95% C: 165단위

⑤ A: 21회 B: 95% C: 165단위

해설 A: 연간 주문횟수 = 52,000단위 / 2,600단위 = 20회이다.

B: 서비스 수준 = 1 – 품절확률이다. 여기서 품절확률은 주문횟수 20회 중 연간 1번의 품절을 허용하므로 1회 / 20회 = 5%이다. 따라서 서비스 수준은 95%이다.

C: 안전재고 = 수요의 표준편차 × 안전계수 × $\sqrt{\text{조달기간}}$ = 100단위 × 1.65 × $\sqrt{4}$ 일 = 330단위이다.

59 JIT 생산시스템에서 현장 재고를 관리하기 위하여 KANBAN을 적용하고자 한다. KANBAN의 수를 산정하는데 필요한 것이 아닌 것은?

▸ 제10회

① 리드타임

② 일일사용량

③ 생산소요시간

④ 불량률

⑤ 안전계수

해설 칸반(KANBAN)은 JIT 시스템에서 생산을 허가하고 물자를 이동시키는 방법이다. 칸반시스템의 목적은 후속 조립공정을 위해서 적절한 시간 내에 더 많은 부품이 필요함을 알리고, 또 그 부품들이 생산되는 것을 확실히 하는 데 있다. KANBAN의 수를 산정하는 데는 생산소요시간, 일일사용량, 안전계수, 리드타임 등이 있다.

Answer 56. ③ 57. ③ 58. ② 59. ④

60 자재소요량계획(MRP : Material Requirements Planning)의 주요 입력요소를 모두 고른 것은?

▶ 제18회

> ㉠ 재고기록철   ㉡ 원단위
> ㉢ 자재명세서   ㉣ 재료계획서
> ㉤ 주일정계획   ㉥ 안전재고량
> ㉦ 리드타임

① ㉠, ㉢, ㉣, ㉦   ② ㉠, ㉢, ㉣, ㉥
③ ㉡, ㉢, ㉤, ㉥   ④ ㉢, ㉣, ㉤, ㉦
⑤ ㉠, ㉢, ㉤, ㉥, ㉦

해설 ⑤ 자재소요계획(MRP : Material Requirement Planning)은 제품의 생산계획에 기초하여 조립품, 부품, 원자재 등의 자재소요에 대해 필요한 물품을 필요할 때에 필요한 만큼 구매하여 제조하기 위한 계획을 수립하는 생산정보시스템이다. MRP 시스템의 주요 입력자료로는 주일정계획(MPS : Master Production Schedule), 재고기록철(Inventory Record File), 자재명세서(BOM : Bill Of Materials) 등이 있고 이와 함께 리드타임(lead time)과 안전재고가 고려되어야 한다.

61 자재소요량계획(MRP : Material Requirements Planning)에서 A제품은 2개의 부품 X와 3개의 부품 Y로 조립된다. A제품의 총수요는 30개이고, 부품 X의 예정입고량이 10개이며 가용재고는 없고, 부품 Y의 예정입고량은 15개이고 가용재고가 5개일 때 부품 X와 부품 Y의 순소요량이 몇 개인지 순서대로 옳게 나열한 것은?

▶ 제18회

① 50, 50   ② 50, 60   ③ 50, 70
④ 60, 70   ⑤ 60, 90

해설 ③ 제품의 총수요가 30개이므로 부품 X의 총수요는 60개, 부품 Y의 총수요는 90개이다. 부품 X의 예정 입고량이 10개이므로 순 소요량 = 60개 - 10개 = 50개이다. 부품 Y는 예정입고량과 가용재고가 합계 20개이므로 순 소요량 = 90개 - 20개 = 70개이다.

62 JIT와 MRP 시스템의 비교 설명과 거리가 먼 것은?

① JIT 시스템의 주문이나 요구에 대한 소요개념이고 MRP 시스템은 계획에 대한 소요개념
이다.

② JIT 시스템은 구성원 입장에서 장기 거래를, MRP 시스템은 경제적 구매 위주의 거래를
한다.

③ JIT 시스템의 목표는 낭비제거이며, MRP 시스템의 목표는 계획수행에 있다.

④ 통제우선순위는 JIT 시스템은 간판의 도착순이고, MRP는 작업배정에 따른다.

⑤ JIT는 계획대로 추진하는 PUSH시스템이고, MRP 시스템은 주문에 의한 PULL시스템이다.

해설 JIT와 MRP 시스템은 낮은 재고 수준, 높은 생산성과 고객서비스를 지향한다는 점에서는 공통점이 있
지만 접근방법에서는 차이가 있다. 또한 두 방식은 모두 소요(requirement)개념에 입각한 관리방식이
라는 점에서 공통점이 있다.

비교 내용	JIT 시스템	MRP 시스템
관리시스템	요구(주문)에 따라가는 pull 시스템	계획대로 추진하는 push 시스템
관리목표	낭비 제거(최소의 재고)	계획/통제(필요 시 필요량 확보)
생산시스템	생산 사이클 타임 중심	MPS 중심
생산계획	안정된 PPS 필요	변경이 잦은 MPS 수용
공급자와의 관계	구성원 입장에서의 장기거래	경제적 구매위주의 단기거래
적용분야	반복적 생산	비반복적 생산(주문생산, 로트생산 등)
발주(생산)로트	준비비용 축소에 의한 소로트	경제적 발주량(생산량)
품질관리	100% 양품 추구	약간의 불량은 인정
관리도구	눈으로 보는 관리	컴퓨터 처리

⑤ JIT 시스템은 주문에 의한 PULL시스템이고, MRP 시스템은 계획대로 추진하는 PUSH시스템이다.

63 자재소요계획(MRP : Material Requirement Planning)에 관한 설명으로 옳지 않은 것은?

▶ 제19회

① 자재관리 및 재고통제기법으로 종속수요품목의 소요량과 소요시기를 결정하기 위한 기법이다.
② 부품의 생산과 공급이 사용자의 필요에 의해서 결정되므로 고객 주문에서 시작되는 풀(pull) 시스템의 성격을 가진다.
③ MRP 시스템의 입력요소는 주생산일정계획, 자재명세서, 재고기록철 등이다.
④ 상위품목의 생산계획이 변경되면 부품의 수요량과 재고보충시기를 쉽게 갱신할 수 있다.
⑤ 주생산일정계획에 따라 부품을 조달하며, 예측오차 및 불확실성에 대비한 안전재고(Safety stock)가 필요하다.

해설 ② 부품의 생산과 공급이 사용자의 필요에 의해서 결정되므로 고객 주문에서 시작되는 풀(pull) 시스템의 성격을 가지는 것은 적시공급시스템(JIT : Just in Time)이다. MRP는 제품의 생산계획에 기초하여 자재소요에 대한 계획을 수립하는 것으로 푸시(push) 시스템의 성격을 가진다.

64 재고관리기법 중에서 현재의 재고량을 계속적으로 파악·유지함으로써 현재 재고량이 발주점에 도달하면 고정주문량만큼 발주하는 시스템으로 수요에 있어 예상하지 못한 커다란 변동이 있는 품목의 재고관리에 자주 이용되는 재고관리기법은?

① ABC 분석　　　　　② Two-Bin법　　　　　③ 정량발주법
④ 정기발주법　　　　　⑤ 기준재고시스템

해설 정량발주법은 주로 대형 슈퍼나 백화점에서 사용되는 재고관리기법으로 재고가 일정 수준(발주점)에 이르면 주문하는 시스템이다.

65 30,000개 파렛트를 보관하는 창고에 30대의 포크리프트가 연간 270일 기준으로 하루에 8시간 작업을 행한다고 하자. 이때 입고에서 출고까지의 평균작업시간이 12분이 걸린다면 이 창고의 연간 재고회전은 몇 회인가?

① 0.37　　　　　② 0.18　　　　　③ 10.8
④ 2.16　　　　　⑤ 25.92

해설 입고에서 출고까지의 평균작업시간이 12분이 걸린다면 1시간에 5회, 1일 8시간이므로 1일 40회, 연간 270일이다. 따라서 10,800(= 270 × 40)회가 된다. 이것을 30대로 수행하므로 324,000(= 10,800 × 30대)회가 되고, 324,000을 30,000개 파렛트로 나누어주면 10.8회가 된다.

66 다음은 JIT(Just In Time)의 최근 경향인 JIT-II에 관한 설명이다. 가장 적절하지 않은 것은?

① 포드의 컨베이어 시스템과 토요타의 간판방식에 이어 모듈방식이 21세기형 제조업의 패러다임으로 등장하고 있는 데, 특히 선박업계가 그 선도적 역할을 하고 있다.

② 이는 설계·생산·조립·검사 및 판매에 이르는 전 과정을 완제품 제조업체가 전담하던 방식에서 모듈업체가 책임 분담하는 체계로 전환하는 것이다.

③ 기존조직의 슬림화, 납품업체의 규모화와 정예화, 생산단계의 감축을 통해 소비자 요구에 보다 신속하고 적극적으로 대응하기 위한 것이다.

④ 소량다품종이라는 맞춤생산의 추이에도 부응하는 것이다.

⑤ JIT-II는 일명 차세대 JIT라고 한다.

> **해설** JIT-II는 JIT와의 기본 개념은 같으나 발주회사의 제품 설계 단계부터 납품회사의 직원이 설계에 참여를 하는 것이 두드러진 차이점이며, 기본사상은 철저한 낭비의 배제라고 할 수 있다. JIT는 일본의 자동차업계를 중심으로 전개되고 있다.

67 단순한 경제적 주문량(EOQ)과 관련된 다음 보기 중 올바른 가정으로 이루어진 것은?

> ⓐ 수요는 연속적이고 일정하다.
> ⓑ 1회 주문비용과 단위당 재고유지비용은 일정하다.
> ⓒ 자본 가용성에 한계가 있다.
> ⓓ 재고 부족은 허용된다.

① ⓐ, ⓑ

② ⓐ, ⓑ, ⓒ

③ ⓑ, ⓒ

④ ⓑ, ⓒ, ⓓ

⑤ ⓒ, ⓓ

> **해설** 경제적 주문량 모형(Economic Order Quantity : EOQ모형)의 가정
> ㉠ 매 기간의 수요는 알려져 있고 일정하다.
> ㉡ 주문비용과 단가는 주문량 Q에 관계없이 일정하다.
> ㉢ 재고유지비용은 단위당 일정하며, 주문량에 비례한다.
> ㉣ 단일품목이며, 주문량 Q는 한 번에 입고된다.
> ㉤ 조달기간(L)은 일정하다.
> ㉥ 미납주문은 허용되지 않는다.

물류관리사
CERTIFIED PROFESSIONAL LOGISTICIAN

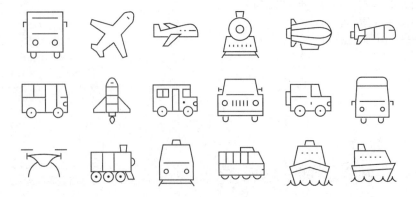

PART

02

하역론

01 하역의 개요

| 학습목표 | 1. 하역의 개념과 구성요소, 하역의 용어 및 운반관리(MH)를 이해한다.
2. 하역합리화의 기본원칙과 보조원칙을 이해한다.
3. 하역시스템의 설계 및 배치, 하역현대화의 원칙을 이해한다.

| 단원열기 | 하역의 정의와 기능, 하역작업의 구성요소, 하역과 관련된 용어를 정리해야 한다. 하역의 흐름과 운반관리(MH)도 출제된 적이 있다. 하역합리화의 기본원칙과 활성지수는 가장 많이 출제된다. 하역작업의 결정요소, 하역시스템의 구성 등도 자주 출제된다.

제1절 하역의 개념

1 하역의 의의와 하역용어

(1) 하역의 정의와 범위

① 하역의 정의

㉠ 하역(cargo-working, cargo handling)은 각종 운반수단에 화물을 싣고 내리는 작업은 물론, 화물을 창고에 넣고 꺼내는 작업, 창고 내에서 운반하고 분류하고 모으는 작업과 이에 부수되는 작업을 총칭하는 개념이다.

㉡ 좀 더 간단히 정의하면 하역이란 '물류활동에서 물품의 싣기와 내리기, 운반하기, 쌓기, 꺼내기, 분류하기, 품목 갖추기, 정돈하기 등의 작업 및 이에 수반되는 제반작업'을 말한다.

② 하역의 의의

하역은 운송, 보관, 포장 등의 주요 물류활동을 지원하는 역할을 하므로 그 자체로서는 가치를 창출하지 않는다. 하역은 물(material)에 대한 시간적 효용과 장소적 효용의 창출을 지원하는 역할을 한다.

③ 하역의 범위

하역작업은 운송기관인 자동차, 철도, 선박, 항공기 등에서 이루어지는 화물의 상·하차 작업, 운송기관 상호 간의 환적작업, 창고의 입·출고작업 등 그 범위가 매우 넓다. 하역은 그 범위에 있어서 사내하역에서 넓게는 수출기업의 수출품 선적을 위한 항공 및 항만하역까지도 포함하는 개념이다. 그러나 제조공정이나 검사공정은 하역의 범주에 포함되지 않는다.

④ **하역의 최근 추세**

하역은 물류활동 중에서 가장 노동집약적인 분야로서 인식되어 왔다. 그러나 인력에 의한 하역은 물류시스템의 발전을 저해할 뿐만 아니라 물류비의 상승에 직접적인 영향을 미친다. 이에 따라 근래에는 기계화에 따른 생력화와 자동화가 빠르게 진행되고 있다.

(2) 하역작업의 구성요소

① **적하**(loading & unloading) : 적하는 운송기기 등에 물건을 싣고(적입, loading) 내리는(적출, unloading) 작업을 말한다. 특히 컨테이너에 화물을 넣는 작업을 배닝(vanning)이라고 하고, 꺼내는 작업은 디배닝(devanning)이라고 한다.

② **운반**(carrying) : 운반은 화물을 한정된 공간에서 비교적 단거리로 이동시키는 작업을 말한다. 생산·유통·소비활동 등 어느 경우에나 운반은 수반된다. 운반은 동작, 시간, 수량, 공간의 4요소로 성립된다.

③ **적재**(stacking) : 적재는 화물을 창고 등의 보관시설 또는 장소에 정해진 위치와 형태로 쌓는 작업을 말한다.

④ **반출**(picking) : 반출은 보관장소에서 물건을 꺼내는 작업을 말한다. 출고 피킹, 오더 피킹의 작업이 중심을 이룬다.

⑤ **분류**(sorting) : 분류는 물건을 품종별, 발송처별, 고객별, 지역별 등으로 나누는 작업을 말한다. 분류에 사용하는 설비를 소팅 시스템(sorting system) 혹은 소팅 머신(sorting machine)이라고 한다.

⑥ **정돈**(tidying) : 마무리 작업을 원활하게 하려면 정돈이 잘 이루어져야 한다. 정돈은 상품구색 갖추기를 의미하는 것으로, 출하하는 화물을 운송기관에 바로 실을 수 있도록 준비하는 작업이다.

(3) 하역과 관련된 용어

① **래싱**(lashing) : 래싱(lashing)은 운송기기에 실려진 화물을 안전을 위하여 움직이지 않도록 줄로 묶는 작업을 말한다.

② **더니지**(dunnage) : 더니지(dunnage)는 운송기기에 실려진 화물이 손상 및 파손되지 않도록 화물의 밑바닥이나 틈 사이에 깔거나 끼우는 물건을 말한다.

③ **쇼링**(shoring) : 쇼링(shoring)은 각목이나 판재 등의 지주를 이용하여 화물을 고정시키는 작업을 의미한다.

④ **초킹**(chocking) : 초킹(chocking)은 화물 사이나 화물과 컨테이너 벽면 사이를 각재 등의 지주로 수평방향으로 고정시키는 작업을 의미한다. 때로는 쿠션 등을 끼워 고정시키기도 한다.

2 운반관리(Material Handling)

(1) 운반관리의 의의

① 운반관리의 정의

㉠ 운반관리(MH : Material Handling)란 한정된 구내에서 '물자를 취급하고 이동시키는 작업'을 말한다. 즉 운반관리는 그 형상을 불문하고 모든 물자의 이동, 포장, 저장 및 통제에 관한 기술과 과학을 말한다.

㉡ 운반관리는 저장과 모든 이동을 포함하는 물자 또는 생산품의 이동·운반을 말하는 것으로 물(物)에 대한 형상적 효용을 창조하는 것은 아니다. 따라서 운반관리는 제조공정 및 검사공정은 포함하지 않는다.

② 운반관리의 4요소

운반관리의 4요소는 아래와 같다. 이 4가지 요소를 전체적인 흐름면에서 합리적이고 경제적으로 관리하는 것이 하역의 역할이다.

㉠ 동작(motion) : 재료, 부품, 제품을 필요로 하는 분야로 보다 경제적이고 합리적으로 운반한다.

㉡ 시간(time) : 제조공정이나 기타 필요한 장소에 필요한 것을 적시에(right time) 공급한다.

㉢ 수량(quantity) : 필요량의 변화에 대응하여 정확한 수량, 중량, 용량을 공급한다.

㉣ 공간(space) : 공간, 장소를 계통적이고 효율적으로 이용한다.

(2) 운반관리의 개선

① 운반관리의 주안점

운반관리의 주안점은 직선의 흐름(straight line flow), 계속적인 흐름(continuous flow), 최소의 노력과 시간(least handling), 작업의 집중화(concentration operation), 생산작업의 극대화(maximum work production) 등이다.

② 운반관리의 개선원칙

운반관리의 작업을 개선하기 위한 원칙으로 노동 단축(수고를 줄여라), 거리 단축(운반거리를 줄여라), 기계화(기계를 사용하라) 등이 제시되고 있다. 그리고 이를 위해 공급선의 집중화, 화물의 단위화, 작업시간의 표준화, 크로스도킹의 구현 등이 강조되고 있다.

제 2 절 | 하역합리화의 원칙

1 하역합리화의 의의

(1) 하역합리화의 의의

① 하역합리화의 필요성

하역은 운송 및 보관에 수반하여 발생하는 부수작업이므로, 운송이 공간적 효용을 창출하고 보관이 시간적 효용을 창출하는 것과는 달리 하역 그 자체로는 가치를 창출하지 않는다. 그러나 부수작업이라고 하더라도 운송과 보관의 전후에는 하역작업이 수반되기 때문에 하역의 합리화는 중요하다.

② 하역합리화와 물류합리화

원재료의 조달에서부터 생산, 소비에 이르는 물류의 전 영역에서 하역이 개입된다. 따라서 물류비용의 절감과 고객서비스의 향상을 목적으로 하는 물류합리화에서 하역합리화는 매우 중요한 비중을 차지한다고 할 수 있다.

2 하역합리화의 원칙

(1) 하역합리화의 기본원칙

① 하역 경제성(economic handling)의 원칙

불필요한 하역작업을 줄이고 가장 경제적인 하역 횟수로 하역이 이루어지도록 하여 화물의 파손, 손실을 최소화시키는 원칙이다. 하역 경제성을 달성하기 위한 하위원칙은 다음과 같다.

하위원칙	내 용
운반 순도(purity)의 원칙	필요 이상의 과대포장(overpacking)으로 중량이나 용적을 불필요하게 크게 하여 운임이나 운반비, 하역비가 필요 이상 부담되지 않도록 고려해야 한다.
최소 취급(least handling)의 원칙	생략해도 지장이 없는 하역이나 운반은 줄여서 다시 취급(rehandling)하거나 임시로 놓아두는 행위를 줄이도록 한다.
수평 직선(straight line)의 원칙	운반거리를 직선으로 하는 것이 최단거리이고 교차, 지그재그, 왕복 등의 운반의 혼잡을 초래하는 요인을 없앨 수 있다. 또한 하역작업의 톤 킬로(하역작업 대상의 중량 × 이동거리)를 최소화하여야 한다.

② 이동거리 및 시간 최소화(minimize move and time)의 원칙

하역작업의 이동거리를 최소화하는 원칙이다. 물자가 이동하는 수·배송, 보관활동 등에 있어서 기본이 되는 원칙으로 물류비용과 직접 연결된다.

Certified Professional Logistician

③ **활성화(live load)의 원칙**

운반활성지수를 최대화하는 원칙으로 지표와 접점이 작을수록 활성지수는 높아지며 하역작업의 효율이 증가한다. 활성지수란 놓여있는 물건을 다음 동작으로 옮기기 쉽게 놓아 둔 상태를 나타내는 지수를 말하는 것으로 다음과 같다.

● **활성지수**

활성지수	물건을 놓아 둔 상태
0	바닥에 낱개의 상태로 놓여 있음
1	상자 속에 들어 있음
2	파렛트나 스키드(skid) 위에 놓여 있음
3	대차 위에 놓여 있음
4	컨베이어 위에 놓여 있음

④ **유닛로드(unit load)의 원칙**

단위화의 원칙(유닛로드의 원칙)은 화물을 어떤 특정단위(중량 혹은 부피)로 단위화하는 것을 말한다. 단위화(파렛트화, 컨테이너화)함으로써 화물의 손상, 감모, 분실 등을 방지하고 하역작업의 효율화를 촉진할 수 있다.

⑤ **기계화(mechanization)의 원칙**

인력작업을 기계작업으로 대체하여 생력화하는 원칙으로, 자동화를 통해 하역작업의 효율성과 경제성을 증가시키게 된다.

⑥ **중력이용(the gravity)의 원칙**

화물은 중력의 법칙에 따라 위에서 아래로 움직이는 것이 용이하며, 운반 코스트의 관점에서 경제적이다.

⑦ **시스템화(systematization)의 원칙**

개개의 하역활동을 유기체로서의 활동으로 간주하는 원칙이다. 종합적인 관점에서 시스템 전체의 균형을 염두에 두고, 시너지 효과를 올리는 것이 시스템화의 기본원칙이다. 예컨대 파렛트화 또는 컨테이너화를 효과적으로 실시하기 위해서는 파렛트와 컨테이너의 규격, 구조 및 품질 등이 유기적으로 연결되도록 할 필요가 있다는 것을 의미한다.

⑧ **호환성(interface)의 원칙**

인터페이스의 원칙은 하역작업에서 공정 간의 접점이 원활하게 소통하도록 하는 것을 뜻한다.

⑨ **흐름(flow of materials)의 원칙**

하역작업에서의 흐름이 연속되도록 하여야 한다는 것을 의미한다. 기계나 설비는 언제나 움직이고 있는 상태로 유지시키지 않으면 효율성이 떨어진다.

⑩ **표준화(standardization)의 원칙**

하역작업을 표준화하여 하역작업의 효율성을 추구하는 원칙으로 유닛로드화(단위화) 원칙에 대응하기 위한 것이다. 기업의 전체 작업수준을 향상시켜 인원배치나 작업량 등을 공평하게 배분한다든지 작업평가가 가능해진다.

⑪ **취급균형(balanced handling)의 원칙**

작업의 흐름은 애로공정에 의해 좌우된다. 하역작업도 공정의 능력을 파악하고, 평준화 계획을 수립하여 최대의 효과를 발휘할 수 있도록 이루어져야 한다는 원칙이다.

(2) 하역합리화의 보조원칙

① **단순화의 원칙**

단순화의 원칙은 복잡한 시설과 관리체제를 단순화함으로써 작업의 이해와 인식을 높이고 효율을 향상시킬 수 있다는 것이다.

② **설비계획의 원칙**

설비계획의 원칙은 기계나 설비의 배치와 통로의 이용방법 등 레이아웃이 적절하면 하역을 효율화할 수 있으므로 레이아웃을 적절히 설계하여 불필요한 반송설비의 사용을 줄임으로써 하역을 합리화해야 한다는 것이다.

③ **안전의 원칙**

안전의 원칙은 하역환경의 안전성을 증대시킬 수 있도록 하역의 능률을 향상시킨다는 원칙을 말한다.

④ **수평직선의 원칙**

수평직선의 원칙은 하역작업의 흐름을 직선으로 유지하려는 원칙이다. 하역작업의 흐름이 직선일 경우 동선의 낭비 및 운반흐름의 혼잡을 줄일 수 있으므로 작업의 흐름을 직선으로 유지하라는 것이다.

⑤ **탄력성의 원칙**

하역기기 설비를 다양한 용도로 탄력성 있게 운영할 수 있는 것이 바람직하다는 원칙을 말한다.

⑥ **운반순도의 원칙**

하역 물품에 불필요한 중량, 용적이 발생하지 않도록 대포장, 내용물의 낭비요소를 제거하는 원칙이다.

⑦ **최소취급의 원칙**

최소취급의 원칙은 하역작업에 있어서 불필요한 물품의 취급을 최소화하는 원칙이다.

⑧ **공간활용의 원칙**

공간활용의 원칙은 하역과 관련된 장소의 활용측면에서 평면적인 공간이용뿐만 아니라 입체적 공간활용을 이용할 수 있도록 하는 원칙을 말한다.

⑨ **중량체감의 원칙**

유효한 중량, 즉 유임하중(pay load)에 대한 불필요한 중량 다시 말하면 사중(deadweight)의 비율을 줄여서 운임효율을 향상시킬 수 있도록 하는 원칙을 말한다.

(3) 하역작업 개선을 위한 3S 원칙

원래 3S는 헨리 포드가 생산의 합리화를 위해 포드 자동차회사에 적용한 것인데, 현재는 여러 분야에서 폭넓게 적용되고 있다. 물류 하역작업의 합리화에도 적용된다.

① 단순화(Simplification)

② 표준화(Standardization)

③ 전문화(Specialization)

(4) 하역현대화의 원칙

하역현대화의 원칙으로는 하역의 기계화, 하역의 규격화 및 하역의 시스템화 등 3가지를 들 수 있다.

① **하역의 기계화** : 하역기기의 효율적인 활용과 기계화·자동화·무인화를 실현한다. 지게차, 크레인, 컨베이어, 대차(견인대차, 자동대차, 계단승강용 대차 등), 수직반송기기, 무인반송차 등을 이용한다.

② **하역의 규격화** : 거래와 물류기준에 따른 하역의 규격화·표준화·통일화를 촉진한다. 거래유통의 기준으로는 거래용 전표, 코드, 양식 등을 통일하고, 물류의 기준으로는 파렛트, 모듈치수, 컨테이너, 나무상자, 골판지 상자, 랙 등의 규격을 정한다.

③ **하역의 시스템화** : 하역을 시스템화하기 위해 유닛로드(unit load), 하역기계화, 수송·보관 등의 일관화, 합리화가 필요하다.

실전예상문제

01 하역에 관한 설명으로 옳은 것은? ▶ 제19회

① 하역은 고객서비스의 최전선이며, 비용과 서비스의 상충관계(Trade-off)를 전제로 수송과 배송간 윤활유 역할을 수행한다.

② 하역작업은 보관의 전후에 수반되는 작업으로 원재료의 조달에서만 하역이 행해진다.

③ 수출품 선적을 위한 항공 및 항만하역은 하역의 범위에 포함되지 않는다.

④ 하역은 화물에 대한 시간적 효용과 장소적 효용을 직접적으로 창출하는 활동이다.

⑤ 하역작업은 물류활동 중 인력 의존도가 높은 분야로 기계화 · 자동화가 진행되고 있다.

> **해설** ① 고객서비스의 최전선으로, 수송과 배송 간의 윤활유 역할을 수행하는 것은 보관이다.
> ② 원재료의 조달에서부터 생산, 소비에 이르는 물류의 전 영역에서 하역이 개입된다.
> ③ 항공 및 항만하역도 하역의 범위에 포함된다.
> ④ 하역은 운송 및 보관에 수반하여 발생하는 부수작업이므로 하역 그 자체로는 가치를 창출하지 않는다.

02 다음 중 하역에 대한 설명으로 옳지 않은 것은?

① 하역은 각종 운반수단에 화물을 싣고 내리는 것과 보관화물을 창고 내에서 운반하고 쌓아 두고, 꺼내고, 나누고, 상품구색을 갖추는 등의 작업 및 이에 부수하는 제반 작업을 총칭한다.

② 하역은 생산에서 소비에 이르는 전 유통과정의 효용창출에 직접적인 영향을 미치므로 하역합리화는 물류합리화와 관련성이 크다.

③ 하역은 화물의 상 · 하차 작업, 운송기관 상호간의 중계 작업, 창고의 입출고 작업 등 그 범위가 매우 넓다.

④ 협의의 하역은 사내하역만을 의미하나, 광의의 의미로는 수출품 및 수입품 선적을 위한 항만하역까지도 포함한다.

⑤ 하역은 시간적 효용과 거리적 효용을 모두 창출하기 때문에 중요성이 날로 증대되고 있다.

> **해설** 하역(stevedore, cargo working)은 물품의 운송 및 보관과 관련하여 발생되는 작업으로, 각종 운반용구에 화물을 싣고 내리는 것을 의미한다. 수송이 공간적 효용을 창출하고 보관이 시간적 효용을 창출하는데 비해 하역 그 자체로는 아무런 가치도 창출하지 않는다. 그러나 생산에서 소비에서 이르는 전 유통과정에서 수많은 하역이 이루어지고 있으므로 하역의 합리화는 물류의 합리화의 한 부분을 이루고 있다.

Answer 1. ⑤ 2. ⑤

03 하역의 원칙에 관한 설명으로 옳지 않은 것은? ▶ 제23회, 제17회

① 경제성의 원칙은 불필요한 하역작업을 줄이고 가장 경제적인 하역횟수로 하역이 이루어
지도록 하는 원칙이다.

② 이동거리 및 시간의 최소화 원칙은 하역작업의 이동거리를 최소화하여 작업의 효율성을
증가시키는 원칙이다.

③ 활성화의 원칙은 운반 활성지수를 최대화하는 원칙으로 지표와 접점이 작을수록 활성지
수는 높아진다.

④ 기계화의 원칙은 인력작업을 기계작업으로 대체하는 원칙으로 하역작업의 효율성과 경
제성을 증가시킨다.

⑤ 중력이용의 원칙은 중력에 의한 하역이 화물의 파손을 일으킬 확률이 높으므로 화물을
견고하게 포장해야 하는 원칙이다.

> **해설** ⑤ 중력이용의 원칙은 중력의 법칙에 따른 하역작업을 선택해야 하며, 물품을 들고 다니는 경우를 최소
> 화 하여야 한다는 것이다.

04 하역작업에 관한 설명으로 옳지 않은 것은? ▶ 제17회

① 배닝(Vanning)은 컨테이너에서 물품을 끄집어내는 작업이다.

② 분류(Sorting)는 물품을 품종별, 고객별, 목적지별 등으로 나누는 작업이다.

③ 쌓아올림(Stacking)은 물품을 보관시설 또는 장소로 이동시켜 정해진 위치와 형태로 쌓
는 작업이다.

④ 래싱(Lashing)은 물품을 고정시키는 작업이다.

⑤ 피킹(Picking)은 보관장소에서 물품을 끄집어내는 작업이다.

> **해설** ① 배닝(Vanning)은 컨테이너에 화물을 싣는 작업이고, 디배닝(Devanning)은 컨테이너로부터 화물을
> 내리는 작업이다.

05 파렛트화 또는 컨테이너화를 효과적으로 실시하기 위해서는 파렛트와 컨테이너의 규격, 구조
및 품질 등이 유기적으로 연결되도록 할 필요가 있다. 이러한 원칙을 무엇이라 하는가?

▶ 제15회

① 탄력성의 원칙   ② 표준화의 원칙

③ 사양변경의 원칙   ④ 재질변경의 원칙

⑤ 시스템화의 원칙

> **해설** 하역합리화의 원칙으로써 시스템화의 원칙(systematization)은 개개의 하역활동을 유기체로서의 활동
> 으로 간주하는 원칙이다. 종합적인 관점에서 시스템 전체의 균형을 염두에 두고, 시너지 효과를 올리는
> 것이 시스템화의 기본원칙이다.

06 다음은 하역 용어에 대한 설명이다. 가장 잘못된 설명은? ▶ 제20회

① 상차 및 하차(loading & unloading) : 운송기기 등에 화물을 싣고 내리는 것을 말함

② 배닝 및 디배닝(vanning & devanning) : 창고내부 랙에 화물을 올리거나 내리는 것을 말함

③ 래싱(lashing) : 운송기기에 실려진 화물을 움직이지 않도록 줄로 묶는 작업을 말함

④ 더니지(dunnage) : 운송기기에 실려진 화물이 손상 또는 파손되지 않도록 화물의 밑바닥 이나 틈 사이에 깔거나 끼우는 물건을 말함

⑤ 운반(carrying) : 물건을 비교적 단거리로 이동시키는 작업을 말하며, 생산·유통·소비 등 어느 경우에도 운반은 수반되며 하역의 일부로 간주함

해설 배닝 및 디배닝(vanning & devanning)은 창고내부 랙에 화물을 올리거나 내리는 것을 말하는 것이 아니고, 컨테이너에 화물을 싣고(적입) 내리는(적출)을 말하는 것이다.

07 수송기기에 실려진 화물을 고정시키는 작업을 무엇이라 하는가?

① 스태킹(Stacking) ② 배닝(Vanning)

③ 디배닝(Devanning) ④ 래싱(Lashing)

⑤ 피킹(Picking)

해설 래싱(Lashing)이란 화물을 수송기로 운반할 때 안전을 위하여 수송기기에 실려진 화물을 고정시키는 작업을 말한다.

08 MH(Material Handling) 작업을 개선하기 위한 방안으로 옳지 않은 것은? ▶ 제16회

① 공급선을 다변화한다.

② 화물을 적정한 크기로 단위화 한다.

③ 작업시간의 변동을 줄인다.

④ 크로스도킹을 구현한다.

⑤ 수작업을 기계화한다.

해설 운반관리(MH : Material Handling)는 한정된 구내에서 '물품을 취급하고 이동시키는 작업'을 말한다. 운반관리의 주안점은 직선의 흐름(straight line flow), 계속적인 흐름(continuous flow), 최소의 노력과 시간(least handling), 작업의 집중화(concentration operation), 생산작업 극대화(maximum work production) 등이다.
① 공급선을 집중화해야 운반관리의 기계화가 촉진되고 시간과 거리를 줄일 수 있다.

Answer 3. ⑤ 4. ① 5. ⑤ 6. ② 7. ④ 8. ①

09 아래 표는 작업순서를 결정해야 하는 작업에 대한 자료이다. 8월 5일에 FCFS(First Come First Served), EDD(Earliest Due Date), SPT(Shortest Process Time) 규칙을 적용하여 작업순서를 결정할 때 올바르게 연결된 것은? ▶ 제16회

작 업	작업시간(일)	도착일자	납기일자
A	3	7월21일	8월25일
B	4	7월15일	8월21일
C	1	7월16일	8월20일
D	2	7월18일	8월23일

① FCFS: B − C − D − A, EDD: A − D − B − C, SPT: C − D − A − B
② FCFS: C − D − A − B, EDD: C − B − D − A, SPT: B − C − D − A
③ FCFS: A − D − C − B, EDD: A − D − B − C, SPT: B − A − D − C
④ FCFS: B − C − D − A, EDD: C − B − D − A, SPT: C − D − A − B
⑤ FCFS: C − B − D − A, EDD: C − D − A − B, SPT: B − C − D − A

해설 FCFS(First Come First Served)는 선착순이므로 도착일자 순서로 B−C−D−A이다. EDD(Earliest Due Date)는 납기일 순서대로 C−B−D−A이다. SPT(Shortest Process Time)는 작업시간이 가장 짧게 걸리는 순서이므로 C−D−A−B이다.

10 A사의 작업시간에 관한 자료가 다음과 같을 때 입하작업공수(工數)비율과 가동률은? ▶ 제16회

- 총 작업시간: 100시간
- 실작업시간: 80시간
- 출하작업시간: 60시간
- 입하작업시간: 20시간
- 대기시간: 20시간

① 입하작업공수비율: 20%, 가동률: 33%
② 입하작업공수비율: 20%, 가동률: 80%
③ 입하작업공수비율: 33%, 가동률: 60%
④ 입하작업공수비율: 50%, 가동률: 80%
⑤ 입하작업공수비율: 60%, 가동률: 33%

해설 공수(工數)는 일의 양 또는 일의 범위로 Man(인원)×Hour(시간) 개념이다. 입하작업에서 공수비율=입하작업시간 / 총작업시간=20시간 / 100시간=20%이다. 가동률=실작업시간 / 총작업시간=80시간 / 100시간=80%이다.

11 아래와 같은 조건일 때, 필요한 트럭 도크(Dock)의 수는?   ▶ 제15회

> • 연간 트럭 출입대수 : 20,000대
> • 안전계수 : 0.15
> • 1일 대당 작업시간 : 4시간
> • 연간 작업일수 : 200일(단, 1일 작업시간은 10시간이며, 향후 물량증가는 고려하지 않음)

① 44개   ② 46개

③ 48개   ④ 50개

⑤ 52개

해설 필요 도크수 $= \dfrac{\text{연간 트럭출입대수} \times \text{1일 대당 작업시간} \times (1 + \text{안전계수})}{\text{연간 도크단위당 작업시간}}$ 이다.

따라서 필요 도크수 $= \dfrac{20,000 \times 4 \times (1 + 0.15)}{200 \times 10} = 46$개이다.

12 아래와 같은 조건일 때, 제품 A의 보관공간으로 몇 상자 분의 면적을 할당하여야 하는가?   ▶ 제15회

> • 주간수요는 평균이 1,000상자, 표준편차가 300상자인 정규분포를 따름
> • 주문 리드타임은 2주
> • 보유재고가 2,500상자일 때 7,000상자를 주문하는 정량발주시스템 사용

① 7,300상자   ② 7,500상자

③ 7,700상자   ④ 7,900상자

⑤ 8,100상자

해설 보유재고가 2,500상자일 때 7,000상자를 주문하면 2주 후에는 평균적으로 7,500상자를 보유하게 되므로 그만큼을 보관공간으로 할당해야 한다.

13 하역합리화 원칙에 관한 설명으로 옳지 않은 것은? ▸ 제15회

① 하역기계화의 원칙 : 인력작업을 기계화하여 하역작업의 효율성과 경제성을 증가시킨다.

② 유닛로드의 원칙 : 화물을 어느 일정 단위로 단위화하는 것을 의미한다.

③ 하역활성화의 원칙 : 운반활성지수를 최소화하는 원칙으로, 지표와 접점이 작을수록 활성지수는 낮아지며 하역작업의 효율이 증가한다.

④ 인터페이스의 원칙 : 하역작업의 공정간 접점을 원활히 소통하도록 하는 것이다.

⑤ 하역경제성의 원칙 : 운반속도의 원칙, 최소취급의 원칙, 수평직선의 원칙 등을 포함하는 원칙이다.

해설 ③ 하역활성화의 원칙(또는 운반활성화의 원칙)은 운반활성지수를 최대화하는 원칙으로 지표와 접점이 작을수록 활성지수는 높아지며 하역작업의 효율이 증가한다. 즉 물품을 운반하기 쉽고, 움직이기 쉽게 두어 운반을 편리하게 하는 것이다.

14 운반관리(Material Handling)의 4요소에 관한 설명으로 옳지 않은 것은? ▸ 제15회

① Motion : 재료, 부품, 제품을 필요로 하는 분야로 보다 경제적이고 합리적으로 운반한다.

② Time : 제조공정이나 기타 필요한 장소에 필요한 것을 적시에 공급한다.

③ Quantity : 필요량의 변화에 대응하여 정확한 수량, 중량, 용량을 공급한다.

④ Quality : 제조공정에 필요한 고품질의 물품을 운반한다.

⑤ Space : 공간, 장소를 계통적이고 효율적으로 이용한다.

해설 운반관리(Material Handling) 또는 하역의 4요소는 Motion, Time, Quantity, Space이다. 이 4가지 요소를 종합적으로 고려하여, 보다 더 합리적인 운반관리를 행하는 것이 하역의 과제이다.

15 하역합리화 기본원칙 중 활성화 원칙에서 운반활성지수가 '4'인 화물의 상태를 나타낸 것은?
(단, 운반활성지수는 0~4 임) ▸ 제14회

① 대차 위에 놓여 있는 상태   ② 파렛트 위에 놓여 있는 상태

③ 컨베이어 위에 실려 있는 상태   ④ 바닥에 놓여 있는 상태

⑤ 상자에 들어 있는 상태

해설 활성화(live load)는 물품을 언제라도 이동시키기 쉬운 상태로 대기시키는 것을 의미한다. 즉 어떤 물품이 다음 공정이나 단계로 투입하거나 이동하기 좋은 상태를 말한다. 활성지수는 바닥과의 마찰계수를 기준으로 0-바닥에 놓여있는 상태, 1-상자속에 들어 있는 상태, 2-파렛트 위에 있는 상태, 3-대차 위에 놓여 있는 상태, 4-컨베이어 위에 놓여 있는 상태로 구분한다.

16 하역의 원칙에 관한 설명으로 옳지 않은 것은? ▸제20회

① 지표와의 접점이 클수록 운반활성지수는 높아진다.

② 기계화 할수록 효율성이 높아진다.

③ 위에서 아래로 움직일수록 경제적이다.

④ 운반을 직선화 할수록 경제적이다.

⑤ 화물을 단위화 할수록 효율성이 높아진다.

> **해설** ① 활성화(live load)는 물품을 언제라도 이동시키기 쉬운 상태로 대기시키는 것을 의미한다. 즉 어떤 물품을 다음 공정이나 단계로 투입하거나 이동하기 좋은 상태를 말한다. 지표와의 접점이 클수록 활성지수는 낮아진다.

17 크로스 도킹(Cross Docking) 시스템이 가장 효율적으로 운영될 수 있는 경우는? ▸제14회

① 제품의 수요가 일정하고 안정적이며, 재고품절비용이 높을 경우

② 제품의 수요가 일정하고 안정적이며, 재고품절비용이 낮을 경우

③ 제품의 수요가 불확실하며, 재고품절비용이 높을 경우

④ 제품의 수요가 불확실하며, 재고품절비용이 낮을 경우

⑤ 모든 경우 크로스 도킹 시스템은 유용하다.

> **해설** 크로스 도킹(Cross-docking)은 창고나 물류센터로 입고되는 상품을 보관하지 않고, 곧바로 소매점포에 배송하는 물류시스템이다. 보관 및 피킹(storage & picking)작업 등을 제거함으로써 물류비용을 상당히 절감할 수 있다. 크로스 도킹은 제품 입하 시 출하지를 알고 있을 때, 즉 소비자가 재고를 즉시 받을 준비가 되어 있고, 선적장소가 적거나 입하화물이 대량이고 일일처리량이 많을 때 효과적이다.
> ② 크로스 도킹은 제품의 수요가 일정하고 안정적이며, 재고품절비용이 낮을 경우 가장 효율적으로 운영될 수 있다.

18 운반관리(Material Handling)에 관한 설명으로 옳지 않은 것은? ▸제14회

① 운반의 4요소는 동작, 시간, 수량, 공간이다.

② 운반관리는 그 형상을 불문하고 모든 물질의 이동, 포장, 저장에 관한 기술과 과학을 말한다.

③ 운반관리는 제조공정 및 검사공정을 포함하지 않는다.

④ 운반관리의 주안점은 직선의 흐름, 계속적인 흐름, 최소의 노력과 시간, 작업의 분산화, 생산작업 극대화 등이다.

⑤ 운반작업 개선의 원칙으로 노동 단축, 거리 단축, 기계화 등이 있다.

> **해설** ④ 운반관리의 주안점은 직선의 흐름(straight line flow), 계속적인 흐름(continuous flow), 최소의 노력과 시간(least handling), 작업의 집중화(concentration operation), 생산작업 극대화(maximum work production) 등이다.

| Answer | 13. ③ | 14. ④ | 15. ③ | 16. ① | 17. ② | 18. ④ |

19 물류활동에서는 불필요한 하역작업을 줄이고 가장 경제적인 수준에서 하역이 이루어지도록 하여야 한다. 다음 중 하역합리화로 옳지 않은 것은?

① 중량이나 용적이 필요 이상으로 커지지 않도록 포장설계를 행한다.

② 운반의 흐름을 직선으로 하여 운반거리가 최단거리가 되게 한다.

③ 운반활성화지수를 최소화하여 하역작업이 효율적으로 이루어질 수 있게 한다.

④ 화물을 어떤 단위로 유니트화 한다.

⑤ 공정능력을 파악하여 평준화시킨다.

> **해설** ③ 운반활성화지수를 최대화, 높게 하여야 하역작업이 효율적으로 이루어질 수 있다. 활성화지수를 최소화한다는 것은 바닥에 닿는 면이 많은 상태의 마찰계수가 높아서 하역작업이 비효율적이다.

20 Material Handling 장비의 생력화, 무인화 추세에 따라 다음과 같은 내용이 개선되어야 한다. 다음 중 개선항목으로 옳지 않은 것은?

① Unit Load System 규격에 적합한 하역 및 운반장비를 표준화한다.

② 다품종 소량의 물동량을 처리하기 위한 Sorting 및 Picking의 기계화와 자동화를 도입하여 보급한다.

③ Material Handling의 4요소인 Motion, Time, Quantity, Price를 개선하여야 한다.

④ Mechatronics 기술을 응용하여 인간의 감각과 판단 및 지시 등이 장착된 하역, 운반기계를 연구·개발한다.

⑤ 환경보전과 사고안전대책의 일환으로 하역, 운반기계를 무인화하여 작업능력을 극대화한다.

> **해설** 운반관리(Material Handling)의 4요소는 Motion(합리적 동작), Time(필요한 시간에 공급), Quantity (정확한 수량), Space(효율적 공간활용)이며, Price(가격)는 아니다.

21 하역합리화의 기본 및 보조원칙에 대한 설명이다. 적절하지 않은 것은?

① 기계화의 원칙은 인력작업을 기계작업으로 대체하여 하역작업의 효율성과 경제성을 추구하는 원칙이다.

② 전산화의 원칙은 자재운반 및 보관활동 전반에 걸친 전산화 작업을 고려한다.

③ 인터페이스의 원칙은 하역작업의 여러 공정 간의 계면 또는 접점이 원활히 연계되도록 하는 것을 뜻한다.

④ 단순화의 원칙은 복잡한 시설과 관리체계를 단순화함으로써 작업의 이해와 인식을 용이하게 하고 효율을 향상시킬 수 있다는 원칙이다.

⑤ 표준화의 원칙은 하역작업을 표준화하여 작업의 공정한 배분과 평가가 가능하도록 함으로써 하역작업의 효율성을 추구하는 원칙이다.

> **해설** ② 전산화의 원칙은 하역합리화의 원칙과는 관련이 없다.

22 운반순도의 원칙, 최소취급의 원칙, 수평직선의 원칙 등을 포함하는 하역합리화의 원칙은?

▶ 제19회

① 기계화 원칙

② 인터페이스 원칙

③ 시스템화 원칙

④ 중력이용의 원칙

⑤ 하역경제성의 원칙

해설 ⑤ 하역 경제성(economic handling)의 원칙은 하역작업의 횟수를 줄임으로써 화물의 오손, 분실, 비용을 최소화한다는 원칙으로, 운반순도(purity)의 원칙, 최소취급(least handling)의 원칙, 수평직선(straight line)의 원칙 등을 포함하는 원칙이다.

23 하역에 대한 설명 중 가장 거리가 먼 것은?

① 각종 운반수단에 화물을 싣고 부리는 것과 보관화물의 창고 내에서의 쌓기와 내리기 또는 이에 부수되는 작업을 총칭한다.

② 하역은 시간적, 거리적, 공간적 효용을 창출한다.

③ 기능적으로 운송과 보관의 일부를 형성하고 있어 운송, 보관효율 향상을 지원하는 역할이 크다.

④ 하역에는 화물을 분류하고 정돈하는 작업도 포함된다.

⑤ 일부 업종의 경우 아직도 인력 의존도가 높은 작업이다.

해설 하역(stevedore, cargo working)은 물품의 운송 및 보관과 관련하여 발생되는 작업으로, 각종 운반용구에 화물을 싣고 내리는 것을 의미한다. 보관을 위한 입출고, 창고 내에서의 쌓기와 내리기, 또는 이에 부수된 구분 및 품목 갖추기 등 모든 작업을 의미한다. 하역을 구성하는 7가지 개념은 적화, 운반, 적부, 반출, 오더 피킹, 분류, 정돈 등이다.
② 수송이 공간적 효용을 창출하고 보관이 시간적 효용을 창출하는 데 비해 하역 그 자체로는 아무런 가치도 창출하지 않는다고 할 수 있다. 그러나 생산에서 소비에서 이르는 전 유통과정에서 수많은 하역이 이루어지고 있으므로 하역의 합리화는 물류의 합리화의 한 부분을 이룬다고 할 수 있다.

24 하역의 기본원칙 중 경제성 원칙에 대한 설명이다. 거리가 먼 것은?

① 불필요한 하역작업을 줄이고 가장 경제적인 수준에서 하역이 이루어지도록 하여 화물의 파손, 손실을 최소화하는 원칙을 말한다.

② 필요 이상의 과대포장으로 중량이나 용적이 커져 운임이나 운반비, 하역비가 높아지지 않도록 배려한다.

③ 생략해도 지장이 없는 하역이나 운반작업을 줄여 두 번 작업하거나 임시로 놓아두지 않도록 배려한다.

④ 종합적인 관점에서 시스템 전체의 균형을 염두에 두고 시너지 효과를 올리도록 한다.

⑤ 운반의 흐름을 직선으로 하여 운반거리가 최단거리가 되게 하고, 교차, 지그재그, 왕복 등 운반의 혼잡을 일으키는 요인을 제거한다.

해설 ⑤ 운반의 흐름을 직선으로 하여 운반거리가 최단거리가 되게 하고, 교차, 지그재그, 왕복 등 운반의 혼잡을 일으키는 요인을 제거하는 것은 이동거리(시간) 최소화의 원칙이다.

25 하역의 개념 및 정의에 관한 설명으로 옳지 않은 것을 모두 고른 것은?　　▶ 제18회

> ㉠ 하역은 각종 운반수단에 화물을 싣고 내리는 것과 보관화물을 창고 내에서 운반하고, 쌓아 넣고, 꺼내고, 나누고, 상품 구색을 갖추는 등의 작업 및 이에 부수적인 작업을 총칭한다.
> ㉡ 하역은 화물에 대한 시간적 효용과 장소적 효용의 창출을 지원하는 행위이다.
> ㉢ 하역은 화물 또는 생산품의 이동, 운반, 제조공정 및 검사공정을 말한다.
> ㉣ 하역은 생산에서 소비에 이르는 전 유통과정에서 행하여진다.
> ㉤ 하역의 범위에 있어 협의의 하역은 사내하역만을 의미하나, 광의의 의미는 사외하역도 포함한다. 단, 수출기업의 수출품 선적을 위한 항만하역은 포함하지 않는다.

① ㉠, ㉣　　　　　　② ㉡, ㉢　　　　　　③ ㉢, ㉤
④ ㉠, ㉡, ㉢　　　　⑤ ㉠, ㉡, ㉢, ㉣

해설 하역(cargo-working, cargo handling)은 각종 운반수단에 화물을 싣고 내리는 작업은 물론, 화물을 창고에 넣고 꺼내는 작업, 창고 내에서 운반하고 분류하고 모으는 작업과 이에 부수되는 작업을 총칭하는 개념이다. 하역에 제조공정과 검사공정은 포함되지 않는다. 그리고 항만하역은 하역의 범위에 포함된다.

Answer 24. ⑤　25. ③

02 유닛로드 시스템(ULS)

| 학습목표 | 1. 유닛로드 시스템(ULS)의 정의와 형태 및 방법을 이해한다.
2. 유닛로드 시스템의 구축효과를 이해한다.
3. 물류모듈화의 뜻과 범위, 물류모듈의 대상을 이해한다.

| 단원열기 | 유닛로드 시스템(ULS)의 정의와 전제조건 및 목적, 유닛로드 시스템의 구축방법, 유닛로드 시스템의 구성과 선결과제, 유닛로드 시스템의 구축효과 등은 언제든지 출제될 수 있는 내용이다. 물류모듈화의 뜻과 필요한 이유, 물류모듈의 범위는 여러 번 출제된 내용이다. 물류모듈화의 대상도 정리해 두어야 한다.

제1절 유닛로드 시스템의 개념

1 유닛로드 시스템의 개요

(1) 유닛로드 시스템의 정의

① 일반적인 정의

㉠ 유닛로드 시스템(Unit Load System : ULS)이란 하역작업의 혁신을 통해 하역합리화를 도모하기 위한 것으로 '화물을 일정한 중량(weight) 또는 체적(volume)으로 단위화하여 기계를 이용해서 하역하는 시스템'을 말한다. ULS는 파렛트화 하거나 컨테이너화 하는 방법 2가지가 있다.

㉡ 유닛로드 시스템(ULS)은 협동일관운송의 전형적인 운송시스템으로서 하역작업의 기계화 및 자동화, 화물의 파손방지, 적재의 신속화, 차량회전율의 향상 등으로 물류비를 절감하기 위해 활용한다.

② 한국산업표준(KS)의 정의

한국산업표준(KS)에 따르면 '유닛로드란 수송, 보관, 하역 등의 물류활동을 합리적으로 처리하기 위하여 복수의 물품 또는 포장화물을 기계·기구에 의한 취급에 적합하도록 하나의 단위로 정리한 화물'을 일컫는다. 또한 이 용어는 '하나의 대형물품이 위 목적에 합치하는 경우에도 사용한다'고 정의하고 있다.

(2) 유닛로드 시스템의 전제조건과 목적

① 유닛로드 시스템의 전제조건

㉠ 운송장비 적재함 규격의 표준화 ㉡ 포장단위 치수의 표준화

㉢ 파렛트의 표준화 ㉣ 운반·하역장비의 표준화

㉤ 창고보관설비의 표준화 ㉥ 거래단위의 표준화

② 유닛로드 시스템의 목적

유닛로드 시스템은 화물 취급단위에 대한 단순화와 표준화를 통하여 기계하역을 보다 용이하게 하고, 하역능력 향상과 비용절감을 꾀할 수 있으며, 수송 및 보관업무의 효율적인 운용과 수송포장의 간이화를 가능하게 하는 데 있다.

③ 유닛로드 시스템의 작업구성

물류활동의 수행과정에서 출고, 정돈, 수송기기에 적재하기, 옮겨쌓기, 내리기, 화물수령, 분류, 입고 등 수많은 하역이 이루어지고, 검품·이송 등의 부수작업 등이 수행된다. 이 경우 개개의 물품을 하나씩 취급한다면 번거롭고 복잡하며, 파손이나 분실 등을 초래할 수 있다. 이러한 문제를 해결해 줄 수 있는 것이 유닛로드 시스템이다.

(3) 유닛로드 시스템의 구축방법

① 유닛로드의 형태

㉠ 파렛트나 컨테이너를 이용하거나 혹은 물품을 밴드로 묶거나 집합포장으로 처리한 상태가 일반적이다.

㉡ 트럭·트레일러·스왑바디(swapbody)[7] 또는 화물열차나 거룻배 등 그 자체를 하나의 유닛로드화하여 대형 수송기관에 적재하여 수송하는 형태도 있다.

㉢ 일반적인 유닛로드는 기계하역에 적합하도록 표준화된 형태이나, 유닛로드화는 어떠한 형태이든 획일화된 정형물(uniform load)을 요구하고 있다.

㉣ 내용물은 각각 서로 다르더라도 같은 규격의 파렛트나 컨테이너에 적재함으로서 동일한 모습의 화물로 취급되어야 한다(필요에 따라서는 여러 개의 규격도 가능하다).

② 유닛로드화의 방법

유닛로드화의 대표적인 것이 파렛트화 및 컨테이너화이다. 처음 물품이 적재되는 때로부터 최종 목적지까지 도착하여 물품이 각각 분리될 때까지 파렛트와 컨테이너에 적재된 상태 그대로 취급하는 것을 일관파렛트화(palletization) 및 일관컨테이너화(containerization)[8]라고 한다.

---

7) 스왑바디(swapbody)는 화물차량과 적재함이 기술적으로 탈·부착되는 시스템으로 화물차량의 공차율을 현저하게 감쇄시킬 수 있는 친환경적 물류시스템이다.

8) 컨테이너화(containerization)는 협의로는 수송화물을 일정한 규격을 갖는 컨테이너에 적재하여 컨테이너 단위로 유닛로드화하여 하역이나 수송의 효율을 높이기 위한 것을 의미한다. 광의로는 컨테이너화에 의해 실현되는 일관수송체계(unit load system)를 의미한다.

■2 유닛로드 시스템의 구성

(1) 구 성

① 파렛트를 이용하는 방법

㉠ 파렛트는 지게차(fork lift)가 개발됨으로써 파렛트에 적재된(pallet load) 상태로 일관하여 수송하는 것(palletization)이 가능해지고, 포장의 표준화에 의한 포장비의 절감 및 화물파손의 감소 등 물리적 · 경제적 양면에서 효과가 있다.

㉡ 또한 파렛트 로더(pallet loader)를 사용하여 생산라인에 연결하여 생산된 제품을 파렛트 위에 적재한 다음 이를 곧바로 자동창고에 입고 · 보관시키고 있어 보관합리화 및 출하관리에도 효율적으로 이용되고 있다.

㉢ 파렛트를 활용한 대표적인 것이 일관파렛트화이다. 이는 화물의 출발지에서부터 도착지까지 파렛트에 화물을 실은 상태를 유지하면서 수송하는 시스템을 말한다.

② 컨테이너를 이용하는 방법

㉠ 컨테이너(container)는 1956년에 미국 씨랜드(Sealand)사가 미국 내 화물의 연안수송에 이용한 것이 시작이었으며, 항공영역까지도 확대되어 국제간 화물수송의 주류를 형성하게 되었다. 컨테이너는 수송 중 외부의 충격에도 견딜 수 있는 구조로 되어 있어 수송의 효율성을 높일 수 있는 기기이다.

㉡ 컨테이너 사용의 장점은 수송 능률향상과 수송기관과의 연결을 원활하게 할 수 있으며, 일관수송을 가능케 하여 각 수송매체의 특징을 발휘할 수 있다.

㉢ 컨테이너의 운송은 육로에서는 트레일러와 같은 대형트럭, 철도에서는 컨테이너의 전용화차, 해상운송에서는 세미 컨테이너 또는 풀 컨테이너선, 항공운송에서는 대형화물 전용기가 사용되고 있다.

(2) 유닛로드 시스템의 운용범위

① 시설 내 파렛트화

공장창고, 트럭터미널 등 자가용 물류시설의 내부에서만 운용하는 것을 말한다.

② 집배 파렛트화

자가용 물류시설과 사무용 물류시설 간의 집배에 운용하는 것을 말한다.

③ 간선수송 파렛트화

㉠ 발착자가용 물류시설 간 하나의 수송이 완결하는 전구간에 운용하는 것을 말한다.

㉡ 컨테이너화의 경우는 수송업자 자체의 수송시스템으로서 행해지고 있는 경우 하나의 수송이 완결하는 전구간이 운용범위가 된다.

■ 3 유닛로드 시스템 구축의 효과

(1) 유닛로드 시스템 구축의 목적

유닛로드의 목적은 화물취급 단위에 대한 단순화와 표준화를 통하여 기계하역을 쉽게 하고, 하역 능력향상, 비용절감, 수송 및 보관업무의 효율적인 운용, 수송포장을 간소화하는 데 있다.

① **작업효율 향상**: 파렛트나 집합포장이라면 수백 킬로그램에서 수백 톤, 컨테이너나 철도화차 라면 수십 톤, 바지선의 경우는 수백 톤의 단위가 된다. 인력으로 운반할 수 있는 단위는 수십 킬로그램에 불과하므로 유닛로드 시스템의 효율성을 꾀할 수 있다.

② **운반의 활성화**: 유닛로드는 동시에 라이브로드(live load)이어야 한다. 라이브로드란 움직이기 가 용이한 상태에 있는 화물로서 운반활성이 좋은 화물이라는 의미이다. 화물의 소이동 재배 치 등을 쉽게 할 수 있어서 창고 등에서 작업자가 정리하기 쉬워 물류의 접점에서 원활한 접속 이 이루어진다.

③ **작업의 표준화에 따라 작업관리가 용이**: 유닛로드는 유니폼로드화한 것이다. 여러 종류의 물 품이라 하더라도 유닛로드화되어 화물이 획일화되면 기계작업에 적합해지고 작업의 표준화가 가능해진다. 작업의 표준화가 이루어지면 일정계획에 따라 수행할 수 있다.

④ **물품의 보호효과**: 완성된 유닛로드의 형태로 취급할 수 있으므로 물품의 손상을 감소시킨다.

⑤ **비용절감 효과**: 수송포장도 수작업 하역의 경우보다 간소하고 쉽게 하역시킬 수 있고 비용절 감에 기여한다.

⑥ **하역의 합리화**: 개개의 수송물품을 하역하는 경우와 비교하면, 하역시간의 단축(수송기관의 운행횟수), 각 하역작업의 연속성 등이 이루어진다.

(2) 파렛트 이용 시의 효과

① 인건비의 절감

② 운송비의 절감

③ 제한된 공간을 유효 이용

④ 수송기구의 회전기간 단축

⑤ 재고 조사의 편의성

⑥ 창고의 환기개선

⑦ 도난과 파손의 감소

⑧ 인력의 절감

⑨ 단위포장으로 포장의 용적감소

⑩ 모든 서류의 간소화

⑪ 화물의 적재효율 향상

⑫ 습기 방지

⑬ 운반관리 시스템에 의한 신속한 수송

⑭ 파렛트와 지게차 외에는 별다른 장비가 불필요

⑮ 하역시간 단축

(3) 컨테이너 이용 시의 효과

① 불필요한 포장비 절약

② 신속한 선하증권의 발급으로 이자 절약

③ 생산능률의 향상

④ 육운비의 절약

⑤ 항만하역비의 절약

⑥ 보험료의 절약

⑦ 안전한 수송

제 2 절 물류모듈화

1 물류모듈화의 이해

(1) 물류모듈화의 의의

① 모듈화의 개념

　㉠ 물류모듈(module)화는 물류시스템을 구성하는 각종 요소인 화물의 단위적재 및 이에 대한 하역·운반기기 및 기계, 화물트럭, 철도화차, 선박 등의 운송을 위한 장비 및 보관용 기기나 시설 등의 치수와 사양에 관한 기준척도 및 대칭계열을 의미한다. 물류모듈화는 물류 표준화 체계의 가장 기본적인 요소이다.

　㉡ 물류시스템은 개별화된 여러 하위시스템으로 구성되어 있다. 모듈(module)화란 다양한 규격, 종류, 치수 등을 계열화, 단순화, 통합화, 그룹화 하는 것이라 할 수 있다. 이렇게 함으로써 보관·하역 등의 기계화, 자동화, 합리화, 효율화가 가능하다.

② 물류모듈화가 필요한 이유

　㉠ 물류시스템이 업계 또는 국가적인 차원이 아니라 개별화된 시스템으로 구성되어 있어서 기업 및 국가물류 발전에 많은 결함을 지니고 있다.

　㉡ 우리나라의 물류는 국내자립형이 아닌 국제협조형의 표준화가 되어야 하며, 물류체계는 국제물류체계와의 정합성을 갖추어야 한다.

ⓒ 물류합리화에 의한 표준화 체계를 시스템적으로 추진하기 위해서는 그 기본이 되는 하역취급단위 및 보관단위에서부터 표준화가 이루어져야 한다.

(2) 물류모듈의 대상

① 집합포장기기

집합포장기기는 유닛로드를 구성하는 포장화물의 일체화와 화물 무너짐을 방지하기 위해서 플라스틱 필름을 사용하는 대형포장기와 수평·수직방향의 밴드로 결속하는 밴드·끈을 매는 기기 등을 말한다.

② 하역기기

유닛로드를 구성하는 물품적재 용기로서는 파렛트가 대표적이다. 파렛트 위에 포장화물을 적재하기 위한 파렛타이저(palletizer)가 있고, 화물을 해체할 때에는 디파렛타이저(depalletizer)가 자동화 작업용으로서 많이 이용되고 있다.

③ 보관기기

보관을 위한 장치로서는 보관용 랙(rack)이 대표적이다. 보관 랙에 화물을 쌓고 내리는 기기로서는 크레인·엘리베이터가 있고, 화물을 입·출하기 위한 피커, 분류기 등이 있다.

④ 수송기관

ⓐ 비교적 장거리를 운송하는 수송기관으로서는 트럭, 화차, 선박 및 항공기가 있고, 이들 운송기관의 적재함에 컨베이어 파렛트 로더가 장착된 것이 있으며, 트럭과 철도에서의 전용차량과 컨테이너선 및 파렛트 로딩장치 또는 컨테이너 탑재 화물전용항공기 등이 있다.

ⓑ 컨테이너는 철도와 트럭에 병용되는 철도 컨테이너와 트럭, 철도와 선박을 연계하는 해상컨테이너가 있고, 항공기용인 항공컨테이너가 현재 사용되고 있다.

⑤ 물류시설

ⓐ 유닛로드에 관련된 물류시설은 그 용적의 크기가 각각 달라 전용시설로 이용되는 것은 적지만 구조기준에 있어서 수송기관과 하역기기의 정합성이 과제이다.

ⓑ 유닛로드 전용 랙창고가 사용되는 점포에서는 유닛로드 치수에 맞도록 진열방식을 택하고 있고, 상황에 따라서 일부만 유닛로드 치수화 하는 물류시설도 있다.

(3) 계열치수(module system)

① 분할계열치수(포장모듈 분할치수, 포장단위 치수)

ⓐ KST-0002 표준파렛트 치수 NULS(Net Unit Load System, 1,100mm × 1,100mm)를 $\frac{1}{2}$, $\frac{1}{3}$, $\frac{1}{4}$ 등으로 분할한 수치들을 조합하여 포장단위의 가로와 세로규격을 설정하고 조합하여 69종의 표준을 채택하고 있다.

ⓑ 이에 따라 파렛트 위에 적재하는 골판지 상자나 플라스틱제 운반용기(container)의 크기는 600×500mm, 550×366mm, 500×300mm, 440×330mm 등의 규격이 있다.

② **배수계열치수**(물류모듈 배수치수)

　㉠ PVS(Plan View Size, 1,140 × 1,140mm)는 NULS에 여유치수(40mm)를 기준으로 정립되어 여타 물류모듈과의 배수관계를 의미한다.

　㉡ 컨테이너 내부치수, 트럭 적재함 치수, 랙 규격, 창고 천장높이가 고려된다.

물류모듈	파렛트 적재수량(매)
8톤 트럭 적재함	12매(2열 6행)
11톤 트럭 적재함	16매(2열 8행)
20ft 컨테이너	10매(2열 5행), 2단 적재이면 20매
40ft 컨테이너	20매(2열 10행), 2단 적재이면 40매

실전예상문제

01 화물을 일정한 표준의 중량 또는 체적으로 단위화시켜 일괄적으로 기계를 이용하여 하역, 수송하는 시스템은?   ▶ 제14회

① 파렛트 풀 시스템   ② 파렛트 푸시 시스템
③ 오더 피킹 시스템   ④ 유닛로드 시스템
⑤ 컨베이어 시스템

> **해설** 한국산업표준(KS)에 따르면 '유닛로드란 수송, 보관, 하역 등의 물류활동을 합리적으로 처리하기 위하여 복수의 물품 또는 포장화물을 기계 기구에 의한 취급에 적합하도록 하나의 단위로 정리한 화물'을 일컫는다. 따라서 유닛로드 시스템(Unit Load System=ULS)이란 하역작업의 혁신을 통해 운송합리화를 도모하기 위한 것으로 '화물을 일정한 중량 또는 체적으로 단위화시켜 일괄해서 기계를 이용하여 하역, 운송하는 시스템'을 말하며, 파렛트화 및 컨테이너화 하는 2가지 방법이 있다.

02 유닛로드 시스템(Unit Load System)에 관한 설명으로 옳지 않은 것은?   ▶ 제17회

① 하역작업의 혁신을 통해 수송합리화를 도모하기 위한 방안 중 하나이다.
② 호환성이 증대되어 다른 회사와 공동으로 파렛트를 사용하는 등 시스템 연계성을 높일 수 있다.
③ 화물의 취급단위에 대한 단위화와 표준화를 통하여 기계하역을 용이하게 하며 하역능력 향상과 비용절감의 이점이 있다.
④ 우리나라에서는 일관수송용 평파렛트에 관한 KS규격이 제정되어 있다.
⑤ 세계의 모든 나라가 T-11형 파렛트를 표준으로 삼고 있기 때문에 국제교역 시 일관수송을 위해 T-11형 파렛트를 사용하여야 한다.

> **해설** ⑤ T-11형 파렛트는 1,100mm×1,100mm의 규격으로 일관수송용 목재파렛트이다. 국내(KS A-2155)와 국제(ISO 6780) 표준규격 파렛트이다. 세계의 모든 나라가 표준으로 삼고 있는 것은 아니다.

03 물류 모듈화에 관한 설명으로 옳지 않은 것은? ▶ 제15회

① 유닛로드 시스템은 파렛트를 기본으로 하는 것이 일반적이다.

② 우리나라에서는 일관수송용 평파렛트에 관한 KS 규격이 제정되어 있으며, 치수는 1,100mm×1,100mm로 규정하고 있다.

③ 유닛로드 치수를 표준화하는 데는 수송에 관계있는 트럭이나 컨테이너 화차와의 정합성이 필요하다.

④ 파렛트 규격은 동업종 및 이업종 간에도 호환성이 있어야 한다.

⑤ 파렛트 치수는 각 사업장별로 독자적으로 사용하여 적재효율을 향상시켜야 한다.

해설 ⑤ 물류합리화를 위해 유닛로드 시스템을 구축하기 위해서는 파렛트의 표준화가 필수적이다. 파렛트의 표준화가 이루어져야 일관파렛트화(Palletization), 파렛트 풀 시스템(PPS) 구축은 물론 물류공동화가 용이하게 이루어지고 나아가 고객서비스의 향상과 물류비용의 절감이라는 물류관리의 목표를 달성할 수 있다.

04 물류 모듈화의 대상에 관한 설명으로 옳지 않은 것은? ▶ 제19회

① 파렛트(Pallet)는 유닛로드(Unit load)를 구성하는 물품적재용기이며, 파렛트에 포장화물을 적재하기 위하여 파렛타이저(Palletizer)가 사용되기도 한다.

② 보관 랙(Rack)은 모듈화된 화물의 보관을 위한 장치로 사용된다.

③ 집합포장기기는 유닛로드를 구성하는 포장화물의 일체화와 화물무너짐 방지를 하기 위한 기기를 말한다.

④ 물류정보시스템은 물류 기능들을 유기적으로 결합하여 조정역할을 하며, 고객서비스 향상과 물류비 절감 등의 물류합리화를 지원할 수 있다.

⑤ DAS(Digital Assorting System)는 운반기기로서 항만에서의 중량화물을 운반하는데 사용된다.

해설 ⑤ DAS(Digital Assort System)는 동일한 제품을 토탈피킹(Total Picking)한 후 거래처별로 분배하는 형태의 시스템이다.

Answer 1. ④ 2. ⑤ 3. ⑤ 4. ⑤

05 유닛로드(Unit Load) 시스템의 장점을 설명한 것과 거리가 먼 것은?

① 보관효율의 향상

② 하역의 기계화 가능

③ 운송의 편의성과 트럭 회전율 향상

④ 다품종 소량, 다 거래처에도 유리

⑤ 제품 파손의 감소와 포장비 절감

> **해설** 유닛로드(Unit Load) 시스템은 화물취급 단위에 대한 단순화와 표준화를 통하여 기계하역을 보다 용이하게 하고 하역능력 증대와 비용절감을 꾀함과 동시에 수송 및 보관업무의 효율적인 운용, 나아가서는 포장의 간소화를 가능하게 한다. 각각의 효과를 요약하면 다음과 같다. ㉠ 취급단위를 크게 함으로써 작업효율을 향상시킬 수 있다. ㉡ 유닛로드(Unit Load)에 의해 운반활성이 향상되어 운반이 용이해진다. ㉢ 작업의 표준화에 따라 계획적인 작업이 가능해진다. ㉣ 물품의 손상을 감소시키는 보호효과를 기대할 수 있다.

06 유닛로드 시스템(Unit Load System)의 용어설명과 거리가 먼 것은?

① 포장모듈화란 포장합리화, 표준화를 위해 포장의 수치를 부여하기 위한 기준척도이다.

② 포장모듈화치수란 포장모듈화에서 유도된 치수법이다.

③ 유닛로드(Unit Load)란 수송, 보관, 하역 등의 물류활동을 합리적으로 처리하기 위하여 복수의 물품 또는 포장화물을 기계·기구에 의한 취급에 적합하도록 하나의 단위로 정리한 화물을 말한다.

④ 플랜 뷰 사이즈(Plan View Size)란 유닛로드의 크기를 표현하기 위하여 필요한 치수를 말한다.

⑤ 유닛로드 사이즈(Unit Load Size)란 단위화물치수로서 유닛로드의 크기를 표시한다.

> **해설** 플랜 뷰 사이즈(Plan View Size : PVS)는 유닛로드 주위의 제일 많이 나온 부분에서 잰 실제의 길이와 너비이다. 이것은 적재방법 자체가 불규칙하여 삐죽 나온다든가 화물무너짐 방지처리 등에서 포장에 부푼 부분이 생긴다든가 또 1단 적재 보관 시 압력이나 하역·수송과정에 있어서 진동에 의한 화물형태의 변형 등의 이유로 네트유닛로드보다 크게 된다. 결국 유닛로드가 유통과정에서 화물형태에 느슨해지는 정도를 네트유닛로드 사이즈에 더한 것이 플랜 뷰 사이즈이다. 여기에서는 50mm까지의 오차가 허용된다. 블랜 뷰 사이즈의 최대 허용치는 KS A 1608(유닛로드 치수)에 규정되는 1,140 × 1,140mm로 설정되어 있다.

07 유닛로드(Unit Load) 시스템의 장점에 대한 설명으로 옳지 않은 것은?

① 입출고의 빈도가 줄어 운반 효율이 증가한다.

② 크기가 균일하게 되어 화물 취급이 용이하다.

③ 저장 공간을 유효하게 활용할 수 있다.

④ 파손, 분실을 방지할 수 있다.

⑤ 다양한 화물의 크기 및 모양을 모두 수용할 수 있다.

> **해설** 유닛로드(Unit Load) 시스템은 화물취급 단위에 대한 단순화와 표준화를 통하여 기계하역을 보다 용이하게 하고 하역능력 증대와 비용 절감을 꾀함과 동시에 수송 및 보관업무의 효율적인 운용, 나아가서는 포장의 간소화를 가능하게 한다.
> ⑤ 유닛로드 시스템은 주로 표준화된 화물을 대상으로 한다. 모든 크기와 모양을 모두 수용할 수 있는 것은 아니다.

08 유닛로드 시스템(Unit Load System)과 가장 관련이 없는 것은? ▸ 제18회

① 일관파렛트화 ② 컨테이너

③ 파렛트 ④ 하역의 기계화

⑤ 낱포장

> **해설** 유닛로드 시스템(Unit Load System : ULS)은 화물을 일정한 중량(weight) 또는 체적(volume)으로 단위화하여 기계를 이용해서 하역하는 시스템으로, 하역합리화를 도모하기 위한 것이다. ULS는 파렛트화 하거나 컨테이너화 하는 방법 2가지가 있다. ⑤ ULS를 활용하기 위해서는 화물을 집합포장하여 단위화하여야 한다.

Answer 5. ④ 6. ④ 7. ⑤ 8. ⑤

03 일관파렛트화

| 학습목표 | 1. 파렛트의 개념과 종류, 적재방법 등을 이해한다.
2. 일관파렛트화의 개념과 기대효과를 이해한다.
3. 파렛트풀 시스템의 개념과 운영방식을 이해한다.
4. 분류시스템의 개념과 자동분류장치의 유형을 이해한다.

| 단원열기 | 파렛트의 정의, 이용의 장단점, 규격과 종류 등은 자주 출제되는 내용이다. 파렛트의 적재방법, 일관
파렛트화의 개념과 기대효과, 파렛트풀 시스템의 특징과 운영방식 등도 여러 번 출제된 내용이다.
분류시스템의 원리와 여러 가지 자동분류 장치의 유형은 그림과 함께 특징을 이해해야 한다.

제1절 파렛트의 개념과 종류, 적재방법

1 파렛트의 의의

(1) 파렛트의 정의

① **일반적 정의**: 파렛트(pallet)는 물류용어사전에서 "화물의 운송, 하역 및 보관에 쓸 수 있는 가로, 세로의 크기가 일정한 깔판으로서 단위화 되어 있는 것"이고, "파렛트화는 화물의 규격화에 의한 하역의 능률을 높이기 위해 화물을 일정한 규격의 크기가 되도록 파렛트 위에 정해진 치수로 쌓고 파렛트와 화물을 함께 묶어서 규격화는 방법"으로 정의하고 있다.

② **한국산업표준(KS)의 정의**: 우리나라 한국산업표준(KST 0001)에서는 "파렛트는 하역운반기기에 의한 물품의 취급을 편리하게 하기 위한 물품을 싣는 면을 가진 것"으로 정의하고, KST 2001(파렛트용어)에 의하면 "유닛로드 시스템을 추진하기 위해 사용되며 물품을 하역, 수송, 보관하기 위하여 단위 수량으로 한곳에 모아서 쌓아 놓는 면을 가진 것"으로 정의하고 있다.

(2) 물류합리화와 파렛트

① **파렛트 사용의 증대**: 화물운송에 파렛트를 이용하는 방법은 1940년경 미국에서 개발하여 사용되기 시작한 후 전 세계적으로 사용되고 있다. 초기에는 공장 등 작업장소의 구내에서 운반합리화의 수단으로 시작되었는데, 지게차(fork lift)가 개발되어 파렛트 로드(pallet load) 상태로 일관하여 수송하는 단계(palletization)에까지 이르게 되었다.

② **파렛트 사용의 효과**: 파렛트를 사용한 일관파렛트화의 채택은 포장의 표준화에 의해 포장 수송비의 절감은 물론 화물파손의 감소 등 물리적, 경제적 양면에서 상당한 효과를 기대할 수 있다.

최근에는 파렛트를 사용하여, 생산라인에 직접 연결된 제품을 파렛트 위에 적재한 다음 이를 곧바로 자동창고에 입고, 보관시키고 있어 보관 합리화 및 출하관리에까지 이용하고 있다.

(3) 파렛트 사용의 선행조건

① 파렛트 치수의 표준화

② **적정설비 기기의 개량 및 개발**: 건물 또는 설비를 KST 0006(유닛로드 시스템 통칙)과 KST 2010(보관창고의 시설기준), KST 2004(물류시설의 설비기준)에 맞도록 개량할 필요가 있다.

  ㉠ 일관파렛트화에 적정한 수송기기의 개발 및 개량

  ㉡ 시설·관련기기의 개량 및 개발

③ **화물 무너짐 방지책의 강구**: 일반적으로 트럭에서는 윙바디차량의 이용, 고무밴드, 랩에 의한 커버, 스트렛치 필름 등이 이용되고 있다.

④ 운송요금 체계의 개선

⑤ 효과와 비용부담의 명확화

⑥ 파렛트 운용관리시스템의 확립

| 보충학습 |

파렛트 표준화의 이점

파렛트 표준화를 통해 물류표준화, 물류공동화 및 유닛로드(unit load)화가 이루어지고 나아가 물류합리화를 이룰 수 있다.

1. 운송장비의 적재효율 상승
2. 환적 시 비용 절감과 함께 파렛트의 상호교환 촉진
3. 하역시간 단축, 수송비용 절감
4. 재고조사의 편이성 증대
5. 작업능률 증대, 화물파손 감소
6. 운임과 하역 부대비용 감소

⑷ **파렛트 이용시의 장·단점**

파렛트를 이용하여 화물을 운송·보관·하역하는 경우의 장점과 단점을 정리하면 다음과 같다.

장 점	단 점
• 하역작업의 효율화 • 하역의 단순화로 인한 수송효율의 향상으로 수송비 절감 • 제한된 공간을 최대한 이용 • 수송기구의 회전기간 단축 • 재고조사의 편의성 • 창고의 환경개선 • 도난과 파손의 감소 • 작업시간의 단축으로 인건비의 절감 • 단위포장으로 포장의 용적 감소 • 제 서류의 간소화 • 화물의 적재효율 향상 • 제품에 미치는 습기의 방지 • MH 시스템에 의한 신속한 수송 가능 • 파렛트와 지게차 외에는 다른 장비가 불필요 • 하역시간 단축 • 여러 가지 형태의 수송수단에 대한 높은 적응성 • 과잉포장을 방지	• 일시적인 작업의 끊어짐 현상 발생 우려 • 운반거리에 따른 작업효율의 차이 • 지게차 등의 사용을 위한 넓은 통로 필요 • 노면의 유지 필요 • 파렛트 관리의 복잡 • 파렛트 구입비용 소요 • 파렛트 하역용 기계구입 필요 • 화물 무너짐 방지대책 필요 • 다품종의 화물에 적용 시 효율 저하 • 장척물·중량물의 하역에는 부적합

2 파렛트의 분류

⑴ **자사 파렛트와 임대 파렛트**

① **자사 파렛트의 장·단점**

장 점	단 점
• 언제나 필요로 할 때 편리하게 사용할 수 있다. • 자체 내 파렛트 풀제 도입이 용이하다. • 자사에서 필요한 규격을 임의로 선택, 도입할 수 있다.	• 공 파렛트 회수가 곤란하고 비용이 많이 든다. • 성수기와 비수기의 양적 조정이 곤란하다. • 규격 파렛트의 보급이 곤란하다.

② 임대 파렛트의 장·단점

장 점	단 점
• 공 파렛트의 회수가 불필요하다. • 성수기, 비수기의 양적 조정이 가능하다. • 표준 파렛트 도입이 용이하다. • 경비가 절감된다. • 파렛트풀 시스템(PPS)의 도입이 용이하다.	• 긴급을 요할 때 공급이 곤란하다. • 회사 간 이동 시 회수가 곤란하다. • 모든 포장단위를 임대 파렛트에 맞추어야 한다.

(2) 표준규격 파렛트

① 한국의 표준규격

우리나라의 표준파렛트인 T−11형(1,100mm × 1,100mm) 파렛트가 2003년 아시아·태평양 지역의 유일한 ISO 국제표준규격으로 확정되었다. 한편, 국제적으로 가장 널리 이용되고 있는 파렛트는 T-12형 1,200mm × 1,000mm 규격으로 우리나라에서도 2013년에 표준파렛트로 추가하였다.

T-11형 표준규격 파렛트	F-11형 플라스틱 파렛트
• 국내, 국제 표준규격 파렛트(KSA-2155, ISO-6780) • 일관수송용 목재 파렛트(범용성, 호환성이 가장 우수함) • 차량·물류기기 설비 정합성이 우수함 • 재질 : 남양재 • 하중 : 동하중(1.5톤), 정하중(5톤)	• 위생에 뛰어난 의약품, 식품에 적합 • 구조상 경량으로 취급 용이(핸드카 겸용) • 유통점 납품용 수요가 많음 • 형태 : 사방 차입 편면형 • 재질 : PE • 적재 하중 : 1톤/매

② 국제표준 파렛트의 규격

정사각형(단위, mm)	직사각형(단위, mm)
• 1,140×1,140(호주 표준규격) • 1,100×1,100(아시아·태평양지역 규격) • 1,067(42″)×1,067(42″)	• 1,200×800(유럽 표준규격 R189) • 1,200×1,000(독일, 네덜란드 규격) • 1,219(48″)×1,016(40″)(미국 표준규격)

(3) 기타 파렛트의 종류

① **포스트 파렛트**(Post Pallet) : 상부 구조물이 없는 일반형 파렛트와 달리 상부에 기둥이 있는 파렛트로 기둥 파렛트라고 한다. 기둥은 고정식·조립식·접는식(접철식)·연결 테두리식이 있다.

② **롤 상자형 파렛트**(Roll Box Pallet) : 받침대 밑면에 바퀴가 달린 롤 파렛트 중 상부구조가 박스인 파렛트로 최근에는 배송용으로 많이 사용된다.

③ **시트 파렛트**(Sheet Pallet) : 1회용 파렛트로 목재나 플라스틱으로 제작되어 가격이 저렴하고 가벼우나 하역을 위해서는 push-pull 장치를 부착한 지게차(fork lift)가 필요하다.

④ **스키드 파렛트**(Skid Pallet) : 핸드리프트(hand lift)로 하역할 수 있도록 만들어진 단면형 파렛트이다.

⑤ **사일로 파렛트**(Silo Pallet) : 주로 분립체를 담는 데 사용되며 밀폐된 상측면과 뚜껑을 가지며 하부에 개폐장치가 있는 상자형 파렛트이다.

⑥ **탱크 파렛트**(Tank Pallet) : 주로 액체를 취급하는 데 사용되며 밀폐된 상측면과 뚜껑을 가지며 상부 또는 하부에 출입구가 있는 상자형 파렛트를 말한다.

⑦ **콜트 롤 상자 파렛트** : 보냉식 롤 박스 파렛트이다.

⑧ **플래턴 파렛트**(Platen Pallet) : 평판 모양의 파렛트로서 항공기 탑재용 파렛트가 대표적이다.

◯ 기타 파렛트의 종류

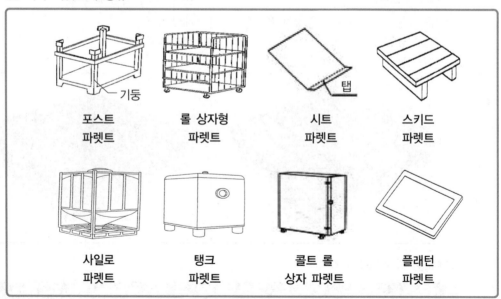

3 파렛트 적재방법

(1) 파렛트의 적재방법

① **교대 배열 적재**(alternative tires row pattern) : 동일한 단내에서는 동일한 방향으로 물품을 나란히 쌓지만 단별로는 방향을 90도로 바꾸거나 교대로 겹쳐쌓는 방식이다. 교호열 적재라고 도 한다.

② **벽돌 적재**(brisk pattern) : 동일한 단에서는 물품을 가로 세로로 조합해 쌓으며, 다음 단에서 는 방향을 180도로 바꾸어 교대로 겹쳐 쌓는 방식이다.

③ **핀휠 적재**(Pinwheel Pattern) : 중간에 둔 공간을 중심으로 풍차 모양으로 둘러쌓되 단간에는 교대로 방향을 바꾸어 겹쳐 쌓는 방식이다. 핀홀(Pinhole) 적재라고도 한다.

④ **스플릿 적재**(Split Pattern) : 벽돌 적재의 일종이나 물품 사이에 공간을 두고 쌓는 방식이다.

⑤ **블록 적재**(Block Pattern) : 각 단의 쌓아올리는 모양과 방향이 모두 같은 방식(일렬 적재 또는 막대기 적재)이다.

● 파렛트의 적재방법

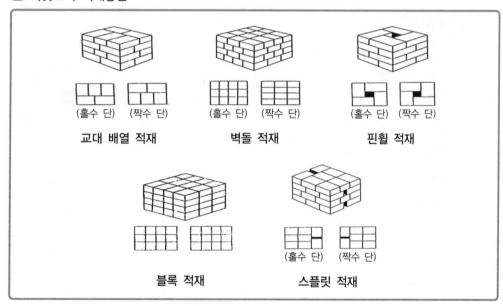

(2) 파렛트의 적재율

$$파렛트\ 적재율 = \frac{상자의\ 가로(m) \times 세로(m) \times 적재수량}{파렛트의\ 가로(m) \times 세로(m)} \times 100$$

■ 4 일관파렛트화의 의의와 기대효과

(1) 일관파렛트화의 의의

일관파렛트화(palletization)는 유닛로드 시스템(ULS)의 구축을 위한 한 전제가 된다. 즉 물류합리화를 위해 유닛로드 시스템을 구축하기 위해서는 파렛트의 표준화가 필수적이고, 파렛트의 표준화가 이루어져야 일관파렛트화 및 파렛트 풀 시스템(PPS) 구축은 물론 물류공동화를 이룰 수 있다. 나아가 고객서비스의 향상과 물류비용의 절감이라는 물류관리의 목표를 달성할 수 있다.

(2) 일관파렛트화의 기대효과

① 기업의 이미지향상과 안전한 수송력의 확보

② 작업안전의 확보

③ 하역비의 절감

④ 상품의 보호

⑤ 입·출하장의 혼잡 완화

(3) 일관파렛트화의 장점

① 하역인원의 감축

② 하역시간의 단축

③ 화물 훼손의 감소

④ 짐 꾸리는 포장비의 절감

⑤ 운임 및 통운료의 절감

⑥ 노동조건의 향상

⑦ 수송효율의 향상

제 2 절 파렛트 풀 시스템(PPS)

1 파렛트 풀 시스템(PPS)의 의의

(1) 파렛트 풀 시스템의 개념과 특징

① 파렛트 풀 시스템의 개념

㉠ 파렛트 풀 시스템(Pallet Pool System : PPS)이란 '표준화된 파렛트를 서로 교환할 수 있도록 하여 여러 화주와 물류업자들이 파렛트를 공동으로 이용하는 제도'이다. 즉 파렛트를 다량 확보하고 있는 파렛트 풀 조직이 파렛트에 대한 납품, 회수관리, 수리 등을 담당하여 수송의 합리화 및 물류비의 절감에 기여하려는 파렛트 공동이용 제도이다.

㉡ 파렛트 풀 시스템(PPS)은 일관파렛트화(palletization)의 문제점인 공파렛트의 회수난을 해결하기 위한 시스템이라고 할 수 있다. 파렛트 풀 시스템이 성공적으로 정착되기 위해서는 파렛트의 표준화가 전제되어야 한다.

② 파렛트 풀 시스템의 목적

파렛트 풀 시스템은 일관파렛트화를 구축할 때 발생하는 공파렛트의 회수에 걸리는 시간과 비용문제, 분실에 대한 우려, 다량의 파렛트 준비에 따르는 비용문제를 해결하려는 시스템이다. 이러한 문제에 대한 해결을 통해 궁극적으로는 물류비용의 절감 등 물류합리화를 도모하려는 시스템이라고 할 수 있다.

(2) 파렛트 풀 시스템의 특징과 필요성

① 파렛트 풀 시스템의 특징

㉠ 전국적으로 폭넓은 파렛트 집배망이 설치되어 있다.

㉡ 표준 파렛트를 다량으로 보유하여 불특정 다수의 화주에게 파렛트를 공급할 수 있다.

㉢ 공파렛트를 회수할 수 있는 네트워크를 갖추고 있다.

② 파렛트 풀 시스템의 필요성

㉠ 일관파렛트화의 실현 : 제품을 생산하여 파렛트 적재 후 최종 소비자까지 그대로 운송이 가능하도록 한다.

㉡ 지역 간 수급 불균형 해결 : 파렛트를 공동으로 사용함으로써 지역 간 파렛트 수급의 불균형을 해결할 수 있다.

㉢ 계절적 수요변동에 대응 : 업종 간에 파렛트를 공동 이용하여 성수기와 비수기의 수요변동에 대한 대응이 가능하다.

㉣ 회수관리 시스템 구축 : 파렛트 집배소의 공동활용으로 회수운임이 절감되고, 회수관리를 일원화할 수 있다.

㉤ 설비자금의 절감 및 전용 가능 : 비수기에 불필요한 파렛트 비용을 절감하여 다른 용도로 전용이 가능하다.

ⓗ 파렛트 보관관리가 불필요하고 분실율 저하 : 자사에서 파렛트 보관관리가 불필요하고, 관리가 일원화됨으로써 파렛트의 분실이 크게 줄어든다.

ⓢ 사회자본의 절감 및 물류관련 요소의 표준화 촉진 : 전체적인 파렛트 수량이 줄어들어 사회자본이 절감되고, 표준치수, 물류기기, 시설 등의 규격화 표준화가 촉진된다.

2 파렛트 풀 시스템의 운영방식

(1) 파렛트 풀 시스템의 운영방식

파렛트 풀 시스템의 운영방식은 교환방식, 리스 · 렌탈방식, 교환 · 리스병용 방식, 대차결제 방식의 4가지로 분류하고 있으며, 그중에서도 교환방식과 렌탈방식이 가장 많이 이용되고 있다.

(2) 교환방식 풀 시스템

① 교환방식의 의의

교환방식은 유럽 각국에서 채용되고 있는 국유철도회사를 중심으로 운영된다. 발하주가 파렛타이즈 화물의 운송을 철도회사에 위탁하는 동시에 동수의 파렛트를 철도회사에서 인수하면 착하주는 파렛타이즈 화물을 인수할 때에 동수의 파렛트를 철도회사에 건네주는 방식이다. 즉 발하주와 착하주의 파렛트를 철도회사를 통하여 교환하는 방식으로 운영되는 것이다.

② 교환방식의 장 · 단점

ⓐ 파렛트를 동시에 교환하여 사용하므로 파렛트의 분실에 대한 우려, 회수에 따르는 시간과 비용문제 등이 해결된다.

ⓑ 그러나 관계 당사자가 언제나 교환에 응할 수 있는 파렛트를 준비하지 않으면 안 되고, 또 파렛트의 교환을 제대로 하기 위해서는 언제나 정비상태가 양호한 파렛트를 준비해 놓을 필요가 있다.

ⓒ 보수가 필요한 파렛트나 품질이 떨어지는 파렛트를 교환용으로 내놓을 경우 문제가 발생할 수 있다.

ⓓ 수송기관의 이용이 복잡한 경우나 수송기관의 수가 많을 경우에는 파렛트의 교환이 원활하게 진행될 수 없다.

● 교환방식에 따른 파렛트 풀 시스템

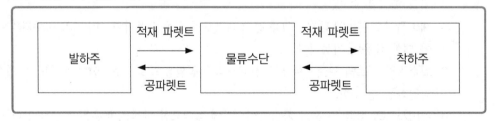

(3) 리스 · 렌탈방식 풀 시스템

① 리스 · 렌탈방식의 의의

오스트레일리아에서 운영하고 있는 파렛트 풀 시스템이 리스 · 렌탈방식의 가장 전형적인 형태이다. 파렛트를 풀로 운영하는 기관이 필요에 따라 이용자에 대해서 일정의 규격화된 것으로 이용자가 소재하는 가까운 데포(depot)에서 공급되는 파렛트를 빌린다. 도착지의 이용자는 파렛트를 가까운 데포에 반납한다.

② 리스 · 렌탈방식의 장 · 단점

㉠ 파렛트의 이용자가 교환을 위한 동질 · 동수의 파렛트를 준비해 놓을 필요가 없다는 장점이 있다.

㉡ 파렛트를 인도하며 반환한 렌탈료의 계산 등 사무처리가 필요하다.

㉢ 하주가 특정지역에 편재됨으로써 특정 데포에 파렛트가 쌓이는 곳이 발생한다.

㉣ 렌탈회사의 데포에서 하주가 위치한 곳까지 공파렛트 수송이 필요하다.

㉤ 사무처리 문제와 파렛트가 편재되어 쌓여지는 데 대해서는 렌탈회사의 책임이 된다.

㉥ 따라서 렌탈회사의 데포에서 하주에게 공파렛트를 수송해야 하는 측면의 디메리트에 대해서는 파렛트 풀의 메리트를 감안해서 종합적으로 판단해야 한다.

◉ 리스 · 렌탈방식에 의한 파렛트 풀 시스템

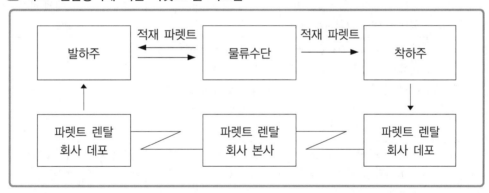

(4) 교환 · 리스 병용 풀 시스템

① 교환 · 리스 병용방식의 의의

㉠ 교환 · 리스 병용방식은 앞에서 본 교환방식과 리스 · 렌탈방식의 단점을 보완한 방식으로 하주가 A지점으로부터 B지점으로 화물을 운송하는 경우 송하인, 수하인, 운송회사는 각기 가까운 리스회사의 데포(depot)에서 필요한 양의 파렛트를 렌탈한다.

㉡ 그 다음에 송하인은 파렛트에 화물을 적재하여 A지점에서 운송회사의 공파렛트와 교환하고, 운송회사는 이를 B지점까지 운송한 후 수하인이 렌탈한 공파렛트와 교환하여 화물을 인도한다.

㉢ 이때 송하인, 수하인, 운송회사는 빈 파렛트가 회수되는 시점에서 가장 가까운 파렛트 데포에 반환함으로써 대차관계를 정리하게 된다.

② 교환 · 리스 병용방식의 장 · 단점

교환 · 리스 병용방식은 교환방식과 리스 · 렌탈 방식보다는 편리하나 운송회사에게 파렛트를 렌탈하여 반환해야 한다는 책임이 추가됨으로써 실질적인 면에서 대여 파렛트와 교환 파렛트의 양자를 관리해야 되기 때문에 운영상의 어려움이 많아 크게 활성화되지 못하고 있다.

(5) **대차결제 방식**

대차결제 방식은 교환방식의 단점을 보완하기 위하여 1968년 스웨덴의 파렛트 풀 회사에서 개발한 제도로 국유철도역에서 파렛트를 즉시 교환할 필요는 없고, 파렛트 화물이 도착한 날로부터 3일 이내에 반환하면 되는 방식이다. 소정일수를 초과한 반환과 분실에 대해서는 정해진 변상금을 지불하도록 되어 있다.

◉ 파렛트 풀 시스템의 비교

구 분	즉시교환 방식 (유럽방식)	리스 · 렌탈 방식(호주)	교환 · 리스 병용(영국)	대차결제 방식 (스웨덴)
정 의	유럽 각국의 국영철도에서 송화주가 국철에 파렛트 (Pallet Load) 형태로 운송하면, 국철에서는 이와 동수의 파렛트로 교환하는 방식	파렛트(Pallet Pool) 회사에서 일정 규격의 파렛트를 필요에 따라 임대해 주는 제도	즉시교환 + 리스렌탈	• 교환방식의 개선 • 현장에서 즉시 교환하지 않고 일정 시간 내에 국철역에다 동수로 반환
장 점	파렛트의 사무관리를 국철역에서 시행함으로써 사무관리 용이	• 파렛트 이용에 대한 수급파동의 조정 • 파렛트의 품질 유지 • 파렛트 매수의 최소화 운영		
단 점	• 동일 사이즈 및 품질의 파렛트 교환의 난이성 • 파렛트 편재 발생 • 사용횟수 증가 ⇨ 파손 분실에 대한 소재 불분명 • 항시 최소한의 교환 예비용 파렛트 준비의 필요성	운영면에서 교환방식보다 인도반환 등 복잡한 전표처리, 사무처리의 복잡성	사무관리 복잡	책임소재를 명확히 해야 함

3 파렛트 풀 시스템의 운송형태

(1) 기업단위 파렛트 풀 시스템

기업단위로 파렛트 대여회사로부터 파렛트를 일괄 대여하여 자사 거래처의 유통단계까지 독점적으로 이용하는 시스템이다. 반송 파렛트의 유효이용이 어렵고 생산활동에 따라서는 파렛트의 정체 및 유휴가 발생할 수 있다.

● 기업단위 파렛트 풀 시스템의 거점 간 파렛트 이동형태

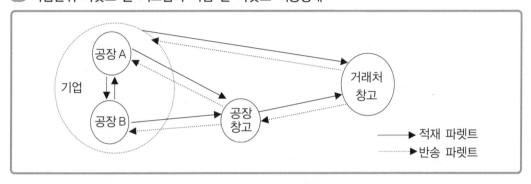

(2) 업계단위 파렛트 풀 시스템

각각의 기업이 자사의 파렛트를 소유하되 업계가 일정한 규율하에 공동이용하는 형태로서 파렛트 적재화물은 기업 간 공동 유통창고를 통해 소비단계까지 확대하여 이용하는 시스템이다. 파렛트 이용효율면에서는 큰 차이가 없으나 반송면에서 이점이 있다.

● 업계단위 파렛트 풀 시스템의 거점 간 파렛트 이동형태

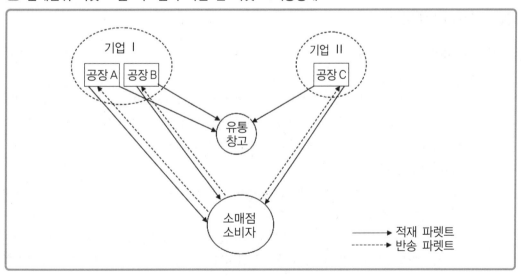

(3) 개방적 파렛트 풀 시스템

가장 이상적인 형태로서 제3자가 소유하는 파렛트를 공동사업소에서 렌탈하여 공동으로 이용하기 때문에 파렛트의 유통범위가 극대화된다. 기업의 수요변동에 따라 일시적인 유휴 파렛트를 감소시키며, 공파렛트의 회수율이 증가하여 이용효율이 제고된다.

● 개방적 파렛트 풀 시스템의 거점 간 파렛트 이동형태

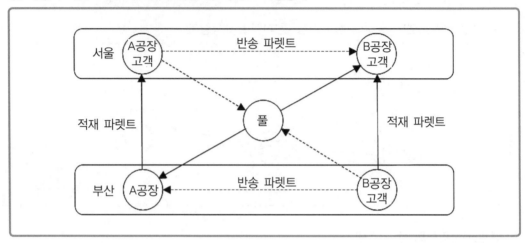

제 3 절 분류시스템

■ 1 분류시스템의 의의

(1) 분류시스템의 정의와 특징

① 분류시스템의 정의

분류(sorting)란 개개의 인위적 정보를 가진 물품을 그 정보에 따라 구분하여 정해진 장소에 모으는 작업을 말한다. 미국 운반관리협회의 정의에 따르면, "분류란 특정의 목적지로 운반해야 할 제품을 식별·구분하고, 유도하는 행위"를 말한다.

② 분류시스템의 도입배경

ㄱ 고객의 요구가 다양해짐에 따라 물류활동이 다품종, 소량, 다빈도, 다배송처의 형태를 띠고 있어 분류의 중요성이 높아지고 있다.

ㄴ 고객의 요구에 즉각적으로 대처하기 위해서는 물류의 속도를 빨리 해서 단시간 내에 처리 능력을 증가시켜야 하며, 다량의 물품을 단시간에 수동으로 분류할 때는 분류의 오류를 감소시켜야 한다.

● 분류시스템의 기본 운영 방식

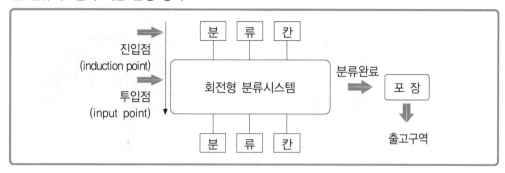

③ 분류시스템의 도입이유
  ㉠ 생산성의 향상
  ㉡ 고객서비스의 향상
  ㉢ 생력화
  ㉣ 분류시간의 단축
  ㉤ 분류오류의 감소

⑵ **분류시스템의 종류와 기능**

  ① **분류시스템의 종류**: 분류시스템은 수동, 자동, 전자동의 3가지로 분류할 수 있으며, 모든시스템이 일정한 제품을 일정한 목적에 따라서 미리 주어진 지시(정보)를 기억 또는 검출해서 지시대로 소정의 장소에 분류하도록 되어 있다.

  ② **분류시스템의 선정**: 분류장치는 그 성격상 취급물이나 분류시스템과 적합한 기종이어야 하며, 기종 선택은 기기의 기능이나 하드웨어의 작동내역을 검토해서 결정해야 한다.

█ 2 자동 분류장치의 유형

⑴ **다이버터**(Diverter) **방식**

다이버터 방식은 진행하는 방향에 대해서 컨베이어 위에 비스듬히 암(Arm)을 내서 물품을 분류하는 방식으로 물품을 1개씩 분류하는 것이 가능하며, 연속적으로 분류하는 것도 가능하다. 다이버터 암(Arm)의 마찰이 문제가 될 경우 마찰면에 롤러, 구동롤러, 구동벨트, 구동체인 등을 이용하기도 한다.

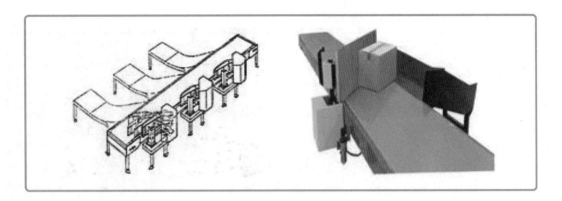

(2) 돌출롤러(Pop-up Roller) 방식

돌출롤러(Pop-up Roller) 방식은 진행하는 방향에 대해서 물건의 흐름을 바꾸기 위해 롤러나 체인 컨베이어의 롤러, 체인 사이에서 솟아오르며 팝 업 롤러는 시간당 1,000~1,200개의 무거운 자재들을 분류하기 위한 비교적 저렴한 장치이다.

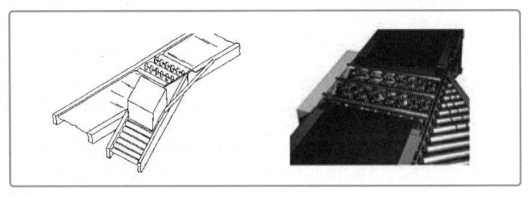

(3) 경사트레이 컨베이어(Tilt Tray Conveyor) 방식

경사트레이 컨베이어는 트레이 또는 버켓을 기울이거나 바닥면을 열어서 떨어뜨려 분류하는 방식이다.

(4) 슬라이드 슈(Slide Shoe) 방식

슬라이드 슈 방식은 반송면에 튀어나온 기구를 넣어 단위화물을 함께 이동시키면서 압출하는 소팅 컨베이어 방식 등이다.

(5) 밀어내는(Pusher) 방식

화물을 컨베이어에 흐르는 방향에 대해서 직각으로 암(Arm)으로 밀어내는 방식으로 구조가 간단해서 어떤 컨베이어와도 연결이 가능하다. 컨베이어 폭과 물품의 긴 폭이 다르기 때문에 주의하여야 한다.

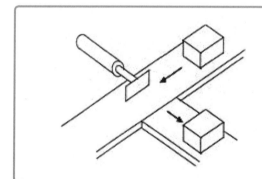 

(6) 슬랫 컨베이어(Slat Conveyor) 방식

슬랫(얇은 널빤지) 컨베이어 방식은 이동 슬랫으로 밀거나 슬랫을 기울여서 분류하는 방식이다.

(7) 체인트렌스퍼(Chain Transfer) 방식

구동롤러의 롤러와 롤러 사이를 이용해서 컨베이어의 이동방향에 직각으로 롤러 면보다 낮게 몇 개의 체인을 회전할 수 있도록 해두고 있다. 물품을 분기하기 직전에 체인을 회전시킴과 동시에 롤러의 면보다 다소 높게 물품과 함께 밀어 올림으로써 컨베이어 위의 물품을 직각으로 분류하는 방법이다. 체인 대신에 구동 휠을 사용하는 것도 있다. 물품과 컨베이어 면과 마찰이 없기 때문에 무거운 물품의 분류도 가능하다.

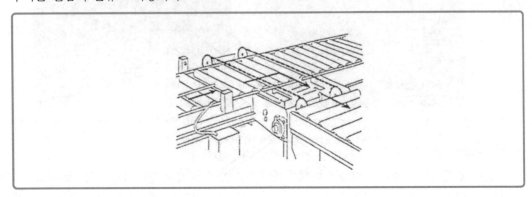

03 실전예상문제

01 다음 중 파렛트의 장점으로 가장 적절하지 않은 것은?

① 물류비의 절감　　　　　　　　② 하역시간의 단축

③ 하역작업의 효율화　　　　　　④ 장척·중량 화물에 적합

⑤ 재고조사의 편의성 향상

> **해설** 파렛트화(palletization)의 장점으로는 ㉠ 하역의 기계화에 따른 보관효율의 향상 및 성력화, ㉡ 하역작업시간의 단축, ㉢ 제품파손의 감소 및 포장비의 절감, ㉣ 수송의 편의성과 트럭 회전율의 향상, ㉤ 작업환경의 향상
> ④ 파렛트 하역은 장척물이나 중량물에는 적합하지 않다.

02 임대 파렛트의 장점으로만 구성된 것은?　　　　　　　　　▶ 제20회

> ㉠ 공파렛트의 회수가 불필요하다.
> ㉡ 필요로 할 때 언제나 편리하게 사용할 수 있다.
> ㉢ 감수기, 비수기의 양적 조정이 가능하다.
> ㉣ 자체 내 파렛트 풀제 도입이 용이하다.
> ㉤ 표준 파렛트 도입이 용이하다.
> ㉥ 경비가 절감된다.
> ㉦ 자사에 필요한 규격을 임의로 선택, 도입할 수 있다.

① ㉠ - ㉡ - ㉤ - ㉥　　　　　　② ㉠ - ㉢ - ㉤ - ㉦

③ ㉠ - ㉢ - ㉣ - ㉦　　　　　　④ ㉠ - ㉢ - ㉤ - ㉥

⑤ ㉠ - ㉢ - ㉤ - ㉥

> **해설** 임대(Lease and Rental) 파렛트는 개별기업에서 파렛트를 보유하지 않고 파렛트 풀 회사에서 일정규격의 파렛트를 필요에 따라 임대하여 이용하는 제도이다.
> 임대 파렛트의 장점으로는 ⓐ 표준 파렛트 도입이 용이하여 품질유지가 용이하고, ⓑ 파렛트 매수를 최소화하여 운영 경비가 절감되며, ⓒ 파렛트 이용에 있어서 성수기와 감수기, 비수기의 수급파동 조절이 가능하다는 점을 들 수 있다.
> 임대 파렛트의 단점으로는 ⓐ 운영 면에서 사무처리가 복잡하고, ⓑ 화주의 편재나 발착화물량의 불균형 등에 의하여 파렛트의 체류지역이 발생할 수 있으며, ⓒ 렌탈회사가 당해 파렛트 기지로 배송을 담당해야 한다는 점 등이다.

Answer 1. ④　2. ⑤

03 제품상자의 크기가 가로 25cm, 세로 50cm, 높이 20cm이다. 이를 T-11형 표준규격 파렛트에 평면적을 최대한 많이 활용하여 적재할 수 있는 파렛트 적재방법과 적재율은 약 얼마인가? (단, 적재율은 소수점 첫째 자리에서 반올림한다) ▸제18회

① 핀휠 적재, 75%   ② 핀휠 적재, 78%

③ 스플릿 적재, 81%   ④ 스플릿 적재, 83%

⑤ 블록 적재, 85%

해설 ④ T-11형 표준규격 파렛트는 1,100mm × 1,100mm의 규격이다. 상자의 규격과 파렛트 규격을 대비하면 물품 사이에 공간을 두고 쌓는 방식인 스플릿 적재(Split Pattern) 방식으로 해야 하고, 상자 8개를 적재할 수 있으므로 적재율 = (25cm × 50cm × 8개) / 12,100cm² = 83%이다.
참고로 핀휠 적재(Pinwheel Pattern)는 중간에 둔 공간을 중심으로 풍차 모양으로 둘러쌓는 방식이므로 25cm × 50cm의 상자를 6개 적재할 수 있고, 적재율은 62%이다.

04 파렛트 풀 시스템(Pallet Pool System)에 관한 설명으로 옳지 않은 것은? ▸제17회

① 파렛트 풀 시스템의 성공적인 운영을 위해서는 파렛트 규격이 표준화되어야 한다.

② 파렛트 풀 시스템을 운영하면 수송 후 공파렛트 회수문제를 해결할 수 있다.

③ 교환방식 풀 시스템은 이용자가 가까운 데포(Depot)에서 파렛트를 빌려서 사용하는 방식이다.

④ 기업단위 파렛트 풀 시스템은 기업이 자사 파렛트를 파렛트 대여 전문회사로부터 일괄 대여하여 자사 거래처의 유통단계까지 독점적으로 이용하는 것이다.

⑤ 파렛트 풀 시스템을 통해 지역 간 수급을 해결하고 계절적 수요에 효과적으로 대응할 수 있다.

해설 ③ 파렛트 풀 시스템(PPS : Pallet Pool System)에서 출발지의 이용자가 소재하는 가까운 데포(depot)에서 공급되는 파렛트를 빌려 이용한 후, 도착지의 이용자가 파렛트를 가까운 데포에 반납하는 방식은 리스·렌탈 방식이다.

05 일관파렛트화의 장·단점에 관한 설명으로 옳지 않은 것은? ▸제17회

① 작업능률의 향상으로 인력이 절감된다.

② 넓은 작업공간 및 통로가 필요없다.

③ 작업의 표준화, 기계화를 촉진한다.

④ 제한된 공간을 최대한 이용할 수 있다.

⑤ 파렛트 자체의 체적 및 중량만큼 적재량이 줄어든다.

해설 ② 일관파렛트화가 이루어지려면 넓은 작업공간 및 통로가 필요하다. 이는 일관파렛트화의 단점이다.

06 파렛트 하역의 기대효과 중 옳지 않은 것은? ▶제16회

① 인건비 절감과 노동조건 향상

② 계절적 수요에 대응

③ 화물훼손 감소로 상품보호

④ 하역인원, 시간의 절감

⑤ 하역단순화로 수송효율 향상

해설 파렛트 하역의 단점

1. 작업이 일시적으로 끊기는 현상이 발생할 우려가 있다.
2. 운반거리에 따라 작업효율이 달라질 수 있다.
3. 지게차 등을 사용하기 때문에 넓은 통로가 필요하다.
4. 노면을 고르게 유지하여야 한다.
5. 화물의 무너짐 방지대책이 필요하다.
6. 다품종을 동일 파렛트에 실으면 효율이 떨어진다.

07 10개의 통로로 구성된 자동창고에서 각 통로마다 한 대의 스태커 크레인이 파렛트에 실린 화물을 운반한다. 전체 작업 중 이중명령으로 수행하는 작업이 50%, 단일명령으로 수행하는 작업이 50%이다. 스태커 크레인이 단일명령을 실행하는 시간은 평균 5분, 이중명령을 실행하는 시간을 평균 7분이다. 스태커 크레인의 효율이 100%라면 이 자동창고에서 시간당 운반할 수 있는 파렛트는 몇 개인가? ▶제16회

① 120개   ② 150개

③ 180개   ④ 210개

⑤ 240개

해설 단일명령의 경우 5분이 소요되므로 시간당 60분 / 5분 = 12개를 처리할 수 있다. 따라서 10개 통로×0.5×12개 = 60개이다.

이중명령의 경우 7분이 소요되며 왕복 2개의 파렛트를 처리하므로 시간당 (60분 / 7분)×2개 = 17.14개를 처리할 수 있다. 따라서 10개 통로×0.5×17.14개 = 85.7개이다.

따라서 이 창고에서 처리할 수 있는 있는 파렛트의 수=60개+85.7개=145.7개이다. 150개에 근사하다.

💡 단일명령처리(single command)는 보관/인출장비가 화물을 집어서 비어 있는 위치로 이동하여 해당위치에 투입하고 원점으로 반복해서 돌아오는 장치이다. 반면 이중명령(dual command)은 화물을 투입하고 비어 있는 상태로 화물인출 위치로 이동하여 인출작업을 수행한 후, 적재상태에서 입출력 원점으로 귀환하여 적재화물을 내리는 과정이다.

Answer   3. ④   4. ③   5. ②   6. ②   7. ②

08 파렛트는 사용재료, 형태, 형식, 용도 등에 따른 유형으로 구분할 수 있다. 다음 중 용도에 따른 유형이 아닌 것은? ▶ 제18회

① Disposable Pallet
② Pool Pallet
③ Exchange Pallet
④ Flat Pallet
⑤ Reusable Pallet

> **해설** 파렛트의 용도를 기준으로 보면 Disposable Pallet은 1회 사용을 목적으로 하는 파렛트로, 수출용 파렛트처럼 쓰고 버리는 파렛트이다. Pool Pallet는 PPS에서 사용하는 파렛트, Exchange Pallet은 교환방식에서 사용하기 위한 파렛트이다. Reusable Pallet는 반복사용을 목적으로 하는 파렛트이다. 대부분의 우리가 알고 있는 파렛트가 여기에 해당된다.
> ④ Flat Pallet은 가장 일반적인 형태의 평파렛트를 의미하는 것으로 파렛트의 형태에 의한 분류에 포함된다.

09 분류시스템에 사용되는 방식에 관한 설명으로 옳지 않은 것은? ▶ 제17회

① 슬라이딩 슈 방식(Sliding Shoe Type)은 컨베이어에서 이동할 수 있는 슬랫으로 밀어서 분류하는 방식으로 충격이 크기 때문에 깨지기 쉬운 물건에는 사용할 수 없다.

② 틸팅 방식(Tilting Type)은 컨베이어를 주행하는 트레이, 슬라이드 등에 물품을 적재하였다가 분류되는 순간에 트레이, 슬라이드가 기울어지는 방식으로 고속처리가 가능하지만 중력에 의한 파손품이 발생될 수 있다.

③ 팝업 방식(Pop-up Type)은 컨베이어의 아랫방향에서 벨트, 롤러, 휠, 핀 등의 분기장치가 튀어나와 분류하는 방식으로 화물의 하부면에 충격을 주는 단점이 있다.

④ 다이버터 방식(Diverter Type)은 외부에 설치된 안내판을 회전시켜 컨베이어에 가이드벽을 만들어 벽을 따라 이동시키는 방식으로 화물 형상에 관계없이 분류가 가능하기 때문에 다양한 종류의 화물을 처리하는 데 사용된다.

⑤ 크로스벨트 방식(Cross-belt Type)은 컨베이어를 주행하는 연속된 벨트에 소형 벨트컨베이어를 교차시켜서 분류하는 방식으로 분기점이 많은 통신판매, 의약품, 화장품, 서적 등의 분류에 사용된다.

> **해설** ① 슬라이딩 슈(Sliding Shoe) 소팅 컨베이어는 반송면에 튀어나온 기구를 넣어 단위화물을 함께 이동시키면서 압출하는 소팅 컨베이어 방식이다. 컨베이어에서 이동할 수 있는 슬랫으로 밀어서 분류하는 방식은 슬랫 컨베이어(Slat Conveyor) 방식이다.

10 분류시스템(Sorting System)의 명칭에 관한 설명으로 옳지 않은 것은? ▸ 제15회

① 팝업(Pop-up) 소팅 컨베이어 : 컨베이어 반송면의 아랫방향에서 벨트, 롤러, 휠, 핀 등의
분기장치가 튀어나와 단위화물을 내보내는 컨베이어

② 틸팅(Tilting) 소팅 컨베이어 : 레일을 주행하는 트레이, 슬라이드의 일부 등을 경사지게
하여 단위화물을 활강시키는 컨베이어

③ 다이버터(Diverter) 소팅 컨베이어 : 외부에 설치된 암(Arm)을 회전시켜 반송 경로상에
가이드벽을 만들어 단위화물을 이동시키는 컨베이어

④ 크로스벨트(Cross Belt) 소팅 컨베이어 : 레일을 주행하는 연속된 캐리어상의 소형벨트
컨베이어를 레일과 교차하는 방향에 구동시켜 단위화물을 내보내는 컨베이어

⑤ 슬라이딩 슈(Sliding Shoe) 소팅 컨베이어 : 레일을 주행하는 트레이 등의 바닥면을 개방
하여 단위 화물을 방출하는 컨베이어

해설 ⑤ 슬라이딩 슈(Sliding Shoe) 소팅 컨베이어는 반송면에 튀어나온 기구를 넣어 단위화물을 함께 이동
시키면서 압출하는 소팅 컨베이어 방식이다.
레일을 주행하는 트레이 등의 바닥면을 개방하여 단위 화물을 방출하는 컨베이어는 경사트레이(Tilt
Tray) 소팅 컨베이어 방식이다.

11 다음 파렛트 적재방법을 올바르게 연결한 것은? ▸ 제14회

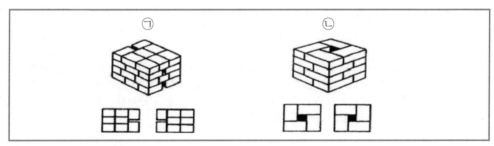

① ㉠ − 스플릿 적재   ㉡ − 핀휠 적재
② ㉠ − 블록 적재   ㉡ − 핀휠 적재
③ ㉠ − 벽돌 적재   ㉡ − 블록 적재
④ ㉠ − 벽돌 적재   ㉡ − 스플릿 적재
⑤ ㉠ − 스플릿 적재   ㉡ − 교호열 적재

해설 스플릿 적재(Split Pattern)는 동일한 단에서는 물품을 가로 세로로 조합해 쌓으며, 다음 단에서는 방향
을 180도로 바꾸어 교대로 겹쳐 쌓는 벽돌 적재(brisk pattern) 방식의 일종으로, 물품 사이에 공간을
두고 쌓는 방식이다. 핀휠 적재(Pinwheel Pattern)는 중간에 둔 공간을 중심으로 풍차 모양으로 둘러
쌓되 단간에는 교대로 방향을 바꾸어 겹쳐 쌓는 방식이다.

Answer   8. ④   9. ①   10. ⑤   11. ①

12 파렛트 풀 시스템(PPS : Pallet Pool System)의 운영방식 중 교환방식의 장·단점에 관한 설명으로 옳지 않은 것은?   ▶ 제14회

① 파렛트의 즉시 교환사용이 원칙으로 분실과 회수의 어려움이 없다.

② 관계 당사자는 언제나 교환에 응할 수 있는 파렛트를 준비하여야 한다.

③ 보수가 필요하게 된 파렛트나 품질이 나쁜 파렛트를 교환용으로 내놓을 경우가 있다.

④ 대여회사의 데포(Depot)에서 하주까지의 공(Empty) 파렛트 수송이 필요하다.

⑤ 수송기관의 이용이 복잡하거나 수송기관의 수가 많을 경우에는 원활하게 진행할 수 없다.

> **해설** ④ 렌탈회사 데포(depot)에서 하주까지의 공 파렛트 수송이 필요한 것은 리스·렌탈 방식으로, 출발지의 이용자가 소재하는 가까운 데포(depot)에서 공급되는 파렛트를 빌려 이용한 후, 도착지의 이용자가 파렛트를 가까운 데포에 반납하는 방식이다.

13 자동분류 컨베이어 방식 중 화물이 진행하는 방향에 대해 컨베이어 위에 비스듬히 놓인 암(Arm)을 이용하여 물품을 분류하는 방식은?   ▶ 제14회

① 푸셔(Pusher) 방식

② 크로스벨트(Cross-Belt) 방식

③ 다이버터(Diverter) 방식

④ 슬라이딩 슈(Sliding-Shoe) 방식

⑤ 경사트레이(Tilted Tray) 방식

> **해설** 자동 분류장치의 유형으로서 다이버터(Diverter) 방식은 진행하는 방향에 대해서 컨베이어 위에 비스듬한 암(Arm)을 내서 물품을 분류하는 방식으로 물품을 1개씩 분류하는 것이 가능하며, 연속적으로 분류하는 것도 가능하다. 다이버터 암(Arm)의 마찰이 문제가 될 경우 마찰면에 롤러, 구동롤러, 구동벨트, 구동체인 등을 이용하기도 한다.

14 분류시스템 중 화물의 형상, 두께 등에 따라 폭넓게 대응하여 신문사, 우체국, 통신판매 등의 각종 배송센터에서 이용되는 방식은?

① 틸팅(Titing) 방식   ② 다이버터(Diverter) 방식

③ 이송(Transfer) 방식   ④ 운반(Carrier) 체인 방식

⑤ 밀어내기(Pusher) 방식

> **해설** 경사트레이 컨베이어(Tilt Tray Conveyor) 방식, 또는 틸팅(Tilting) 방식은 트레이 또는 버켓을 기울이거나 바닥면을 열어서 떨어뜨려 분류하는 방식이다.

15 다음 표는 기간별 품목의 재고량을 파렛트 단위로 기록한 자료이다. 창고에 4개의 품목이 저장되며 각 품목은 한번 입고되면 재고가 소진되는 시점에 재보충된다. 이를 수용하기 위해 필요한 저장소요 공간을 산출하고자 한다. 보관시스템의 저장방식중에서 임의위치저장(Randomized Storage) 방식과 지정위치저장(Dedicated Storage) 방식을 각각 적용할 때 파렛트 단위로 필요한 각각의 공간은?

기 간	품 목			
	A	B	C	D
1	12	15	8	14
2	24	6	7	10
3	10	3	2	6
4	8	14	12	20
5	15	16	6	18

① 50, 68   ② 55, 68
③ 50, 70   ④ 55, 70
⑤ 55, 72

해설 임의위치저장(Randomized Storage) 방식의 경우 필요한 공간은 각 기간별 A, B, C, D 전품목 보관수의 합 중 최대수를 구한다. 즉 1기간의 전품목 보관수=12+15+8+14=49, 2기간의 전품목 보관수= 47, 3기간의 전품목 보관수=21, 4기간의 전품목 보관수=54, 5기간의 전품목 보관수=55 중 최대수인 55이다.
지정위치저장(Dedicated Storage) 방식의 경우 필요한 공간은 각 품목별 최대 보관수의 합이다. 즉 A 24+B 16+C 12+D 20=72이다.

16 T11형 표준 규격 파렛트에 가로 700mm, 세로 400mm, 높이 300mm인 제품을 핀휠 방식으로 적재할 경우에 바닥면적 적재율은 약 얼마인가? (단, 소수점 첫째 자리에서 반올림한다)

▶ 제19회

① 87%   ② 90%   ③ 93%
④ 96%   ⑤ 99%

해설 ③ 121 / 28 = 4.32 ≒ 4개 적재가 가능하다. 적재율 = (2,800cm² × 4) / 12,100cm² = 92.56 ≒ 93%이다.

17 파렛트 풀 시스템(Pallet pool system)에 관한 설명으로 옳지 않은 것은? ▶ 제19회

① 표준 파렛트를 다량으로 보유하여 불특정 다수의 화주에게 파렛트를 공급한다.

② 파렛트 풀 시스템을 통하여 일관파렛트화를 실현하고, 파렛트에 대한 투자비용을 절감할 수 있다.

③ 렌탈방식 풀 시스템은 렌탈회사 데포(Depot)에서 화주까지의 공파렛트 수송이 필요하다.

④ 전체적인 파렛트 수량이 늘어나고, 규격화 및 표준화가 촉진된다.

⑤ 자사의 필요규격을 임의로 선택하여 도입하기가 어렵다.

> **해설** 파렛트 풀 시스템(Pallet Pool System : PPS)이란 '표준화된 파렛트를 서로 교환할 수 있도록 하여 여러 화주와 물류업자들이 파렛트를 공동으로 이용하는 제도'이다.
> ④ PPS가 도입되면 전체적인 파렛트 수량이 줄어들어 사회자본이 절감되고, 표준치수, 물류기기, 시설 등의 규격화 표준화가 촉진된다.

18 다음 그림과 같은 방식에 의한 파렛트 풀 시스템에 대한 설명으로 옳지 않은 것은?

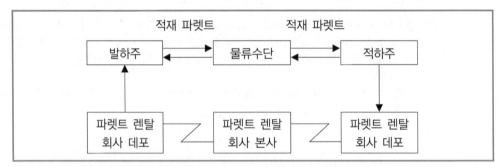

① 파렛트를 즉시 교환해서 사용하는 것이 원칙으로 파렛트가 분실될 우려가 없다.

② 파렛트를 풀로 운영하는 기관이 제공하는 규격화된 파렛트를 이용자의 소재지로부터 가까운 데포(Depot)에서 빌린다.

③ 이용자가 교환을 위한 동질동수의 파렛트를 준비해 놓을 필요가 없다.

④ 렌탈회사 데포(Depot)에서 하주(荷主)까지의 공파렛트 수송이 필요하다.

⑤ 하주(荷主)의 지역적 편재 등에 의해 파렛트가 쌓이는 곳이 발생한다.

> **해설** 리스·렌탈방식 파렛트 풀 시스템에 대한 설명으로 ①번의 파렛트가 분실될 우려가 없고 즉시 교환해서 사용하는 방식은 교환방식 풀 시스템의 이점이다.

19 물류센터에서 자동분류 시스템을 도입하는 목적으로 가장 적합하지 않은 것은?

① 유연성의 향상　　　　　　　② 생산성의 향상
③ 분류시간의 단축　　　　　　④ 분류오류의 감소
⑤ 고객서비스의 향상

> **해설** 자동분류 시스템은 분류물품을 식별하고 분류정보에 따라 분류기기를 작동시키는 시스템을 말한다. 물품분류는 ㉠ 물품의 형태·크기·중량별로 분류하거나, ㉡ 목적별·고객별·주문별·목적지별로 구분한다. 자동분류 시스템을 도입하는 기본적인 목적은 생산성의 향상, 고객 서비스의 향상, 생력화, 분류시간의 단축, 분류오류의 감소 등이 있다.
> ① 유연성의 향상이 자동분류 시스템을 도입하는 기본적인 목적은 아니다.

20 암(arm)을 이용하여 컨베이어가 흐르는 방향에 대해서 직각 방향으로 화물을 밀어내는 방식 이며, 구조가 간단해서 어떤 컨베이어와도 연결이 용이한 분류 방식은 무엇인가?

① Pusher 방식　　　　　　　② Slide Shoe 방식
③ Carrier 방식　　　　　　　④ Pop-up Roller 방식
⑤ Diverter 방식

> **해설** 암(arm)을 이용하여 컨베이어가 흐르는 방향에 대해서 직각 방향으로 화물을 밀어내는 방식은 Pusher 방식이다. ② Slide Shoe 방식은 반송면에 튀어나온 기구를 넣어 단위화물을 함께 이동시키면서 압출 하는 소팅 컨베이어(sorting conveyer) 방식이다. ③ Carrier 방식은 물품을 운반하는 체인 사이에서 회전롤러를 떠오르게 해서 분류하는 방식이다. ④ Pop-up Roller 방식은 진행하는 방향에 대하여 흐름을 바꾸기 위하여 롤러나 체인 컨베이어의 사이에 솟아오르는 롤러 방식이다. ⑤ Diverter 방식은 진행하는 방향에 대하여 컨베이어 위에 비스듬히 놓인 암으로 물품을 분류한다. 물품을 1개씩 분류하는 것도 가능하며, 연속적으로 분류하는 것도 가능하다.

21 동일한 단 내에서 동일한 방향으로 물품을 나란히 쌓지만 단별로는 방향을 90도로 바꾸거나 교대로 겹쳐 쌓는 적재방식은?

① 벽돌 적재　　　　　　　　② 핀휠 적재
③ 스플릿 적재　　　　　　　④ 교대 배열 적재
⑤ 블록 적재

> **해설** 교대 배열 적재(alternative tires row pattern)는 동일한 단 내에서 동일한 방향으로 물품을 나란히 쌓지만 단별로는 방향을 90도로 바꾸거나 교대로 겹쳐 쌓는 적재방식이다.

Answer　17. ④　18. ①　19. ①　20. ①　21. ④

22 동작에 의한 분류방식 중 다이버터(Diverter) 방식에 대한 설명으로 옳은 것은?

① 진행하는 방향에 대해서 컨베이어 위에 비스듬히 놓인 암(arm)으로 물품을 분류하는 방식으로 암과 컨베이어의 각도는 보통 30~40도가 일반적이다.

② 화물을 컨베이어에 흐르는 방향에 대해 직각으로 암으로 밀어내는 방식을 말하며, 구조가 간단해서 어떤 컨베이어와도 조합할 수 있는 장점이 있다.

③ 트레이(Tray)나 바켓(Bucket)을 기울이거나 바닥면을 열어서 떨어뜨려 분류하는 방식이다.

④ 여러 열의 캐리어 체인으로 물품을 운반하고 그 체인사이에서 회전하는 롤러를 노출되게 해서 분류하는 방식이다.

⑤ 구동롤러 사이를 이용해 컨베이어 이동방향과 직각으로 롤러의 면보다 낮게 몇 개의 체인을 회전시켜, 물품을 분기하기 직전에 체인을 회전시킴과 동시에 롤러의 면보다 다소 높게 물품과 함께 밀어 올려 컨베이어 위의 물품을 직각으로 분류하는 방식이다.

해설 분류(sorting)는 개개의 인위적 정보를 가진 물품을 그 정보에 따라 구분하여 정해진 장소에 모으는 작업을 말한다. 다이버터(Diverter) 분류방식은 진행하는 방향에 대해서 컨베이어 위에 비스듬한 암(arm)을 내어 물품을 분류하는 방식이다. 물품을 1개씩 분류하는 것이 가능하며, 연속적으로 분류하는 것도 가능하다.
②는 밀어내는(Pusher) 방식, ③은 경사트레이 컨베이어(Tilt Tray Conveyer) 방식이다. ④는 운반(Carrier) 방식, ⑤는 체인 트랜스퍼(Chain Transfer) 방식이다.

23 일관수송용 표준파렛트화란 발송지로부터 도착지까지 파렛트상에 적재된 화물을 운반, 하역, 수송, 보관하는 물류작업의 과정 중 이를 옮겨 쌓지 않고 이동하는 것을 말한다. 다음은 일관수송용 표준파렛트화가 필요한 이유를 정리한 것이다. 가장 거리가 먼 것은?

① 보관 방법의 개선 및 전반적인 물류작업의 신속화로 보관 능력의 향상과 물류비를 절감한다.

② 낱개 단위로 작업할 때보다 하역 및 보관업무가 간소화되나 포장비가 많이 든다.

③ 트럭의 상·하차 작업 대기시간을 단축시켜 운송 물류의 효율을 향상시킬 수 있다.

④ 생산지뿐만 아니라 도착지에서도 동일한 효율이 발생하여 전체물류비용이 절감된다.

⑤ 인력에 의한 하역작업을 기계화하여 하역인력 및 시간을 단축할 수 있다.

해설 파렛트화의 규격 표준화가 필요한 이유는 표준화된 파렛트에 적재하면 단위적재가 가능하기 때문에 파렛트의 규격화와 표준화를 실시하는 것을 말한다. 표준규격 파렛트의 경제성은 ㉠ 국제적으로 상호 공용 가능, ㉡ 하역기기에 적합하게 설계되어 하역기계화 기능, ㉢ 공로 및 철도운송에 적합하게 설계, ㉣ 환적 시 비용 절감, ㉤ 종합적인 물류비의 절감, ㉥ 파렛트 풀 시스템 촉진 등의 효과가 있다.

24 다음 그림은 각각의 기업이 자사의 파렛트를 소유하되 일정한 규율하에 공동 이용하는 형태로서 파렛트 적재화물은 기업 간 공동 유통창고를 통해 소비단계까지 확대하여 이용하는 시스템이다. 이 시스템은 무엇인가?

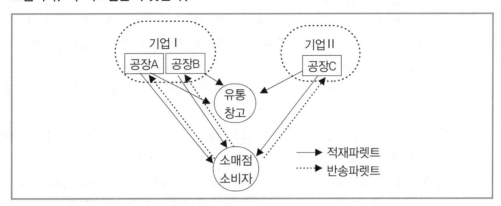

① 개방적 파렛트 풀 시스템(Pallet Pool System)
② 업계단위 파렛트 풀 시스템
③ 기업단위 파렛트 풀 시스템
④ 교환방식 풀 시스템
⑤ 리스·렌탈 방식 풀 시스템

해설 업계단위 파렛트 풀 시스템은 각각의 기업이 자사의 파렛트를 소유하되 업계가 일정한 규율하에 공동 이용하는 제도이다. 파렛트 적재화물은 기업 간 공동 유통창고를 통해 소비단계까지 확대하여 이용한다. 파렛트 이용효율 면에서 분석할 경우 큰 차이가 없으나 반송 면에서 이점이 있다.

25 다음은 파렛트 풀 시스템의 필요성을 설명한 것이다. 거리가 먼 것은?

① 제품을 생산하여 파렛트에 적재 후 최종 소비자까지 그대로 운송이 가능하다.
② 비수기에 불필요한 파렛트 비용 절감이 가능하다.
③ 자사에서 파렛트 보관관리가 불필요하고 관리 일원화로 분실이 현저히 줄어든다.
④ 전체적인 파렛트 수량이 늘어 이를 해결하기 위해 사회자본을 투여해야 한다.
⑤ 회수관리를 일원화하여 회수운임을 절감할 수 있다.

해설 파렛트 풀 시스템(PPS : Pallet Pool System)은 파렛트의 규격, 척도 등을 통일함으로써 업체에서 상호 교환성을 가지도록 한 후, 파렛트를 서로 풀로 연결하며 이용함으로써 개별기업의 물류합리화를 이루어 물류비를 절감하려는 제도이다.
④ 파렛트 풀 시스템을 도입하면 전체적인 파렛트의 수량은 줄어든다.

26 파렛트(Pallet)의 종류와 설명으로 옳지 않은 것은? ▸ 제19회, 제20회

① 롤 상자형 파렛트(Roll Box Pallet) : 받침대 밑면에 바퀴가 달리고 상부구조가 박스인 파렛트로 최근에는 배송용으로 많이 사용된다.

② 시트 파렛트(Sheet Pallet) : 1회용 파렛트로 Push-Pull 장치를 부착한 지게차로 취급된다.

③ 탱크 파렛트(Tank Pallet) : 주로 액체 취급 시 사용되고 밀폐를 위한 뚜껑을 가지며 상부 또는 하부에 개폐장치가 있다.

④ 플래턴 파렛트(Platen Pallet) : 핸드리프트로 하역할 수 있도록 만들어진 단면형 파렛트이다.

⑤ 사일로 파렛트(Silo Pallet) : 주로 분말체를 담는 데 사용되며 밀폐를 위한 뚜껑을 가지고 하부에 개폐장치가 있다.

해설 ④ 플래턴 파렛트(Platen Pallet)은 평판 모양의 파렛트로서 항공기 탑재용으로 이용된다. 핸드리프트로 하역할 수 있도록 만들어진 단면형 파렛트는 스키드 파렛트(Skid Pallet)이다.

27 크로스벨트(Cross-belt) 소팅 컨베이어에 관한 설명으로 옳지 않은 것은? ▸ 제20회

① 레일 위를 주행하는 연속된 캐리어를 지니고 있다.

② 각 캐리어는 소형 컨베이어를 장착하고 있다.

③ 캐리어를 경사지게 하여 화물을 분류한다.

④ 어패럴, 화장품, 의약품, 서적 등의 분류에 이용한다.

⑤ 고속 분류기의 일종이다.

해설 크로스벨트(Cross-Belt) 소팅 컨베이어는 레일을 주행하는 연속된 캐리어상의 소형벨트 컨베이어를 레일과 교차하는 방향에 구동시켜 단위화물을 내보내는 컨베이어이다. 크로스벨트 방식(Cross-belt Type)은 분기점이 많은 통신판매, 의약품, 화장품, 서적 등의 분류에 사용된다.
③ 캐리어를 경사지게 하여 화물을 분류하는 것은 틸팅(Tilting) 소팅 컨베이어이다. 레일을 주행하는 트레이, 슬라이드의 일부 등을 경사지게 하여 단위화물을 분류한다.

28 파렛트 풀 시스템(Pallet Pool System)의 운영방식에서 렌탈방식의 단점이 아닌 것은?

▶ 제18회

① 이용자가 교환을 위한 동질·동수의 파렛트를 준비해 놓을 필요가 없다.
② 파렛트를 인도하고 반환할 때 다소 복잡한 사무처리가 필요하다.
③ 일부 화주의 편재(쏠림현상) 등에 의하여 파렛트가 쌓이는 곳이 발생한다.
④ 편재(쏠림현상)되어 쌓여지는 파렛트는 렌탈회사 측면에서는 부담이 된다.
⑤ 렌탈회사의 데포(Depot)에서 화주까지의 공 파렛트 수송이 필요하다.

해설 파렛트 풀 시스템(PPS)에서 렌탈(rental)방식, 즉 임대방식은 화주가 렌탈회사의 데포에서 파렛트를 빌려 화물을 운송하면 도착지에서 공파렛트를 렌탈회사의 데포에 반납하는 방식이다.
① 이용자가 교환을 위한 동질·동수의 파렛트를 준비해 놓을 필요가 없다는 점은 렌탈방식의 장점이다. 교환방식에서는 교환을 위한 파렛트를 준비해야 한다는 것이 단점이다.

04 하역기기

| 학습목표 | 1. 물류표준화와 하역의 표준화 및 기계화의 의미와 기대효과를 이해한다.
2. 여러 가지 컨테이너의 용도와 특징을 이해한다.
3. 지게차의 종류와 어태치먼트, 컨베이어의 종류와 용도, 기타 하역기기의 특징을 이해한다.

| 단원열기 | 물류표준화의 기본방향, 하역·운반기기 선정 시 고려사항 등은 가끔 출제되는 내용이다. 컨테이너의 규격과 종류 및 용도, 지게차의 종류와 어태치먼트, 컨베이어의 종류는 자주 출제되는 내용이다. 이와 함께 여러 가지 하역·운반기기의 종류와 특징들도 자주 출제된다.

제1절 물류표준화와 하역의 표준화·기계화

1 물류표준화와 하역의 표준화

(1) 물류표준화의 의의

① **물류표준화의 정의**: 물류표준화 물류활동에 있어서 공통의 기준을 설정하고 활용하는 것을 의미하는 것으로, 구체적으로는 '운송, 보관, 하역, 포장, 정보 등 물류활동의 각 단계에서 사용되는 기기, 용기, 설비를 규격화하여 이들 간의 상호 호환성과 연계성을 확보하는 것'을 말한다.

② **유닛로드 시스템의 구축**: 물류표준화는 '화물유통 장비와 포장의 규격, 구조 등을 통일하고 단순화하는 것으로 물류기능 및 물류단계의 물동량 취급단위를 표준화, 규격화하고 이에 사용되는 기기, 용기, 설비 등을 대상으로 규격, 강도, 재질 등을 표준화하여 이들 간의 호환성과 연계성을 확보하는 유닛로드 시스템(ULS)을 구축하는 것'을 말한다.

(2) 물류표준화와 하역표준화의 기본방향

① **물류표준화 체계의 확립**: 물류합리화를 행하기 위해서는 물류표준화 체계의 확립이 불가피하다. 국제규격과의 정합성을 고려하여 개개의 대상물에 대한 규격화가 이루어져야 한다.

② **사회적인 접근**: 물류의 표준화는 사회적 활동이다. 어떤 기업만 혹은 업계 내의 문제로서 실시되는 것이 아니고 생산자, 제조업자, 물류업자, 상류업자, 소비자 혹은 사용자 등 관계되는 사람 모두의 상호협력에 의해서 추진되어야 한다.

③ **전체 최적화 측면의 접근**: 물류표준화는 전체적인 최적화 입장에서 구축되어야 한다. 각 분야가 상호 관련을 생각하지 않고, 개발을 추진한다면 그 접점에 있어서의 결합이 적절하게 이루어지지 못하여 국민 경제적으로 커다란 손실을 초래하게 된다.

④ **정확한 표준화**: 한 번 정착된 시스템의 변경은 어렵다. 따라서 장래 개발에 필요한 부문에 대해서는 가능하면 빠른 시점에서 표준을 정해 두는 것이 좋다.

⑤ **표준규격의 제정**: 표준규격을 만들고, 사용하는 규격에 대하여 물류효율성을 위하여 일관성 있게 추진되어야 한다.

⑥ **환경친화적인 접근**: 물류표준화를 추진함에 있어서 환경적인 면을 고려하여야 한다. 공간의 효과적인 활용, 수요에 대한 서비스 수준의 향상, 시간의 절약, 인력절약, 인간존중, 안전성 등을 항상 염두에 두는 것이 필요하다.

⑦ **물류최적화 측면의 접근**: 개별적으로 개발된 법령 규격, 관습 등에 대해서는 물류최적화의 입장에서 일관성있게 검토하여 필요한 개정을 하여야 한다. 유닛로드화하여 표준화하는 것과 표준화된 요소를 조합하여 다양화에 대처하는 등의 접근이 필요하다.

⑧ **안전성의 고려**: 물류는 동적인 산업활동이기 때문에 항상 안전문제가 뒤따르게 된다. 따라서 안전성을 고려하여 물류표준화가 추진되어야 한다.

⑨ **우선순위의 고려**: 물류표준화는 폭, 길이, 높이에 대한 것으로 치수와 중량, 적재하중, 강도, 방법 등이 주된 내용이지만, 당면한 표준화에 대해서 우선 폭과 길이를 생각하여야 한다.

⑩ **유닛화를 고려한 치수**: 파렛트 치수에는 물류관계 장치·기기와의 정합성을 가진 것으로서 수송기기에 효과적으로 적재될 수 있는 것과 유닛로드의 구성요소인 화물포장치수의 결정에서 융통성이 있을 것이 요구된다. 그 외의 장치 및 기기 예로서 각종 하역운반기기나 보관장치 등은 파렛트 혹은 유닛로드의 치수에 맞추어서 그 규격을 정한다.

⑪ **물류 각 단계를 고려한 표준화**: 물류의 표준화는 불특정 다수의 물건을 대상으로 생각하며, 표준화의 대상 범위를 단순히 파렛트 정도의 크기에 대해서만 생각하는 것이 아니고, 운송기기와 터미널 등의 수송시설과 보관용 기기 창고 등에까지 확대하여 광범위한 많은 종류의 물건을 대상으로 표준화를 고려하여야 한다.

⑫ **신속성을 고려한 표준화**: 유닛로드에 대해서는 단순히 파렛트 단위만이 아니고 대형컨테이너, 트럭, 철도화차 등을 유닛로드로 신속하게 가능하도록 표준화하여야 한다.

2 물류기기, 하역·운반기기

(1) 물류기기

① **물류기기의 정의**: 물류기기는 "운송, 보관, 하역, 포장, 정보, 유통가공 등의 물류 제기능의 과정에 수반되는 물류활동들을 위해 이용되는 설비, 장비, 기기"라고 정의할 수 있다.

② **물류기기의 분류**: 물류기기는 크게 포장기기, 보관기기, 수송기기, 하역·운반기기와 공통으로 이용되는 기기로 구분할 수 있다. 각 기기의 종류는 다음과 같다.

구 분	포장기기	보관기기	수송기기	하역 · 운반기기	공통기기
종 류	낱포장기기 내포장기기 외포장기기 기타	보관 랙 자동창고 기타	육상수송기기 철도수송기기 해상수송기기 항공수송기기	동력운반기기 무동력운반기기	파렛트 컨테이너 정보기기 기타

(2) 하역 · 운반기기

① 하역 · 운반기기가 필요한 화물

하역기계가 필요한 화물로는 중량화물, 많은 인력이 필요한 화물, 액체 및 분립체 등 인력으로 취급하기 곤란한 화물, 인력으로 시간을 맞추기 어려운 화물, 대량 해상운송화물, 작업장의 위치가 높고 낮음으로 인하여 상 · 하차 작업이 곤란한 화물, 인적 접근이 곤란하거나 수동화하기 어려운 화물, 유해하거나 위험한 화물 등이다.

② 하역 · 운반기기 선정 시 고려사항

㉠ 화물특성 : 화물특성이란 화물의 종류로서 포장된 물품이나 포장되지 않은 살 화물 등 최적의 하역기구를 선정하는 중요한 기준이 된다. 포장되지 않은 물품의 경우에는 입자의 분포, 비중, 성상 등을 염두에 두어야 하며, 포장물의 경우에는 형상, 크기, 중량 등을 감안하여 하역기기를 선택하여야 한다.

㉡ 작업특성 : 작업특성이란 작업의 성질로서 작업량, 계절변동의 유동성, 취급품목의 종류, 운반거리 및 범위, 운송기기의 종류, 로트의 대소에 따른 수 배송 특성을 포함한 이들 모든 요인을 전제로 하여 이에 부합된 하역기기를 선택할 필요가 있다.

㉢ 작업환경특성(작업장의 구조 및 여건) : 작업환경특성은 그 작업장이 전용인가, 공용인가, 자사소유인가, 임대인가, 물의 흐름은 어떠한가, 시설의 배치 및 건물구조는 어떠한가, 하중은 어느 정도인가 등의 요인을 포함한다.

㉣ 하역기기의 특성 : 하역기기의 특성은 하역기기의 안전성, 신뢰성, 성능, 탄력성, 기동성, 에너지의 절약성, 소음, 공해 등의 특성을 포함한다. 이러한 하역기기 특성을 고려하여 최적의 하역기기를 선정하여야 한다.

㉤ 채산성(경제성) : 이상의 모든 요소를 감안하여 경제성을 검토하여 기기를 선정한다. 경제성에 관해서는 복수의 대체 안을 작성한 후 비교하여 기기를 선정하여야 한다.

③ 화물취급 장비의 활용

지게차 트럭은 일반적으로 파렛트나 슬립시트(slip sheet)에 적재된 화물을 운반하나, 드럼 등을 운반하는 사이드 클램프(side clamp)를 부착하기도 한다. 캐러셀(carousels)은 서비스 부품 취급 등에 적절한 장비이다. 창고에서 사용되는 로보틱스(robotics)의 대표적인 예는 파렛타이저(palletizer)이다. 자동창고시스템(AS/RS)은 보관랙, 격납(storage) 및 출하(retrieval) 장비, 반입(input) 및 반출(output) 시스템, 그리고 통제시스템으로 이루어진다.

④ **운반 · 하역기기의 개선 시 고려사항**

㉠ 유닛로드 시스템 규격에 적합한 하역 · 운반장비의 표준화가 필요하다.

㉡ 다품종 · 소량 · 다배송처를 고려한 분류 및 피킹의 기계화 · 자동화가 요구된다.

㉢ 전자기술을 응용한 하역 · 운반기계의 개발이 필요하다.

㉣ 환경과 안전을 고려한 기기의 개발이 필요하다.

제 2 절 하역기기의 종류

1 컨테이너

(1) 컨테이너의 개요

① **컨테이너의 정의**: 컨테이너(container)란 물건을 수용하는 모든 용기를 지칭하는 것이지만, 수송업계에서 사용되고 있는 컨테이너는 영어로 Freight Container, 또는 Van Container, Mariner Cargo Container 등으로 불리는 수송용 컨테이너를 가리키는 것이 보통이다.

② **컨테이너의 조건**: 1964년 국제표준화기구(ISO) 총회에서 내놓은 규격에 의하면 컨테이너는 다음의 조건을 갖추어야 한다.

㉠ 화물수송용의 용기로서 내구성과 반복사용에 적합한 강도일 것

㉡ 상품수송을 단일 또는 다수의 수송방식에 의해서 도중에 다시 채우지 않고 용이하게 수송이 가능하도록 특별히 설계되어 있을 것

㉢ 하나의 수송방식에서 다른 수송방식으로 환적할 경우 쉽게 하역이 가능하도록 장치가 붙어 있을 것

㉣ 넣고 꺼내는 것이 쉽게 설계되어 있을 것

㉤ 내용적이 $1m^3$ 이상일 것

③ 컨테이너 이용 시 장·단점

장 점	단 점
• 포장비, 운송비, 항만하역비, 보험료를 절약할 수 있다. • 신속한 선하증권의 발급으로 이자를 절약할 수 있다. • 생산능률이 향상된다. • 안전한 수송이 가능하다.	• 선박컨테이너 터미널기지 설비 등에 대한 투자가 크다. • 재래화물은 거의 20피트 컨테이너 이하의 양이 많아 빈 컨테이너 회송 혹은 컨테이너 보관장소에 문제가 있다.

④ 컨테이너의 규격

　㉠ 해상운송에서는 20ft($20' \times 8' - 6''$), 40ft($40' \times 8' \times 8 - '6''$), 40ft High Cubic($40' \times 8' \times 9' - 6''$), 45ft($45' \times 8' \times 8' - '6''$) 컨테이너 등이 주로 사용되고 있는데 국제표준화기구의 ISO 표준규격을 사용하도록 권고하고 있다.

　㉡ 이 중 20ft 컨테이너를 TEU(Twenty-foot Equivalent Unit)라고 하여 물동량의 산출을 위한 표준적인 단위로 삼고 있으며, 이 단위는 컨테이너 선박의 적재능력의 표시기준이 되기도 한다.

(2) 용도에 따른 컨테이너의 분류

① 일반용도 컨테이너(Dry Container)

일반화물의 수송을 주목적으로 한 컨테이너로 적어도 1개 이상의 끝벽에 문이 있으며 강성이 있는 6면체로 구성된 비바람 기밀구조인 컨테이너이다. 지붕 또는 옆벽에 강성이 있는 개폐장치가 있는 경우도 있다.

② 통기·환기 컨테이너(Ventilated Container)

통풍을 필요로 하는 수분성 화물, 생피 등을 수송하는 컨테이너이다. 통기컨테이너는 컨테이너 윗부분에 공기구멍을 갖춘 컨테이너이고, 환기컨테이너는 컨테이너 아랫부분 및 윗부분에 공기구멍을 갖춘 것으로 기계적 환기장치가 있는 것과 없는 것이 있다.

③ 드라이 벌크 컨테이너(Dry Bulk Container, Solid Bulk Container)

사료, 곡물, 분립체 등의 벌크화물을 수송하는 컨테이너로 천정에 적부용 해치가 있고 아랫부분에 꺼내는 문이 있다.

④ 특정화물 컨테이너

　㉠ 가축용 컨테이너(Pen Container, Live Stock Container) : 소·말·양 등 생동물 수송용 컨테이너로 통풍이 잘되도록 옆면과 전후양면에 창문이 있고, 옆면 하부에 청소구멍이나 배수구 등이 있다. 옆면에 모이통이 붙어 있는 것도 있으며, 통상 상갑판에 적재된다.

　㉡ 자동차용 컨테이너 : 자동차를 효율적으로 적재하기 위하여 특별히 제작된 컨테이너이다. 자동차 높이에 맞추어 1단이나 2단 적재가 가능하다.

⑤ **서멀 컨테이너**(Thermal Container)

냉동 및 보냉을 필요로 하는 화물을 수송하기 위한 컨테이너를 말한다. 특수화물, 즉 온도관리를 필요로 하는 화물의 수송을 주목적으로 한 컨테이너와 단열된 벽, 문, 지붕 및 바닥으로 구성되어 있다.

　㉠ 냉동 컨테이너(Refrigerated Container, Reefer Container) : 생선, 육류, 과일, 야채 등 냉동식품이나 의약품 등의 수송에 사용되는 컨테이너이다. 단열성을 가진 컨테이너 본체와 냉동유닛(Refer Unit)으로 구성되어 있고, $-28℃$에서 $+26℃$까지 온도조절이 가능하다. 냉동기의 전원은 컨테이너 야드에서는 육상전원, 해상에서는 선내전원, 육상수송 중에는 샤시의 발전기를 이용한다.

　㉡ 단열 컨테이너(Insulated Container) : 냉각 또는 가열장치를 갖지 않은 컨테이너이다. 바깥쪽을 모두 단열재로 덮고 통풍장치를 부착한 컨테이너이다. 내부 온도변화가 거의 없기 때문에 정밀기계, 페인트 등을 적재하는 데 적합하다. 가열 컨테이너(Heated Container)는 가열장치를 갖춘 컨테이너이다.

⑥ **오픈 톱 컨테이너**(Open Top Container)

파이프와 같이 길이가 긴 장척화물, 중량물, 기계류 등을 수송하기 위한 컨테이너로 지붕이 가동식, 착탈식 또는 캔버스(canvas)로 되어있는 형태여서 화물을 컨테이너의 윗부분으로 넣거나 하역할 수 있다.

⑦ **플랫폼 컨테이너**(Platform Container)

기둥이나 벽이 없고 모서리 쇠와 바닥만으로 구성된 컨테이너로 내용적을 갖지 않아 화물 컨테이너의 정의에는 합치되지 않으나 일반적으로 컨테이너라고 부른다. 중량물이나 부피가 큰 화물을 운송하기 위한 컨테이너이다.

⑧ **플랫 랙 컨테이너**(Flat Rack Container)

목재, 승용차, 기계류 등과 같은 중량화물을 운송하기 위한 컨테이너로 지붕과 벽을 제거하고 기둥과 버팀대만 두어 전후좌우 및 상부에서 하역할 수 있는 특징을 갖고 있다.

⑨ **사이드 오픈 컨테이너**(Side Open Container)

옆면이 개방되는 컨테이너를 말한다.

⑩ **탱크 컨테이너**(Tank Container)

식용유, 술, 장류 등의 식품 및 유류, 화공약품 등과 같은 액체상태의 화물을 운송하기 위하여 특별히 고안하여 만들어진 컨테이너이다. 드럼형 탱크를 장착하고 있다. 일반액체용, 위험물용 고압품용 등이 있으며 보온장치나 가열장치를 설치하는 경우도 있다.

⑪ **행잉 가먼트**(Hanging Garment)

가죽 또는 모피와 같은 의류를 운송하기 위한 컨테이너로 행어 컨테이너(Hanger Container)라고도 한다. 내부에 의류의 원형 그대로의 보존상태를 유지하기 위한 필요한 설비를 장착하고 있다. 의류의 길이에 따라 컨테이너 상하로 2~3개의 바를 고정하여 옷걸이를 장착하는 방법으로 의류의 원형상태를 보존한 채로 운송할 수 있다.

(3) **컨테이너 고정작업**(securing)

본선 항해 중의 진동에 의해 적입화물이 움직이지 않도록 고정하는 작업은 필수적이다. Securing 이란 컨테이너에 적입된 화물이 운송 중 이동하지 않도록 컨테이너 내에 고정시켜 주는 것을 말하며 보통 다음의 방법을 사용한다.

① **쇼어링**(Shoring) : 각목이나 판재 등의 지주를 써서 컨테이너 안의 화물을 고정시킨다.

② **쵸킹**(Chocking) : 화물 사이, 화물과 컨테이너 벽면사이를 각재 등의 지주로 수평 방향으로 고정시키는 방법으로 때로는 쿠션 등을 끼워서 고정시키기도 한다.

③ **래싱**(Lashing) : 컨테이너 래싱용 고리를 이용하여 로프, 밴드 또는 그물 등을 사용하여 화물을 묶어 고정시킨다.

2 지게차(포크리프트)

(1) **지게차의 개요**

① **지게차의 개요**

지게차, 즉 포크리프트(folk lift)는 대표적인 하역·운반기계로 포크나 램 등 화물을 적재하는 장치 및 이것을 승강(lift)시키는 마스트(mast)를 구비한 하역 자동차를 말한다. 짐을 운반하거나 또는 짐을 2m 정도까지 높이 올릴 수 있는 자주하는 기계이다.

② **지게차의 특징**

지게차의 적재 하중능력은 0.5톤에서 30톤까지 있고 1톤, 2톤, 3톤 및 5톤급이 많다. 지게차는 낱개화물의 작업에는 곤란하므로 깔판(스키드)이나 파렛트에 유닛화하여 사용하는 것이 좋다.

(2) **지게차의 종류**

① **카운터 밸런스형**(Counter balanced fork lift truck)

차체 전면에는 포크와 마스트가 부착되어 있으며, 차체 후면에는 카운터웨이터(무게중심 추)가 설치된 지게차로 가장 일반적인 지게차이다.

② **스트래들 리치형**(Straddle fork lift truck)

차체 전방으로 뻗어나온 주행가능한 아웃트리거(Outrigger)로 차체의 안정을 유지하며, 양쪽의 아웃트리거 사이로 포크를 내릴 수 있는 형태의 지게차로, 일반적으로 리치형으로 불린다.

③ **사이드 포크형**(Side fork lift truck)

포크와 마스터를 차제후방에 설치한 것으로, 운반·하역 시는 차체측면에 아우터리거를 움직여 차체폭 방향으로 포크승강 장치를 이용하여 화물을 올리고 내린다. 통로가 좁은 창고에서 장척화물을 취급하기에 가장 적합한 지게차이다.

(3) 지게차의 어태치먼트

① **어태치먼트의 의미**

㉠ 어태치먼트(attachment)란 지게차의 하역장치에 추가 또는 대체하여 통상 이외의 작업에 맞도록 보통 포크와 교환하는 부속장치이다.

㉡ 어태치먼트에는 화물의 구멍에 차입 사용하는 램(ram), 크레인 작업을 위한 크레인 암(crane arm), 화물을 회전시키는 회전포크(rotating fork), 포크상의 화물을 밀어내기 위한 푸셔(pusher) 등이 있다.

② 어태치먼트의 주요기능

　　㉠ 작업의 다기능 및 효율의 증대 : 작업자의 작업 범위를 넓히는 동시에 최적의 안전성과 효율성으로 작업에 있어서 지게차 본래의 기능을 수행하고, 다기능과 효율성은 생산성 향상과 경비절감이 관건이다.

　　㉡ 넓은 작업 범위 : 파렛트를 사용할 수 없거나 사용할 필요가 없는 부류의 화물취급을 위한 어태치먼트는 포장이 안 된 물품꾸러미·부대·드럼·나무상자 또는 컨테이너 등과 같은 화물을 취급할 수 있다.

　　㉢ 화물취급의 효율성 증대 : 위험하고 중대한 문제가 발생할 수 있는 화물을 취급에서 효율성을 높일 수 있다.

(4) 어태치먼트의 종류

어태치먼트	용 도
램(ram)	화물의 구멍에 삽입하여 사용하는 막대모양의 부속장치로 코일이나 전선 등의 운반·하역에 적합
크레인 암(crane arm)	크레인 작업을 위한 부속장치
덤핑 포크(dumping fork)	백 레스트와 함께 포크를 상하방향으로 기울일 수 있는 부속장치
힌지드 포크(hinged fork)	백 레스트와 별도로 포크를 상하방향으로 기울일 수 있는 부속장치
훅(hook)	포크 또는 램 등에 부착하여 화물을 달아 올리기 위한 부속장치
사이드 쉬프터(side shifter)	핑거 바 등을 가로 방향으로 이동할 수 있는 부속장치
포크 포지셔너(fork positioner)	포크의 간격을 조정할 수 있는 부속장치
리치 포크(reach fork)	포크가 마스트에 대하여 전후로 이동할 수 있는 부속장치
푸셔(pusher)	포크 위의 화물을 밀어내기 위한 부속장치
스프레더(spreader)	컨테이너 등을 달아 올리기 위한 부속장치
클램프(clamp)	화물을 사이에 끼우는 부속장치(grab)로 드럼과 같은 원통형 화물의 운반·하역에 적합
회전 클램프(rotating clamp)	수직면 내에서 회전할 수 있는 장치를 가진 클램프(clamp)
로드 스태빌라이저(load stabilizer)	포크 위에서 화물을 눌러 움직이지 못하게 하는 부속장치
피니스 차저(frunace charger)	원료를 용해로 등에 투입하기 위한 부속장치
머니플레이터(manipulator)	단조물 등을 잡고 회전시키기 위한 부속장치
버킷(bucket)	벌크 화물의 하역에 사용하기 위한 부속장치
회전 포크(rotating fork)	유압으로 포크 지시부 전체가 차체전면으로 360도 회전하는 것

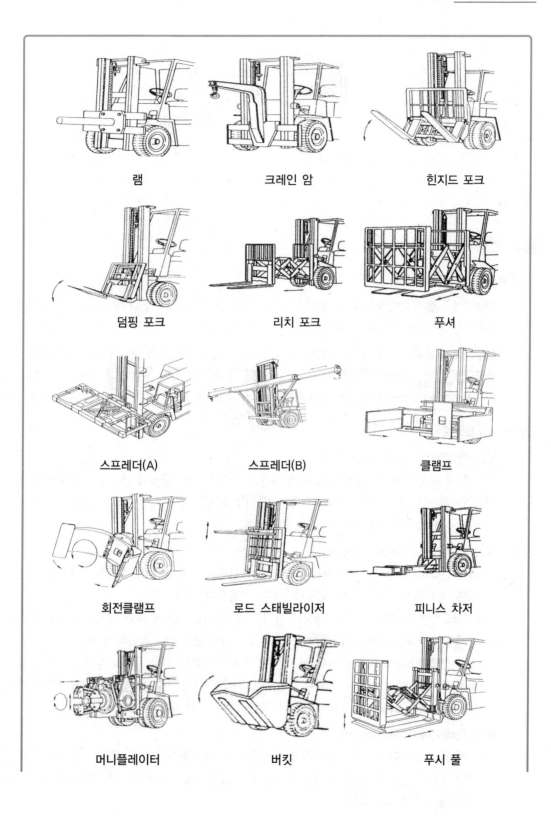

램	크레인 암	힌지드 포크
덤핑 포크	리치 포크	푸셔
스프레더(A)	스프레더(B)	클램프
회전클램프	로드 스태빌라이저	피니스 차저
머니플레이터	버킷	푸시 풀

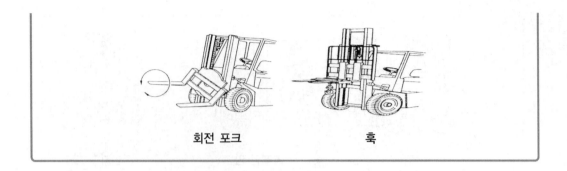

회전 포크   훅

3 컨베이어

(1) 컨베이어의 정의와 종류

① **컨베이어의 정의**: 한국산업표준(KST 2301)에서는 컨베이어(Conveyor)를 '화물을 연속적으로 운반하는 기계'로 정의하고 있다.

② **컨베이어의 종류**: 컨베이어의 기본형은 8가지로 구분하는데, 벨트 컨베이어, 체인 컨베이어, 롤러 컨베이어, 스크루 컨베이어, 진동 컨베이어, 유체 컨베이어, 공기필름 컨베이어, 수직 컨베이어 등이다. 그리고 이들을 기본으로 하여 다수의 응용된 컨베이어가 사용되고 있다.

(2) 컨베이어의 종류

① **벨트 컨베이어**(Belt Conveyer)
수평면 및 경사면에서 반송에 다양하게 사용되고 있고, 경량물부터 중량물까지 목적에 맞게 광범위하게 사용되고 있다. 고저차가 있는 공정 간의 접속에 의해 사용되는 경우, 급경사에서는 반송물과 벨트의 미끄러짐에 주의해야 한다.

② **체인 컨베이어**(Chain Conveyer)
　㉠ 라인 컨베이어(Line Conveyer) : 파렛트에 적재한 단위화물 등 중량물의 안전반송에 적합하다. 설비비는 저렴하지만 고속반송에는 적합하지 않다.
　㉡ 트롤리 컨베이어(Trolly Conveyer) : 가이드 레일(guide rail)에 따라 입체공간을 자유로 활용해서 반송하는 것이 가능하며, 안전면 또는 고속반송에는 적합하지 않다.
　㉢ 슬랫 컨베이어(Slat Conveyor) : 몇 가닥의 체인에 부착한 짐받이 슬랫을 운반 시에는 수평으로, 돌아올 때는 수직으로 하여 순환시키고, 각 스테이션에 설치한 자동출입 컨베이어와 연동하여 자동으로 반송물을 이동 적재하는 수직 컨베이어이다.

③ **롤러 컨베이어**(Roller Conveyer)
　㉠ 프리 롤러 컨베이어 : 반송물의 하중을 이용하여 높은 쪽에서 낮은 쪽으로 흐르게 하는 경우에 사용된다. 유동 랙 등에 사용되고 있으나, 급경사에서의 사용은 반송물에 충격이 가해지기 때문에 주의를 요한다.

ⓒ 구동식 롤러 컨베이어 : 수평반송에 많이 사용되며 급경사의 경우에는 반송물과 롤러 간의 미끄러짐 때문에 적합하지 않다.

④ **수직 반송 컨베이어**

    ㉠ 수직 트레이 컨베이어(VT) : 몇 가닥의 체인에 부착한 짐받이 트레이 또는 짐받이 암을 상하로 움직여서, 각 스테이션에 설치한 자동출입 컨베이어와 연동하여 자동으로 반송물을 이동·적재하는 수직 컨베이어이다.

    ㉡ 수직 왕복 컨베이어(VR) : 몇 가닥의 체인에 부착한 짐받이 컨베이어를 상하로 움직여서 각 스테이션에 설치한 자동 출입 컨베이어와 연동하여 자동적으로 반송물을 이동·적재하는 수직 컨베이어이다.

⑤ **플로우 컨베이어**(Flow Conveyor)

    밀폐된 상태로 체인이나 케이블로 이동시키는 특수 컨베이어로 주로 분립체(시멘트, 곡물 등)를 운반할 때 사용하며 수평, 수직, 경사, 곡선 등으로 운반하는 기기이다.

4 파렛타이저와 파렛트 트럭

(1) 파렛타이저의 정의

① **한국산업표준의 정의** : 한국산업표준(KST 2021)에서 파렛타이저(Palletizer)는 '물품을 쌓아 올리는 기계'를 말한다. 즉 파렛타이저는 파렛트 위에 상자화물이나 봉지화물 등을 일정한 형태로 적재하는 기기로 통용되고 있다.

② **일반적 정의** : 파렛타이저(Palletizer)는 골판지 상자의 포장화물이나 병류 상품이 플라스틱 상자에 담긴 화물을 자동적으로 파렛트 위에 적재하여 유닛로드화하는 기계이다.

(2) 파렛타이저의 종류

① **기계 파렛타이저와 로봇 파렛타이저**

    ㉠ 기계 파렛타이저는 캐리지, 클램프 또는 푸셔 등의 적재장치를 사용하여 파렛트에 물품을 정리하여 자동적으로 적재하는 파렛타이저이다.

    ㉡ 로봇 파렛타이저는 산업용 로봇에 머니퓰레이터(manipulator)를 장착하여 파렛트에 물품을 자동적으로 적재하는 파렛타이저이다. 저속 및 고속처리가 가능하고 복합적재가 가능하다. 작동범위가 넓어 1대로 여러 품종의 처리가 가능하다. 파렛트 패턴의 변경이 용이하고 설비의 외관이 간단하다. 가격은 저상식보다 저렴하다.

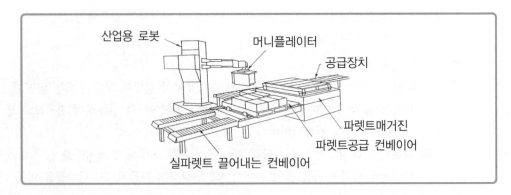

② **고상식 파렛타이저**(Upper-level Palletizer)

높은 위치에 적재장치를 구비하고 일정한 적재위치에서 파렛트를 내리면서 물품을 적재하는 기계식 파렛타이저이다.

③ **저상식 파렛타이저**(Floor-level Palletizer)

파렛트를 낮은 장소에 놓고 적재장치를 오르내리면서 물품을 적재하는 기계식 파렛타이저이다.

◑ **파렛타이저의 종류별 기능 및 특징**

분 류	기능 및 특징
고상식	• 고속처리용 파렛타이저로, 1대로 여러 품종의 처리 가능 • 어큐무레이션 컨베이어가 필요 • 규정 외의 제품용으로 대체는 용이하지 않음 • 파렛트 패턴의 변경이 쉽지 않음 • 설비의 외관이 대형이고, 기계의 가격이 고가
저상식	• 중·고속처리용으로, 1대로 여러 품종의 처리 가능 • 어큐무레이션 컨베이어가 필요 • 규정 외의 제품용으로 대체는 용이하지 않음 • 파렛트 패턴의 변경이 쉽지 않음 • 설비의 외관은 중간정도의 크기이고, 가격은 고상식 보다 저렴
로봇식	• 저속 및 고속처리 가능하고, 1대로 여러 품종의 처리 가능 • 복합적재 가능하고, 작동범위가 넓음 • 어큐무레이션 컨베이어가 불필요 • 핸들링 가능한 제품수치는 대체가 용이 • 파렛트 패턴의 변경이 용이 • 설비의 외관이 간단하고, 가격은 저상식 보다 저렴

(3) **파렛타이저의 표준화**

파렛타이저의 표준화 대상으로는 용어 및 기호, 안전장치, 작업능력, 호환성, 조작방법, 주요부품 등이 있다. 파렛타이저는 유닛로드 시스템(ULS)상의 포장모듈과 정합성을 가질 수 있도록 하여야 한다.

(4) 디파렛타이저

디파렛타이저(Depalletizer)는 파렛트에 쌓여진 물품을 내리는 기계를 말하며 화물을 자동적으로 1개씩 허무는 기계를 의미한다.

5 피킹기기, 분류기기, 무인반송차량

(1) 피킹과 분류

① **피킹 방법**: 피킹(Picking)이란 주문에 따라 물류센터의 보관설비로부터 선별하여 꺼내는 것을 말하며, 피킹의 방법으로는 크게 사람에 의한 방법과 기기에 의한 자동적 피킹으로 구분된다. 오더 피킹 기기의 안전장치, 치수·능력, 용어 및 기기 간 호환성에서 표준화가 필요하다.

② **분류 방법**: 분류(Sorting)란 화물을 거래주문에 따라 고객별, 거래처별, 지역별 등으로 구분하는 것을 말하고 분류하는 설비를 분류기기 소팅머신(Sorting Machine)이라고 한다.

(2) 무인반송차량(AGV)

① **무인반송차**(Automatic Guided Vehicle): 차체에 수동 또는 자동으로 화물을 적재하고 지시된 장소까지 자동 주행하여 수동 또는 자동으로 이재 또는 적재하는 무궤도 차량을 말한다.

② **무인견인차**(Guided Tractor): 수동 또는 자동으로 화물을 상·하차하는 대차를 견인하여 지시된 장소까지 자동주행으로 작업하는 무궤도 차량을 말한다.

③ **무인지게차**(Automatic Guided Tractor): 화물을 적재하기 위한 포크 등에 화물을 자동으로 적재하여 지시된 장소까지 자동주행으로 하역작업을 하는 무궤도 차량을 말한다.

6 크레인

(1) 크레인의 정의

크레인(Crane)은 윈치, 윈치구동용 동력, 와이어, 활차, 지주, 붐(Boom) 등으로 구성되어 물건을 들어 올리는 기계이며 기중기라고도 부른다. 고정식과 이동식이 있으며, 사용범위에 따라 수상용, 수륙양용, 육상용으로 형식에 따라 천정주행, 지브, 갠트리, 탑형 등으로 나누어진다.

(2) 크레인의 종류

① **천정 크레인**(Overhead travelling crane)

공장이나 창고의 양쪽 벽 상부에 레일을 달아 크레인 본체가 천장을 주행하며 화물을 상하로 감아올리고 수평 이동할 수 있는 크레인이다.

② **케이블 크레인**(Cable crane)

마주 보는 탑 사이에 걸려 있는 로프를 궤도로 트롤리가 수평 주행하는 크레인을 의미한다.

③ 갠트리 크레인(Gantry crane)

레일 위를 주행하는 다리가 있는 지퍼에 트롤리 또는 지브붙이가 있는 크레인으로 본체의 구조가 다리를 닮았다는 의미에서 교량형 크레인(Portal bridge crane)이라고도 한다.

④ 언로더(Unloader)

살물(bulk)상태의 화물을 부리기 위해 이용되는 호퍼가 부착된 크레인을 의미한다.

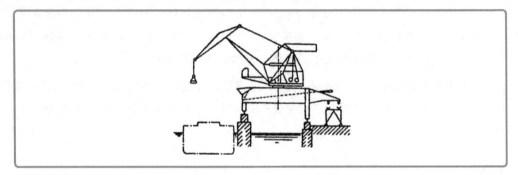

⑤ 지브 크레인(Jib crane)

화물을 매다는 크레인의 지브(화물을 매달기 위해 돌출된 것)를 가진 크레인으로, 각도변경과 좌우 선회로 작업영역을 쉽게 변경할 수 있다. 지브의 끝에서 화물을 매달아 올리는 지브붙이 크레인으로써 항만이나 선박에 부착하여 화물 및 해치를 운반하는 데 이용하는 기기이다.

⑥ **인입식 크레인**(Level luffing crane)

화물의 인입(끌어당김) 시 궤적의 기복과 관계없이 수평으로 이동시키는 기기로써, 화물의 인입 중 상하진동이 적지 않지만 인입속도가 빨라 항만하역에 주로 사용되고 있다.

⑦ **자주 크레인**(Mobile crane)

지브 크레인에 차륜 또는 크로울러를 구비하여, 레일에 의하지 않고 스스로 주행할 수 있는 지브붙이 크레인을 의미한다. 차륜식(트럭)과 크로울러(Crawler)식 또는 캐터필러(Caterpillar)식이 있다.

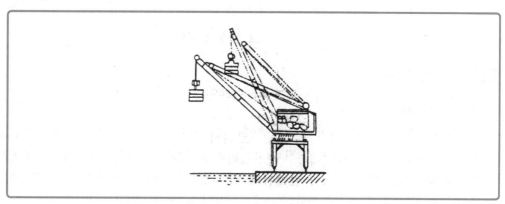

⑧ **데릭**(Derrick)

상단이 지지된 마스트를 가지며, 마스트 또는 붐(Boom) 위 끝에서 화물을 달아 올리는 지브붙이 크레인이다.

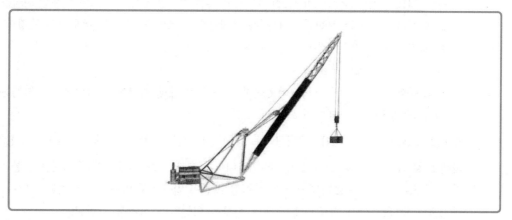

⑨ **스태커 크레인**(Stacker crane)

입체 자동화 창고의 대표적인 운반기기이다. 랙에 화물을 입·출고시키는 크레인의 일종으로 밑에 주행레일이 있고 위에 가이드레일이 있는 통로 안에서 주행장치로 주행하며 승강장치와 포크장치를 이용하여 입·출고작업을 한다.

7 기타 하역기계

(1) 기타 하역기계의 분류

기타 하역기계로는 물류센터의 손수레, 테이블 리프터(Table Lifter), 파렛트 로더(Pallet Loader), 도크 보드(Dock Board), 도크 레벨러(Dock Leveller) 등이 있다. 그리고 트럭에 장착된 리프트 롤러 (Lift Roller), 테일보드 로더(Tail Board Loader)가 있고, 석탄부두 등에서 사용하는 셔블 로더 (Shovel Loader), 기체·액체화물을 취급하는 로딩 암(Loading Arm) 등이 있다.

(2) 기타 하역기계의 종류

① 손수레

  ㉠ 핸드 리프트 트럭(Hand Lift Trucks) : 창고 혹은 플랫폼에서 스키드에 적재된 화물을 스키 드와 함께 이송하는 운반기기이다. 통상 장방형 구조에 지레 또는 유압으로 승강할 수 있 는 대축이 붙어 있는 것이 특징이다.

  ㉡ 핸드 리프터(Hand Lifter)
  창고 등에서 마스트에 안내되어 승강하는 포크를 통해 하역하고 인력으로 운반하는 기기 이다. 업계에서는 스태커라고 불리고 있다.

② 테이블 리프터(Table Lifter) : 유압장치로 링크(Link)기를 조작하여 하대를 승강시키는 장치이다.

③ 파렛트 로더(Pallet Loader) : 트럭 또는 컨테이너 하대 위로 파렛트에 적재된 화물을 이동시 키는 기구로 하대에는 로더의 롤러가 주행할 레일이 입구에서 안쪽으로 설치되어 있다. 한 조 가 2줄의 로더를 깔고 파렛트에 적재된 화물을 이동하는 장치를 말한다.

④ 도크 보드(Dock board) : 화물차의 하대와 도크 높이가 약간 다를 때 하역하기 좋도록 연결하는 장치를 말한다. 도크에 고정되어 유압으로 조절하는 것과 바퀴(dolly)가 달린 돌리 도크 보드 (Dolly Dock Board)가 있다.

⑤ **도크 레벨러**(Dock Leveller) : 바닥 또는 도크 상면에서 화물차의 하대까지 지게차 트럭 또는 소형운반형 차량이 올라갈 수 있는 경사진 램프(ramp)를 말한다. 유압으로 높이를 조절하고 바퀴가 달린 것도 있다. 도크 레벨러는 주로 트럭의 하대 높이와 홈의 높이 차이를 조절해서 적재함이나 지게차, 파렛트 트럭 등에서 용이하게 하역을 할 수 있도록 한 시설로 지게차 트럭 또는 소형 운반형 차량이 올라갈 수 있는 경사진 램프(ramp)를 말한다.

⑥ **대차, 핸드 리프트 트럭**(Platform, Hand lift truck) : 대차와 핸드 리프트 트럭은 화물의 유닛로드(Unit load) 상태, 화물의 중량, 상·하차 장소의 높낮이, 통로 폭과 기기의 회전반경 등을 고려해서 선정한다. 1대에 반드시 1인의 작업자가 필요하다.

⑦ **호이스트** : 호이스트(Hoist)는 화물의 권상·권하, 횡방향 끌기, 견인 등을 목적으로 사용하는 장치를 총칭한다. 권상기라고 한다.

실전예상문제

01 자재를 운반하기 위하여 사용되는 컨베이어에 관한 일반적인 설명으로 옳은 것은? ▶ 제18회
① 고정된 장소 간에 운반량이 많을 시에 적합하다.
② 바닥공간을 다른 용도로 활용하기 위하여 주로 작업자의 머리 위의 공간을 이용한다.
③ 포크리프트 등의 산업용 차량보다는 유연하게 장소를 이동하면서 사용한다.
④ 중량물을 운반하는데 적합한 기기이다.
⑤ 가장 유연한 운송장비로 주로 제품별 배치보다는 공정별 배치에서 이용된다.

> **해설** ① 컨베이어(Conveyor)는 화물을 연속적으로 운반하는 기계를 의미하는 것으로, 고정된 장소 간에 많은 화물을 운반할 때 이용한다.
> ② 작업자의 머리 공간 위를 활용하는 트롤리 컨베이어(Trolly Conveyer)가 있기는 하지만 대부분의 컨베이어는 바닥공간에 설치한다.
> ③ 컨베이어는 필요한 작업장소에 설치하므로 이동할 수는 있지만 포크리프트보다 유연한 것은 아니다.
> ④ 일반적으로 중량물 운반에는 적합하지 않다.
> ⑤ 컨베이어는 제품별 배치에서 주로 이용한다.

02 용도에 따른 컨테이너의 분류 중에서 목재, 승용차, 기계류 등과 같은 중량화물을 운송하기 위한 컨테이너로서 지붕과 벽을 제거하고 기둥과 버팀대만 두어 전후좌우 및 쌍방에서 하역을 가능하게 한 컨테이너는? ▶ 제18회
① 서멀 컨테이너(Thermal Container)
② 오픈 톱 컨테이너(Open Top Container)
③ 드라이 벌크 컨테이너(Dry Bulk Container)
④ 플랫 랙 컨테이너(Flat Rack Container)
⑤ 사이드 오픈 컨테이너(Side Open Container)

> **해설** 플랫 랙 컨테이너(Flat Rack Container)는 천장과 좌우측벽을 제거한 모양으로 양단 벽도 떼었다 붙였다 할 수 있어 전후 좌우는 물론 위로부터 하역할 수 있다. 목재, 기계류, 강재 등 비교적 무겁고 흔들려도 무관한 화물수송에 적합하다.
> ① 서멀 컨테이너(Thermal Container)는 냉동 및 단열을 필요로 하는 화물을 수송하기 위한 컨테이너를 말한다.
> ③ 드라이 벌크 컨테이너(Dry Bulk Container)는 사료, 곡물 등 분립체 등의 벌크 화물을 수송하는 컨테이너로 천정에는 적부용 해치가 있고, 아랫부분에 꺼내는 문이 있다.

03 용도에 따른 컨테이너 분류 중 온도관리가 가능한 화물수송용 컨테이너는? ▶ 제16회

① 서멀 컨테이너(Thermal Container)

② 드라이 벌크 컨테이너(Dry Bulk Container)

③ 오픈 톱 컨테이너(Open Top Container)

④ 플랫폼 컨테이너(Platform Container)

⑤ 플랫 랙 컨테이너(Flat Rack Container)

> 해설 서멀 컨테이너(Thermal Container)는 냉동 및 보냉을 필요로 하는 화물을 수송하기 위한 컨테이너를 말한다. 특수화물, 즉 온도관리를 필요로 하는 화물의 수송을 주목적으로 한 컨테이너로 단열된 벽, 문, 지붕 및 바닥으로 구성되어 있다.

04 컨테이너 터미널에서 사용되는 하역방식은 안벽과 야드 간의 컨테이너 이송에 사용되는 장비에 따라 여러 가지 유형으로 구분되고 있다. 현재 국내에서 주로 사용하는 방식은 무엇인가?

① 섀시 방식(Chassis System)

② 스트래들 캐리어 방식(Straddle Carrier System)

③ 트랜스테이너 방식(Transtainer System)

④ 혼합 방식(Mixed System)

⑤ 무인이송차량 방식(Automated Guided Vehicle System)

> 해설 ③ 트랜스테이너 방식(Transtainer System)은 야드 섀시에 탑재한 컨테이너를 마셜링 야드에 이동시켜 트랜스퍼 크레인에 의해 장치하는 방식으로 CY 터미널에 가장 적합하며 일정한 방향으로 이동하여 전산화에 의한 완전 자동화가 가능하다. 안벽과 야드 간의 컨테이너 이송에 사용되는 장비로 현재 국내에서 항만 컨테이너 터미널에서 주로 사용하는 방식이다.
> ① 섀시 방식은 육상 및 선상에서 크레인으로 컨테이너선에 직접 상차하는 방식으로 보조하역기기가 없는 하역방식으로 내륙 컨테이너 터미널(ICD)에서 주로 사용한다.
> ② 스트래들 캐리어 방식은 크레인으로 에이프런에 직접 내리는 방식으로 컨테이너를 2~3단으로 적재할 수 있어 적재효율성과 탄력성이 있다.

Answer   1. ①   2. ④   3. ①   4. ③

05 컨테이너의 종류에 관한 설명으로 옳지 않은 것은? ▸ 제14회

① 일반용도 컨테이너(Dry Container)：온도 조절이 필요 없는 일반잡화를 운송하기 위한 컨테이너

② 냉동 컨테이너(Reefer Container)：과일, 야채 등의 보냉이 필요한 화물을 운송하기 위한 컨테이너

③ 플랫 랙 컨테이너(Flat Rack Container)：승용차, 기계류 등과 같은 중량화물을 운송하기 위한 컨테이너

④ 가축용 컨테이너(Pen Container)：가축사료, 몰드, 소맥분 등과 같은 화물을 운송하기 위한 컨테이너

⑤ 통기·환기 컨테이너(Ventilated Container)：통풍을 필요로 하는 수분성 화물, 생피 등을 운송하기 위한 컨테이너

해설 ④ 사료, 곡물 등 분립체 등의 벌크화물을 수송하는 컨테이너로 천정에 적부용 해치가 있고 아랫부분에 꺼내는 문이 있는 것은 드라이 벌크 컨테이너(dry bulk container : solid bulk container)이다. 가축용 컨테이너(pen container : live stock container)는 소, 말, 양 등 생동물 수송용 컨테이너로 통풍이 잘되도록 옆면과 전후양면에 창문이 있고, 옆면 하부에 청소 배수구 등이 있다. 옆면에 모이통이 붙어 있는 것도 있으며, 통상 상갑판에 적재된다.

06 파이프와 같이 길이가 긴 장척물 화물, 중량물, 기계류 등을 수송하기 위한 컨테이너로 지붕이 가동식, 착탈식 또는 Canvas로 되어있는 형태여서 화물을 컨테이너 윗부분에 넣어서 하역할 수 있는 컨테이너 형태는?

① Open Top Container
② Flatform Container
③ Flat Rack Container
④ Ventilated Container
⑤ Side Open Container

해설 파이프와 같이 길이가 긴 장척물 화물, 중량물, 기계류 등을 수송하기 위한 컨테이너로 지붕이 가동식, 착탈식 또는 Canvas로 되어있는 형태여서 화물을 컨테이너 윗부분에 넣어서 하역할 수 있는 컨테이너는 오픈 톱 컨테이너(Open Top Container)이다.
② 플랫폼 컨테이너(Flatform Container)는 기둥이나 벽이 없고 모서리쇠와 바닥면으로 구성된 컨테이너로, 중량물이나 부피가 큰 화물운송에 이용된다.
③ 플랫 랙 컨테이너(Flat Rack Container)는 천장과 좌우측벽을 제거한 모양으로 양단 벽도 떼었다 붙였다 할 수 있어 전후 좌우는 물론 위로부터 하역할 수 있다. 목재, 기계류, 강재 등 비교적 무겁고 흔들려도 무관한 화물수송에 적합하다.
④ Ventilated Container는 통기·환기 컨테이너이고, ⑤ Side Open Container는 양 옆면이 개방된 컨테이너이다.

07 다음 중 지게차(Fork Lift Truck)의 종류에 대한 설명으로 옳지 않은 것은?

① 스트래들 리치(Straddle Reach) 트럭은 스트래들 트럭의 아웃리거 길이를 줄이는 대신 리치능력을 제공함으로써 랙에 접근하기 쉽게 만든 장비이다.

② 카운터 밸런스(Counter Balance)형은 포크 등 승강장치를 차체 앞에 설치한 형상으로 내연식과 전동식(축전지식) 두 가지가 있다.

③ 톱 핸들러(Top Handler)형은 카운터 밸런스형의 일종으로 컨테이너 모서리쇠를 잡는 스프레더(Spreader)와 승강 마스트를 갖추고 컨테이너를 하역하는 데 사용하는 대형 지게차이다.

④ 리치포크(Reach Fork)형은 크레인 끝에 스프레더(Spreader)가 장착되어 주로 파렛트를 하역하는 데 사용된다.

⑤ 사이드 포크(Side Fork)형은 차체측면으로 아웃리거를 움직여 차체의 측면방향에서 하역이 가능하도록 한 장비이다.

해설 리치포크(Reach Fork)형은 마스트 또는 포크가 전후로 이동할 수 있는 포크 리프트이며 프레임을 구성하는 2개의 스트래들 암의 내측에 마스트를 장착하고 마스트와 포크가 앞, 뒤로 이동이 가능한 압승식(서서 운전) 지게차이다.
④는 리치스태커(Reach Stacker)에 대한 설명이다.

08 STO(Stock To Operator)에 해당되는 설비(또는 장비)가 아닌 것은?　　　▶ 제20회

① Carousel　　　　　　　　　② Kiva System

③ Mini-load AS/RS　　　　　　④ Mobile Rack

⑤ Automatic Dispenser

해설 STO(Stock To Operator), 즉 물건의 운반에 쓰이는 설비(장비)로 캐러셀, 미니로드 AS/RS, Automatic Dispenser 등이 있다.
④ Mobile Rack은 물품의 보관설비이다.
② Kiva System은 아마존 물류센터에서 물건을 운반하는 로봇을 말한다.

09 다음 사항은 무엇에 대한 설명인가?

> 포크리프트의 하역장치에 추가 또는 대체하여 화물의 특성에 맞는 ARM, 크레인 작업을 위한 ARM, 화물을 회전시키는 회전포크(Rotating Fork), 화물을 누르는 장치를 갖는 스태빌라이저(Stabilizer), Fork를 차입한 상태로 다시 길게 빼는 장치인 퓨셔(Pusher)등이 있다.

① 리치스태커(Reach Staker)
② 톱 핸들러(Top Handler)
③ 어태치먼트(Attachment)
④ 갠트리 크레인(Gantry Crane)
⑤ 스태커 크레인(Stacker Crane)

해설 지게차(Forklift)의 어태치먼트(Attachment)는 지게차의 하역장치에 추가 또는 대체하여 통상적인 작업 이외의 작업에 맞도록 보통 포크와 교환하는 부속장치를 말한다. 어태치먼트를 통해 단순한 운반·하역의 기능 이외에도 필요에 따라 여러 가지 기능 및 특수한 작업을 실시할 수 있다.

10 다음 그림은 지게차의 어태치먼트 형태에 따른 분류이다. 올바르게 짝지어진 것은?

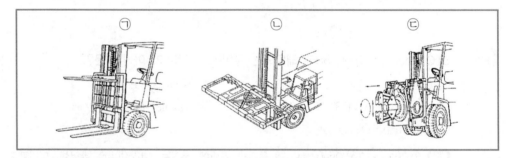

① ㉠ 스프레더 　　㉡ 머니플레이터 　　㉢ 크레인암
② ㉠ 로드스태빌라이저 　㉡ 스프레더 　　㉢ 머니플레이터
③ ㉠ 스프레더 　　㉡ 로드스태빌라이저 　㉢ 회전 클램프
④ ㉠ 로드스태빌라이저 　㉡ 스프레더 　　㉢ 회전 클램프
⑤ ㉠ 로드스태빌라이저 　㉡ 스프레더 　　㉢ 퍼니스 차저

해설 지게차(Forklift)의 어태치먼트(Attachment)는 지게차의 하역장치에 추가 또는 대체하여 통상적인 작업 이외의 작업에 맞도록 보통 포크와 교환하는 부속장치를 말한다. 어태치먼트를 통해 단순한 운반·하역의 기능 이외에도 필요에 따라 여러 가지 기능 및 특수한 작업을 실시할 수 있다.
　㉠ 로드스태빌라이저(Load Stabilizer)는 포크 위의 화물을 누르는 장치를 말하고, ㉡ 스프레더(Spreader)는 컨테이너 등을 달아 올리기 위한 부속장치를 말한다. ㉢ 머니플레이터(Manipulator)는 단조물 등을 잡고 회전시키기 위한 부속장치이다.

11 포크리프트의 평균 적재운반거리는 250m, 평균 공차이동거리는 150m이다. 적재와 하역시간은 각각 30초, 속도는 3km/시간, 가동률은 0.9일 때 하역장에서 1분당 1회의 운반을 위해 필요한 포크리프트의 총 소요대수는? (단, 소수점 첫째자리에서 반올림하시오) ▶ 제17회

① 7대 ② 8대
③ 9대 ④ 10대
⑤ 11대

해설 포크리프트의 속도는 시간당 3Km이므로 분당 50m이다. 평균이동거리 총 400m이므로 8분이 소요되고 적재와 하역에 1분이 소요되므로 총 9분이 소요된다. 가동률이 0.9이므로 10분이 소요된다. 따라서 1분당 1회 운반을 위해서는 총 10대의 포크리프트가 필요하다.

12 포크리프트 부착물의 명칭이 올바르게 연결된 것은? ▶ 제17회

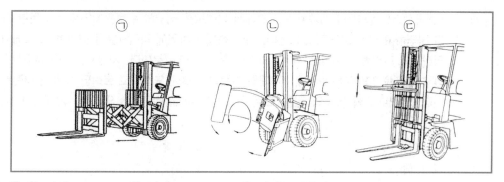

① ㉠ 리치포크 ㉡ 회전포크 ㉢ 머니퓰레이터
② ㉠ 푸셔 ㉡ 회전포크 ㉢ 머니퓰레이터
③ ㉠ 리치포크 ㉡ 회전포크 ㉢ 로드스태빌라이저
④ ㉠ 푸셔 ㉡ 회전클램프 ㉢ 로드스태빌라이저
⑤ ㉠ 리치포크 ㉡ 회전클램프 ㉢ 로드스태빌라이저

해설 리치포크(reach folk)는 포크가 마스트에 대하여 전후로 이동할 수 있는 장치이다. 회전 클램프(rotating clamp)는 수직면 내에서 회전할 수 있는 장치를 가진 클램프(집게)이다. 로드스태빌라이저(load stabilizer)는 포크 위의 화물을 누르는 장치이다.

Answer 9. ③ 10. ② 11. ④ 12. ⑤

13 화물의 권상, 권하, 횡방향 끌기 등의 목적을 위해 사용하는 장치의 총칭은? ▶ 제16회

① 엘리베이터(Elevator) ② 모노레일(Monorail)

③ 호이스트(Hoist) ④ 트롤리(Trolley)

⑤ 포크 리프트(Fork Lift)

> **해설** ③ 화물의 권상, 권하, 횡방향 끌기, 견인 등을 목적으로 사용하는 장치를 총칭하여 권상기(hoist)라고
> 한다.
> ④ 트롤리 컨베이어(Trolley Conveyor)는 옷걸이 형태로 천장 트랙에 동일한 간격으로 매달려 있는
> 컨베이어로 자동차나 전자제품의 분체도장공정에도 많이 이용된다. 폐쇄형 천장 트랙에 동일 간격으
> 로 매달려 있는 운반기에 화물을 탑재하여 운반하며, 가공, 조립, 포장, 보관작업 등에 사용된다. 가공
> 식(架空式)이기 때문에 운반선로를 자유롭게 선택할 수 있는 특징이 있으며, 자동화가 수월하고 설비
> 비도 비교적 싸다.

14 A물류센터의 입고 시 지게차는 도크에서 파렛트를 적재하여 보관지역으로 이동한 후 파렛트를 하역하고 다시 도크로 돌아온다. 이때 적재와 하역에 각각 1분씩 걸리며, 도크에서 보관지역까지의 거리는 50m이고 지게차의 평균속도는 25m/분이다. 지게차는 하루에 8시간 작업하며 가동률은 0.9이다. 하루에 100대의 트럭이 도크에 도착하고 트럭당 10개의 파렛트를 하역한다면 당일 도착 트럭의 짐을 모두 처리하기 위해서는 최소 몇 대의 지게차가 필요한가? ▶ 제16회

① 8대 ② 10대

③ 12대 ④ 14대

⑤ 16대

> **해설** 1. 지게차 한 대가 파렛트 하나를 처리하는데 걸리는 시간은 6분이다. 지게차가 가동률 0.9로 하루 8시
> 간 작업하면 실제 작업시간은 7.2시간(= 432분)이다. 따라서 지게차 한 대가 하루에 처리할 수 있는
> 파렛트의 수는 432분 / 6분 = 72개이다.
> 2. 이 물류센터의 하루 총처리량 = 100대×10개 = 1,000개이다. 따라서 필요 파렛트수 = 1,000개 /
> 72개 = 13.88 ≒ 14대이다.

15 통로가 좁은 창고에서 장척화물을 취급하기에 가장 적합한 장비는? ▶ 제16회

① 스트래들(Straddle) 트럭 ② 리치(Reach) 트럭

③ 사이드 로더(Side loader) 트럭 ④ 튜렛(Turret) 트럭

⑤ 플래폼(Platform) 트럭

> **해설** 통로가 좁은 창고에서 장척화물을 취급하기에 가장 적합한 장비는 사이드 로더(Side loader) 또는 사
> 이드 포크이다. 횡방향의 적재물 이송에 최적의 지게차이다.

16 다음 설명 중 하역장비의 명칭으로 올바르게 짝지어진 것은?

▶ 제15회

> ㉠ 카운터 밸런스형의 일종으로 컨테이너 모서리를 잡는 스프레더 또는 체결고리가 달린 팔과 미스트를 갖추고 야드 내의 빈 컨테이너를 적치 또는 하역하는 데 사용되는 장비
> ㉡ 안벽을 따라 설치된 레일 위를 주행하면서 컨테이너를 선박에 적재하거나 하역하는 데 사용되는 장비

① ㉠: 스트래들 캐리어(Straddle Carrier)
　㉡: 트랜스퍼 크레인(Transfer Crane)
② ㉠: 스트래들 캐리어(Straddle Carrier)
　㉡: 컨테이너 크레인(Container Crane)
③ ㉠: 오더 피킹 트럭(Order Picking Truck)
　㉡: 트랜스퍼 크레인(Transfer Crane)
④ ㉠: 탑 핸들러(Top Handler)
　㉡: 컨테이너 크레인(Container Crane)
⑤ ㉠: 탑 핸들러(Top Handler)
　㉡: 트랜스퍼 크레인(Transfer Crane)

해설 ㉠ 카운터 밸런스형의 일종으로 컨테이너 모서리를 잡는 스프레더 또는 체결고리가 달린 팔과 미스트를 갖추고 야드 내의 빈 컨테이너를 적치 또는 하역하는 데 사용되는 장비는 탑 핸들러(Top Handler)이다.

㉡ 안벽을 따라 설치된 레일 위를 주행하면서 컨테이너를 선박에 적재하거나 하역하는 데 사용되는 장비는 컨테이너 크레인(Container Crane)이다.

Answer　13. ③　14. ④　15. ③　16. ④

17 다음과 같은 작업 조건하에서 물류센터가 필요로 하는 포크리프트 대수는? ▸ 제15회

- 연간 작업일수 : 360일
- 일일 작업시간 : 20시간
- 장비 가동률 : 75%
- 시간당 처리량 : 12톤/시간
- 연간 목표 처리량 : 1,296,000톤

① 10대   ② 15대
③ 20대   ④ 25대
⑤ 30대

해설 포크리프트 한 대의 연간 처리량 = 연간 작업일수 × 일일 작업시간 × 장비가동률 × 시간당 처리량 = 360일 × 20시간 × 0.75 × 12톤 = 64,800톤이다.
포크리프트 필요대수 = 연간 목표 처리량 / 한 대의 연간처리량 = 1,296,000톤 / 64,800톤 = 20대이다.

18 파렛타이저(Palletizer)에 관한 설명으로 옳지 않은 것은? ▸ 제15회

① 파렛타이저의 표준화 대상으로는 용어 및 기호, 안전장치 호환성, 조작방법 등이 있다.
② 기계 파렛타이저는 캐리지, 클램프 또는 푸셔 등의 적재장치를 사용하여 파렛트에 물품을 자동적으로 적재하는 파렛타이저이다.
③ 고상식 파렛타이저는 높은 위치에 적재장치를 구비하고 일정한 적재위치에서 파렛트를 내리면서 물품을 적재하는 파렛타이저이다.
④ 저상식 파렛타이저는 파렛트를 낮은 장소에 놓고 적재장치를 오르내리면서 물품을 적재하는 파렛타이저이다.
⑤ 로봇식 파렛타이저는 산업용 로봇에 머니플레이터(Manipulator)를 장착하여 물품을 적재하는 방식의 파렛타이저로 저속 및 고속처리가 가능하지만 파렛트 패턴 변경이 어려운 단점이 있다.

해설 로봇식 파렛타이저(Robot Palletizer)는 산업용 로봇에 머니플레이터를 장착하여 물품을 적재하는 방식이다. 로봇식은 저속 및 고속처리가 가능하고 복합적재가 가능하다. 작동범위가 넓어 1대로 여러 품종의 처리가 가능하다.
⑤ 로봇식은 파렛트 패턴의 변경이 용이하고, 설비의 외관이 간단하다. 가격은 저상식보다 저렴하다.

19 다음 그림은 하역·운반기기이다. 올바르게 짝지어진 것은?　　　　　▶ 제14회

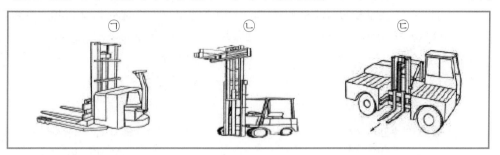

① ㉠ 사이드 포크리프트 트럭　ⓛ 래터럴 스태킹 트럭　㉢ 오더 피킹 트럭
② ㉠ 래터럴 스태킹 트럭　ⓛ 스트래들 포크리프트　㉢ 사이드 포크리프트 트럭
③ ㉠ 스트래들 포크리프트　ⓛ 사이드 포크리프트 트럭　㉢ 래터럴 스태킹 트럭
④ ㉠ 오더 피킹 트럭　ⓛ 래터럴 스태킹 트럭　㉢ 사이드 포크리프트 트럭
⑤ ㉠ 스트래들 포크리프트　ⓛ 래터럴 스태킹 트럭　㉢ 사이드 포크리프트 트럭

> **해설** ㉠은 스트래들 포크리프트 트럭(straddle fork lift truck)이다. 차체전방에 뻗어나온 주행가능한 아웃리거(outrigger)에 의해 차체의 안정을 유지하고, 포크가 양쪽의 아웃리거 사이에 내려지는 형태의 포크리프트 트럭이다. ⓛ은 래터럴 스태킹 트럭으로 가장 일반적인 형태인 카운터 밸런스형 포크리프트 트럭의 한 유형이다. ㉢은 사이드 포크리프트 트럭(side fork lift truck)으로 포크와 이것을 상하시키는 마스트를 차체 옆쪽에 갖춘 포크리프트 트럭을 말한다.

20 폐쇄형 천장 트랙에 동일 간격으로 매달려 있는 운반기에 화물을 탑재하여 운반하며, 가공, 조립, 포장, 보관 작업 등에 사용되는 기기는?

① 체인 컨베이어(Chain Conveyor)
② 무인이송차량(AGV)
③ 지브 크레인(Jib Crane)
④ 롤러 컨베이어(Roller Conveyor)
⑤ 트롤리 컨베이어(Trolley Conveyor)

> **해설** ⑤ 트롤리 컨베이어(Trolley Conveyor)는 옷걸이 형태로 천장 트랙에 동일 간격으로 매달려 있는 컨베이어로 자동차나 전자제품의 분체도장공정에도 많이 이용된다. 가공식(架空式)이기 때문에 운반선로를 자유롭게 선택할 수 있는 특징이 있으며, 자동화가 수월하고 설비비도 비교적 싸다. 트롤리에 매다는 하중은 200~300kg이 보통이지만, 2~3t이나 되는 경우도 있으며, 1대의 길이는 300m로 늘릴 수가 있다.

Answer　17. ③　18. ⑤　19. ⑤　20. ⑤

21 수직과 수평방향으로 동시에 이동가능하고, 수평으로 초당 3m, 수직으로 초당 1m의 속도로 움직이는 스태커 크레인(Stacker Crane)이 지점 A(10, 30)에서 지점 B(40, 15)로 이동할 때 소요되는 시간은? (단, (X, Y)는 원점으로부터의 단위거리(m)를 나타낸다)

① 10초   ② 15초

③ 20초   ④ 25초

⑤ 30초

> **해설**   1. 수평(X) 거리 = B지점 40m − A지점 10m = 30m이므로 수평(X) 거리 소요시간 = 30m / 3m(초당) = 10초이다.
>   2. 수직(Y) 거리 = A지점 30m − B지점 15m = 15m이므로 수직(Y) 거리 소요시간 = 15m / 1m(초당) = 15초이다.
>   3. 스태커 크레인은 수평방향과 수직방향으로 동시에 이동하기 때문에 소요시간이 많은 15초가 소요된다.

22 크레인에 관한 설명으로 옳지 않은 것은?

① 지브 크레인(Jib Crane) − 지브(Jib) 끝에 화물을 매달아 올리는 크레인으로 항만이나 선박에 설치하여 화물 및 해치를 운반하는 데 이용한다.

② 갠트리 크레인(Gantry Crane) − 레일 위를 주행하는 다리를 가진 거어더에 트롤리가 장착된 크레인이다.

③ 언로더(Unloader) − 양륙 전용의 크레인으로써 호퍼, 피더, 컨베이어 등을 장착한 것이다.

④ 데릭(Derrick) − 일정한 간격을 가진 교각형 기둥으로 상부 크레인을 지지하고 기둥의 상하로 컨테이너를 들어 올려 적재한다.

⑤ 스태커 크레인(Stacker Crane) − 랙에 화물을 입출고 시키는 크레인의 일종으로 하부에 주행 레일이 있고, 상부에 가이드레일이 있는 통로안에서 주행장치로 주행한다.

> **해설**   ④ 데릭(Derrick)은 상단이 지지된 마스트를 가지며 마스트 또는 붐(Boom) 위 끝에서 화물을 달아 올리는 지브붙이 크레인이다. 한편 일정한 간격을 가진 교각형 기둥으로 상부 크레인을 지지하고 기둥의 상하로 컨테이너를 들어 올려 적재하는 크레인은 스트래들 캐리어(Straddle Carrier)이다.

23 자동창고시스템(AS/RS : Automated Storage and Retrieval System)에서 S/R(Storage and Retrieval) 장비가 제품을 랙에 저장하고 반출하는 방법은 단일명령(Single Command)처리방식과 이중명령(Dual Command) 처리방식으로 구분된다. 다음의 가동조건에서 S/R 장비의 평균가동률은? (단, 평균 단일명령 수행시간이 1분 걸리고, 이중명령수행시간은 1.5분이 걸린다고 하자. 이 창고에서 1시간동안 처리해야할 저장명령과 반출명령이 각각 20건이고, 이중 50%는 이중명령으로 처리가 가능하며, 나머지는 각각 단일명령으로 처리할 수밖에 없다)

① 41.7% ② 58.3%

③ 66.7% ④ 83.3%

⑤ 100.0% 이상이므로 처리가 불가능하다.

> **해설** 단일명령 수행시간 = 20건 × 1분 = 20분이고, 이중명령 수행시간 = 10건(단일명령의 50%) × 1.5분 = 15분이다. 따라서 1시간 동안 처리평균가동률 = 35분 / 60분 = 58.3%이다.
>
> ◎ 단일명령처리(single command)는 보관/인출장비가 화물을 집어서 비어 있는 위치로 이동하여 해당위치에 투입하고 원점으로 반복해서 돌아오는 장치이다. 반면 이중명령(dual command)는 화물을 투입하고 비어 있는 상태로 화물인출 위치로 이동하여 인출작업을 수행한 후, 적재상태에서 입출력 원점으로 귀환하여 적재화물을 내리는 과정이다.

24 다음은 무엇에 관한 설명인가?

> 하역장에 도크가 설치되어 있지 않은 경우에 트럭이 자체적으로 화물을 승강시킬 수 있도록 차체에 부착하여 사용하는 장치

① 리프트게이트(Lift Gate) ② 도크레벨러(Dock Leveller)

③ 도크보드(Dock Board) ④ 파렛트로더(Pallet Loader)

⑤ 테이블리프터(Table Lifter)

> **해설** 하역장에 도크가 설치되어 있지 않은 경우에 트럭이 자체적으로 화물을 승강시킬 수 있도록 차체에 부착하여 사용하는 장치는 리프트게이트(Lift Gate)이다. 리프트게이트가 부착된 트럭을 리프트게이트 트럭이라고 하는데 상하역 합리화 차량의 한 유형이다.
>
> ② 도크레벨러(Dock Leveller)는 도크 보드를 고정하고 유압장치 또는 저렴한 가격으로 철판을 이용하여 화물차량의 하대의 높이를 조정하는 장치를 말한다.
>
> ③ 도크보드(Dock board)는 화물차와 창고 입구에 하역하기 좋도록 연결하는 하대를 말한다. 통상 배송용(중소용차량) 도크의 높이는 1m정도이고 대형차량 및 컨테이너용은 1m 42에서 1m 45내로 설치한다. 수송과 창고에서 장시간 걸려 하역할 것을 단시간에 처리할 수 있게 해준다.
>
> ④ 파렛트로더(Pallet Loader)는 트럭 또는 컨테이너 하대위로 파렛타이즈드 화물을 이동시키는 기구로 하대에는 롤러가 붙은 레일이 입구에서 안쪽으로 설치되어 있다. 한조가 2줄의 로드를 깔고 이 파렛타이즈 화물을 이동하는 장치이다.
>
> ⑤ 테이블리프터(Table Lifter)는 유압장치로 링크(Rink)기를 장치하여 하대(荷台)를 승강시키는 장치를 말한다.

Answer 21. ② 22. ④ 23. ② 24. ①

25 자재 운반을 위해 사용되는 컨베이어에 관한 설명으로 옳지 않은 것은?

① 자재검사와 운반이 동시에 수행될 수도 있다.

② 작업장 간에 화물의 임시 저장소로서 역할도 가능하다.

③ 오버헤드(Overhead) 컨베이어의 사용으로 공간활용도를 높일 수 있다.

④ 경로가 직선이 될 필요는 없다.

⑤ 액체류 또는 분말형태로는 운반할 수 없다.

> **해설** 컨베이어(conveyor)는 재료 또는 화물을 일정한 거리 사이에서 자동으로 연속 운반하는 기계장치를 말한다. 공장 내에서의 부품의 운반, 반제품의 이동, 광산·항만 등에서의 석탄·광석·화물의 운반, 건설현장에서의 흙과 모래의 운반 등에 널리 사용되고 있다. 또한, 단순한 운반장치만이 아니고 작업원과 결합시켜 움직이는 작업대로도 사용되어, 공장 내에서의 대량생산 방식의 기초를 형성하고 있다. ⑤ 대상품목이나 용도에 따라 다양한 종류의 컨베이어가 개발되어 액체류 또는 분말의 형태로도 운반이 가능하다.

26 다음 중 그림에 나타난 운반, 하역기기에 해당되는 설명으로 옳지 않은 것은?

① 가장 일반적인 형태의 산업용 차량으로 중량화물의 하역 및 운반에 많이 사용된다.

② 포크(Fork)와 마스트(Mast)가 장착되어 있어 포크 트럭(Fork Truck)이라고도 하며, 램(Ram)과 같은 장치도 장착하여 사용할 수 있다.

③ 중량물의 하역 및 운반 시에 차체의 균형을 유지하기 위해 전면의 하중과 후면에 장착된 발란스(카운터웨이트 : counterweight)와의 무게비중이 1 : 1을 유지해야 안전을 보장할 수 있다.

④ 동력원에 따라 디젤엔진식, 가솔린엔진식, 전동식이 있다.

⑤ 실내용으로는 주로 쿠션(Cushion) 타이어식을, 노면이 고르지 못한 실외용으로는 주로 공기압(Pneumatic) 타이어식을 사용한다.

> **해설** 지게차(fork-lift truck)의 그림으로 중량물을 하역·운반 시에는 무게비중이 1 : 1의 유지가 아니라 차체 후면에 전방화물 무게중량보다 무거운 무게중심추(counterweight)를 부착시켜 앞으로 넘어지지 않게 해야 한다.

27 다음 컨베이어의 분류 중 나머지 넷과 구별되는 하나는?

① 슬랫 컨베이어(Slat Conveyor)

② 토우 컨베이어(Tow Conveyor)

③ 트롤리 컨베이어(Trolley Conveyor)

④ 에이프런 컨베이어(Apron Conveyor)

⑤ 공기 컨베이어(Pneumatic Conveyor)

해설 • 체인 컨베이어에는 슬랫 컨베이어, 토우 컨베이어, 트롤리 컨베이어, 에이프런 컨베이어 등이 있다.
　　 • 유체 컨베이어에는 공기 컨베이어, 물 컨베이어, 기체송유관 컨베이어 등이 있다.

28 다음 중 하역 기계장비에 대한 설명으로 옳지 않은 것은?

① 테이블 리프터(Table Lifter)는 유압장치로 링크(Link)기를 조작하여 하대(荷台)를 승강시키는 장치이다.

② 리프트 롤러(Lift Roller)는 화물차의 하대와 도크 높이가 약간 다를 때 하역하기 좋도록 연결하는 장치를 말한다.

③ 셔블 로더(Shovel Loader)는 석탄부두 등에서 석탄을 상·하역 시 사용되는 기기이다.

④ 파렛트 로더(Pallet Loader)는 창고 또는 공장 등에서 파렛트 화물을 운송하거나 홈으로부터 화물을 트럭에 적재하는 운반기기로 수평이동만 가능하고 상하이동은 불가능하다.

⑤ 가스·액체화물을 취급하는 장비로는 로딩암(Loading Arm) 등이 있다.

해설 리프트 롤러(Lift Roller)는 트럭섀시에 롤러 리프트를 장착하여 하대를 승강시킬 수 있게 한 장치이다.

29 다음 하역기기에 대한 명칭과 설명이 올바르게 이루어진 것은? ▸ 제12회

① 톱 핸들러(Top Handler) : 카운터 밸런스형의 일종인 지게차로 컨테이너 모서리쇠를 잡는 스프레더가 장착되어 주로 야드 내의 공컨테이너(Empty Container)를 하역하는 데 사용한다.

② 리치 스태커(Reach Stacker) : 크레인 끝에 스프레더가 장착되어 컨테이너 적재 및 위치이동, 교체 등에 주로 사용되며, 적컨테이너(Full Container)를 취급할 수 있는 장비이다.

③ 갠트리 크레인(Gantry Crane) : 주로 안벽을 따라 설치된 레일 위를 주행하면서 선박에 컨테이너를 적재하거나 하역하는 데 사용되는 대표적인 하역기기이다.

④ 지브 크레인(Jib Crane) : 크레인 끝에 스프레더가 장착되어 컨테이너 적재 및 위치이동, 교체 등에 주로 사용되며, 적컨테이너(Full Container)를 취급할 수 있는 장비이다.

⑤ 데릭(Derrick) : 카운터 밸런스형의 일종인 지게차로 컨테이너 모서리쇠를 잡는 스프레더가 장착되어 주로 야드 내의 공컨데이너(Empty Container)를 하역하는 데 사용한다.

해설 보기의 그림은 리치 스태커(Reach Stacker) 하역기기이다.
⑤ 데릭(Derrick)은 상단이 지지된 마스트를 가지며, 마스트 또는 Boom 위 끝에서 화물을 달아 올리는 지브 크레인의 일종이다.

30 많은 트레일러들을 한꺼번에 처리하기 위한 것으로 이 도크의 양쪽에 트레일러 등을 맞대고 상·하차 할 수 있다. 어떤 입·출하 도크에 대한 설명인가?

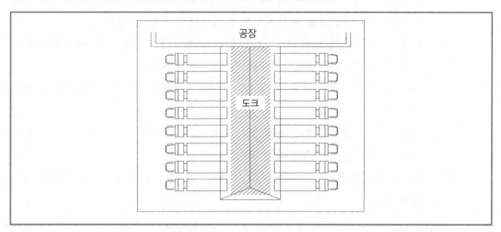

① 드라이브 인 도크(Drive-in-Dock)

② 플러쉬 도크(Flush Dock)

③ 드라이브 스루 도크(Drive-though Dock)

④ 도크 보드(Dock Board)

⑤ 핑거 도크(Finger Dock)

해설 그림은 핑거 도크(Finger Dock)이다. 이는 손가락처럼 보이기 때문에 붙여진 이름으로, 이 도크의 양쪽에 트레일러 등을 맞대고 상·하차 할 수 있기 때문에 많은 트레일러들을 한꺼번에 처리할 수 있다는 장점을 가지고 있다.

31 어느 창고의 1일 운영시간은 10시간이고, 1일 입고 화물량은 2,000톤이라고 한다. 트럭 1대의 적재용량은 10톤이고 화물하역에 30분이 소요된다고 하면, 이 창고의 도크에는 동시에 몇 대의 트럭을 수용해야 하는가?

① 5대   ② 10대

③ 15대   ④ 20대

⑤ 25대

해설 1일 운영시간은 10시간이고, 1일 입고 화물량은 2,000톤이라고 하면, 시간당 200톤 소요(0.5시간이면 100톤), 트럭 1대의 적재용량은 10톤이고 화물하역에 30분이 소요된다 했으므로 10대 트럭을 수용해야 한다.

Answer) 29. ②   30. ⑤   31. ②

32 다음은 무인반송차의 제어방식을 설명한 것이다. 바르지 않은 것은?

① 광학식 인도방식 : 주행로의 바닥에 테이프를 부착하거나 페인트로 선을 그려 운반기기가 테이프나 페인트를 광학센서로 식별하여 주행하는 방식

② 자기 인도방식 : 인도용 동선이 주행로 바닥에 매설되어 있어 저주파가 흐르는 동선을 운반기기가 탐지용 코일로 탐지하여 주행하는 방식

③ 무선 제어방식 : 작동지시용 카드를 기기에 삽입하면 내장된 컴퓨터가 카드의 정보를 해독하여 제어하는 방식

④ 전기스위치 : 셀렉터랙에 꽂은 자기 셀렉터의 내용에 따라서 코일박스가 분기관을 개폐하여 카드의 선행을 결정하는 방식

⑤ 레이저 스캐닝 방식 : 바코드라벨을 스캐너로 판독하여 컴퓨터에 정보를 전달하여 제어하는 방식

해설 ③ 무선제어 방식(Radio Guidance Method)은 작업원이 무선으로 트랙터를 작동하며 작업원은 음성 또는 스위치로 지시하게 된다. 작동지시용 카드를 기기에 삽입하면 내장된 컴퓨터가 카드의 정보를 해독하여 제어하는 방식은 전자기계 코딩방식(Electro Mechanical Coding Method)이다.

33 다음 중 운반하역기기에 대한 설명으로 맞는 것은?

① 도크레벨러(Dock-leveller)는 유압장치로 링크기를 장치하여 하대를 승강시키는 장치를 말한다.

② 도크보드(Dock Board)는 화물차와 창고입구에 하역이 용이하도록 연결하는 하대를 말한다.

③ 파렛타이저는 컨테이너나 상자 등의 자재를 미리 정해진 형태대로 쌓거나, 파렛트 위에 쌓인 자재들을 자동적으로 푸는 장비를 말한다.

④ 테이블리프트(Table Lift)는 트럭, 컨테이너 하대 위로 파렛타이즈드된 화물을 이동시키는 기구를 말한다.

⑤ 파렛트로더(Pallet Loader)는 도크보드를 고정하고 유압장치 또는 철판을 이용하여 하대의 높이를 조정하는 장치를 말한다.

해설 ② 도크보드(Dock board)는 화물차와 창고입구에 하역하기 좋도록 연결하는 하대를 말한다. 통상 배송용(중소용차량) 도크의 높이는 1m정도이고 대형차량 및 컨테이너용은 1m 42에서 1m 45내로 설치한다. 수송과 창고에서 장시간 걸려 하역할 것을 단시간에 처리할 수 있게 해준다.
① 도크레벨러(Dock Leveller)는 도크 보드를 고정하고 유압장치 또는 저렴한 가격으로 철판을 이용하여 화물차량의 하대의 높이를 조정하는 장치를 말한다.
③ 파렛타이저(Palletizer)는 골판지 상자의 포장화물이나 병류 상품이 플라스틱 상자에 담긴 화물을 자동적으로 파렛트 위에 적재하여 유닛로드화하는 기계이다.
④ 테이블리프터(Table Lifter)는 유압장치로 링크(Rink)기를 장치하여 하대(荷台)를 승강시키는 장치를 말한다.
⑤ 파렛트로더(Pallet Loader)는 트럭 또는 컨테이너 하대위로 파렛타이즈드 화물을 이동시키는 기구로 하대에는 롤러가 붙은 레일이 입구에서 안쪽으로 설치되어 있다. 한조가 2줄의 로드를 깔고 이 파렛타이즈 화물을 이동하는 장치이다.

34 다음 크레인의 명칭으로 알맞게 짝지은 것은?

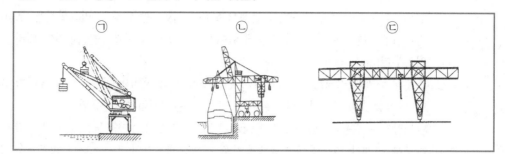

① ㉠ 갠트리(Gantry)크레인 　㉡ 지브(Jib)크레인 　㉢ 교형크레인
② ㉠ 교형크레인 　㉡ 지브(Jib)크레인 　㉢ 갠트리(Gantry)크레인
③ ㉠ 지브(Jib)크레인 　㉡ 갠트리(Gantry)크레인 　㉢ 교형크레인
④ ㉠ 케이블(Cable)크레인 　㉡ 지브(Jib)크레인 　㉢ 갠트리(Gantry)크레인
⑤ ㉠ 케이블(Cable)크레인 　㉡ 갠트리(Gantry)크레인 　㉢ 지브(Jib)크레인

해설 ㉠은 화물을 매다는 지브(Jib)가 부착되어 있는 지브 크레인(Jib Crane), ㉡은 레일 위를 주행하며 컨테이너 같은 화물을 다루는 갠트리 크레인(Gantry Crane), ㉢은 교량형 크레인이다.

35 다음 하역기기의 장비 중 지게차의 명칭으로 알맞게 짝지은 것은?

① ㉠ 리치타입 － ㉡ 사이드포크
② ㉠ 리치타입 － ㉡ 카운터 발란스
③ ㉠ 카운터 발란스 － ㉡ 사이드포크
④ ㉠ 카운터 발란스 － ㉡ 리치타입
⑤ ㉠ 사이드포크 － ㉡ 리치타입

해설 ㉠은 가장 일반적인 형태의 지게차로 카운터 발란스형(counter balanced type)이다. 차체 전면에 포크와 마스트가 부착되어 있고, 차체 후면에 화물의 무게와 균형을 유지하기 위한 유무게중심 추(counter weight)가 달려있다. ㉡은 사이드포크형(side fork type)으로 포크와 마스트를 차체후방에 설치하고 운반·하역 시에는 차체측면의 아웃리거를 움직여 화물을 올리고 내린다.

Answer 　32. ③ 　33. ② 　34. ③ 　35. ③

36 다음 물류용어의 설명 중 옳지 않은 것은?

① 언로우더(unloader) : 부두에서 본선으로부터 석탄, 광석 등의 벌크화물을 부리기 위해 만들어진 기중기로서, 트럭 수송에 있어서 1개 이상의 파렛트를 한 번에 내리는 기계도 언로우더(unloader)라고 부른다.

② 스트래들 캐리어(Straddle Carrier) : 컨테이너 하역 장비의 일종으로 컨테이너 터미널이나 야적장에서 컨테이너의 수평이동 또는 다단적재할 때 사용된다.

③ 단위탑재 수송용기(Unit Load Device ; ULD) : 종래의 벌크화물을 항공기의 탑재에 적합하도록 설계한 일종의 화물운송용기로 단위탑재용기인 컨테이너나 파렛트를 말한다.

④ 트랜스테이너 방식(Transtainer System) : 트랜스테이너에 의해 선박에서 적·양하된 컨테이너를 갠트리 크레인에 보관하는 방식이다.

⑤ 혼재작업(consolidation) : 수송의 한 단위를 채우지 못하는 소량화물을 모아서 하나의 수송단위, FCL컨테이너로 만드는 것을 말하며, 화물열차, 트럭, 컨테이너, 항공 컨테이너 등이 한 단위가 된다.

> **해설** ④ 트랜스테이너 방식(Transtainer System)은 컨테이너선에서 야드 섀시에 탑재한 컨테이너를 마샬링 야드에 이동시켜 트랜스퍼 크레인에 의해 장치하는 방식이다. 이 방식은 적은 면적의 컨테이너 야드를 가진 터미널에 가장 적합하며 일정방향으로만 이동하기 때문에 전산화에 의한 완전 자동화가 가능하다.

37 다음 중 체인 컨베이어(Chain Conveyor)를 응용한 컨베이어와 거리가 먼 것은?

① 슬라이드 컨베이어

② 에이프런 컨베이어

③ 팬 컨베이어

④ 롤러 컨베이어

⑤ 크로스바 컨베이어

> **해설** 컨베이어(Conveyer)는 크게 벨트 컨베이어와 체인 컨베이어, 롤러 컨베이어, 스크류 컨베이어, 진동 컨베이어, 수직반송 컨베이어로 구분할 수 있다.
> 체인 컨베이어(Chain Conveyer)는 체인에 의하여 화물을 운반하는 컨베이어를 말한다. 즉 체인 위에 물품을 올려 놓아 체인이 돌아가면 물품도 따라 이동하는 방식으로 박스나 파렛트를 운반하는데 사용된다. 여기에는 슬라이드 컨베이어, 플랫톱 컨베이어, 크로스바 컨베이어, 슬랫 컨베이어, 에이프런 컨베이어, 팬 컨베이어, 버켓 컨베이어 등이 있다.
> ④ 롤러 컨베이어(Roller Conveyer)는 롤러 및 휠을 운반방향으로 배열하여 화물을 이동시키는 컨베이어로 인력형, 중력형 및 동력형으로 구분한다.

38 **포크리프트의 설명으로 잘못된 것은?**

① 카운터 밸런스(Counter Balance)형 포크리프트는 가장 일반적인 형식으로 포크 등 승강 및 적재 장치를 차체 전반부에 장착한 형식이다.

② 스트래들 리치(Straddle Reach)형 포크리프트는 차체 전방에 주행 차륜을 부착한 2개의 아우트리거(Outrigger)를 가지고 있으며, 차체 후방에는 카운트 웨이트가 있어 포크리프트의 안정성을 유지한다.

③ 사이드 포크(Side Fork)형 포크리프트는 승강 및 적재 장치를 차체 측면에 설치한 차량이다.

④ 피킹(Picking) 포크리프트는 랙 창고에 사용되며 포크 면의 높이에 운전대를 설치하여 임의의 높이에서 작업자가 작업을 할 수 있다.

⑤ 피킹(Picking) 포크리프트는 좁은 통로에서 사용가능하며 포크가 180도 회전할 수 있다.

> **해설** 스트래들 캐리어 방식(straddle carrier system)은 컨테이너를 컨테이너선에서 크레인으로 에이프런에 직접 내리고 스트래들 캐리어로 운반하는 방식으로 컨테이너를 2~3단으로 적재할 수 있고, 토지의 효율성이 높고 작업량의 탄력성을 가진다. 다만, 장비와 컨테이너의 파손율이 높다는 단점이 있다.

39 **다음 중 컨베이어의 명칭으로 적합한 것은?**

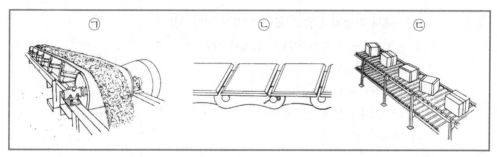

① ㉠ 고무벨트 컨베이어 – ㉡ 플랫 톱 컨베이어 – ㉢ 슬랫 컨베이어
② ㉠ 에이프런 컨베이어 – ㉡ 슬라이딩 컨베이어 –㉢ 슬랫 컨베이어
③ ㉠ 에이프런 컨베이어 – ㉡ 슬랫 컨베이어 – ㉢ 슬라이딩 컨베이어
④ ㉠ 고무벨트 컨베이어 – ㉡ 슬랫 컨베이어 – ㉢ 플랫 톱 컨베이어
⑤ ㉠ 고무벨트 컨베이어 – ㉡ 슬랫 컨베이어 – ㉢ 슬라이딩 컨베이어

> **해설** 자동분류 컨베이어시스템은 오늘날 다품종 소량, 다빈도 · 다방면의 물류환경과 더욱 고도의 정보화시대를 맞이하여 재고삭감, JIT, 간판방식에 의한 재고관리 등과 함께 그 활용이 급증하고 있다. 문제에서는 ㉠ 고무벨트 컨베이어 – ㉡ 플랫 톱 컨베이어 (Plat Top Conveyor) – ㉢ 슬랫 컨베이어(Slat Conveyor)의 명칭이 옳다.

Answer 36. ④ 37. ④ 38. ② 39. ①

40 다음의 설명은 컨베이어 작업의 장점을 나열한 것이다. 이 장점에 해당되지 않는 것은?

① 컨베이어 자체가 가늘고 길며 작업공간을 별로 차지하지 않아 좁은 장소에서도 작업이 가능하다.

② 컨베이어 자체를 안정시켜 두면 노면이 나빠도 운반이 가능하다.

③ 컨베이어 자체로서 경사를 주면 중력이 작용하여 중력이용의 운반을 하기 쉽다.

④ 컴퓨터와 연동하여 컨베이어상의 화물을 제어하고 있는 모습을 입체창고와 물류센터에서 볼 수 있어 원격제어와 자동제어가 가능하다.

⑤ 속도가 한정되어 있어 하역작업에 시간이 걸리며, 양단에 인원을 필요로 하는 경우가 있다.

> **해설** 컨베이어의 종류는 이동식 형식에서부터 컴퓨터 제어로 틸트 트레이(Tilt Tray)를 삽입한 대규모 컨베이어도 있다. 또한 머리 위의 공간을 이용하는 트롤리 컨베이어(Trolley Conveyor), 오버헤드 컨베이어(Overhead Conveyor), 경사를 오르내리는 컨베이어, 대차(臺車)를 적재하고 이동하는 카 컨베이어(Car Conveyor), 대차를 이끄는 토 컨베이어(Tow Conveyor), 그리고 에어 컨베이어(Air Conveyor) 등이 있다. 적재선반의 상층에서 하층으로 물품을 내리기 위해 동력이 필요 없는 라이트 슈터(Right Shooter)가 사용되기도 한다. 따라서 양단에 인원을 필요로 하는 경우가 있는 것은 아니다.

41 물류센터에서 화물의 입출고 관련 장비가 아닌 것은?

① 도크 보드, 도크 레벨러(Dock Board, Dock Leveller)

② 포크리프트(Fork Lift)

③ 체인 컨베이어(Chain Conveyor)

④ 스태커 크레인(Stacker Crane)

⑤ 이글루(Igloo)

> **해설** 이글루는 유리섬유 또는 알루미늄 등의 재질로 비행기의 동체 모양에 따라 만들어진 항공화물을 넣는 특수한 덮개로서 파렛트와 함께 사용되어 공간을 최대한 활용하도록 고안되었다.

42 파렛타이저(Palletizer)에 관한 설명으로 옳지 않은 것은? ▶ 제20회

① 기계식 파렛타이저는 캐리지, 클램프 또는 푸셔 등의 적재장치를 사용하여 파렛트에 물품을 자동으로 적재한다.

② 로봇식 파렛타이저는 산업용 로봇에 매니퓰레이터(Manipulator)를 장착하여 물품을 자동 적재하며, 저속처리가 가능하다.

③ 고상식 파렛타이저는 높은 위치에 적재장치를 구비하고 일정한 적재위치에서 파렛트를 내리면서 물품을 적재하는 방식으로 고속처리가 가능하다.

④ 저상식 파렛타이저는 파렛트를 낮은 장소에 놓고 적재장치를 오르내리면서 물품을 적재하며, 파렛트 적재 패턴의 변경이 용이하다.

⑤ 파렛타이저의 표준화 대상으로는 용어 및 기호, 안전장치, 호환성 등이 있다.

해설 ④ 저상식 파렛타이저는 파렛트를 낮은 장소에 놓고 적재장치를 오르내리면서 물품을 적재하는 파렛 타이저이다. 규정 외의 제품용으로 대체가 용이하지 않고, 파렛트 패턴의 변경이 쉽지 않으며 가격은 고상식 보다 저렴하다.

43 다음에서 설명하는 운반 · 하역 기기는? ▶ 제20회

> • 차체에 수동 또는 자동으로 화물을 적재하고 지시된 장소까지 레이저로 유도되는 형태로 자동 주행하여 수동 또는 자동으로 이재(移載) 또는 적재(積載)하는 무궤도차량이다.
> • 고감도 센서로 사람, 장애물을 감지하고, 신속히 제동할 수 있는 장치를 갖춤으로써 물품을 운반할 수 있다.

① 파렛트 트럭(Pallet Truck)
② 핸드 리프터(Hand Lifter)
③ 무인반송차(Automatic Guided Vehicle)
④ 트롤리 컨베이어(Trolly Conveyor)
⑤ 체인 레버 호이스트(Chain Lever Hoist)

해설 ③ 문제에서 설명하는 운반기기는 무인반송차(AGV : Automatic Guided Vehicle)이다.
① 파렛트 트럭(Pallet Truck)은 포크 끝에 접었다 폈다 하는 작은 바퀴가 있고, 이것을 펴서 파렛트나 스키드를 들어 올려 운반한다.
② 핸드 리프터(Hand Lifter)는 창고 등에서 마스트에 안내되어 승강하는 포크를 통해 하역하고 인력으로 운반하는 기기이다.
④ 트롤리 컨베이어(Trolly Conveyor)는 옷걸이 형태로 천장 트랙에 동일한 간격으로 매달려 있는 컨베이어로 자동차나 전자제품의 분체도장공정에도 많이 이용된다.
⑤ 체인 레버 호이스트(Chain lever hoist)는 레버의 반복 조작에 의해 화물에 권상 및 권하, 견인 등을 하는 장치로 로드체인으로는 링크체인 또는 롤러체인이 사용된다.

Answer 40. ⑤ 41. ⑤ 42. ④ 43. ③

44 하역기기 선정의 방법에 관한 설명으로 옳지 않은 것은? ▶ 제19회

① 화물의 형상, 크기, 중량 등을 감안하여 선정한다.

② 작업량, 취급품목의 종류, 운반거리 및 범위, 통로의 크기 등 작업특성을 고려하여 선정한다.

③ 화물의 흐름, 시설의 배치 및 건물의 구조 등 작업환경특성을 고려하여 선정한다.

④ 안전성, 신뢰성, 성능 등을 고려하여 선정한다.

⑤ 단일 대안만을 고려한 후, 경제성을 검토하여 선정한다.

해설 ⑤ 하역기기를 선정하는 경우에는 여러 가능한 대안들에 대해 경제성 등을 평가한 후, 최적의 대안을 선정하여야 한다.

Answer 44. ⑤

05 철도 · 항만 · 항공하역

| 학습목표 | 1. 철도하역의 여러 가지 용어와 하역방식을 정확히 이해한다.
2. 항만하역에서의 용어, 항만시설, 컨테이너 터미널의 시설과 장비를 이해한다.
3. 항공하역에서 사용되는 여러 가지 장비의 특징과 형상을 사진과 함께 이해한다.

| 단원열기 | TOFC 방식과 COFC 방식의 종류와 특징, 항만시설과 항만하역 용어, 항만하역기기, 컨테이너 터미널의 구조와 하역방식 등은 자주 출제된다. 컨테이너 전용선의 유형, 항공하역의 용어와 단위탑재 수송용기(ULD), 항공화물의 탑재 하역장비도 언제든지 출제될 수 있는 내용이다.

제1절 철도하역

1 철도운송과 하역

(1) 철도하역의 의의

철도운송은 철도를 이용하여 대운송(발역과 착역 간의 운송)과 소운송(발역과 착역에서 송·수화인의 문전까지의 집화, 배달운송 및 부수된 하역, 보관)이 결합되어 운송목적을 달성하는 운송형태를 말한다. 철도하역은 크게 TOFC(Trailer On Flat Car) 방식과 COFC (Container On Flat Car) 방식으로 구분되는 데 내용을 요약하면 다음과 같다.

2 철도하역의 방식

(1) TOFC(Trailer On Flat Car) 방식

철도화차(Flat Car) 위에 컨테이너가 적재된 도로용 트레일러를 그대로 적재하여 운송하는 방식이다. 피기백 방식, 캥거루 방식 및 프레이트 라이너 방식이 있다.

① 피기백 방식(Piggy Back System)
  ㉠ 피기백 방식은 트레일러나 트럭에 의한 화물운송 도중 화물열차의 대차 위에 트레일러나 트럭을 화물과 함께 실어 운송하는 방법이다. 이 방식은 화물자동차의 기동성과 철도의 장거리 운송·신속성을 결합한 복합운송방식이다.
  ㉡ 배차가 규칙적이므로 정시인도(on-time delivery)가 가능하고, 화물적재의 단위가 크고 장거리일수록 편리하게 이용할 수 있다는 장점이 있다.

ⓒ 그러나 철도화차의 바닥이 평판으로 되어 있어 트레일러를 적재상태에서 양륙할 수 있는 대형 리프트카인 피기패커(Piggy packer) 등의 하역기계가 필요한 것이 단점이다.

② **캥거루 방식**(Kangaroo System)

캥거루 방식은 철도화차에 트레일러 차량의 바퀴가 들어갈 수 있는 홈이 있어 적재높이를 낮게 하여 운송할 수 있는 방식이다. 터널(tunnel)의 높이나 법규상 차량높이에 대한 제한이 있는 경우 피기백 방식보다 유리하다. 산악지형으로 터널이 많은 유럽에서 많이 사용된다.

③ **프레이트 라이너 방식**(Freight Liner System)

프레이트 라이너 운송이란 영국 국철이 개발한 정기적 급행 컨테이너 열차로서 대형 컨테이너를 적재하고 터미널 사이를 고속의 고정편성으로 정기적으로 운행하는 화물 컨테이너 운송을 의미한다. 프레이트 라이너 회사는 터미널과 터미널 간의 요율운임 적용 및 문전에서 문전까지 운송을 요구하는 하주에게는 공로운송과 철도를 포함한 일관요율을 적용한다.

(2) COFC(Container On Flat Car) **방식**

컨테이너만을 화차에 적재하여 운송하는 피기백 방식이다. 대량의 컨테이너를 신속히 취급하기에 효율적이며, 철도터미널에서 컨테이너의 다단적재가 가능하므로 공간소요가 적어 TOFC 방식보다 보편화된 방식이다. 그러나 컨테이너의 상하차를 위한 하역기기 등의 장비를 갖추어야 한다는 단점이 있다. COFC 방식에는 지게차에 의한 방식, 크레인에 의한 방식, 플랙시밴(Flexi-Van) 등이 있다.

① **지게차에 의한 방식** : 톱 핸들러(Top Handler) 또는 리치 스태커(Reach Stacker) 등을 이용하여 컨테이너를 하역하는 방식이다.

② **크레인에 의한 방식** : 크레인(crain)을 이용하여 대량의 컨테이너를 신속하게 처리하는 방식이다.

③ **플랙시밴**(Flexi-Van) : 트럭이 화물열차에 대해 직각으로 후진하여 무개화차에 컨테이너를 바로 실을 수 있는 방식이다. 화차에는 회전판(turn table)이 달려 있어 컨테이너를 90°회전시켜 고정시킨다.

제2절 항만하역

1 항만하역의 의의와 작업방법

(1) 항만하역의 의의

① 항만하역의 정의

㉠ 항만하역(harbor loading and unloading)이란 항만에서 항만운송면허사업자가 화주나 선박
운항업자로부터 위탁을 받아 선박에 의해 운송된 화물을 선박으로부터 인수받아 화주에게
인도하는 과정의 운반, 하역행위를 의미한다.

㉡ 우리나라의 「항만운송사업법」에 의하면 항만하역은 "항만에서 화물을 선박에 적·양하하거
나 보관, 장치, 운반하는 등 항만에서의 화물유통을 담당하는 사업"이라고 설명하고 있다.

② 항만하역의 범위

항만하역의 범위는 수출의 경우 수출을 위하여 선적항에 입항한 때로부터 선박에 선적이 끝난
시점까지, 수입의 경우에는 선박이 입항하여 선창의 해치(hatch)를 개봉한 때로부터 양륙된 화
물이 보세구역에 들어갈 때까지의 모든 작업을 말한다. 이러한 항만하역의 작업을 구분하면
장치, 검사, 처리, 운반, 선적, 양륙, 적부로 분류한다.

(2) 항만시설

항만시설은 수역시설, 외곽시설, 계류시설, 인접교통시설, 보관시설, 선박보급시설, 항만후생시설,
선박건조 및 수리시설로 나누어진다. 그러나 좁은 의미에서 항만시설은 계류시설(ship/vessel
mooring facilities)을 말하며 다음과 같이 구분해 볼 수 있다.

① **부두**(wharf) : 항만 내에서 화물의 하역과 여객의 승선 및 하선을 위한 여러 구조물을 총칭한
다. 형태는 석재 또는 콘크리트로 물밑에서부터 수직으로 쌓아올려 가장자리는 선박의 적재
및 양하를 위한 부두를 형성하고 장치장 등의 창고건물이나 공작물이 설치되는 형태이다.

② **안벽**(quay) : 배가 화물을 선적하고 양하할 때 편리하도록 배가 항해할 수 있는 운하와 접해서
있는 구조물이다. quay 또는 quay wall이라 함은 해안선, 해안 등에 평행하게 또는 해 중에
돌출되어 축조된 석조 또는 콘크리트재로서 선박부착을 위하여 해저로부터 수직으로 만들어
진 벽을 말한다.

③ **잔교**(pier) : 계선안벽 위에 설치된 장치장으로, 선박을 접안·계류하여 화물의 하역과 여객의
승·하선을 용이하게 만든 목재, 철재 또는 콘크리트로 만들어진 교량형 구조물이다.

④ **항만하역시설**(loading and discharging facilities) : 하역시설은 선박의 가동능력에 큰 영향을
미치는 동시에 항만의 경제적 가치를 결정하는 중요한 기기로서 부선(barge), 해상크레인, 육
상크레인, 벨트컨베이어를 비롯하여 여러 가지 하역기기를 총칭한다.

(3) 항만하역의 작업단계

① 선내작업

ㄱ 양하(unload) : 본선 내의 화물을 부선 부두에 내려놓고 후크(hook)를 풀기 전까지의 작업을 말한다.

ㄴ 적하(stowing/stowage of cargo) : 선적화물을 본선의 선창 내에 장치하기 위하여 싣는 작업을 말한다. 즉 부선 내 부두 위의 후크에 걸어진 화물을 본선 내에 적재하기까지의 작업을 의미한다.

② 부선양적작업

ㄱ 부선양륙작업 : 본선에서 이동하여 안벽에 계류된 부선에 적재되어 있는 화물을 양륙하여 운반기구에 운송할 수 있도록 적재하는 작업이다.

ㄴ 부선적화작업 : 운반기구에 적재된 화물을 내려 안벽에 계류되어 있는 부선에 적재하는 작업이며 본선까지 이동을 포함한다.

③ 육상작업

ㄱ 상차 : 선내작업이 완료된 화물의 후크를 풀고 운반기구에 운송형태로 적재하는 작업이다.

ㄴ 하차 : 운반기구에 적재된 화물을 본선에 적치하고 선내작업을 할 수 있도록 하는 작업이다.

ㄷ 출고상차 : 창고나 야적장에 적치된 화물을 출고하여 운반기구에 운송형태로 적재하는 작업이다.

ㄹ 하차출고 : 운반기구에 적재된 화물을 내려 창고나 야적장에 보관하도록 적치하는 작업이다.

④ 예부선 운송작업

ㄱ 본선 선측 물양장 작업 : 본선 선측에 계류된 부선에 운송상태로 적재된 화물을 운송하여 물양장9)에 계류하기까지의 작업 또는 물양장에 계류된 부선에 운송가능한 상태로 화물을 운송하여 본선 선측에 계류하는 작업을 말한다.

ㄴ 물양장-물양장 작업 : 물양장에 계류된 부선에 운송가능한 상태로 적재된 화물을 운송하여 물양장에 계류하는 작업을 말한다.

ㄷ 일관작업 : 전용부두에 설치된 특수설비로 선박에서 창고나 야적장까지의 하역작업을 연속적으로 하는 작업을 말한다.

---

9) 물양장(lighter's whart)은 전면수심이 보통 4.5m 미만으로 주로 소형선, 어선 및 부선 등이 접안하여 하역하는 접안시설이다(항만시방서 7항).

● 항만하역 시스템

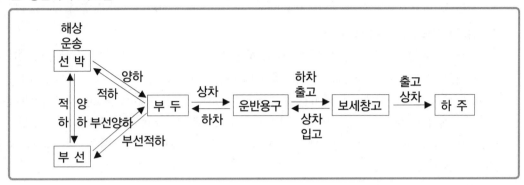

(4) **항만하역기기**

① **재래선의 하역기기**: 재래선의 하역기기로는 하역용 슬링(wire sling, rope sling, chain sling), Cargo Hook, Cargo Block, 데릭 등이 있다.

② **육상하역설비**: 육상하역설비로는 Grab, Shooter, Belt, Conveyer, Loading Arm 등이 있다.

③ **컨테이너 터미널 하역설비**: 컨테이너 터미널의 하역설비로는 갠트리 크레인(Gantry Crane), 트랜스퍼 크레인(Transfer Crane), 스트래들 캐리어 (Straddle Carrier), 리치 스태커(Reach Stacker), 야드트랙터 등이 있다.

2 컨테이너 터미널 하역

(1) 컨테이너 터미널의 주요 시설

① **에이프런(Apron)**
안벽에 접한 야드 부분에 일정한 폭으로 나란히 뻗어 있는 하역작업을 위한 공간이며, 부두에서 바다와 가장 가까이 접한 곳으로 폭이 30m~50m인 공간을 에이프런(Apron)이라고 한다. 주로 선박의 적·양하가 이루어지는 구역이다.

② **컨테이너 야드(CY : Container Yard)**
화물이 적입된 컨테이너가 화주로부터 운송인에게 운반되어지고 또한 컨테이너가 되돌아오는 지역으로 컨테이너 밴의 인수·인도 및 저장용의 장소로 운송인이 지정한 컨테이너 야적장을 말한다. 넓은 의미로서는 마샬링 야드, 에이프런, CFS 등을 포함한다.

③ **CFS(Container Freight Station)**
㉠ 컨테이너 작업장을 의미하는 것으로, 선박회사나 그 대리점이 선적할 화물을 화주로부터 인수하거나 양하된 화물을 화주에게 인도하기 위하여 지정한 장소를 말한다.
㉡ 한 개의 컨테이너를 채울 수 없는 양의 화물(LCL)을 여러 화주로부터 인수하여 목적항별로 선별하여 컨테이너에 적입하거나 한 컨테이너로부터 적출된 여러 화주의 화물을 각 화주에

게 인도해 주는 장소를 말한다. 이때 컨테이너에 화물을 채우는 작업을 Vanning, Stuffing 이라고 하며, 꺼내는 작업을 Devanning, Destuffing, stripping이라고 한다.

④ **마샬링 야드**(Marshalling yard)

　㉠ 선적해야 할 컨테이너를 하역순서대로 정렬해 두거나 컨테이너선에서 내리는 컨테이너를 위해 필요한 넓은 공간으로 보통 에이프런(Apron)과 접해있다.

　㉡ 마샬링 야드는 컨테이너 터미널 운영(operation)의 중심을 이루는 중요한 부분이기 때문에 그 레이아웃(lay-out)의 모양이 전반적인 운용효율과 코스트에 반영된다. 보통 마샬링 야드 에는 컨테이너 크기에 맞추어 미리 지반에 백색 또는 황색의 구획선을 그어 두는데 이를 슬롯(SLOT)이라고 한다.

● **항만 컨테이너 터미널의 시설**

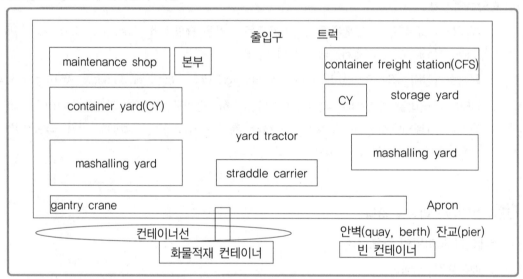

(2) 컨테이너 터미널 하역 방식

① **샤시방식**(Chassis System) : 시랜드(Sea Land)사가 개발하여 운영하는 방식으로, 육상 및 선 상에서 크레인으로 컨테이너선에 직접 상·하차하는 방식으로 보조 하역기기가 필요 없는 하 역방식이다. 로드트랙터와 로드샤시를 조합하여 컨테이너를 직접 적하, 양하하는 방식이다.

② **스트래들 캐리어 방식**(Straddle Carrier System) : 컨테이너를 컨테이너선에서 크레인으로 에 이프런에 직접 내리고 스트래들 캐리어로 운반하는 방식으로 컨테이너를 2~3단으로 적재할 수 있어 토지의 효율성이 높고 작업량의 탄력성을 가진다. 다만 장비와 컨테이너의 파손율이 높다는 단점이 있다.

③ **트랜스테이너 방식**(Transtainer System) : 컨테이너선에서 야드 샤시에 탑재한 컨테이너를 마 샬링 야드에 이동시켜 트랜스퍼 크레인에 의해 장치하는 방식으로 적은 면적의 컨테이너 야드 를 가진 터미널에 가장 적합하며 일정한 방향으로 이동하기 때문에 전산화에 의한 완전 자동

화가 가능하다. 우리나라에서 주로 사용하는 방식이지만 물량이 증대될 때 대기시간이 길어진 다는 단점이 있다.

④ **지게차에 의한 방식** : 톱 핸들러(Top Handler) 또는 리치 스태커(Reach Stacker) 등의 대형 지 게차를 이용하는 방식으로 장비의 특성상 융통성이 매우 좋다.

(3) 컨테이너 전용선

① **컨테이너 전용선** : 컨테이너 전용선은 조선 시 갑판이나 선창을 완전히 컨테이너만 적재할 수 있도록 설계된 선박이다. 전용선은 1,800~6,400TEU를 적재하고 초고속인 24~26 노트로 항 해한다. 전용선에는 컨테이너를 적재하는 방식에 따라 다음과 같은 구분할 수 있다.

　　㉠ Lo-Lo(Lift On Lift Off) 방식 : 본선 또는 육상의 겐트리 크레인을 사용하여 컨테이너를 본 선에 수직으로 하역하는 방법이다.

　　㉡ Ro-Ro(Roll On Roll Off) 방식 : 자동차나 철도화차를 운송하는 페리 보트(Ferry Boat)에서 는 전부터 이용하던 방식이다. 즉 이 형식은 선미나 선측·경사판(Ramp)을 거쳐 견인차로 수평으로 적재 또는 양륙하는 방식이다.

　　㉢ Fo-Fo(Float On Float Off) 방식 : 부선에 컨테이너를 적재하고 부선에 설치되어 있는 크레 인 또는 엘리베이터를 이용하여 하역하는 방식이다.

② **분재형 컨테이너선(Semi-Container Ship)** : 분재형은 재래선의 일부 선창 즉, 선체 중앙부에 컨테이너를 적재할 수 있도록 전용선의 선창내에 Cell Guide를 설치하거나 갑판을 개조하여 컨테이너를 적재할 수 있도록 재래선을 개조한 것이다. 이 형은 보통 400~700TEU를 적재할 수 있는 소형선은 많으며, 선창에 Cell Guide를 설치하거나 갑판의 해치 위에 Position Cone을 설치하여 컨테이너를 일부 적재하며, 기타 선창에는 살물을 적재 및 혼재한다.

③ **혼재형 컨테이너선(Conventional Ship)** : 재래선의 갑판이나 선창에 일반잡화나 컨테이너를 혼재하여 운송하는 선박으로 엄밀한 의미에서 컨테이너선이 아니다.

(5) 컨테이너 터미널 내의 소요면적 산정

① **장치장 규모 산정을 위한 TGS(Twenty-feet Ground Slot)의 산정**

$$\text{소요 TGS} = \frac{\text{연간처리대상물동량} \times \text{평균장치일수} \times \text{피크계수} \times \text{분리계수}}{\text{평균장치단수} \times \text{연간일수}}$$

장치장 규모(m^2) = 소요 TGS × 단위 TGS 면적[10] ÷ 토지이용률

② **장치장 규모의 의의**

　　㉠ 컨테이너 평균 장치기간이 짧을수록 CY의 회전율이 증가되어 생산성이 향상된다.

　　㉡ 평균 장치단적수는 CY의 처리능력을 나타내는 지표로 사용된다.

---

10) 단위 TGS 면적은 1TEU를 적재할 수 있는 순수면적은 약 14.862m^2이다. 그러나 장치장내의 도로, 트랜스테이너의 운행 을 위한 도로 및 기타 공간을 고려하여 1TGS는 38.46m^2을 적용하기도 한다.

      ⓒ 피크계수는 일시적인 교통량이나 화물량이 폭주하는 경우에 대비하여 여유공간을 확보하여 효율적인 운영을 위해 고려되는 요소이다.

      ⓔ 분리계수는 필요 컨테이너를 추출하는 데 필요한 하역작업 또는 여유공간을 확보하기 위해 고려하는 요소이다.

      ⓜ 장치장은 컨테이너의 종류에 따라 장치하는 위치가 다르므로 컨테이너 종류별로 장치능력을 구하여야 한다.

      ⓗ TGS는 장치장의 지형적 형태, 컨테이너화물의 종류, 하역장비의 종류, 평균장치기간 등 여러 가지 요소에 의해 영향을 받게 된다.

(6) 컨테이너 터미널의 하역생산성을 높이기 위한 방안

  ① 본선 컨테이너 크레인 배정 합리화

  ② 선적계획 작업의 자동화

  ③ 본선 하역작업과 야드 이송 및 야드 하역작업의 균형화

  ④ 하역장비의 예방보수체제 확립

제 3 절   항공하역

1 항공하역의 의의

(1) 항공하역의 현황

  ① **ACS의 도입** : 공항터미널은 하역설비의 기계화 또는 자동화하고 있을 뿐 아니라 하역시스템을 정보시스템과 결합시키는 ACS(Airport Cargo handling System)와 MIS를 도입하여 운용하고 있다.

  ② **항공하역의 자동화** : 공항터미널은 항공화물의 구조상 대량 벌크 화물의 운송보다는 대개 소량화물을 자동창고화된 화물청사 내에서 하역작업을 수행하기 때문에 항만이나 복합화물터미널에 비해 정보시스템이 가장 완벽하게 구축되어 있고 하역의 기계화와 자동화가 거의 완벽하게 구비되어 있다.

(2) 항공화물실의 구조와 명칭

  ① **Deck** : 항공기의 바닥이 2개 이상인 경우에는 Deck에 의해 항공기 내부공간이 Upper Deck, Main Deck, Lower Deck으로 구분된다. 특히 승객이 탑승하는 Main Deck을 Cabin이라고 한다.

  ② **Hold** : 천장과 바닥 및 격벽으로 구성되어 여객과 화물을 수송할 수 있는 내부공간으로써, 여러 개의 Compartment로 구성된다.

  ③ **Compartments** : Hold 내에 Station별로 지정된 공간을 말한다.

④ Section : Compartment 중 ULD를 탑재할 수 없는 공간의 세부적 구분을 의미한다.

⑤ Bay : Compartment 중 ULD를 탑재할 수 있는 공간의 세부적 구분이다.

(3) 단위탑재 수송용기(ULD)

ULD(Unit Load Device)란 항공운송에만 사용되는 항공화물용 컨테이너와 파렛트 및 이글루를 의미한다.

① 파렛트(Pallet) : 알루미늄 합금으로 제작된 평판으로 두께는 대부분 1.1inch 이하이고, 가장자리는 Seat Track이 있어서 이 부분에 Net과 Igloo를 사용하여 Attachment Fittings에 연결, 고정된다.

② Certified Aircraft Containers : 항공기 화물실 윤곽(Contour)에 맞게 제작되어 화물실 공간을 최대한 활용할 수 있도록 제작되었으며 화물의 하중에 충분히 견딜 수 있는 재질인 알루미늄과 파이버글래스(fiberglass)로 만들어지며 용도에 따라 Main Deck Container와 Lower Deck Container로 구분된다.

③ 이글루(Igloo) : 밑바닥이 없는 형태로 알루미늄과 파이버글래스로 만들어진 항공화물을 넣는 특수한 덮개이다. 항공기 내부구조에 맞게 모서리가 둥글게 되어 있으며 파렛트와 함께 사용되면 구조적 이글루, 파렛트가 없으면 비구조적 이글루라고 한다.

2 항공화물의 탑재 하역장비

(1) 항공터미널 내 장비

① Stacker Crane : 화물의 입체방식으로서 일반적으로 1.0m×1.5m×1.2m 크기의 화물보관상자를 수용하는 고층의 거대한 선반배열과 이 선반 사이를 왕복·상하로 움직이는 기중기로 구성된 장치로서 컴퓨터프로그램 조정에 의하여 화물의 보관위치를 추적·관리하고 있다.

② Door Cart : 소형화물을 터미널 내로 운반하기 위한 운반기기로서 다수의 카트는 체인이나 전동장치에 의해 정해진 코스를 달리거나 분기점에서 주어진 지시에 따라 이동코스를 선택하게 된다.

③ Sorter : 소형화물을 선행지별, 인도지별로 구분하는 장치로서 벨트 컨베이어나 롤러컨베이어 등과 제어장치를 합쳐서 조립한 기기이다.

④ Order Picker : 소형화물을 선반위에 정리하여 보관하고 크레인 등으로 작업원이 타고 화물의 반출입을 신속하게 하는 시스템이다.

(2) Tie-Down Equipment

ULD에 작업된 형태를 유지하는 것으로 운항도중 또는 이착륙 시 발생하는 충격과 진동에 의한 화물 파손 및 화물의 위치 이탈에 따른 항공기 내부 파손을 방지한다.

(3) 파렛트 탑재, 운반, 하역장비

① **트랜스포터**(Transporter) : 하역작업이 완료된 단위적재용기(ULD)를 터미널에서 항공기까지 수평이동에 사용하는 장비로서 파렛트를 올려놓은 차량에 엔진을 장착하여 자주식으로 운행되는 차량을 말한다.

② **터그 카**(Tug Car) : Dolly를 연결하여 이동하는 차량을 의미한다. 토잉 카(Towing Car) 또는 트랙터(Tractor)라고도 한다.

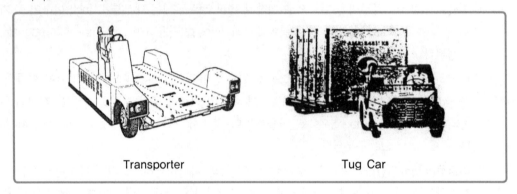

Transporter   Tug Car

③ **돌리**(Dolly) : 돌리는 이동식 받침대를 의미하는 것으로 Transporter와 동일한 역할을 하나 자체 구동력은 없고, Tug car와 연결되어 사용된다. 파렛트를 올려놓고 운반하기 위한 차대로서 사방에 파렛트가 미끄러지지 않도록 스토퍼(stopper)를 부착하고 있다.

④ **Self-Propelled Conveyor** : 수화물 및 소형화물을 소형기의 Belly 또는 대형기의 Compartment에 낱개 단위로 탑재·하역 시에 사용하는 장비(Buik Cargo Loader)이다.

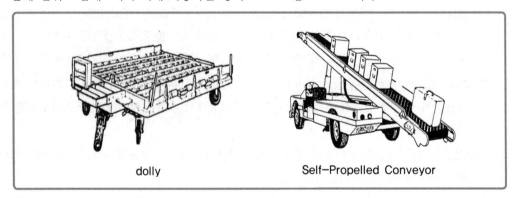

dolly   Self-Propelled Conveyor

⑤ **하이 로더**(High Loader): ULD를 대형기 화물실 밑바닥 높이까지 들어 올려 탑재 · 하역 시 사용하는 장비로 Lower Deck High loader와 Main Deck High Loader로 구분된다.

◉ High Loader

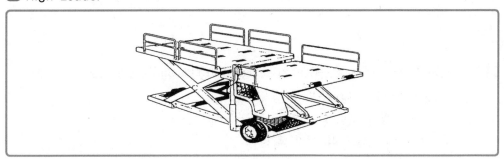

Chapter _

05 실전예상문제

01 화차에 컨테이너를 싣는 COFC(Container On Flat Car)방식에 해당되는 것은?   ▶ 제16회

① 피기 백(Piggy Back) 방식, 캥거루 방식
② 캥거루 방식, 플랙시 밴(Flexi Van)
③ 크레인에 의한 방식, 피기 백 방식
④ 프레이트 라이너(Freight Liner) 방식, 피기 백 방식
⑤ 크레인에 의한 방식, 플랙시 밴

해설 철도하역은 크게 TOFC(Trailer On Flat Car) 방식과 COFC(Container On Flat Car) 방식으로 구분된다.
1. 화차 위에 도로용 트레일러를 동시에 적재하는 TOFC 방식에는 피기 백 방식(Piggy Back System), 캥거루 방식, 프레이트 라이너(Freight Liner) 방식 등이 있다.
2. 컨테이너만을 화차에 싣는 방식으로 대량의 컨테이너를 신속히 취급할 수 있는 COFC 방식에는 지게차에 의한 방식, 크레인에 의한 방식, 플랙시 밴(Flexi-Van) 등이 있다.

02 철도컨테이너 하역방식에 관한 설명으로 옳은 것은?   ▶ 제20회

① TOFC(Trailer On Flat Car) 방식은 회전판을 이용하여 컨테이너를 90도 회전시켜 고정시키는 방식이다.
② 피기백(Piggy back) 방식은 화물적재 단위가 클수록 유리하고 리치 스태커(Reach Stacker)를 사용하는 방식이다.
③ 캥거루 방식은 장거리 정기노선에 유리한 COFC(Container On Flat Car) 방식의 일종이다.
④ 프레이트 라이너(Freight liner) 방식은 대형 컨테이너를 정기적 급행으로 운행하고 공로와 철도를 포함한 문전 운송이 가능한 방식이다.
⑤ COFC(Container On Flat Car) 방식은 트레일러를 적재하는 방식이다.

해설 ① COFC 방식 중 플랙시 밴(Flexi Van)에 대한 설명이다.
② COFC 방식에 대한 설명이다.
③ 캥거루 방식은 TOFC 방식의 일종이다.
⑤ COFC 방식은 컨테이너만 적재하는 방식이다.

03 철도역에서 이루어지는 하역방식 중 다음 그림과 같은 하역방식을 무엇이라 하는가?

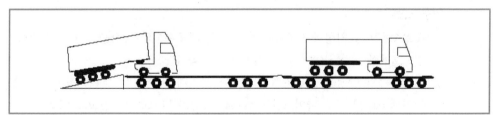

① 피기백 방식(Piggy Back System)
② 캥거루 방식
③ 프레이트 라이너(Freight Liner) 방식
④ 크레인에 의한 방식
⑤ 플랙시 밴(Flexi-Van) 방식

해설 철도역의 컨테이너 하역방식에는 화차위에 컨테이너를 적재한 트레일러를 함께 적재하는 방식인 TOFC(trailer on flat car) 방식과 컨테이너 만을 화차위에 적재하는 방식인 COFC(container on flat car) 방식이 있다.
TOFC 방식에는 피기백(Piggy Back) 방식과 캥거루 방식, 프라이트 라이너가 있다.
피기백 방식은 트레일러나 트럭에 의한 화물운송 도중 화물열차 위에 트레일러나 트럭을 화물과 함께 실어 운송하는 방법이다. 피기백 방식은 화물자동차의 기동성과 철도의 장거리 운송·신속성을 결합한 복합운송방식이다. 화물적재의 단위가 크고, 장거리일수록 편리하게 이용할 수 있으나 화물열차의 하대가 평판으로 되어 있어 세로방향의 홈과 피기패커(piggy packer) 등의 하역장비가 필요하다.

04 항공화물하역의 파렛트 탑재, 운반 및 하역 장비에 해당하지 않는 것은? ▸ 제20회

① 트랜스포터(Transporter)
② 터그 카(Tug Car)
③ 에이프런 컨베이어(Apron Conveyor)
④ 돌리(Dolly)
⑤ 리프트 로더(Lift Loader)

해설 트랜스포터(Transporter), 터그카(Tug Car), 돌리(Dolly), 리프트 로더(Lift Loader), 하이로더(High Loader) 등이 항공하역에서 항공화물을 탑재, 운반, 하역하는 경우 이용되는 장비이다.
③ 에이프런 컨베이어(Apron Conveyor)는 공장 내부에서의 자재운반이나 물류센터 등에서 다양하게 이용되는 체인 컨베이어의 한 종류이다.

Answer   1. ⑤   2. ④   3. ①   4. ③

05 모달시프트(Modal Shift) 구현을 위한 DMT(Dual Mode Trailer) 시스템에 관한 설명으로 옳지 않은 것은? ▶ 제17회

① 도로수송의 유연성과 대량수송이 가능한 철도수송의 장점을 결합한 시스템이다.

② 철도물류에 수반되는 상하역 절차가 간소화된다.

③ 철도운송의 단점을 보완하여 고객에게 문전배송(Door-to-Door) 서비스가 가능해진다.

④ 피기백(Piggyback), 바이모달(Bimodal), 모달로(Modalohr), 카고스피드(Cargo Speed) 등의 방법이 있다.

⑤ 트랜스포터(Transporter), 터그카(Tug Car), 하이로더(High Loader) 등의 하역장비를 이용한다.

해설 모달시프트(Modal Shift)는 기존에 이용하던 운송수단을 보다 효율성이 높은 운송수단으로 변경하는 것을 의미하는 것으로, 운송의 효율성을 높이기 위해 이종의 운송수단과 복합운송하는 것이다.
⑤ 트랜스포터, 터그카, 하이로더 등은 항공하역에서 항공화물을 탑재, 운반, 하역하는 경우 이용되는 장비이다.

06 항만하역에 관한 설명으로 옳지 않은 것은? ▶ 제17회

① 항만하역이란 항만에서 항만운송면허사업자가 화주나 선박운항업자로부터 위탁을 받아 선박에 의해 운송된 화물을 선박으로부터 인수받아 화주에게 인도하는 과정을 총칭한다.

② 환적작업은 안벽에 계류된 부선에 적재되어 있는 화물을 양륙하여 운반기구에 적재하는 작업이다.

③ 선내작업으로는 본선 내의 화물을 내리는 양하와 본선에 화물을 올리는 적하가 있다.

④ 육상에서는 운반차량을 이용한 상차, 하차, 출고상차, 하차입고 등의 작업이 있다.

⑤ 컨테이너 전용부두의 경우 부두 내 CY/CFS에서 나온 컨테이너는 마샬링 야드(Marshalling Yard)에서 선적 대기하다가 선내작업을 할 수 있다.

해설 ② 안벽에 계류된 부선에 적재되어 있는 화물을 양륙하여 운반기구에 적재하는 작업은 부선양륙작업이다. 한편 환적(T/S, Transshipment)은 한 운송수단에서 다른 운송수단으로 화물을 옮겨 싣는 것을 의미한다.

07 항만하역 작업에 대한 설명으로 옳지 않은 것은?

① 양하 : 본선의 화물을 부선이나 부두에 내려 놓고 Hook를 풀기 전까지 작업을 말한다.

② 적하 : 부선이나 부두 위의 Hook가 걸어진 화물을 본선에 적재하는 작업을 말한다.

③ 본선 선측 물양장작업 : 본선 선측에 계류된 부선에 운송상태로 적재된 화물을 운송하여 물양장에 계류하기까지의 작업이나 물량장에 계류된 부선에 운송 가능한 상태로 화물을 운송하여 본선선측에 계류하는 작업을 말한다.

④ 부선양하작업 : 본선에서 이동하여 안벽에 계류된 부선에 적재되어 있는 화물을 양륙하여 운반기구에 운송할 수 있도록 적재하는 작업이다.

⑤ 부선적하작업 : 운반기구에 적재된 화물을 내려 안벽에 계류되어 있는 부선에 적재하는 작업이며 본선까지 이동은 포함되지 않는다.

해설 항만(harbor)하역이란 항만에서 항만운송 면허사업자가 화주나 선박 운항업자로부터 위탁을 받아 선박에 의하여 운송된 화물을 인수받아 하주에게 인도하는 행위를 말한다. 즉 항만하역에는 항만에서 화물을 선박으로부터 양하인수하거나 선박에 적하인도하는 작업과 항만에서 화물을 창고 또는 하역장(옥상시설 포함)에 반입, 반출하거나 일정 거리를 운송(이송)하는 작업을 수행하는 것들이 모두 포함된다.
⑤ 운반기구에 적재된 화물을 내려 안벽에 계류되어 있는 부선에 적재하는 작업은 부선적재작업이다. 반면 부선하작업은 부선적재작업에 더하여 본선까지의 이동을 포함하는 작업을 말한다.

08 항공용 단위탑재 수송용기에 관한 설명이다. (　　) 안에 들어갈 용어로 옳은 것은?

▶ 제18회

(㉠)은 항공기 화물실 윤곽(Contour)에 맞게 제작되어 화물실 공간을 최대한 활용할 수 있도록 제작되어 있으며, (㉡)은 밑바닥이 없는 형태로 항공기 내부구조에 맞게 알루미늄과 유리섬유(Fiberglass)로 만들어진 항공화물을 넣는 특수한 덮개이다.

① ㉠ : Certified Aircraft Container, ㉡ : Cattle Pen
② ㉠ : Igloo, ㉡ : GOH(Garment On Hanger)
③ ㉠ : Certified Aircraft Container, ㉡ : Igloo
④ ㉠ : Cattle Pen, ㉡ : Igloo
⑤ ㉠ : Certified Aircraft Container, ㉡ : GOH

해설 단위탑재 수송용기(ULD, Unit Load Device)는 항공운송에만 사용되는 항공화물용 컨테이너(CAC)와 파렛트 및 이글루를 의미한다.
항공화물용 컨테이너(CAC, Certified Aircraft Containers)는 항공기 화물실 윤곽(Contour)에 맞게 제작되어 화물실 공간을 최대한 활용할 수 있다. 이글루(Igloo)는 밑바닥이 없는 형태로 알루미늄과 파이버글래스로 만들어진 항공화물을 넣는 특수한 덮개이다.

Answer 　5. ⑤　6. ②　7. ⑤　8. ③

09 다음은 항만하역장비의 종류 중 무엇에 관한 설명인가? ▶ 제17회

> 항만 CY에서 주로 공컨테이너의 야적, 차량적재, 단거리 이송에 사용되며, 마스트에 스프레더 등을 장착하여 사용한다.

① 스트래들 캐리어(Straddle Carrier)   ② 컨테이너 크레인(Container Crane)
③ 스태커 크레인(Stacker Crane)   ④ 탑 핸들러(Top Handler)
⑤ 트랜스퍼 크레인(Transfer Crane)

해설 ④ 탑 핸들러(Top Handler)는 컨테이너 야드(CY)에서 사용하는 장비로, 컨테이너 모서리를 잡는 스프레더 또는 체결고리가 달린 팔과 미스트를 갖추고 야드 내의 빈 컨테이너를 적치 또는 하역하는 데 사용된다.

10 아래와 같은 조건일 때 요구되는 트럭 도크(Dock)의 수는? ▶ 제16회

> • 월간 트럭 출입대수 : 2,000대
> • 월간 작업일수 : 20일(단, 1일 작업시간은 평균 10시간이며, 향후 물동량 증가는 고려하지 않음)
> • 1일 트럭당 작업시간 : 4시간
> • 안전계수 : 0.2

① 40개   ② 44개
③ 48개   ④ 52개
⑤ 56개

해설 필요 도크수 $= \dfrac{\text{연간 트럭출입대수} \times \text{1일 대당 작업시간} \times (1 + \text{안전계수})}{\text{연간 도크단위당 작업시간}}$ 이다.

따라서 필요 도크수 $= \dfrac{2{,}000 \times 4 \times (1 + 0.2)}{20 \times 10} = 48$개이다.

11 블록 트레인(Block Train)에 관한 설명으로 옳지 않은 것은? ▶ 제16회

① 물동량이 충분하고 조차장이 작은 경우에 적합하다.

② 고객맞춤형 직통 컨테이너화차 방식이다.

③ 출발역으로부터 도착역까지 직송서비스를 제공한다.

④ 일반 철도운송보다 운송시간 단축에 유리하고 녹색물류에 적합하다.

⑤ 루프형 구간 서비스로 단거리 수송에 유리하다.

해설 블록 트레인(Block Train)은 화물컨테이너 전용편성열차이다. 고객사가 원하는 시간대에 목적지까지 직통으로 운행되는 고객맞춤형 컨테이너 전용열차이다. 또는 자가 화차와 자가 터미널을 가지고 항구의 터미널에서 내륙목적지의 터미널 혹은 하수인의 문전까지 남의 선로를 빌려서 Rail & Truck combined Transportation을 제공하는 새로운 국제철도 물류시스템을 의미한다.
⑤ 블록 트레인은 장거리 수송에 적합하다.

12 컨테이너 전용터미널에서 사용되는 하역 또는 이송장비가 아닌 것은? ▶ 제14회

① 언로더(Unloader) ② 갠트리 크레인(Gantry Crane)

③ 트랜스퍼 크레인(Transfer Crane) ④ 리치 스태커(Reach Stacker)

⑤ 탑 핸들러(Top Handler)

해설 언로더(Unloader)는 살물상태의 화물을 부리기 위해 이용되는 양륙 전용의 크레인으로써 호퍼, 피이더, 컨베이어 등을 장착하고 있다. 컨테이너 전용터미널에서는 불필요한 장비이다.

13 다음 중 항공화물의 하역기기 명칭에 대한 설명으로 옳지 않은 것은?

① 단위탑재 수송용기(ULD)인 파렛트란 알루미늄 합금으로 제작된 평판으로 Net와 이글루를 사용하여 Attachment Fitting에 연결, 고정시킨다.

② 단위탑재 수송용기(ULD)인 이글루란 알루미늄과 Fiberglass로 만들어진 항공화물을 넣는 특수한 덮개이다.

③ Certified Aircraft Containers란 항공화물실윤곽(Contour)에 맞게 컨테이너의 외관을 알루미늄과 Fiberglass로 제작한 것이다.

④ 항공화물실 내의 Hold란 천장과 바닥 및 격벽으로 구성되어 여객과 화물을 수송할 수 있는 내부 공간으로써, 여러 개의 Compartment로 구성된다.

⑤ 항공화물실 내의 Bay란 단위탑재수송용기(ULD)를 탑재할 수 없는 공간의 세부적 구분을 의미한다.

해설 ⑤ 항공화물실 내의 Bay란 단위탑재수송용기를 탑재할 수 없는 공간이 아니라, 탑재할 수 있는 공간의 세부적 구분을 말한다.

Answer 9. ④ 10. ③ 11. ⑤ 12. ① 13. ⑤

14 어떤 집배송센터의 집하작업에서 연속된 5개 공정별 사이클타임은 다음 표와 같다. 공정개선 후, 1공정의 사이클타임을 50% 줄일 수 있었다. 개선 후의 애로공정명, 애로공정의 사이클타임, 공정효율(Balance Efficiency)은 각각 얼마인가? (단, 소수점이하 둘째자리에서 반올림한다)

▶ 제14회

공정명	1공정	2공정	3공정	4공정	5공정
개선 전 사이클타임(분)	8	5	4	6	4

① 2공정, 5분, 67.5%　　　　　　② 4공정, 5분, 67.5%
③ 2공정, 6분, 76.7%　　　　　　④ 4공정, 6분, 76.7%
⑤ 4공정, 4분, 67.5%

해설 공정개선 이전의 애로공정은 8분의 사이클타임이 소요되는 1공정이었다. 그러나 공정개선 후에는 6분의 사이클 타임이 소요되는 4공정이 애로공정이다.

15 '갑'회사의 물류거점시설 작업동선의 효율성 제고를 위하여 다음과 같은 조건을 파악하였다. 향후 물량증가가 없다고 가정할 때, 트럭 도크는 몇 개가 필요한가?

- 연간 트럭 출입대수 : 10,000대
- 안전계수 : 30%
- 연간 도크당 작업시간 : 3,000시간
- 1일 대당 작업시간 : 6시간

① 18개　　　　　　② 22개
③ 24개　　　　　　④ 26개
⑤ 28개

해설 필요 도크수 $= \dfrac{\text{연간 트럭출입대수} \times \text{1일 대당 작업시간} \times (1 + \text{안전계수})}{\text{연간 도크단위당 작업시간}}$ 이다.

$= \dfrac{10,000 \times 6\text{시간} \times (1 + 0.3)}{3,000\text{시간}} = \dfrac{78,000}{3,000} = 26\text{개이다.}$

16 다음 중 ODCY(Off-dock Container Yard)의 문제점이 아닌 것은?

① 물류비의 추가 발생

② 도심 교통난 가중

③ 컨테이너 장치보관 기능 감소

④ 토지 이용과 도시개발의 제약

⑤ 항만통제 기능의 약화

> **해설** ODCY(Off-dock Container Yard)는 부두 밖의 CY를 의미한다. 이를 통해 컨테이너 장치보관 기능을 향상시킬 수 있다.

17 컨테이너 터미널이 연간 100,000TEU의 물동량을 처리하고, 평균 장치일수는 10일이며, 피크 및 분리계수는 각각 1.5이면서, 평균장치단수는 5단위일 경우 소요되는 TGS(Twenty-foot Ground Slot) 수는 얼마가 되겠는가?

① 308   ② 548

③ 1,233   ④ 3,082

⑤ 6,164

> **해설** 컨테이너 터미널의 적정처리능력은 1TEU를 평면으로 적재할 수 있는 TGS(Twenty-foot Ground Slot)를 산정한 후 전체 소요 TGS 규모를 수용할 수 있는 장치장 면적을 산출한다.
> 소요 TGS = (연간 처리대상 물동량 × 평균 장치일수 × 피크계수 × 분리 계수) / (평균장치단수 × 연간 일수) = (100,000TEU × 10일 × 1.5 × 1.5) / (5단위 × 365) = 1,233

18 CY(Container Yard)와 CFS(Container Freight Station)의 차이점을 설명한 것 중 거리가 먼 것은?

① CY는 LCL화물을 쌓아두는 야외공간을 말한다.

② 수입 LCL화물은 대부분 CFS를 거쳐서 각각의 수화주에게 인도된다.

③ 수출 LCL화물은 CFS에서 FCL화물로 전환된 후 컨테이너선으로 운송된다.

④ FCL화물은 CFS를 거치지 않고 CY로 직접 운송된다.

⑤ CFS는 반드시 터미널 내에 설치할 필요는 없다.

> **해설** • CY(container yard)는 컨테이너 터미널 내의 컨테이너 장치장으로 FCL의 인도와 인수는 여기에서 이루어지고 해상운송인의 책임은 여기에서 개시 또는 종료된다.
> • CFS(container freight station)는 컨테이너 화물 조작장소이다. LCL화물을 FCL화물로 만들어 컨테이너에 적입(vanning, stuffing)하거나 적출(devanning, unstuffing) 장치작업을 하는 장소이다.

Answer   14. ④   15. ④   16. ③   17. ③   18. ①

19 다음 중 컨테이너 터미널에 대한 설명과 거리가 먼 것은?

① 마샬링 야드(Marshalling Yard)는 에이프론과 인접하여 설치되는 경우가 많다.

② 컨테이너 야드(CY)는 경계선이 명확하지 않으나 일반적으로 마샬링 야드의 배후에 배치되어 있다.

③ LCL은 컨테이너 하나에 채우기 부족한 화물을 말하며, FCL은 컨테이너 1개를 가득 채울 수 있는 화물을 말한다.

④ CFS는 컨테이너 소량화물의 혼재작업을 하는 취급장을 말한다.

⑤ 선석(Berth)은 컨테이너선에 선적해야 할 선적예정 컨테이너를 사전계획에 의해 순서대로 쌓아올린 장소이다.

> **해설** 선석(Berth)은 선박을 항만 내에서 계선시키는 시설을 갖춘 접안장소로 보통 표준선박 1척을 직접 정박시키는 설비를 지니고 있다.

20 다음은 컨테이너 터미널 하역방식 중 어떤 방식인가?

> 에이프런에 직접 내려진 컨테이너를 이 장비로 직접 이동·보관할 수 있어 갠트리 크레인의 회전율이 높고 컨테이너의 2~3단 적재가 가능하다. 토지의 효율성이 높고 작업량의 탄력성을 갖는 반면, 장비와 컨테이너의 파손율이 높다는 단점이 있다.

① 샤시 방식(Chassis System)

② 트랜스테이너 방식(Transtainer System)

③ 스트래들 캐리어 방식(Straddle Carrier System)

④ 지게차에 의한 방식(Pork Lift System)

⑤ 갠트리 크레인 방식(Gantry Crane System)

> **해설** ③ 스트래들 캐리어 방식(Straddle Carrier System)은 컨테이너를 컨테이너선에서 크레인으로 에이프런에 직접 내리고 스트래들 캐리어로 운반하는 방식으로 컨테이너를 2~3단으로 적재할 수 있고, 토지의 효율성이 높고 작업량의 탄력성을 가진다. 다만, 장비와 컨테이너의 파손율이 높다는 단점이 있다.

21 다음의 보기에서 설명하는 내용으로 옳은 것을 모두 고른 것은? ▶ 제20회

> ㉠ 샤시 방식(Chassis System) : 로드트랙터와 로드샤시를 조합하여 컨테이너를 직접 적하, 양하하는 방식이다.
> ㉡ 스트래들 캐리어 방식(Straddle Carrier System) : 컨테이너를 컨테이너선에서 크레인으로 에이프런에 직접 내리고 스트래들 캐리어로 운반하는 방식이다.
> ㉢ 트랜스테이너 방식(Transtainer System) : 야드샤시에 탑재한 컨테이너를 마셜링 야드로 이동시켜 장치하는 방식으로 일정한 방향으로 이동하므로 전산화에 의한 자동화가 가능한 방식이다.

① ㉠   ② ㉡

③ ㉠, ㉡   ④ ㉠, ㉢

⑤ ㉠, ㉡, ㉢

해설 ⑤ 컨테이너 터미널 하역 방식에는 문제에서 제시된 세 가지 방식 외에도 지게차에 의한 방식이 있다. 세 가지 모두 맞는 설명이다.

22 하역기기 중 여러 가지 물품을 파렛트 위에 정해진 패턴에 따라 쌓는 일을 하는 자동기계를 무엇이라고 하는가?

① 디파렛타이저(Depalletizer)   ② 포크리프트(Forklift)

③ 도크 레벨러(Dock Leveler)   ④ 파렛타이저(Palletizer)

⑤ 테이블 리프터(Table Lifter)

해설 ④ 파렛타이저(Palletizer)는 골판지 상자에 포장된 화물이나 병류 상품이 플라스틱 상자에 담긴 화물을 자동으로 파렛트 위에 적재하여 유닛로드화하는 기계이다.
③ 도크 레벨러(Dock Leveller)는 도크 보드를 고정하고 유압장치 또는 저렴한 가격으로 철판을 이용하여 화물차량의 하대의 높이를 조정하는 장치를 말한다.
⑤ 테이블 리프터(Table Lifter)는 유압장치로 링크(Rink)기를 장치하여 하대(荷台)를 승강시키는 장치를 말한다.

23 다음에서 설명하는 내용들의 올바른 명칭은? ▶ 제19회

> ㉠ 부선에 컨테이너(Container)를 적재하고 부선에 설치되어 있는 크레인 또는 엘리베이터를 이용하여 하역하는 방식
> ㉡ 본선 또는 육상의 갠트리크레인(Gantry crane)을 사용하여 컨테이너를 본선에 수직으로 하역하는 방식
> ㉢ 선미나 선측, 경사판을 거쳐 견인차를 이용하여 수평으로 적재 또는 양륙하는 방식

① ㉠: Lift on-Lift off, ㉡: Roll on-Roll off, ㉢: Float on-Float off
② ㉠: Lift on-Lift off, ㉡: Float on-Float off, ㉢: Roll on-Roll off
③ ㉠: Roll on-Roll off, ㉡: Float on-Float off, ㉢: Lift on-Lift off
④ ㉠: Roll on-Roll off, ㉡: Lift on-Lift off, ㉢: Float on-Float off
⑤ ㉠: Float on-Float off, ㉡: Lift on-Lift off, ㉢: Roll on-Roll off

해설 ㉠ 부선(barge선)을 이용하여 하역하는 방식은 FO-FO방식이다.
㉡ 갠트리크레인(gantry crane)을 사용하여 본선에 수직으로 하역하는 방식은 LO-LO방식이다.
㉢ 수평으로 잡아당겨 하역하는 방식은 RO-RO방식이다.

24 효율적인 수송을 위해 갖추어진 집배중계 및 배송처에 컨테이너가 CY(Container Yard)에 반입되기 전 야적된 상태에서 컨테이너를 적재시키는 장소는? ▶ 제19회

① 데포(Depot)
② 스톡 포인트(Stock point)
③ CFS(Container Freight Station)
④ 복합물류터미널
⑤ 집배송센터

해설 ① 데포(Depot)는 소비지에 가까운 일시 보관장소라는 개념으로, 수송을 효율적으로 하기 위해 갖추어진 집배중계지 및 배송처 또는 컨테이너가 CY에 반입되기 전 야적된 상태에서 컨테이너를 적재하는 장소이다.

Answer 23. ⑤ 24. ①

06 포 장

| 학습목표 | 1. 포장의 정의, 포장의 분류와 기능, 포장의 표준화, 포장합리화의 원칙을 이해한다.
2. 포장재료와 특히 골판지, 포장기기를 이해한다.
3. 화물 취급표시와 화인의 표시방법, 포장기법을 이해한다.

| 단원열기 | 포장의 역할, 포장의 여러 가지 종류와 기능, 포장의 표준화 등은 여러 번 출제된 내용이다. 포장합리화의 원칙은 자주 출제된다. 골판지의 용어와 종류, 포장기기의 종류도 정리해야 한다. 화인표시의 종류와 해석, 화인표시 방법, 일반화물의 취급표시는 자주 출제된다. 집합포장의 방법과 기법도 잘 정리해 두어야 한다.

제1절 포장의 개념

1 포장의 개념과 기능

(1) 포장의 정의

① 포장의 정의

한국산업표준(KST 1001)에 의하면 '포장이라 함은 물품의 유통과정에 있어서, 그 물품의 가치 및 상태를 보호하기 위하여 적합한 재료 또는 용기 등으로 물품을 포장하는 방법 및 포장한 상태'라고 정의하고 있다.

② 포장의 의의

㉠ 포장은 물류의 한 분야이면서 물류과정의 시발점이며, 물류비 절감의 주요 수단이 된다. 포장은 설계에 따라 물류형태에 많은 영향을 미치는데, 포장의 설계는 포장표준화와 모듈화의 추진에서부터 시작되어야 할 필요가 있다.

㉡ 포장의 설계 시 고려할 사항으로는 하역성, 표시성, 작업성, 경제성, 보호성 등이 있다.

(2) 한국산업표준(KS)의 포장의 분류

한국산업표준에서는 포장을 낱포장, 속포장 및 겉포장의 3종류로 분류하고 있다(KST 1001).

① **낱포장**(Item packaging) : 낱포장(단위포장, 개장)이라 함은 물품 개개의 포장을 말하며, 물품의 상품가치를 높이거나 물품 개개를 보호하기 위하여 적합한 재료 및 용기 등으로 물품을 포장하는 방법 및 상태를 말한다.

② **속포장**(Intermediate packaging) : 속포장(내부포장, 내장)이라 함은 포장된 화물 내부의 포장을 말하며 물품에 대한 수분, 습기, 광열 및 충격 등을 방지하기 위하여 적합한 재료 및 용기 등으로 물품을 포장하는 방법 및 포장한 상태를 말한다.

③ **겉포장**(Outer packaging) : 겉포장(외부포장, 외장)이라 함은 화물 외부의 포장을 말하며, 물품을 상자, 포대, 나무통 및 금속 등의 용기에 넣거나 용기를 사용하지 않고 그대로 묶어서 기호 또는 화물을 표시하는 방법 및 포장한 상태를 말한다.

2 포장의 분류와 기능

(1) 공업포장과 상업포장

① **공업포장**(Industrial Packaging) : 물품을 운송, 보관하는 것을 주목적으로 시행하는 포장을 총칭하는 것으로 산업포장, 수송포장 또는 물류포장이라고 한다. 공업포장의 주 기능은 물품의 보호기능과 운송하역에 물품취급의 편의 기능으로 상품의 중량과 용적이 증대함에 따라 운송비, 하역비, 보관비 등 물류비용을 절감할 수 있는 적정포장이어야 한다.

② **상업포장**(Commercial Packaging) : 상거래 과정에서 상품화 또는 판매단위의 포장으로 소매포장 또는 소비자포장이라고도 한다. 상업포장은 주로 판매촉진 기능을 한다. 즉, 상업포장은 최대의 매상을 올릴 수 있도록 하는 것(마케팅 측면)을 목적으로 하며, 포장으로 인해서 수익이 증대된다면 일정 정도의 포장비용 상승도 인정될 수 있다.

(2) 기타의 포장분류

① **포장기능의 목적에 따른 분류**

포장의 분류	내용
방수포장	포장의 외부로부터 물이 스며들지 못하게 막는 포장
방습포장	습기에 의한 손상을 막기 위하여 적용되는 포장
방청포장	물품에 녹의 발생을 방지하는 포장
완충포장	운송이나 하역 중에 발생되는 충격으로 인한 물품의 파손을 방지하기 위해서 적용되는 포장
진공포장	내용물의 활성을 정지시키기 위해서 포장의 내부를 진공으로 한 후 밀봉하는 포장
압축포장	상품을 압축하여 적은 용적이 되게 하는 포장

② **포장기법에 따른 분류** : 진공포장(Vacuum packaging), 가스치환충전 포장(Gas flush Packaging), 무균포장(Aseptic packaging), 레토르트 포장(Retortable packaging), 스킨포장(Skin packaging), 블리스터 포장(Blister packaging), 수축포장(Shrink packaging), 스트립 포장(Strip packaging), 슬리브 포장(Sleeve packaging) 등으로 구분한다.

(3) **포장의 기능**

① **내용물의 보호·보존성** : 포장의 가장 중요한 기능은 생산된 제품이 생산자로부터 최종소비자에게 전달되기까지의 수송·보관·하역·취급·배송 도중에 생기는 여러 가지의 장애나 위험으로부터 내용제품의 품질 저하를 방지하고, 보호·보존하기 위한 것이다. 이러한 보호성은 공업포장의 본질이며 상품 본래의 품질을 보존하는 기능과 외부의 위해요소로부터 상품을 보호한다는 두 가지 측면을 갖는다.

② **취급의 편리성** : 제조업자에게는 취급, 보관, 운송이 용이해야 하고, 생산라인·포장라인에서 안정적인 포장이어야 한다. 운송업자에게는 화물취급, 이동 편리, 적재효율이 높아야 한다. 판매업자에게는 하역, 보관, 식별, 진열의 용이성 등이 충족되어야 한다.

③ **판매 촉진성** : 제품 내용을 차별화시키면서, 상품이미지의 상승효과로 인해 소비자로 하여금 구매충동을 유발하게 하는 것이 상업포장의 중심 기능이다.

④ **상품의 정보성 및 표시성** : 생산자나 상품 등에 관한 정보를 전달하는 기능으로서 화물의 취급이나 분류에 필요한 사항(품명, 수량, 중량, 운송자, 포장해체 방법, 제조 로트번호, 화물취급지시 등)을 포장의 표면에 표시한다. 상품 정보의 표시방법에는 문자, 표시, 기호 및 바코드 심벌 등이 있다.

⑤ **사회성과 환경친화성** : 환경보존에 대한 관심이 높아지면서 포장 폐기물에 대한 논란이 커지고 있다. 따라서 공익성과 함께 환경친화적 포장이 요구되고 있다.

⑥ **유통 합리화와 경제성** : 물류비를 절감할 수 있는 포장이어야 한다. 과잉포장으로 인해 포장비가 높아진다든지, 포장 용적이 크게 되거나 중량이 늘어나게 되면 운송비 및 보관비도 상승한다. 즉, 포장 본래의 기능을 만족시킬 수 있는 범위 내에서 적정포장을 해야 한다.

3 포장표준화

(1) **포장표준화의 의의**

① **물류합리화와 포장표준화** : 물류의 합리화는 물류의 5대 기능인 포장, 운송, 보관, 하역, 정보 등이 상호 유기적으로 결합되어야 이루어진다. 따라서 물류합리화는 물류의 시발점인 포장의 표준화와 모듈화의 추진에서 시작되어야 한다. 이는 포장의 치수변화에 따라 운송의 적재 효율이나 보관 하역의 효율 등에 큰 영향을 미쳐 물류비의 증가를 가져오기 때문이다.

② **포장표준화의 목적** : 포장표준화는 포장에 대한 공통의 기준으로 국내외에서 생산, 판매되는 각종 포장의 규격을 검토·분석하여 표준규격화함으로써 유통의 합리화를 도모하는데 그 목적이 있다.

③ **포장표준화의 4대 요소** : 포장표준화의 4대 요소로는 치수의 표준화, 강도의 표준화, 기법의 표준화 및 재료의 표준화를 들 수 있다.

(2) 포장표준화의 추진방향

① 포장의 규격화를 고려한 제품설계

제조업체들이 제품 설계 시 포장규격을 미리 고려하지 않고 단지 제품치수에 맞추어 포장치수 및 파렛트 치수를 선택하고 있어 유통과정에서 물류비 증가요인이 되고 있다. 따라서 포장규격을 먼저 검토하고 난 후 제품 개발 및 설계가 필요하다.

② 포장의 모듈화의 추진

포장의 모듈화는 운송수단의 결정 ⇨ 표준파렛트의 치수 결정 ⇨ 적정포장재 선택 ⇨ 상품성을 고려한 낱포장 설계 ⇨ 겉포장 설계 및 치수 결정 ⇨ 겉포장과 연계한 낱포장 치수의 결정 순으로 이루어진다.

③ 포장공정의 기계화 · 자동화 추진

인건비 상승에 따른 기업의 관리비 부담을 줄이고, 제품의 생산원가 절감으로 인한 기업경쟁력 강화를 위해 포장공정의 기계화 · 자동화의 추진이 필요하다.

4 적정포장과 포장합리화의 원칙

(1) 적정포장

① 적정포장의 정의

㉠ 적정포장이란 상품의 품질보존, 취급상의 편의성, 판매촉진, 안정성 등 포장 본래의 기능을 만족시키는 가장 합리적이면서 공정한 포장을 말한다(KST-1001, 포장일반용어).

㉡ 수송포장에서는 유통과정에서의 진동, 충격, 압축, 수분, 온 · 습도 등에 의해 물품의 가치, 상태의 저하를 가져오지 않는 유통 실태에 적응한 포장을 해야 한다.

㉢ 소비자 포장에서는 과대 · 과잉포장, 속임 포장 등을 시정하고, 동시에 결함 포장을 없애기 위해 보호성, 안전성, 단위, 표시, 용적, 포장비, 폐기물 처리성 등에 대하여 적절한 포장을 고려해야 한다.

② 적정포장의 핵심 : 적정포장의 핵심은 포장비의 개념을 명확히 한 후 포장비용의 상승을 억제하고 보호기능을 최대한 발휘할 수 있는 교차점에서 포장이 설계되어야 한다는 것이다. 즉, 포장비와 포장화물을 유통과정에서 외부로부터 적절히 보호할 수 있는 기준에서 포장비의 적정화를 도모하여야 한다.

③ 포장 적정화를 위한 품질평가 : KST 1337은 수송 중의 진동, 하역에서의 낙하충격, 그리고 보관 시의 압축에 대하여 포장의 품질을 평가하는 방법과 포장화물을 적절히 보호하기 위한 시험방법 및 조건에 대하여 규정하고 있다. 이때 시험조건을 보면 진동시험은 수송거리, 낙하시험은 유통조건, 압축시험은 유통기간에 의한다.

(2) 포장합리화의 원칙

① **대량화 · 대형화의 원칙**: 포장화물 단위의 크기를 대량화 · 대형화함으로써 대량수송이 가능하고, 하역작업의 기계화를 통해 하역의 효율성이 높아지며, 이를 통해 물류비용을 절감할 수 있다.

② **집중화 · 집약화의 원칙**: 다수의 업체들의 물량을 집중화 · 집약화함으로써 관리수준을 향상시키고, 대량화의 추진도 가능해진다.

③ **규격화 · 표준화의 원칙**: 규격화 · 표준화함으로써 포장설계를 간소화하고 과잉포장을 배제하여 포장비의 절감을 가져오고, 포장재료비의 절감, 용기 제작비의 절감, 포장 작업지의 절감, 보관 효율의 향상 및 보관비 절감, 운송 효율의 향상 및 운송비 절감, 하역 효율 향상의 효과를 가져온다.

④ **사양변경의 원칙**: 완충재의 변경이나 입수 수의 변경 등 사양의 변경을 통해 비용절감을 추구하여야 한다. 양면골판지, 편면골판지, 귀퉁이의 보강 및 기타의 조건 등을 고려하여 골판지 양식의 변경에 의한 비용절감이 이루어질 수 있도록 검토하고, 양면 중심이던 것을 편면 중심으로 하여 양식을 한 등급 낮춘다.

⑤ **재질변경의 원칙**: 내용품의 보호에 지장이 없는 범위 내에서 재질의 변경을 통하여 비용절감이 가능하다.

⑥ **시스템화 및 단위화의 원칙**: 물류활동에 필요한 장비나 기기, 즉 컨베이어나 기중기, 컨테이너, 파렛트, 보관창고 등이 운송, 배송, 보관, 하역 등 물류의 제 활동에서 유기적으로 연결되도록 시스템화하며, 포장화물의 단위화를 통해 포장의 합리화를 추구해야 한다.

(3) 포장의 사회성과 과제

① **과대포장, 과잉포장의 시정**: 포장이 지닌 상업포장의 기능을 너무 중요시하여 과대 · 과잉포장이 되고 있다.

② **공정표시**: 과대포장 배제의 문제로서 포장의 신뢰성 확립이 필요하다.

③ **포장폐기물의 처리문제**: 폐기처리가 용이해야 하며, 폐기처리 시 인체에 무해해야 한다.

④ **포장의 자원절약, 에너지절약 문제**: 포장의 소형화, 경량화로 운송비 절감을 통한 에너지 절약과 포장 재료의 회수 재사용, 재활용으로 포장 자원의 절약이 필요하다.

⑤ **포장안전성의 문제**: 소비자 포장의 재료 및 용기 등에 있어서 내용품 또는 소비자에 대한 안전성의 확보는 위생 · 위해 방지의 양면에서 검토되어야 한다.

제 2 절   포장재료와 포장기기

1 포장재료

(1) 골판지 상자

① 골판지의 의의

　　㉠ 골판지(corrugated cardboard)는 골심지(corrugating medium)에 파형으로 골(flute)을 성형한 후 한 면 또는 양면에 라이너원지를 붙여 만든 포장재료로, 골이 쳐진 판지라 하여 골판지라고 한다.

　　㉡ 골판지에 사용되는 판지는 라이너(liner)와 골심지로 구별되는 데, 라이너는 골판지 바깥쪽의 평평한 부분에 사용되는 것으로 일종의 판지를 말하며, 골심지는 안쪽의 골을 내는 부분 및 이중양면 골판지 중간층에 사용된다.

② 골(flute)

　　골판지 양쪽 라이너지 가운데 골심지로 만든 파행으로서 그 종류는 A, B, C, E의 4종류가 있다.

골의 종류	특 징
A골	골의 높이가 가장 높고, 골의 수는 가장 적으며 판지의 두께가 두꺼워 완충성이 크며, 수직압축강도도 높기 때문에 현재 가장 많이 이용된다.
B골	A골에 비해 평면압력이 우수하므로 병, 통조림 같은 내용물이 견고한 상품의 포장에 적합하며 평면압축강도가 크다.
C골	A골과 B골의 중간으로 평균적인 성능을 갖고 있어 구미에서 활용되고 있으나, 우리나라에서는 별로 사용되지 않는다. 제2차 세계대전 중 미군이 군사물자의 효율적 수송을 위한 목적으로 개발하였다.
E골	평면 압축강도에 강하며 가장 골의 수가 많고 골 높이가 낮아 주로 낱포장 혹은 속포장용으로 많이 쓰이고, 표면이 평활하기 때문에 화려한 인쇄가 가능하다.

③ 라이너(liner)

　　겹쳐 뜬 판지 양 바깥쪽의 종이층을 말한다. 강도에 따라 AA, A, B, C의 4단계로 구분한다.

④ 골판지의 종류

　　골판지란 파도 모양으로 성형한 골심지의 편면 또는 양면에 라이너를 붙인 것으로 편면골판지, 양면골판지, 2중 양면골판지, 3중 골판지가 있다. 이러한 골판지는 용도에 따라 단위포장용, 내부포장용, 외부포장용 골판지로 나누어진다(KST 1001 포장용어).

　　㉠ 편면골판지 : 중앙 골심지의 한쪽 면에만 라이너를 붙인 것으로 주로 내부포장용으로 쓰인다.

　　㉡ 양면골판지 : 중앙 골심지 양면에 라이너를 붙인 것으로 손상되기 쉬운 물품이나 귀중품의 포장에 사용된다.

ⓒ 이중양면골판지 : 양면골판지에 편면 골판지를 덧붙인 것으로 손상되기 쉬운 물품이나 귀
　중품의 포장에 사용된다.

ⓓ 삼중양면골판지 : 이중양면 골판지에 편면 골판지를 덧붙인 것으로 100kg 이상의 중량물
　의 포장도 가능하다. 내압강도, 내후성 등이 강하고 단열성과 기밀성도 우수하다.

⑤ 골판지 상자의 장·단점

장 점	단 점
• 다른 포장재료에 비해 값이 싸고, 경제적이다. • 대량생산이 가능하여 생산성이 높다. • 중량이 가볍고 작업성이 좋다. • 보관이 편리하고, 재료보관 장소가 적게 든다. • 상자 표면에 아름다운 인쇄가 가능하다. • 사용 후 재활용이 가능하다.	• 물이나 습기에 약하다. • 대량생산에는 능률적이지만, 소량생산에는 생산원가가 비교적 높다. • 화물 취급 시 파손되거나 찢어지기 쉽다.

(2) 플라스틱 용기

① 플라스틱의 의의 : 플라스틱(plastic)이란 고분자물질(대부분 합성수지)을 주원료로 하여 인공
적으로 유용한 모양으로 만들어진 고체이다. 열가소성과 열경화성으로 구분되며 필름, 시트,
각종의 성형품을 가공할 수 있다.

② 열가소성 플라스틱 : 열가소성 플라스틱(thermoplastics)은 반복적인 가열과 냉각에 부드러워
지고 딱딱해지며 이러한 형태의 플라스틱 재료가 포장용으로 많이 사용된다. PE, PET, PVC,
PC, EVOH, PS, Nylons, EVAC 등이 이에 속한다.

③ 열경화성 플라스틱 : 열경화성 플라스틱 재료(themosets)는 열이나 압력에 의한 가공과 중합
체 구조상의 교차결합(crosslinking)으로 영구히 고정되어, 가열이나 화학적 처리에 의해 다시
연화되지 않고 타버리게 된다.

④ 플라스틱 컨테이너 : 플라스틱 컨테이너는 맥주나 청량음료의 배달용 상자로 많이 사용되고
있는데 근래에는 농산물 등의 포장에도 많이 이용되고 있다. 대(bag)모양의 플랙시블 컨테이
너(flexible container)가 있는데, 용량도 크고 반복사용을 목적으로 하여 분말류의 수송포장용
기로서 개발되었다.

장 점	단 점
• 나무상자에 비해 중량이 가볍다. • 오래 사용할 수 있다. • 취급이 안전하며, 물이나 습기에 강하다.	• 나무상자보다 가격이 비싸다. • 표면에 흠집이 생기기 쉽고, 파손 시 복구가 어렵다. • 오래 사용하지만, 초기비용이 많이 든다.

2 포장기기

(1) 포장기기의 분류

① **외장용 기계** : 주로 수송 보관 시 제품 보호와 취급 편의를 위한 포장용 기계를 말한다. 이에 속하는 것은 골판지 케이서, 케이스 조립기, 풀칠 봉함기, 스테이플러, 스트래핑머신, 파렛타이 저 등이 있다.

② **단위포장 내부포장용 기계** : 포장 대상품이 최종 수요자에게 건네질 때까지 보호해주는 내부 포장을 하는 기계를 총칭하는 개념이다.

③ **겉포장 기계** : 단위포장·내부포장용 기계의 일종으로 1개 또는 여러 개의 고체 포장 대상품 을 연포장 재료로 싸는 기계로서 접음형식, 돌림형식, 필로타입 포장을 하는 것, 통모양으로 싸는 것, 진공 밀착식, 슈링크식, 스트레치식 등이 있다.

(2) 포장기기의 종류

① **수축포장장치**(shrink packaging equipment) : 가열 수축성 필름으로 포장 또는 두루마리 포 장을 한 다음 열풍터널 등을 통과시켜 수축포장하는 장치를 총칭한다. 파렛트에 적재한 화물 을 수축포장하는 기계를 파렛트 수축포장기계라고 한다.

② **충전기**(filling machine) : 단위포장 내부포장용 기계의 일종으로 용기에 기체, 액체, 고체(분립 체 등), 점조물 등의 포장 대상품을 충전하는 기계를 말한다.

③ **스트레치 포장기**(stretch wrapping machine) : 겉포장기계의 일종으로 스트레치 필름을 인장 하면서 1개 또는 여러 개의 고체 포장 대상품에 겉포장을 하는 기계이다. 파렛트에 적재한 화 물을 스트레치 필름으로 고정시키는 장치를 파렛트 스트레치 포장기라고 한다.

④ **스트립 포장기**(strip packaging machine) : 봉투제작 충전기의 일종으로 연포장 재료를 2매 겹쳐, 1개 또는 여러 개의 정제, 캡슐 등의 소형 포장 대상품을 가운데로 하고 주위를 봉함하여 스트립 포장을 하는 기계로 의약품의 포장에 일반적으로 쓰인다.

⑤ **실링기**(sealing machine) : 봉함하는 기계를 총칭하여 실링기라고 한다. 열 봉함, 캡 봉함, 테 이프 봉함, 결속 등을 하는 기계를 말한다.

⑥ **결속기**(clipper) : 봉투의 개구부분을 와이어, 철재료 등으로 조이는 기계를 의미한다. 즉, 여러 개의 물품 또는 포장물을 끈, 밴드, 와이어, 테이프 등으로 한데 묶는 기계를 말한다. 결속기에 는 끈 결속기, 밴드 결속기, 와이어 결속기, 밴드 봉함기 등이 있다.

⑦ **라벨기**(labeling machine) : 포장 대상품, 포장물품 등에 그 내용, 제조일 등을 표시하는 라벨 을 붙이는 기계를 말한다.

⑧ **슬리브 포장기**(sleeve wrapping machine) : 겉포장 기계의 일종으로, 1개 또는 여러 개의 고 체로 된 육면체 포장 대상품의 4면을 연포장 재료로써 통모양으로 싸는 기계를 말한다.

⑨ **접음 포장기**(fold wrapping machine) : 1개 또는 여러 개의 포장 대상품을 연포장 재료로 덮고 그 끝부분을 접어 포장하는 기계를 말한다.

⑩ **골판지 케이서**(case packing machine) : 포장 대상품을 골판지 상자에 채우고 날개를 접어 풀로 붙임, 테이프 붙임 등으로 봉함하는 기계를 말한다.

⑪ **스테이플러**(stapler) : 외부 포장용 기계의 일종으로 골판지 상자의 날개를 스테이플로 찍는 기계를 말한다.

⑫ **언케이서**(uncaser) : 골판지 상자 또는 플라스틱 컨테이너, 나무상자 등에 넣은 포장대상물, 용기, 포장재료 등을 꺼내는 기계를 말한다.

⑬ **언스크램블러**(unscrambler) : 한꺼번에 투입된 병, 통, 캡 등 포장 용기의 자세를 갖추어 일정 간격으로 정렬하여 내보내는 기계를 말한다.

제3절 화물의 취급표시

1 화인의 의의

(1) 화인의 정의와 목적

① **화인의 정의**

화인(Case Mark, Shipping Mark)이란 '화물의 외부에 표시를 하는 것'으로 포장화물의 외장에 표시한다. 주로 목적지, 발송 개수, 취급상의 문구 등을 표시한다. 한국산업표준에는 일반화물의 취급주의 표시(KST 0007)와 위험물의 취급주의 표시(KST 0008)를 정하고 있다.

② **화인의 목적**

㉠ 화인은 화물의 유통과정에서 화물의 보호, 취급자의 안전, 수송 관련기기의 사고방지를 위하여 적정한 화물취급을 지시하는 데 사용된다. 즉, 운송관계자나 수입업자가 쉽게 식별할 수 있도록 다른 물건과의 구분, 매수인의 사용 및 선적서류와 물품과의 대조에 편의를 주기 위한 것이다.

㉡ 국제무역에 있어서 화인이 부정확하면 다른 화물과의 혼동을 가져와 화물의 인도착오, 하역착오, 통관상의 문제가 발생하는 등 시간과 비용상의 큰 손실을 줄 수 있다.

(2) 화인표시의 종류

① **주표시**(main mark) : 주표시는 화인 중 가장 중요한 표시로서 타상품과 식별을 용이하게 하는 기호이다. 외장면에 다이아몬드형, 마름모형, 타원형, 정방형 등의 표시를 하고 그 안에 상호의 약자를 기입하는 것을 말한다.

② **부표시**(counter mark) : 내용물품의 직접 생산자나 혹은 수출대행사 등이 붙이는 기호로서, 같은 선적분의 다른 화물과 식별할 수 있도록 표시한 것이다.

③ **품질표시**(quality mark) : 내용품의 품질이나 등급 등을 표시하는 것으로, 주표시의 위쪽이나 밑에 기재한다.

④ **목적지표시**(destination mark) : 내용품이 도착하게 되는 목적지를 표시하는 것으로 반드시 표시해야 한다.

⑤ **수량표시**(case mark) : 단일 포장이 아닌 두 개 이상의 많은 수량인 경우, 포장에 번호를 붙여 포장 수량 가운데 몇 번째에 해당되는지를 표시한다.

⑥ **주의표시**(care mark) : 주의표시는 내용품의 성격, 품질, 형상 등에 따라 취급상의 주의를 표시한 것이다.

⑦ **원산지표시**(origin mark) : 정상적인 절차에 의해 선적되는 모든 수출품은 관세 법규의 규정에 따라 원산지명을 표시하도록 되어 있으므로 이를 표시한다.

⑧ **기타** : 상품명, 내용품번호, 총중량, 용적, 수입허가번호 등을 표시한다.

◉ 화인표시의 종류

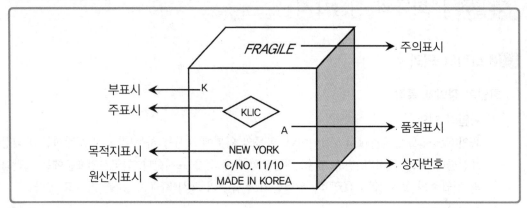

다음 그림은 어떤 화물의 화인이다. 이 화인을 통해 판단할 수 있는 내용은 다음과 같다.

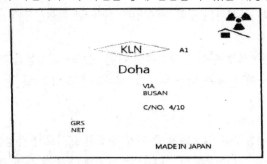

풀이 1. 이 화물은 일본에서 생산된 제품이다.
2. 이 화물은 부산을 경유하여 도하(Doha)로 운송되는 화물이다.
3. 이 화인이 부착되어 있는 화물은 모두 10개이며, 그중에서 4번째에 해당하는 화물이다.
4. 전체 중량이 얼마인지는 알 수 없다.
5. 이 화물은 방사원에서 격리 또는 방사선을 방지해야 한다.

(3) 화인표시 방법

화인을 표시하는 방법은 아래와 같다.

① **스탬핑**(stamping or printing): 고무인이나 프레스기를 사용하여 찍는 방법으로 종이상자, 골판지 상자 등에 적용한다.

② **카빙**(carving or embossing): 금속제품에 주로 사용하는 방법으로, 상품에 쇠로 된 인각을 찍거나 또는 주물을 주입할 때 미리 화인을 해 두어 제품의 완성 시에 화인이 나타나도록 하는 방법이다.

③ **라벨링**(labeling): 종이나 직포 등에 필요한 내용을 미리 인쇄해 두었다가 일정한 위치에 붙이는 것으로 통조림병, 유리병 등에 적용한다.

④ **태그**(tag): 스티커와 유사하지만 고착시키는 것이 아니라, 종이나 플라스틱판 등에 표시내용을 기재한 후 철사나 끈 등을 이용하여 꼬리표처럼 매다는 방법이다.

⑤ **스티커**(sticker): 종이나 직포 또는 양철, 알루미늄판, 플라스틱판 등에 일정한 내용을 기재한 다음 못으로 박거나 또는 다른 방법으로 고착시키는 방법이다.

⑥ **스텐실**(stencil): 시트에 문자를 파두었다가 붓, 스프레이 등으로 칠하는 방법으로 나무상자, 드럼 등에 적용한다.

┤ 보충학습 ├

화인표시의 주의사항

• 기재사항의 누락이나 오류가 발생하지 않도록 세심한 주의를 한다.
• 화인은 물에 씻기지 않도록 하여야 하므로 방수잉크를 사용한다.
• 외부의 힘에 의하여 파손 또는 탈락되어서는 안된다.
• 문자 획의 굵기가 동일하도록 한다.
• 기재되는 사항은 분명하게 보이도록 한다.
• 표시방법은 기재장소나 포장형태에 따라 적절한 방법을 선택한다.
• 주의표시는 관심을 끌 수 있도록 붉은색으로 표시하는 것이 좋다.
• 표시장소는 가장 알기 쉽게 판독할 수 있는 장소에 한다.
• 일체의 표시는 문자의 배열이 정연하고 짜임새 있도록 표시한다.

---

2 일반화물의 취급표지

(1) 화물의 취급표지의 의의

① **화물의 취급표지 요령**: 화물의 취급표지란 '일반화물의 유통과정에서 화물의 적재, 운반, 분류, 정리 등을 위한 하역작업 시 화물의 보호 및 취급자의 안전을 위해 적정한 화물취급을 지시하는 경우에 사용하는 마크'이다. 주의표시(Care Mark)는 내용품의 성격, 품질, 형상 등에 따라 취급상의 주의를 표시하는 것으로 붉은 색을 사용하여 표시하게 된다.

② **화물의 취급표지 종류** : 일반화물의 취급주의 표지는 모두 16종으로 포장화물의 눈에 잘 띄는 곳에 인쇄, 스탬프, 손쓰기, 라벨 등으로 표기하며, 흑색으로 표기하는 것을 원칙으로 하되 포장의 바탕색과 구별하기 쉬운 대비되는 색을 사용하여야 한다.

(2) 일반화물의 취급주의 표지

번 호	호 칭	표 시	표지내용 및 위치
1	깨지는 것 (FRAGILE)		깨지기 쉬우므로 주의하여 취급할 것을 표시한다.
2	취급주의 (HANDLE WITH CARE)		충격을 주지 않도록 조심스레 취급할 것을 표시한다.
3	갈고리 금지 (USE NO HOOK) (DO NOT PUNCHUR)		갈고리를 사용하여서는 안 된다는 것을 표시한다.
4	직사광선 · 열차폐 (PROTECT FROM HEAT)		직사광선 및 열로부터 차폐하는 것을 표시한다.
5	위(上) (THIS WAY UP)		화물의 올바른 방향을 표시하여 반대 · 가로쌓기를 하지 않을 것을 표시한다. 표지는 표시보기와 같이 포장화물의 옆면 또는 양 끝면의 위쪽 구석에 가까운 다른 면의 2곳 이상에 표시한다.
6	방사선 방호 (PROTECT FROM RADIOACTIVE SOURCES)		방사원에서 격리 또는 방사선을 방지하는 것을 표시한다.
7	거는 위치 (SLING HERE)		슬링을 거는 위치를 표시한다. 표지는 표시보기와 같이 상대하는 2면 각각에 표시한다.
8	젖음 방지 (KEEP DRY)		물이 새지 않도록 보호할 것을 표시한다.
9	무게중심 위치 (CENTER OF GRAVITY)		화물의 무게중심 위치를 표시한다. 표지는 표시보기와 같이 무게중심의 위치가 쉽게 보이도록 필요한 면에 표시한다.

10	불안정(UNSTABLE)		쓰러지기 쉬운 화물임을 표시한다.
11	굴림 금지 (DO NOT ROLL)		굴려서는 안 됨을 표시한다.
12	손수레 삽입금지 (NO HAND TRUCK HERE)		손수레를 끼워서는 안 되는 부위를 표시한다.
13	위쌓기 제한 (STACKING LIMITATION)	kg max	위에 쌓을 수 있는 최대무게를 표시한다. 표지의 상부에는 최대 허용무게를 수치로 표시한다.
14	쌓는 단수 제한 (LAYERS LIMIT)	10	겹쳐쌓을 수 있는 총단수를 표시한다. 표지 위의 수치는 최대 허용 겹쳐쌓기 총단수 10단 쌓기의 보기를 표시한다.
15	온도제한 (TEMPERATURE LIMITATIONS)	(1) (2) (3)	허용되는 온도범위 또는 최저, 최고온도를 표시한다. 다음과 같이 (1)은 허용되는 온도범위를, (2)는 최고 허용온도치를, (3)은 최저 허용온도치를 표시한다.
16	화기 엄금 (KEEP AWAY FROM FIRE)		타기 쉬우므로 화기를 접근시켜서는 안 된다는 것을 표시한다.
기 타			'밟지 마시오' 표시
		찍힘주의	'찍힘주의' 표시

제4절   포장기법

1 집합포장

(1) 집합포장의 의의

① **집합포장의 정의** : 집합포장(assembly packaging)은 다량의 포장된 화물을 파렛트나 컨테이너 또는 스키드(skid) 위에 정리하고 묶어 한 개의 대형화물로 만드는 것을 말한다. 집합포장에 의해 화물 취급작업의 기계화가 가능하고 동시에 수송, 저장에 의한 화물 관리가 용이하여 물류비용이 절감된다.

② **집합포장의 활동** : 많은 나라에서는 집합화물의 크기를 표준 파렛트 치수의 1/4, 1/2의 크기로 하여 소비자용 포장물의 표준 집합화물화를 통해 소매점까지도 집합포장된 상태로 수송한다. 우리나라에서는 집합포장의 크기는 KST 1002(수송포장 계열치수)에 의한 1,100mm × 1,100mm, 1,200mm × 1,000mm가 쓰이고 있다.

(2) 집합포장이 갖춰야 할 요건

① **보호기능을 지닐 것** : 물류기능인 하역, 운송 및 보관의 각 단계에 있어서 집합체가 무너지지 않을 정도의 충분한 보호성을 갖추어야 한다. 다시 말하면 적재된 화물의 붕괴방지의 수단과 방법이 포장 측면에서 이루어져야 한다.

② **기계 · 기기에 의한 취급이 용이할 것** : 운송기관이나 보관설비에 의한 하역작업과 취급이 용이할 수 있도록 지게차나 크레인 등 하역기계 기구의 사용에 적합하여야 한다. 따라서 집합체의 단위중량, 중심위치, 평면치수, 높이 및 안정성의 적정화가 요구된다.

③ **설계단계에서부터 물류를 고려할 것** : 복수의 물품이나 수송포장을 파렛트 등의 위에 적재한다는 사고방식이 아니라, 설계 시부터 집합체로서 포장한다는 개념이다.

2 집합포장의 방법과 포장기법

(1) 집합포장방법

집합포장의 방법은 다음과 같다. 코너패드, 덮개, 틀, 칸막이판, 덧받침재, 충전물 등이 집합포장에서 보호재로 사용되고 있다.

① **밴드 결속**(banding) : 집합포장에서 가장 많이 사용되는 방법으로, 종이, 플라스틱, 나일론 및 금속밴드 등이 사용된다. 밴드의 결속방법에는 수평묶음과 수직묶음이 있으며, 코너의 변형을 막기 위해 코너패드가 보호재로서 사용된다.

② **테이핑(taping)** : 용기의 표면에 접착테이프 등을 사용하여 집합포장하는 방법으로, 접착테이프 사용 시 용기의 표면이 손상될 수 있으므로 주의하여야 한다.

③ **슬리브(sleeve)** : 보통 필름으로 슬리브를 만들어 수지 4면을 감싸는 방법이다.

④ **슈링크(shrink) 포장** : 수축필름의 열수축력에 의해서 파렛트와 그 위에 적재된 포장화물을 집합포장하는 방법이다.

⑤ **스트레치(stretch) 포장** : 스트레치 필름을 사용하여 필름의 접착성을 이용하는 것으로, 주로 슈링크 포장이 필름 한 겹으로 하는 것인데 비해, 스트레치 필름은 대개 3겹 정도로 한다.

⑥ **틀** : 주로 수평이동을 위·아래의 틀로 고정하는 방법으로 적어도 4개 정도의 밴드를 사용한다.

⑦ **꺾쇠·물림쇠** : 주로 칸막이 상자 등에서 상자가 고정되도록 꺾쇠 또는 물림쇠를 박는 방법이다.

⑧ **대형 골판지 상자** : 작은 부품 등을 내부 칸막이로 된 골판지 상자에 넣고 바깥쪽을 밴드로 묶어 파렛트와 일체가 되게 한다.

⑨ **접착** : 풀이나 접착테이프 등의 접착제를 이용하는 방법으로 수평방향에는 강하지만 수직방향에는 약한 측면이 있다.

⑵ **포장기법**

① **진공포장** : 포장 내의 기압이 대기압보다 낮은 상태를 유지하도록 하는 포장기법으로, 진공펌프를 이용하여 공기를 빼서 포장한다. 산화방지를 통해 식료품 등의 저장수명을 연장할 수 있다.

② **가스치환 포장** : 공기 중에 함유되어 있는 산소를 질소(N_2)나 탄산가스로 치환하여 식품원료의 생리적 대사과정, 예를 들어 호흡, 숙성과 변질 등을 지연시키고 취급과정 중 미생물에 의한 오염을 줄일 수 있는 포장기법이다.

③ **방수·방습 포장** : 각종 제품을 유통과정의 습도로부터 지키는 포장기법을 방습포장이라고 한다. 단순하게 높은 습도하에 놓인 제품의 흡습을 방지하는 것뿐만 아니라 낮은 습도 하에 있는 제품의 탈습을 방지하는 것도 포함된다. 제품에서 습기를 빼면 곰팡이 발생에 의한 미생물적 변질을 막을 수 있다. 따라서 적정한 포장설계에 의한 제품보존에 적합한 습도를 유지할 수 있도록 해야 한다.

④ **완충포장** : 완충포장은 생산공장에서 소비자에게 전달되기까지의 물류과정에서 받는 외부의 충격으로부터 포장되어 있는 제품을 안전하게 보호하려는 것이다. 외부의 충격으로는 하역에 의한 낙하충격, 수송장비의 적재함 진동, 창고보관 중의 압축하중, 온·습도 변화 등 여러 가지 요인이 있지만 가장 큰 요인은 하역에 의한 낙하충격이다.

⑤ **방청포장** : 이는 금속표면에 생성되는 녹을 방지하거나, 재료가 주위의 환경과 반응하여 침식을 받는 부식으로부터 제품을 보호하려는 포장기법이다. 녹이나 부식은 제품의 훼손을 의미하기 때문에 포장에 있어서 운송 중이나 보관 중에 이들로부터 제품을 보호하는 것은 매우 중요한 의미가 있다.

실전예상문제

01 포장기법에 관한 설명으로 옳지 않은 것을 모두 고른 것은? ▶ 제19회

> ㉠ 진공포장(Vacuum packaging)은 내용물의 활성화를 정지시키기 위하여 내부를 진공으로 밀봉하는 포장기법이다.
> ㉡ 중량물포장은 각종 제품을 유통과정의 수분과 습도로부터 지키는 포장기법이다.
> ㉢ 완충포장은 운송이나 하역 중에 발생되는 충격으로 인한 제품의 파손을 방지하기 위한 포장기법이다.
> ㉣ 가스치환포장은 상품의 용적을 적게 하여 부피를 줄이는 포장기법이다.

① ㉢   　　　　　　　　　　　② ㉠, ㉡
③ ㉠, ㉢   　　　　　　　　　④ ㉡, ㉣
⑤ ㉡, ㉢, ㉣

해설 ㉡ 각종 제품을 유통과정의 수분과 습도로부터 지키는 포장기법은 방수방습포장이다. 내용물의 중량이 200kg을 초과하는 물품에 대한 중량물(heavy)포장은 주로 나무를 사용한 상자를 이용하며, 상자포장설계기법을 KS규격으로 정비하여 보급한 결과 일정한 품질의 출하용기가 제작되고 있다.
　㉣ 가스치환포장(Modified Atmosphere Packaging, MAP)은 진공포장에 대한 개선책으로 개발된 방법으로 밀봉포장 용기에서 공기를 빼고 대신 질소나 이산화탄소 같은 불활성 가스로 치환하여 물품의 변질 등을 방지하려는 포장이다.

02 다음 중 포장에 관한 설명으로 옳은 것은? ▶ 제17회

① 겉포장은 화물 외부의 포장이다.
② 낱포장은 기호, 표식 등을 나타내는 기술이다.
③ 속포장은 물품 개개의 포장이다.
④ 형태별로 공업포장과 상업포장으로 분류한다.
⑤ 기능별로 낱포장, 속포장, 겉포장으로 분류한다.

해설 ② 낱포장은 단위포장(item packaging)으로 물품 하나하나에 대한 포장이다. 물품의 가치를 높이거나 보호하기 위한 포장이다. ③ 속포장은 내포장(inner packaging)으로 포장화물 내부의 포장으로, 물품에 대한 수분·습기·열·충격 등을 방지하기 위한 포장이다. ④ 공업포장과 상업포장은 기능별로 분류한 것이다. 상업포장(commercial packaging)은 판매포장, 소비자포장이라고 하며 물품의 보호와 판매촉진, 매매의 편리성을 도모하는 포장이다. 공업포장(industrial packaging)은 수송포장이라고 하며 물류상 필요한 포장으로 보호성과 수송·하역의 편리성을 추구하는 포장이다. ⑤ 낱포장, 속포장, 겉포장은 한국산업표준(KS A 1006)에서 분류하는 것으로 포장형태에 따른 분류이다.

03 포장의 기능에 관한 설명으로 옳지 않은 것은? ▶ 제16회

① 내용물의 보호 및 보존기능은 물류활동 중 발생할 수 있는 변질, 파손, 도난 및 기타 위험 으로부터 내용물을 안전하게 보호 및 보존하는 기능이다.

② 판매의 촉진성 기능은 포장을 차별화시키고 상품의 이미지 가치를 상승시켜 소비자로부 터 구매의욕을 일으키게 하는 기능이다.

③ 상품성 및 정보성 기능은 제품 내용을 소비자에게 전달하기 위해 필요한 정보를 표시하 는 기능이다.

④ 사회성과 환경친화성 기능은 공익성 및 환경 친화적인 요소를 고려하는 기능이다.

⑤ 유통합리화와 경제성 기능은 제품의 운송, 보관, 하역, 판매, 소비되는 과정에서 취급을 편리하게 하는 기능이다.

해설 유통합리화와 경제성 기능은 물류비를 절감할 수 있는 포장이어야 한다는 것이다. 과잉포장을 하게 되면 포장비가 높아지고, 포장 용적이 크게 되거나 중량이 늘어나므로 운송비 및 보관비도 상승한다. 즉 포장 본래의 기능을 만족시킬 수 있는 범위 내에서의 적정포장을 해야 한다는 것이 유통 합리화와 경제성 기능이다.
⑤ 제품의 운송, 보관, 하역, 판매, 소비되는 과정에서 취급을 편리하게 하는 기능은 취급의 편리성 기 능이다.

04 포장과 관련된 설명으로 옳지 않은 것은? ▶ 제15회

① 공업포장은 최소의 경비로 그 기능을 만족시키는 것을 목적으로 한다.

② 상업포장은 상품의 파손을 방지하고 물류비를 절감할 수 있는 적정포장을 하는 것이다.

③ 공업포장의 제1의 목적은 보호기능이며, 상업포장의 제1의 목적은 판매촉진기능이다.

④ 상업포장에서 판매를 촉진시킬 수 있다면 포장비용의 상승도 무방하다.

⑤ 공업포장은 물품의 보호기능과 취급의 편리성을 추구한다.

해설 ②는 공업포장에 대한 설명이다. 공업포장(Industrial Packaging)은 물품을 운송, 보관하는 것을 주목 적으로 시행하는 포장을 총칭하는 것으로 산업포장, 수송포장 또는 물류포장이라고 한다. 공업포장의 주 기능은 물품의 보호기능과 운송하역에 물품취급의 편의 기능으로 상품의 중량과 용적이 증대함에 따라 운송비, 하역비, 보관비 등 물류비용을 절감할 수 있는 적정포장이어야 한다.

Answer 1. ④ 2. ① 3. ⑤ 4. ②

05 포장 표준화의 4대 요소가 아닌 것은?

▶ 제14회

① 치수의 표준화

② 중량의 표준화

③ 강도의 표준화

④ 기법의 표준화

⑤ 재료의 표준화

해설 물류합리화는 물류활동의 기본이 되는 포장의 표준화와 모듈화의 추진에서 시작된다. 이는 포장의 치수변화에 따라 운송의 적재 효율이나 보관 하역의 효율 등에 큰 영향을 미쳐 물류비의 증가를 가져오기 때문이다. 포장 표준화의 4대 요소는 치수의 표준화, 강도의 표준화, 기법의 표준화 및 재료의 표준화를 의미한다.

06 다음 중 포장과 관련된 설명으로 옳지 않은 것은?

① 포장이란 상품을 전시, 판매, 운송, 보관함에 있어서 상품의 훼손으로부터 보호하고자 적절한 용기나 짐꾸리개로 물건을 싸는 기술 또는 싸여진 상태를 말한다.

② 포장 디자인의 3요소는 선, 형, 색채이다.

③ 포장설계 시 고려할 사항은 하역성, 표시성, 작업성, 경제성, 보호성 등이다.

④ 상업포장의 1차적인 기능은 보호기능이고, 공업포장의 1차적인 기능은 판매촉진기능이다.

⑤ 내부포장은 물품이나 개별포장화물을 적절한 단위로 모아서 포장하거나 중간용기에 넣는 기술 또는 상태를 말한다.

해설 공업포장의 1차적 기능은 상품보호기능이며, 상업포장의 1차적 기능이 판매촉진기능이다.

07 다음 중 포장의 표준화에 대한 설명으로 옳지 않은 것은?

① 소매점 진열대 이용효율의 향상으로 판매효율을 향상시킨다.

② 포장표준화의 4대 요소는 치수, 강도, 기법, 가격의 표준화이다.

③ 종합유통원가를 절감시켜 수출경쟁력에서 우위를 점할 수 있다.

④ 일정한 로트에서 더 많은 생산비를 절감하는 효과를 거둘 수 있다.

⑤ 표준가격에 의해서 하역비를 쉽게 산정할 수 있다.

해설 포장표준화의 4대 요소는 치수(규격), 강도, 재질(재료), 기법의 표준화이다. 5대 요소로는 관리의 표준화가 추가되며 가격의 표준화는 아니다.

08 다음 중 포장과 관련된 설명으로 맞지 않은 것은?

① 포장의 궁극적인 목적은 물품을 보호하는 것이다.

② 포장 디자인의 3요소는 선, 형, 색채이다.

③ 포장 설계 시 고려할 사항은 하역성, 표시성, 작업성, 경제성, 보호성 등이다.

④ 상업포장의 제1차적인 기능은 보호기능이고, 공업포장의 제1차적인 기능은 판매촉진기능이다.

⑤ 수송성은 공업포장의 설계기준이며 크기, 구조, 재료, 형태, 봉합, 색채, 작업성, 경제성 등은 상업포장의 설계기준이다.

> **해설** 상업포장(commercial packaging)은 판매포장, 소비자포장이라고 하며 물품의 보호와 판매촉진, 매매의 편리성을 도모하는 포장이다. 공업포장(industrial packaging)은 수송포장이라고 하며 물류상 필요한 포장으로 보호성과 수송·하역의 편리성을 추구하는 포장이다.

09 다음 중 포장방법을 기준으로 한 분류에 해당되지 않는 것은?

① 방수포장   ② 압축포장

③ 수출포장   ④ 완충포장

⑤ 진공포장

> **해설** 포장(packaging)을 포장방법과 기법에 따라 분류하면 방수포장, 방습포장, 완충포장, 진공포장, 집합포장 등으로 구분한다.
> ③ 포장을 발송 목적지별로 구분하면 수출용 포장과 국내용 포장이 있다.
> ✪ 형태별 분류는 가장 기본적인 분류방법으로 포장형태에 따라 단위포장, 내부포장 및 외부포장으로 구분한다.

Answer   5. ②   6. ④   7. ②   8. ④   9. ③

10 포장합리화의 원칙과 가장 거리가 먼 것은?

① 규격화 · 표준화의 원칙

② 재질 변경의 원칙

③ 시스템화 및 통합화의 원칙

④ 대량화 및 대형화의 원칙

⑤ 사양변경의 원칙

> **해설** 포장(packaging)은 KS A1006-1992(#1001)에 따르면 "물품의 수송, 보관, 취급, 사용 등에서 그 가치 및 상태를 유지하기 위하여 적절한 재료, 용기 등을 시행하는 기술 및 시행한 상태"를 의미한다. 따라서 포장은 단순히 물품의 내용물을 보호하기 위한 작업은 물론 물품의 가치나 상태를 유지하는 것을 포함한다.
> 포장의 합리화는 물류합리화의 중요한 한 분야에 해당하므로 종합적인 관점에서 포장의 시스템화를 통한 합리화 전략이 실시되어야 한다. (골판지)포장의 합리화를 위한 6가지 일반원칙은 다음과 같다. (현병언 외, 앞의 책, 576) ㉠ 대량화 · 대형화의 원칙, ㉡ 집중화 · 집약화의 원칙, ㉢ 규격화 · 표준화의 원칙, ㉣ 사양변경의 원칙, ㉤ 재질변경의 원칙, ㉥ 시스템화 · 모듈화의 원칙 등이다. 여기서 시스템화 및 모듈화의 원칙은, 포장은 단기적 · 부분적 개선이라 하더라도 항상 모듈화를 지향하고 전체로서의 시스템을 생각할 필요가 있다는 것이다.

11 적정포장이란 상품의 품질보존, 취급상의 편의성, 판매촉진, 안정성 등 포장 본래의 기능을 만족시키는 합리적이며 공정한 포장을 말한다. 다음 설명 중 적정포장과 거리가 먼 것은?

① 규격(specification)의 변경을 통한 비용절감이 이루어지도록 한다.

② 품목에 따른 다양한 크기의 포장규격을 준비하여 다품종 소량 품목의 비용절감을 이룬다.

③ 집중화와 집약화를 통하여 관리수준을 향상시키고 대량화가 가능하게 한다.

④ 규격화 및 통일화를 통하여 포장비와 물류비의 감소를 이루도록 한다.

⑤ 포장의 보호성을 벗어나지 않는 범위 내에서 재질의 변경을 통하여 비용절감을 추구한다.

> **해설** 적정포장(appropriate packaging)이란 상품의 품질보존, 취급상 편리성, 판매촉진 등을 만족시키는 가장 경제적인 포장을 말한다. 적정포장을 KS A1006-1992(#1013)에서는 "합리적이며 공정한 포장"으로 정의하고 있다.
> ② 품목에 따른 다양한 크기의 포장규격을 준비하여 포장을 하면 비용절감을 이룰 수 없다.

12 다음의 화인 표시방법에 관한 설명으로 옳지 않은 것을 모두 고른 것은? ▶ 제20회

> ⊙ 스탬핑(Stamping) : 금속제품에 사용하는 방법으로 주물을 주입할 때 미리 화인을 해 두어 제품 완성 시 화인이 나타나도록 하는 방법이다.
> ⓒ 스텐실(Stencil) : 기름기가 많은 무거운 종이나 셀룰로이드판, 플라스틱판 등의 시트에 문자를 파 두었다가 붓이나 스프레이를 사용하여 칠하는 방법이다.
> ⓒ 카빙(Carving) : 화인할 부분을 고무인이나 프레스기 등을 사용하여 찍는 것으로 종이상자, 골판지 상자 등에 적용하는 방법이다.
> ⓔ 태그(Tag) : 종이나 직포 등에 필요한 내용을 미리 인쇄해두었다가 일정한 장소에 붙이는 방법이다.
> ⓜ 스티커(Sticker) : 일정한 표시내용을 기재한 것을 못으로 박거나 혹은 특정방법에 의해 고정시키는 방법이다.
> ⓗ 레이블링(Labeling) : 종이, 알루미늄, 플라스틱 판 등에 일정한 표시 내용을 기재한 다음 철사나 기타 끈 등으로 적절히 매는 방법이다.

① ⊙, ⓒ   ② ⓒ, ⓔ
③ ⊙, ⓔ, ⓜ   ④ ⓒ, ⓒ, ⓔ
⑤ ⊙, ⓒ, ⓔ, ⓗ

해설 ⊙ 금속제품에 사용하는 방법으로 주물을 주입할 때 미리 화인을 해 두어 제품 완성 시 화인이 나타나도록 하는 방법은 카빙(Carving)이다.
ⓒ 화인할 부분을 고무인이나 프레스기 등을 사용하여 찍는 것으로 종이상자, 골판지 상자 등에 적용하는 방법은 스탬핑(Stamping)이다.
ⓔ 종이나 직포 등에 필요한 내용을 미리 인쇄해두었다가 일정한 장소에 붙이는 방법은 레이블링(Labeling)이다.
ⓗ 종이, 알루미늄, 플라스틱 판 등에 일정한 표시 내용을 기재한 다음 철사나 기타 끈 등으로 적절히 매는 방법은 태그(Tag)이다.

13 포장재로 사용되는 골판지의 골 규격 중 단위 길이 당 골의 수가 가장 적고 골의 높이가 가장 높아 비교적 가벼운 내용물의 포장에 사용되는 것은? ▶ 제16회

① A골   ② B골   ③ C골
④ E골   ⑤ F골

해설 A골은 단위길이 당 골의 수가 제일 적고(30cm당 34±2골), 골의 높이가 가장 크고 판지의 두께가 두꺼워 완충성이 크고, 수직압축강도도 높기 때문에 현재 가장 많이 이용된다. 비교적 가벼운 내용물의 포장에 사용한다.

Answer   10. ③   11. ②   12. ⑤   13. ①

14 다음 그림은 어떤 화물의 화인이다. 이 화인을 보면서 판단할 수 있는 내용으로 옳지 않은 것은?

▶ 제15회

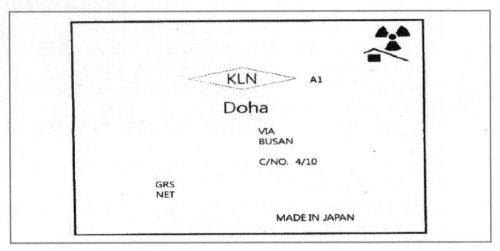

① 화물은 일본에서 생산된 제품이다.

② 부산을 거쳐서 도하(Doha)로 운송되는 화물이다.

③ 상기 화인이 부착되어 있는 화물은 모두 10개이며, 그 중에서 4번째에 해당하는 화물이다.

④ 화물은 방사능을 포함하고 있으므로 취급 시 주의해야 한다.

⑤ 전체 중량이 얼마인지를 알 수 없는 화물이다.

> **해설** 화인(Case Mark)이란 '화물의 외부에 표시를 하는 것'으로 포장화물의 외장에 표시한다.
> ④ 오른쪽 위의 표시는 방사선 방호(PROTECT FROM RADIOACTIVE SOURCES)를 의미하는 것으로 방사원에서 격리 또는 방사선을 방지하는 것을 표시한다.

15 일본의 덴소웨이브사에서 개발한 2차원(매트릭스)형태의 코드로, 많은 정보를 저장할 수 있으며, 일반 바코드 보다 인식속도와 인식률, 복원력이 뛰어나다. 기업의 중요한 홍보 및 마케팅 수단으로 활용되면서 온ㆍ오프라인에 걸쳐 폭 넓게 활용되고 있는 코드는?

▶ 제15회

① UPC Code 　　　　② EAN Code

③ KAN Code 　　　　④ RFID Code

⑤ QR Code

> **해설** ⑤ QR Code는 사각형의 가로세로 격자무늬에 다양한 정보를 담고 있는 2차원(매트릭스) 형식의 코드로, QR이란 Quick Response의 머리글자이다. 1994년 일본 덴소웨이브사가 개발하였다.
> 기존의 1차원 바코드가 20자 내외의 숫자 정보만 저장할 수 있는 반면 QR코드는 숫자 최대 7,089자, 문자(ASCII) 최대 4,296자, 이진(8비트) 최대 2,953바이트, 한자 최대 1,817자를 저장할 수 있으며, 일반 바코드보다 인식속도와 인식률, 복원력이 뛰어나다. 바코드가 주로 계산이나 재고관리, 상품확인 등을 위해 사용된다면 QR코드는 마케팅이나 홍보, PR 수단으로 많이 사용된다.
> UPC Code, EAN Code, KAN Code는 모두 1차원 바코드이다.

16 하역 및 보관의 합리화 방안 중 하나는 RFID(Radio Frequency Identification) 시스템을 도입하여 관리의 효율화를 기하는 것이다. 다음 중 RFID 시스템에 관한 설명으로 옳지 않은 것은?

① RFID 시스템은 보통 판독 및 해독기능을 하는 판독기(RF-Reader), 고유 정보를 내장한 전파식별 태그(RFID Tag) 그리고 데이터 처리 장치 및 운용 소프트웨어로 구성된다.

② RFID 시스템은 태그(Tag)의 동력유무에 따라 능동형(Active) RFID와 수동형(Passive) RFID로 구분되기도 한다.

③ RFID 시스템은 라디오 주파수(Radio Frquency)를 이용하여 송수신하기 때문에 바코드 시스템에 비해 원거리에서도 사용 가능하다는 장점이 있다.

④ RFID 시스템은 바코드 시스템에 비해 다양한 많은 양의 정보를 기록할 수 있다는 장점이 있다.

⑤ RFID 시스템은 정보의 보안성이 뛰어나다는 장점이 있다.

> 해설 RFID(Radio Frequency IDentification), 즉 무선주파수 식별(무선인식, 무선식별, 전자태그) 기술은 무선 주파수(radio frequency)를 이용하여 먼 거리에 있는 대상(물건, 사람 등)을 식별할 수 있는 기술이다. RFID 시스템은 바코드에 비해 비용이 높고 스마트 카드(smart card)에 비해서는 메모리 용량이 작은 단점이 있다.
> ⑤ RFID 시스템은 정보의 보안성에서 취약하다는 단점이 있다.

17 화물의 취급표시(화인) 방법에 관한 설명으로 옳지 않은 것은? ▶ 제14회

① 레이블링(Labeling)은 종이나 직포 등에 필요한 내용을 미리 인쇄해 두었다가 일정한 위치에 붙이는 것으로 통조림병, 유리병 등에 적용된다.

② 스탬핑(Stamping)은 고무인이나 프레스기를 사용하여 찍는 방법으로 종이상자, 골판지 상자 등에 적용된다.

③ 카빙(Carving)은 금속제품에 사용하며, 못으로 박거나 특정 방법에 의해 고정시키는 방법이다.

④ 태그(Tag)는 종이, 플라스틱판 등에 표시내용을 기재한 후 철사, 끈 등으로 매다는 방법이다.

⑤ 스텐실(Stencil)은 시트에 문자를 파두었다가 붓, 스프레이 등으로 칠하는 방법으로 나무상자, 드럼 등에 적용된다.

> 해설 ③ 카빙(carving or embossing)은 금속제품에 주로 사용하는 방법으로, 상품에 쇠로 된 인각을 찍거나 또는 주물을 주입할 때 미리 화인을 해 두어 제품의 완성 시에 화인이 나타나도록 하는 방법이다. 종이나 직포 또는 양철, 알루미늄판, 플라스틱판 등에 일정한 내용을 기재한 다음 못으로 박거나 또는 다른 방법으로 고착시키는 방법은 스티커(sticker)이다. 한편 태그(tag)는 스티커와 유사하지만 고착시키는 것이 아니라, 철사 등을 이용하여 매다는 방법이다.

Answer 14. ④ 15. ⑤ 16. ⑤ 17. ③

18 다음 일반화물의 취급주의표지(KSA 1008) 중 쓰러지기 쉬운(unstable) 화물을 표시하는 것은?

▶ 제11회

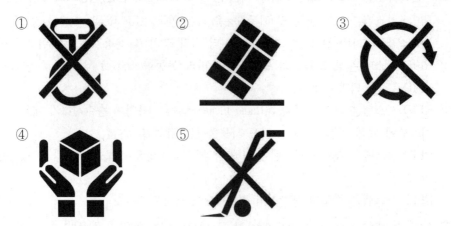

해설 ①는 갈고리 금지, ③는 굴림 금지, ④ 취급주의, ⑤ 손수레 삽입금지를 표시한다.

19 골판지 상자는 다른 포장재료에 비해 값이 싸고 경제적이며, 대량생산이 가능하여 생산성이 높고, 중량이 가볍고 작업성이 좋은 등의 여러 가지 장점을 가지고 있다. 다음 중 양면골판지에 편면골판지를 덧붙인 것으로서 주로 손상되기 쉬운 물품 또는 귀중품 포장에 사용되는 골판지는?

① 편면골판지　　　　　　　　　② 양면골판지
③ 2중 양면골판지　　　　　　　④ 3중 골판지
⑤ 3중 양면골판지

해설 골판지(corrugated fiberboard)는 파형으로 골을 낸 골심지의 단면 또는 양면에 평평한 라이너(liner) 원지를 붙인 것으로서 일반적으로 다음의 4종류가 있다.
① **편면골판지(Single)** : 파형으로 골을 낸 골심지의 한쪽에만 라이너를 붙인 것으로서 주로 내장용으로 사용된다.
② **양면골판지(Double)** : 파형으로 골을 낸 골심지의 양쪽에 라이너를 붙인 것으로, 골판지 상자용으로 가장 많이 이용되고 있다.
③ **2중 양면골판지(doublewall)** : 양면골판지에 단면골판지를 덧붙인 것으로서, 주로 상하기 쉬운 물품 또는 중량품에 사용된다.
④ **3중 골판지(triple wall)** : 2중 양면골판지에 단면골판지를 덧붙인 것으로서, 초중량물 수송용에 사용된다.

20 화인표시방법과 적용포장과의 관계를 나타낸 것 중 잘못 연결된 것은?

① 스탬핑 – 종이상자 및 자루, Iron Sheet, 골판지 상자

② 카빙 – 드럼, 목조 드럼

③ 라벨링 – 통조림병, 베일, 유리병

④ 태그 – 기계, 베일, 각종 잡화

⑤ 스텐실 – 나무상자, 베일, 드럼

해설 ② 카빙(carving or embossing)은 금속제품에 주로 사용하는 방법으로, 상품에 쇠로 된 인각을 찍거나 또는 주물을 주입할 때 미리 화인을 해 두어 제품의 완성 시에 화인이 나타나도록 하는 방법이다.

21 ISO표준(ISO 6346, 1984)은 컨테이너 마킹과 넘버링에 대한 표준을 담고 있다. 다음에서 컨테이너 표시 위치에 관한 내용으로 맞지 않은 것은?

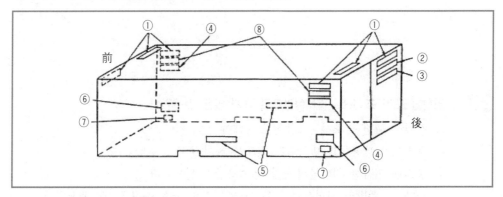

① 1번 – 소유자의 기호 및 번호

② 2번 – 최대 총중량

③ 3번 – 자체중량

④ 5번 – 소유자의 국적

⑤ 6번 – 행선지 표시판

해설 ④ ISO표준(ISO 6346, 1984)은 컨테이너 마킹과 넘버링에 대한 표준에서 소유자의 국적은 ④번이다.
①은 소유자의 기호 및 번호(HJCU 247 136 3), ② 최대 총중량(MAX. WGT. 24,000Kg, 52,910lbs),
③ 자체중량(TARE WGT. 2,200Kg, 4,850lbs), ④ 소유자의 국적(KR), ⑤ fork pocket에 대한 주의
(EMPTY ONLY), ⑥ 행선지 표시판 – 높이 350mm × 폭 500mm, ⑦ label holder – 밑면에서
200mm 상방에 위치, ⑧ ISO R 790에 의한 컨테이너 코드 표시

22 다음 집합포장방법에 관한 설명으로 옳지 않은 것은? ▸ 제20회

① 밴드결속 : 종이, 플라스틱, 나일론 및 금속밴드를 이용하며, 코너 변형을 막기 위해 코너 패드가 보호재로 사용된다.

② 테이핑(Taping) : 용기의 표면에 접착테이프 등을 사용하며, 접착테이프 사용 시 용기 표면이 손상될 수 있다.

③ 슬리브(Sleeve) : 보통 필름으로 슬리브를 만들어 4개 측면을 감싸는 방법이다.

④ 쉬링크(Shrink) : 깨지기 쉬운 화물을 위·아래 틀로 고정하는 방법으로 밴드를 사용한다.

⑤ 스트레치(Stretch) : 스트레치 필름을 사용하여 필름의 접착성을 이용하는 것으로 대략 3겹 정도로 감싸는 방법이다.

> **해설** ④ 쉬링크(shrink) 포장은 수축필름의 열수축력에 의해서 파렛트와 그 위에 적재된 포장화물을 집합포 장하는 방법이다. 깨지기 쉬운 화물을 위·아래 틀로 고정하는 방법으로 밴드를 사용하는 것은 틀이다.

23 위험물 포장 조건에 관한 설명으로 옳지 않은 것은? ▸ 제19회

① 적합한 위험물 표시·표찰을 부착해야 한다.

② 포장재가 내용물과 반응하지 않도록 해야 한다.

③ 충격에 민감한 위험물의 경우 완충포장이 필요하다.

④ 화재 및 폭발의 위험성이 높은 화물의 경우 산소 충전포장이 필요하다.

⑤ 동일 외장용기에 서로 다른 위험물 포장을 금지해야 한다.

> **해설** ④ 산소는 불이 잘 탈 수 있도록 도와주는 조연성이 강한 기체이므로 화재 및 폭발의 위험성이 높은 화물에 산소 충전포장을 하면 안된다.

24 화인에 관한 설명으로 옳지 않은 것은? ▶ 제18회

① 주표시(Main Mark)는 화인 중 가장 중요한 표시로서 다른 상품과 식별을 용이하게 하는 기호이다.

② 부표시(Counter Mark)는 내용물품의 직접 생산자 또는 수출대행사 등이 주표시의 위쪽 이나 밑쪽에 기재하며 생략하는 경우도 있다.

③ 품질표시(Quality Mark)는 내용품의 품질이나 등급 등을 표시하는 것으로 주표시의 위쪽 이나 밑에 기재한다.

④ 주의표시(Care Mark)는 취급상의 주의를 위하여 붉은색을 사용하여 표시하고 종류는 한 가지다.

⑤ 수량표시(Quantity Mark)는 단일포장이 아닌 2개 이상의 경우 번호를 붙여 몇 번째에 해 당되는지를 표시한다.

해설 ④ 화인에서 주의표시(Care Mark)는 내용품의 성격, 품질, 형상 등에 따라 취급상의 주의를 표시하는 것으로 붉은 색을 사용하여 표시하게 된다. 한 가지 종류가 아니라 내용품에 따라 여러 유형의 주의표 시가 사용되고 있다.

25 다음은 포장에 관한 설명이다. ( )안에 들어갈 용어로 옳은 것은? ▶ 제19회

> 한국산업표준(KST 1001)의 포장일반용어에 의하면 ( )이란 합리적이면서 공정한 포장을 의미하며, 수송포장에서는 유통과정에서의 진동, 충격, 압축, 수분, 온습도 등에 의해 물품의 가치, 상태의 저하를 가져오지 않는 유통 실태를 적용한 포장을 뜻하고, 소비자 포장 에서는 과대·과잉 포장, 속임 포장 등을 시정하고 동시에 결함포장을 없애기 위해 보호성, 안전성, 단위, 표시, 용적, 포장비, 폐기물 처리성 등에 대하여도 적절한 포장을 말한다.

① 규격포장 ② 적정포장
③ 집합포장 ④ 통합포장
⑤ 적합포장

해설 ② 한국산업표준(KST 1001)의 포장일반용어에서 합리적이면서 공정한 포장은 적정포장을 말한다.

Answer 22. ④ 23. ④ 24. ④ 25. ②

물류관리사
CERTIFIED PROFESSIONAL LOGISTICIAN

부록

01 핵심정리

제1편 보관론

제1장 보관의 의의와 창고

1 보관의 의의와 원칙, 보관시스템

(1) 보관의 의의

① 보관(storage)은 물자를 보존하고 관리하는 것으로, 생산과 소비의 시간적 거리를 조정하여 판매효과를 높이는 기능을 수행한다.

② 보관은 고객서비스의 최전선으로, 운송과 배송 간의 조정 및 완충 역할을 수행하고 생산과 판매의 조정 및 완충역할을 수행하며, 집하, 분류, 검사장소, 유통가공 기능 등의 역할도 수행한다.

③ 보관은 입고와 출고, 구매와 생산, 생산과 판매의 유동적이고 일시적인 완충역할과 링크(link)와 링크를 이어주는 노드(node)의 역할을 하는 등 여러 가지 기능을 가지고 있다.

(2) 보관의 원칙

① **통로대면 보관의 원칙** : 창고 내에서 제품의 입고와 출고를 용이하게 하고 효율적으로 보관하기 위해 통로를 서로 마주보게 보관함으로써 창고 내의 흐름을 원활히 하고 활성화하기 위한 원칙이다.

② **높이 쌓기의 원칙** : 제품을 높게 쌓아 창고의 용적효율, 충전효율, 보관효율을 높일 수 있다는 원칙이다.

③ **선입선출(FIFO)의 원칙** : 먼저 입고된 제품을 먼저 출고한다는 원칙으로서, 제품의 재고회전율이 낮은 경우와 제품의 수명주기가 짧은 경우에 주로 적용된다.

④ **명료성의 원칙** : 시각에 따라 보관되어 있는 제품을 용이하게 식별할 수 있도록 보관하는 원칙이다.

⑤ **위치표시의 원칙** : 보관 및 적재되어 있는 제품의 위치를 표시함으로써 입·출고 작업의 단순화를 통해 업무 효율성을 높일 수 있다는 원칙이다.

⑥ **회전대응 보관의 원칙**: 보관할 물품의 장소를 회전정도, 즉 입·출하 빈도의 정도에 따라 결정하는 것을 말한다. ABC 분석에 기초하여 품목을 분류한다.

⑦ **동일성 및 유사성의 원칙**: 동일품종은 동일장소에 모아서 보관하고, 유사품은 근처 가까운 장소에 모아서 보관해야 한다는 원칙이다.

⑧ **중량특성의 원칙**: 제품의 중량에 따라 보관장소의 출입구를 기준으로 한 거리와 특히 높낮이를 결정해야 한다는 원칙이다.

⑨ **형상특성의 원칙**: 형상, 즉 모양에 따라 보관방법을 변경하며, 형상특성에 부응하여 보관한다는 원칙이다.

⑩ **네트워크 보관의 원칙**: 관련된 상품을 한 장소에 모아 보관하는 원칙으로, 출하 품목의 다양성에 따라 보관상의 곤란을 예상하여 물품정리가 용이하도록 관련된 상품을 네트워크에 따라 계통적으로 보관하는 방식이다.

(3) 보관시스템의 주요형태

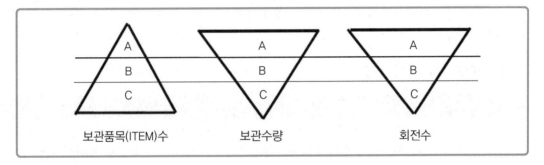

① **A-A-A 형태**: 보관품목수는 적지만 수량이 많고 회전수가 큰 맥주, 청량음료, 시멘트 등의 물품에 해당된다. 보관설비는 플로우 랙을 많이 이용하며 단시간에 대량 처리가 가능하다.

② **A-A-C 형태**: 대량의 재고를 갖고 있지만 이동이 별로 없는 제품이나 불량제품, 계절변동 제품이 여기에 해당된다. 고정설비인 유닛 랙은 불리하지만 파렛트의 수동적재는 유리하다.

③ **A-C-A 형태**: 회전수만 높은 제품으로 보관기능이 미약하다. 피킹시스템이 자동화된 오늘날에는 임시출고 - 피킹 - 재출고 형태로 많이 이용된다.

④ **A-C-C 형태**: 보관품목수, 보관수량, 회전수가 모두 적어 파렛트를 직접 쌓을 수 있는 형태이다. 파렛트 랙을 중심으로 하역기기는 포크만 부착되어 있으면 사용할 수 있다.

⑤ **C-A-A 형태**: 보관품목수와 보관수량이 많고 회전수가 높아 관리가 매우 복잡한 형태이다. 고층 랙과 스태커크레인의 조합에 컴퓨터 컨트롤 방식을 채용하여 운용하여야 효율적이다.

⑥ **C-A-C 형태**: 보관품목수, 보관수량은 많지만 회전수가 적은 형태이다. 자동화 창고의 고층 랙에 모노레일, 스태커 크레인을 이용하거나 하이시프트 방식을 이용하기도 한다.

⑦ **C-C-A 형태**: 보관품목수는 많지만 보관수량이 적고 이동이 많은 형태이다. 주로 고층 랙을 이용하며 개별출고 방식에서 오더 피킹머신과 수동으로 피킹하기도 한다.

⑧ C-C-C 형태 : 보관수량과 이동은 적지만 보관품목수가 많은 형태이다. 관리가 어렵고 재고 공간을 많이 차지해 파렛트 단위 적재와 이동식 랙을 많이 사용한다.

■ 2 창고의 기능과 분류

(1) 창고의 의의

창고(warehouse)는 물품을 보관하기 위한 시설을 의미한다. 「물류시설의 개발 및 운영에 관한 법률」에서는 "물류창고란 화물의 저장·관리, 집화·배송 및 수급조정 등을 위한 보관시설·보관장소 또는 이와 관련된 하역·분류·포장·상표부착 등에 필요한 기능을 갖춘 시설"이라고 정의한다.

(2) 창고의 기능

창고의 기능으로는 ㉠ 보관기능, ㉡ 저장기능, ㉢ 수급조절기능, ㉣ 경제적 운송비 절감기능, ㉤ 유통가공기능, ㉥ 가격조정기능, ㉦ 연결기능 등을 들 수 있다. 최근에는 물류시스템이 발전하고 소비자 중심의 물류가 중시되면서 창고의 저장(보관)기능보다 유통기능이 더욱 중시되는 추세를 보이고 있다.

(3) 운영형태별 창고의 장·단점

구 분	장 점	단 점
자가창고	• 기계에 의한 합리화 및 생력화 가능 • 취급하는 상품에 따라 최적의 보관하역 설비의 설계가능 • 충분한 고객서비스가 가능 • 창고운영의 노하우 축적 가능 • 수주 및 출하의 일관화	• 토지구입 및 설비투자에 많은 비용 필요 • 창고규모의 확장에 제약이 따름 • 종업원의 고정적 배치에 의한 인건비 및 관리비의 부담 • 계절변동에 대해 비탄력적
영업창고	• 필요로 하는 보관공간을 언제 어디서든지 이용가능 • 전문업체에 의한 전문적 관리운영 가능 • 설비투자가 불필요 • 용이한 입지선정 • 재고분실, 파손의 보상제도의 확립 • 비용지출의 명확화	• 시설변경의 비탄력성 • 자사에 적합한 특유의 설비기능 이용곤란 • 토털시스템과의 연결이 약함 • 치밀한 고객서비스가 어려움 • 시간이나 시스템의 탄력성 부족 • 재고품의 관리가 소홀해짐
리스창고	• 낮은 임대요율로 보관공간을 확보할 수 있음 • 임대기간에 따라 사용자가 보관공간이나 그와 관련된 제반운영을 할 수 있음	• 보관장소를 탄력적으로 옮기는 것이 어려움.

(4) 저장량과 비용 간의 관계

① 창고별 연간저장량과 비용 간의 관계

㉠ 저장량의 증가에 비례하여 비용은 증가하는 데, 자가창고와 자동화 창고의 비용은 완만하게 증가하지만 영업창고의 비용은 급격하게 증가한다.

㉡ 창고의 처리량을 기준으로 단위당 코스트를 비교할 때 단기적으로는 영업창고 ⇨ 임대창고 ⇨ 자가창고 ⇨ 자동화 창고 순으로 유리하며, 장기적으로는 자동화 창고 ⇨ 자가창고 ⇨ 임대창고 ⇨ 영업창고 순으로 유리하다.

3 자동화 창고

(1) 자동화 창고(AS/RS)의 의의

① 자동화 창고의 정의

자동화 창고(AS/RS)는 화물의 입·출고, 저장, 물품선별 및 분류작업 등이 기계화된 설비를 바탕으로 컴퓨터에 의해 자동으로 조작되는 창고를 말한다. 최근에는 자동화 창고의 추세가 고층 랙을 이용한 무인입체 자동화 창고로 발전되어가고 있다.

② 자동화 창고의 특징

㉠ 자동화 창고는 주로 고층 랙(rack)으로 설계·건축된 창고로, 스태커 크레인을 조작함으로써 물품의 입·출고를 자동적으로 수행하는 현대화된 창고이다.

㉡ 작업자는 관리·유지를 위한 최소의 인원만 필요하고, 대부분 컴퓨터에 의해 입·출고 작업이 이루어진다.

(2) 자동화 창고의 장·단점

구 분	주요 내용
장 점	• 입·출고 작업의 자동화와 생력화에 따라 작업효율 향상, 인력절감 및 하역비 절감이 이루어진다. • 정확한 입·출고 작업 및 재고관리가 이루어진다. • 창고의 고층화·입체화를 통해 제품의 보관효율을 높일 수 있다. • 선입선출의 정확성을 기할 수 있다. • 제품의 안정적인 관리가 가능하다.
단 점	• 다양한 규격의 화물을 취급하는 창고에는 적합하지 않다. • 화물의 형태, 종류, 화물량, 창고의 위치에 변화가 발생하는 경우 작업의 유연성이 떨어진다. • 일부기계의 고장이 발생하면 전체시스템에 영향을 미친다. • 기존 건물에 설치가 용이하지 않다. • 초기 투자비용이 많이 든다.

(3) 자동화 창고 시스템의 구성

구 분	내 용
랙(rack)	화물을 적재하기 위한 선반 구조물
스태커 크레인 (stacker crane)	화물을 랙에 입·출고시키는 크레인으로, 주행장치, 승강장치, 포크장치로 구성
트레버서(traverser)	스태커 크레인을 횡으로 이동시키는 장치
셀(cell)	랙 속에 화물이 저장되는 단위 공간, 랙의 칸수
컨베이어(conveyor)	화물의 연속이동장치
버킷(bucket)	화물을 입·출고하고 보관하는 상자
무인반송차(AGV)	AGV(automated guided vehicle)는 화물을 지정 입·출고대까지 이동시키는 자동주행장치

4 오더 피킹 시스템

(1) 오더 피킹 시스템의 의의

오더 피킹(oder picking)이란 고객의 주문(오더)내역에 따라 물류센터에 보관 중인 제품을 피킹하여(꺼내어) 출하준비를 하는 물류활동이다. 오더 피킹의 과제는 고객의 주문내역과 일치하도록 주문한 상품을 모아서, 지정한 납기일 내에 배송해 주는 것이다.

(2) 오더 피킹 시스템의 방법

① **릴레이(relay) 방법**: 여러 사람의 피커가 자기가 분담하는 종류의 작업범위를 정해 두고 피킹전표에서 자기가 담당하는 종류만을 피킹하고 다음 피커에게 넘겨주는 방법이다.

② **존 피킹(zone picking) 방법**: 릴레이 방법과 같이 여러 사람의 피커가 제각기 분담하는 종류의 작업범위를 정해 두고 피킹전표에서 자기가 담당하는 물품만을 골라 피킹하는 방법이다.

③ **싱글 오더 피킹 방법**: 싱글 오더 피킹(single order picking)은 한 건의 주문마다 물품을 피킹해서 모으는 방법으로 1인 1건의 방식이나 릴레이 방식으로도 할 수 있다.

④ **일괄 오더 피킹 방법**: 일괄 오더 피킹은 여러 건의 전표에 있는 물품을 한 번에 피킹하기 때문에 재분류 작업이 발생한다.

⑤ **총량 피킹 방법**: 하루의 일정량의 주문전표를 모아 일괄오더 피킹하는 방법과 같다. 한곳에 모은 전표의 물품을 1인이 전부 피킹하는 방법, 릴레이식, 그룹식 피킹하는 방법이 있다.

▍5 ▍ 창고관리 시스템(WMS)

(1) 창고관리 시스템(WMS)의 의의

① 창고관리 시스템의 정의

창고관리 시스템(WMS)은 제품의 입하, 입고, 피킹, 출하 및 재고관리 등의 창고 비즈니스 프로세스와 창고자체의 직접적인 활동을 효율적으로 관리하는데 사용되는 시스템이다. 또 무선 (RF) 시스템을 통해 컴퓨터와 작업자 간에 실시간으로 데이터 교환을 가능하게 하는 시스템이다.

② 창고관리 시스템의 특징

- ㉠ 공간효율의 최대화, 입고 프로세스의 자동화 등을 통해 운반관리를 최소화
- ㉡ 물류단지 내의 업무와 정보를 총괄하며 설비제어 시스템을 통제하는 물류단지의 핵심기능
- ㉢ 창고 또는 물류센터의 운영계획, 수요예측, 조달계획, 배송계획 등을 수립하여 전체 물류센터의 효율화를 추구
- ㉣ 물류단지의 대형화 · 중앙집중화 · 부가가치 기능의 강화추세에 따라 유통중심형 물류단지를 위한 차별화 전략의 핵심요인
- ㉤ 적은 인원으로 쉽고 편리하게 업무를 수행할 수 있고, 재고의 정확도, 공간과 설비의 활용도가 높아짐
- ㉥ RFID나 바코드 시스템, 무선자동인식 시스템 등 물품과 정보의 일체적 관리를 자동적으로 실시하는 시스템 활용

③ 창고관리 시스템의 목적

WMS가 추구하는 목적은 ㉠ 정확한 재고수량관리 및 재고금액의 자동적 계산, ㉡ 재고의 실시간 확인관리(visibility management), ㉢ 보관면적의 효율성 극대화, ㉣ 피킹작업의 효율적 수행, ㉤ 선입선출의 정확한 실시, ㉥ 피킹작업의 정확도 향상, ㉦ 포장작업의 정확도 및 효율성 향상, ㉧ 다른 물류시스템과의 효율적인 연계 및 ERP와의 연계 등

(2) 창고관리 시스템의 기능

① WMS의 기능 분류

기능 분류	기능의 내용
재고관련기능	입고관리, 보관관리, 선입선출관리, 위치(Location) 관리를 통한 재고 내역 및 실물위치 추적용이성
주문관련기능	피킹(Picking)관리, 자동발주시스템
출고관련기능	수 배송관리, 배차 스케줄 운영
관리관련기능	인력관리, 물류센터 지표관리
인터페이스기능	무선통신, 물류센터의 실시간 정보화

부록

② **WMS의 주요 기능**

ㄱ 주문접수 : 외부 시스템으로부터 주문정보를 접수

ㄴ 주문실시 : 내부 재고수준에 따라 주문정보의 취합 및 실시, 자동주문

ㄷ 일정계획 : 주문을 처리하기 위한 배차계획, 상차계획, 피킹계획, 보충계획, 입고계획 등을 수립

ㄹ 작업관리 : 각 구역별 작업자와 설비제어 시스템에게 일정계획을 통보하고 진척상황 관리

ㅁ 입고관리 : 입고검사와 입고계획의 실적관리

ㅂ 위치관리 : 화물의 배치(layout)와 위치(location)관리

ㅅ 출하관리 : 출고지시, 출고, 주문별 송장 작성, 차량 확인 등의 업무

ㅇ 차량관리 : 입·출고 차량 등의 관리 및 차량업체 관리

ㅈ 재고관리 : 위치별, 품목별 재고 수량 관리, 선입선출관리

ㅊ 인터페이스관리 : 무선통신, 자동인식, 자동화 설비 제어, 전사적 자원계획(ERP), 운송관리 시스템(TMS), 물류센터의 실시간 정보화 체계

ㅋ 운영관리 : 인원관리, 기기설비 및 장비관리, 실적관리, 지표관리, 기타 운영업무 처리와 지표관리

(3) WMS 물류센터

① **WMS를 갖춘 물류센터의 특징**

ㄱ RFID나 바코드 스캔 시스템, 무선자동인식 시스템 등 물품과 정보의 일체적 관리를 자동적으로 실시하는 시스템이 정비되어 있다.

ㄴ 출하상황에 따라 물품이 신속하게 흐르도록 입·출하, 보관과 검품, 피킹, 분류 등의 라인이 설계되어 있다.

ㄷ 수주를 거점으로 한 물품흐름에 관한 작업지시 정보가 일련의 흐름으로 거의 자동적으로 생성·발신되는 시스템을 구축하고 있다.

ㄹ 최적의 배송계획, 최적의 보관위치의 설정 등 물류센터 운영관리에 있어서의 최적화를 위한 계획 정보시스템이 구축되어 있다.

ㅁ 수주한 주문의 처리에 관한 물류센터내의 작업 진척상황이 모니터링 된다.

② **WMS의 기대 효과**

ㄱ 증가 효과 : 재고정확도, 공간설비 활용도, 제품처리 능력, 재고회전율, 고객서비스, 노동·설비 생산성 향상 등

ㄴ 감소 효과 : 제품 망실, 보관위치 잘못 지정, 제품 피킹시간, 안전재고, 서류·전표 작업, 직간접 인건비, 설비비용 감소 등의 효과

6 DPS와 DAS

(1) 디지털 피킹 시스템(DPS)

① DPS의 의의

디지털 피킹 시스템(DPS : Digital Picking System)은 물류센터에서 피킹할 물품을 컴퓨터와 디지털 표시기를 통해 과거의 피킹작업에서 주로 사용하던 작업전표 없이 피킹할 수 있는 시스템을 의미한다. DPS는 최근의 다품종 소량 다빈도 피킹 및 분배업무에 필수적인 시스템이다.

② DPS의 필요성

㉠ 계절에 따른 피킹 아이템의 변동, 작업자의 교체 등으로 인한 피킹 및 분배작업에서의 혼란을 최소화시킬 수 있으며, 미숙련자라도 빠르고 정확한 피킹 및 분배작업을 수행하여 물류센터의 작업합리화 및 생산성 극대화를 달성할 수 있는 시스템이다.

㉡ 평균적인 피킹물량이 있는 경우는 물론 갑작스런 피킹물량 증가 시에는 피킹작업을 쉽게 하여 물류비의 절감 및 작업생산성의 향상을 도모할 수 있는 시스템이다.

③ DPS의 장점 및 기대효과

㉠ 컴퓨터가 정확한 피킹품목과 수량을 디지털 표시기(digital display)를 통해 자동으로 알려 줌으로써 검색시간이 줄어들기 때문에 다품종 소량 품목의 다빈도 피킹 및 분배에 유용하다.

㉡ 시스템의 변경이 용이하며 시각성이 높기 때문에 피킹의 신속성과 정확성을 통하여 작업 생산성의 향상과 고객서비스 향상을 도모할 수 있다.

㉢ 피킹시간의 단축, 피킹작업 인원의 감소, 피킹오류의 감소를 통해 피킹 생산성의 향상과 물류비용의 절감이 이루어진다.

(2) 디지털 어소팅 시스템(DAS)

① DAS의 정의

디지털 어소팅 시스템(DAS : Digital Assorting System)은 동일한 제품을 토탈 피킹(total picking)한 후 거래처별로 분배하는 형태의 시스템을 말한다. 즉 피킹한 물건을 컴퓨터와 디지털 표시기에 의해 별도의 작업지시서 없이 분류·분배하는 작업을 말한다.

② DAS의 장점

㉠ DAS를 통해 적은 작업인원으로도 빠르고 정확한 분배를 할 수 있으며, 분배 누락이나 실수를 현저히 낮추어 물류비용의 절감과 고객서비스 향상을 도모할 수 있다.

㉡ 취급 물품에 대한 특별한 지식이 없어도 어느 누구라도 바로 작업이 가능하고, 작업지시서가 필요 없으므로 양손을 모두 사용할 수 있어 작업능률이 향상될 수 있다.

제2장 ┃ 물류시설과 물류단지

1 물류시설의 의미와 유형

(1) 물류시설의 의미

「물류시설의 개발 및 운영에 관한 법률」에서는 물류시설을 ㉠ 화물의 운송·보관·하역을 위한 시설, ㉡ 화물의 운송·보관·하역과 관련된 가공·조립·분류·수리·포장·상표부착·판매·정보통신 등의 활동을 위한 시설, ㉢ 물류의 공동화·자동화 및 정보화를 위한 시설, ㉣ ㉠부터 ㉢까지의 시설이 모여 있는 물류터미널 및 물류단지로 정의하고 있다.

(2) 물류시설의 분류

① 단위물류시설

단위물류시설은 물류활동을 독립적으로 수행할 수 있는 개별입지의 물류시설로서 창고 등을 말한다.

② 집적물류시설

집적(cluster)물류시설은 둘 이상의 단위물류시설 등이 군집화된 물류시설을 의미한다. 복합물류터미널(내륙컨테이너물류기지 포함)·공항물류터미널·철도물류터미널·물류단지·공동집배송센터·일반물류터미널·농수산물도매시장 및 농수산물종합유통센터 등을 의미한다.

③ 연계물류시설

연계물류시설은 단위물류시설 상호 간, 단위물류시설과 집적물류시설간, 집적물류시설 상호 간의 화물운송이 원활히 이루어지도록 제공되어지는 교통시설을 의미한다. 도로·공항·철도 및 파이프라인 등을 말한다.

④ 물류거점시설

㉠ 물류거점시설은 '물류활동의 근거가 되는 중간지점 시설'이라는 뜻으로, 생산과 소비활동을 연결하기 위한 물적유통의 중간지점 또는 시설을 의미한다.

㉡ 물류거점시설의 종류로는 물류단지, 유통단지, 물류터미널(복합, 일반), 집배송 센터, 내륙컨테이너 물류기지(ICD), 컨테이너 야드(CY), 컨테이너 화물취급장(CFS), 물류센터, 유통센터, 배송센터, 데포(Depot), 창고 등이 포함된다.

2 물류단지와 물류터미널

(1) 물류단지

① **물류단지의 의미**: 물류단지는 물류단지시설과 지원시설을 집단적으로 설치·육성하기 위하여 「물류시설의 개발 및 운영에 관한 법률」에 따라 지정·개발하는 일단(一團)의 토지를 말한다.

② **물류단지시설**

　　㉠ 물류터미널 및 창고

　　㉡ 대규모점포, 전문상가단지, 공동집배송센터, 중소유통공동도매물류센터

　　㉢ 수산물도매시장, 농수산물공판장 및 농수산물종합유통센터

　　㉣ 기타 화물의 운송·하역 및 보관시설

③ **지원시설**

　　㉠ 가공·제조 시설

　　㉡ 정보처리시설

　　㉢ 금융·보험·의료·교육·연구 시설

　　㉣ 물류단지의 종사자 및 이용자의 생활과 편의를 위한 시설

(2) 복합 물류터미널

① **물류터미널과 복합 물류터미널** : 물류터미널이란 화물의 집화·하역 및 이와 관련된 분류·포장·보관·가공·조립 또는 통관 등에 필요한 기능을 갖춘 시설물을 말한다. 복합 물류터미널은 두 종류 이상의 운송수단 간 연계운송을 할 수 있는 규모 및 시설을 갖춘 물류터미널을 말한다.

② **복합 물류터미널의 기능**

　　㉠ 터미널 기능의 실현

　　㉡ 혼재기능의 강화

　　㉢ 유통·보관기능의 구비

　　㉣ 트랜스폼(transform)

　　㉤ 정보센터 기능

3 내륙 컨테이너 기지(ICD)

(1) ICD의 정의와 기능

① **ICD의 정의** : 내륙 컨테이너 기지(ICD)는 항만터미널의 화물수용능력이 한계를 보임에 따라, 항만터미널과 내륙운송수단과의 연계가 편리한 산업지역에 건설한 컨테이너 장치장(CFS)이나 컨테이너 화물의 통관기지를 말한다.

② **ICD의 기능**

　　㉠ 컨테이너의 장치·보관기능

　　㉡ 화물의 집화·보관기능

　　㉢ 컨테이너의 통관기능

(2) **내륙컨테이너 기지의 역할**

① **세관통제하에 수출 및 연계운송** : 일시적 장치, 창고보관, 재수출, 일시상륙 등을 담당하는 단체들이 있는 장소로써 주로 항만터미널 및 내륙운송수단과 연계가 편리한 주요 산업지역에 건설하고 있다.

② **전통적 항만기능 수행** : 컨테이너 기지에서는 항만에서 반드시 이루어져야 할 본선작업과 마샬링(Marshalling, 컨테이너 적재준비) 기능을 제외한 전통적인 항만기능이 수행되고 있으며, 항만지역에 위치한 많은 관련 서비스 시설을 포함하고 있기 때문에 "내륙항만"이라고도 부른다.

4 공동 집배송 단지

(1) **공동 집배송 단지의 개념**

① 공동 집배송 단지란 화물을 공동으로 집화하고 배송하는 단지를 의미한다. 유사한 업종의 제품유통을 위하여 대규모 단지를 조성하고 도매·검수·포장 등과 같은 가공기능과 정보처리 시설 등을 갖추어 체계적으로 공동관리하는 물류단지이다.

② 공동 집배송 단지의 기능은 공동구매에서 오는 대량구매와 계획매입으로 인한 구매력의 향상으로 수익의 증대와 공급조절을 통한 가격의 급등락을 방지하는 기능을 가지고 있다.

(2) **공동 집배송 단지의 효과**

① 물류비 절감 효과

② 공간효율의 극대화

5 물류센터

(1) **물류센터의 의의**

① **물류센터의 정의**

물류센터(logistics center)는 물적유통의 중심지를 의미하는 것으로, "물류기능과 물류활동의 중심이 되는 시설"이라는 의미로 사용되고 있다.

② **물류센터와 창고**

㉠ 물류센터와 창고(warehouse)는 동일한 개념으로 사용되고 있다. 그러나 엄밀한 의미에서 물류센터는 단순한 보관(또는 저장)의 기능을 위한 시설에서 더 나아가, 효율적인 공급사슬관리(SCM)를 위한 역할의 증대로 인하여 고객의 주문에 대한 서비스를 제공하기 위하여 재고를 보관하면서 하역과 보관·출고·배송의 기능을 수행하는 물류시설을 의미하는 것으로 해석하고 있다.

ⓛ 즉 창고는 저장 및 보관을 위한 시설이라는 개념이 강한 데 반하여, 물류센터는 보관·출하 및 정보시스템의 토털 물류기능을 강조한다는 측면에서 차이가 있다.

③ **물류센터와 유통센터**

ⓐ 유통센터는 상류활동이 중심이 되어 도소매업의 입·출고 상품이 상류기능을 위해서 동일한 장소에서 집하·보관되는 장소를 의미한다.

ⓛ 반면에 물류센터는 일정한 물류시설을 갖추어 놓고 물류활동이 중심이 되어 일련의 물류기지 역할을 수행하는 장소를 의미한다고 볼 수 있다.

ⓒ 즉 유통센터는 상류기능과 상류활동의 중심이 되는 시설이고, 물류센터는 물류기능과 물류활동이 중심이 되는 시설로 파악하고 있다.

ⓔ 특히 물류센터는 공급사슬관리상의 흐름과 동기화를 위하여 대형화와 중앙집중화, 지능적 자동화로 발전, 부가가치 기능 강화 등의 특징이 강조되고 있다.

⑵ **물류센터의 역할 및 기능**

① 판매와 생산의 조정 완충역할

② 수요와 공급의 조정 완충역할

③ 운송과 배송의 조정 완충역할

④ 제조공정의 일부로서의 역할

⑤ 마케팅 지원의 역할

⑥ 재고집약에 의한 적정재고의 유지

⑦ 판매점의 구입활동을 집약함으로써 거래를 유리하게 하는 역할

⑧ 판매점의 품목정리 간략화로 판매활동에 전력하게 하는 역할

⑨ 신속, 정확한 배송에 의한 고객서비스 향상

⑩ 판매정보의 집약, 조기 파악으로 구입(생산)계획에 반영

⑪ 수급조정을 재고집약에 의해 수급변동 영향의 흡수완화

⑫ 상물분리에 의한 물류효율화

제 3 장 물류시설의 계획 · 입지선정

1 물류센터의 구조결정과 업무

(1) 물류센터의 구조결정 요인

구조결정 요인	내 용
제품 특성	제품의 크기, 무게, 가격 등
주문 특성	주문건수, 주문빈도, 주문의 크기, 처리속도 등
관리 특성	재고정책, 고객 서비스 목표, 투자 및 운영비용 등
환경 특성	지리적 위치, 입지제약, 환경제약 등
설비 특성	설비종류, 운영방안, 자동화 수준 등
운영 특성	입고방법, 보관방법, 피킹방법, 배송방법 등

① **제품 특성과 주문 특성** : 물류센터의 특성을 결정하는 가장 중요한 요소는 제품 특성과 주문 특성이다. 일반적으로 이들 요소는 물류 부문이 자체적으로 결정할 수 없으며 기업의 경영 전략과 환경에 따라 주어지는 조건이다.

② **관리 특성과 환경 특성** : 관리 특성과 환경 특성은 물류부문이 자체적으로 결정할 수도 있으나 일부 요소는 다른 부문 혹은 외부로부터 주어진다. 서비스 목표나 재고관리 정책은 영업 및 제조관리 부문 등과 밀접히 연결되어 있으므로 물류부문에서만의 결정은 바람직하지 않다.

③ **설비 특성과 운영 특성** : 설비 특성과 운영 특성은 물류센터가 독자적으로 결정하는 것이 일반적이다. 즉 다른 네 가지 요소에 의해 결정된 제약과 목표를 가장 효과적으로 달성하기 위해서는 설비와 운영 전략을 선택하고 실행하게 된다.

(2) 물류센터의 업무

① **보관시스템의 작업순서** : 보관시스템의 작업, 즉 물류센터에서의 작업은 입하 ⇨ 보관 ⇨ 오더피킹 ⇨ 검품 ⇨ 포장 ⇨ 출하의 순서에 따라 이루어진다.

② **물류센터의 업무**

㉠ 입하(receive) : 물류센터에 물자가 들어오는 것으로, 반입되는 모든 물자의 정규적인 수령, 수량 및 품질에 대한 검품·검수, 보관·저장 혹은 해당 물자를 필요로 하는 다른 부문의 기능에게 배분하는 일 등이다.

㉡ 인입(putaway) : 안으로 끌어 들인다는 뜻으로 입하된 물자를 저장 공간에 옮겨두는 행위를 의미한다. 여기에는 물자의 취급, 보관할 위치의 확인 그리고 물자의 적치가 포함된다. 입고(warehouse)는 입하된 물자를 창고에 넣는 행위를 말한다.

ⓒ 보관(storage) : 주문을 대기하는 동안 물자를 물리적으로 저장해 두는 행위이다. 보관방법은 재고품목의 크기와 수량 그리고 제품이나 용기의 취급조건에 의해 결정된다.

ⓔ 피킹(picking) : 보관 중인 물품을 꺼내는 작업을 말한다. 즉 특정 주문을 만족시키기 위하여 보관된 품목을 선별하여 출하를 위한 후속 공정으로 넘기는 작업이다. 피킹은 고객을 위하여 물류센터가 제공하는 기본적인 서비스이다.

ⓜ 포장(packaging) : 피킹 업무에 이어지는 것으로 개별 품목 혹은 세트단위로 용기에 적입되거나 포장된다.

ⓗ 분류(sorting) : 피킹된 품목을 고객별, 거래처별, 지역별 등으로 구분 분류하는 것을 말한다.

ⓢ 단위화 및 적하, 출하 : 물류센터 업무의 마지막 단계로, 이 단계에서는 주문 품목에 대한 검품, 적절한 출하 용기에 적입 및 포장, 출하서류의 준비, 선적비용을 산정하기 위한 계량, 주문품의 취합, 상차 작업 등이 이루어진다.

2 물류시설의 입지선정

(1) 물류센터의 위치결정 요인

물류센터의 위치결정은 물자의 흐름을 중심으로 하여 공장전체의 합리적 레이아웃을 기준으로 하여 결정되어야 한다. 입지선정의 5대 요인은 P(물품), Q(수량), R(경로), S(서비스), T(시간)이다.

① P-Q(product-quantity)분석 : 물자가 어느 정도의 양으로 흐르고 있는가에 대한 물류유형 분석기법으로서, 대량으로 조달되는 몇 종류의 물자가 전체 물동량의 대부분을 차지한다는 일반적인 원리에 착안하여 파레토 그림(Pareto Diagram)을 이용하여 분석한다.

② R(route)분석 : 어떤 물량이 어떠한 경로로 흐르고 있는가를 과거로부터 현재까지의 경향을 파악함으로써 장래계획에 대해 결정하는 분석기법으로서 연관차트를 이용하는 것이 효과적이다.

③ S-T(service-time)분석 : 핵심부문인 제조부문과 판매부문을 효율적으로 가동시키기 위해서 보조부문이 어떠한 기능을 갖추어야 하는지를 과거와 현재의 상태를 분석한 후 결정하는 기법이다.

(2) 물류시설의 입지선정 방법

① **임대료 곡선 방식** : 독일의 농업경제학자인 튀넨(Johann Heinrich von Thünen)의 주장에 의하면 특정 경제활동이 토지에 대해 지불할 수 있는 임대료의 크기에 따라 그 경제활동의 입지가 결정되는 데 지불할 수 있는 임대료가 높을수록 도시의 중심에 위치하게 된다.

② **베버의 산업분류 방식** : 베버(Alfred Weber)는 생산공정을 거치면서 원자재의 무게와 제품의 무게가 달라진다는 점에 착안하여 원료산지 입지형과 시장입지형 등으로 공업입지를 설명하였다.

③ **총비용 비교법 방식** : 각 입지대안별로 물류센터 건설비, 하역비, 운송비, 재고유지비 및 각종 관리비를 합한 총비용을 산출하고, 총비용이 최소가 되는 대안을 선택하는 방식이다.

④ **손익분기 도표법**: 손익분기 도표법은 일정한 물동량 즉, 입고량 또는 출고량을 전체로 하여 고정비와 변동비의 합을 비교하는 방법으로 물동량에 따라 총비용이 최소가 되는 대안을 선택하게 된다.

⑤ **체크리스트를 이용한 요인분석법**: 입지 후보지에 대해 입지요인별로 점수를 계산하여 가장 높은 점수를 얻은 후보지를 선택하는 방법이다. 물류센터 입지에 관련된 양적인 요인과 질적인 요인을 동시에 고려할 수 있다는 장점이 있다.

⑥ **무게중심법**

    ㉠ 무게중심법(center of gravity method)은 공급지 및 수요지의 위치가 고정되어 있고, 각 공급자로부터 단일의 물류센터로 반입되는 물량과 그 물류센터로부터 각 수요지로 반출되는 물동량이 정해져 있다고 가정한다.

    ㉡ 이 방법은 물류센터를 기준으로 고정된 공급지에서 물류센터까지의 운송비와 물류센터에서 각 수요지의 운송비를 구하여 그 합이 최소가 되는 지점을 구하는 방법이다.

    ㉢ 물류센터로 반입 및 반출되는 각 지점과 물류센터와의 거리에 거리당 운임과 물동량을 곱하면 각 지점과 물류센터 간의 운송비를 산출할 수 있다. 이러한 계산을 모든 지점들에 대하여 적용하여 합산하면 총 운송비가 산출된다.

    ㉣ 두 지점 간의 물자이동이 직선거리를 따라 이루어진다면 단일 물류센터의 최적입지는 입지를 나타내는 좌표에 대한 두개의 방정식을 통해서 구할 수 있다.

$$(X, Y) = \frac{(X, Y \text{ 좌표 수요지별 거리} \times \text{수요지별 수요량 합계}) + (\text{공장거리} \times \text{공장 공급량})}{\text{수요량 총합계(수요지 + 공장)}}$$

⑦ **톤 - 킬로법**: 각 수요지에서 배송센터까지의 거리와 각 수요지까지의 운송량에 대하여 운송량(톤) × 거리(km)에 의해서 평가하고, 그 총계가 가장 적은 곳에 배송센터를 설치하는 방법이다.

⑧ **브라운 깁슨법**: 브라운 깁슨(Brown and Gibson)법은 양적 요인과 질적 요인을 모두 고려하여 다수의 입지를 결정하는 기법이다. 세 가지 평가기준으로는 장소적 적합성을 판정하는 필수적 기준, 화폐가치로 평가될 수 있는 경제적 기준인 객관적 기준, 지역의 민심 등 객관적으로 평가하기 어려운 질적 요인인 주관적 요인 등이 있다.

제4장 물류시설의 설계·운영

1 로케이션(Location) 관리

(1) 로케이션의 의의

로케이션이란 '배치(Layout)된 지역 및 위치에 주소를 부여하는 것'으로 일반적으로 로케이션 방법에는 자유위치(Free Location), 구역위치(Zone Location), 고정위치(Fixed Location), 혼합형(Free & Fixed Location) 등이 있다.

(2) 로케이션 방법

① **Free Location**: Free Location이란 품목과 보관 랙 상호 간에 특별한 연관관계를 정하지 않는 방식이다. 입체자동화 창고 등에서 이용하는 방법으로서, 시스템은 컴퓨터로 관리한다.

② **Zone Location(Joint Free Location)**: 이는 일정 품목 군에 대하여 일정한 보관구역을 설정하지만 그 범위 내에서는 Free Location을 채택하는 방법으로서, 일반적으로 널리 이용되고 있는 선반관리 방법이다.

③ **Fixed Location**: 고정 선반번호 방식으로, 선반번호마다 그에 대응하는 품목을 정하여 보관하는 방법이다. 앞의 두 가지 방법은 컴퓨터 등을 이용하여 관리하는데 반해, 이 방법은 수작업 방식으로 관리하는 경우가 많다.

④ **Free & Fixed Location**: 일부는 프리 로케이션으로 일부는 고정위치 로케이션으로 운영하는 절충 혼합형도 이용되고 있다.

2 물류시설의 주요 설비

(1) 파렛트 시스템(pallet system)

파렛트를 보관하고 출하하는 파렛트 시스템은 목적에 따라 파렛트 보관 시스템과 파렛트 출하 시스템으로 구분할 수 있다. 경우에 따라서는 보관과 출하를 동시에 수행할 수도 있다.

① **파렛트 보관 시스템**: 파렛트 보관 시스템으로 대표적인 것은 랙(rack)이다. 랙은 철강 프레임을 의미하는 것으로 파렛트를 각각의 칸에 보관한다. 보관 물품의 유형과 특징에 따라 플로우 랙(flow rack)이나 모빌 랙(mobile rack) 등을 이용할 수 있다.

② **파렛트 출하 시스템**: 파렛트 출하 시스템의 대표적인 예로는 지게차(forklift)와 같은 특수차량을 들 수 있다. 즉 보관은 랙을 이용하고, 파렛트의 이동은 지게차를 이용하는 것이 일반적이다. 공간효율을 높이기 위해 통로의 면적을 최소화하고 랙의 높이를 높게 할수록 좋기 때문에, 이 경우에는 일반 지게차보다는 VNA(Very Narrow Agile) 트럭, S/R(Storage/Retrieval) 차량 등과 같은 특수 지게차를 사용하여야 한다.

③ 파렛트 시스템의 운영방안

    ㉠ 평치 창고와 랙의 경우에는 공간 효율성이 중요시 되며, 이를 위해서는 랙 혹은 파렛트의 적절한 배치와 이동통로의 효율적 설계가 중요하다.

    ㉡ 특히 평치 창고의 경우 파렛트가 출하되면서 발생하는 공간은 그 줄이 완전히 빌 때까지는 사용할 수 없다. 따라서 이러한 벌집효과를 감안하여 최적으로 보관구역을 배치해야 한다.

(2) **낱개 피킹 시스템**(broken case picking system)

① **작업자 이동형 시스템**

작업자 이동형 시스템에서는 상자 혹은 낱개 포장 단위로 각 칸에 보관하는 방식을 사용하므로 투자비용이 적은 장점이 있다. 단점으로는 자동화 수준이 낮고 작업자의 이동시간이 길어지므로 작업자의 생산성이 낮아지고 작업자의 실수에 대한 대책이 부족하다는 점이다.

② **물품 이동형 시스템**

    ㉠ 물품 이동형 시스템에서는 작업자 위치가 고정되어 있으며 설비가 필요한 품목을 작업자에게 가져다주는 시스템으로서 일반적으로 자동화 수준이 높은 편이다.

    ㉡ 물품 이동형 시스템은 초기 투자가 높은 반면에 작업자의 생산성이 높아진다. 이동시간의 생략뿐만이 아니라 설비가 특정 품목을 이동시키는 도중에 작업자가 별도의 작업을 수행할 수 있기 때문이다. 따라서 한 명의 작업자가 2~3대의 설비를 동시에 담당할 수 있다.

    ㉢ 또한 물품에 대한 접근이 제한되기 때문에 고가품이나 초소형품 등의 보안유지에 유리하고, 물품 이동이 자동화되어 있으므로 물품의 추적관리가 용이하다는 점도 장점이다.

◉ **물품 이동형 시스템에서 사용하는 설비**

> • 캐러셀(Carousel) : 작업자의 전면에 물품이 오도록 모든 선반이 동시에 회전하는 다층식 회전선반이다. 그 종류로 수평 회전식과 수직 회전식이 있는데 선반의 각 층이 동시에 다른 방향으로 이동하는 경우는 로터리 랙이라고도 한다.
> • Mini-load A/S R/S : 하나의 셀(cell)에 여러 개의 보관품을 저장하는 소형 자동화 창고로 파렛트형 자동화 창고와 동일한 구조이다. 그러나 파렛트 대신에 운반상자를 사용하고 투입·출하 지점에 있는 작업자가 피킹을 완료하면 운반상자를 다시 랙으로 복귀시킨다.

▮ 3 ▮ 랙(rack)의 관리

(1) **랙(rack)의 의의**

한국산업표준(KS)에서는 랙(rack)은 물품을 보관하기 위해 사용하는 기둥과 선반으로 구성된 구조물로 정의하고, 랙의 종류를 제시하고 있다. 랙은 자동화 창고와 랙 창고의 주요부를 구성하는 설비이다.

(2) 랙의 종류

① **파렛트 랙**(Pallet Rack) : 화물이 적재된 파렛트 그대로 지게차를 사용하여 보관 랙의 셀(cell)마다 격납시켜 보관할 수 있는 랙을 말한다. 즉, 파렛트에 쌓아올린 물품의 보관에 이용되는 랙이다. 범용성이 있어 화물의 종류가 여러 가지라도 유연하게 보관할 수 있다. 그러나 용적효율이 낮고, 바닥면적 활용이 비효율적이다.

② **드라이브 인 랙**(Drive In Rack)

   ㉠ 랙에 지게차를 가지고 들어가 격납하고 추출하도록 되어 있어 깊이 방향으로 여러 파렛트를 보관할 수 있는 랙이다. 안쪽 상단부터 순차적으로 격납하고 추출 시에는 앞쪽 하단부터 한다. 소품종 대량이면서 겹쳐 쌓기가 불가능한 상품에 적합하다.

   ㉡ 따라서 지게차 통로면적이 절감되며 보관효율이 높은 편이다. 소품종 다량 또는 로트(Lot) 단위로 입·출고될 수 있는 화물을 보관하는 데 이용된다. 양쪽에 출입구를 두면 드라이브 스루 랙(Drive Through Rack)이 된다.

③ **적층 랙**(Mezzanine Rack) : 천장이 높은 단층창고 등의 경우, 현재 사용하고 있는 높이에서 천장까지의 사이를 이용하기 위해 설치한 것으로, 통로와 선반을 다층식으로 겹쳐 쌓은 랙을 말한다. 보관 효율과 공간활용도가 매우 높고, 최소의 통로로 최대로 높게 쌓을 수 있어 경제적이다. 입·출고 작업과 재고관리가 용이하다.

④ **슬라이딩 랙**(Sliding Rack) : 선반이 앞 방향 또는 앞뒤 방향으로 꺼내지는 기구를 가진 랙을 말한다. 파렛트가 랙에서 미끄러져 움직이므로 한쪽에서 입고하고 다른 한쪽에서 출고되는 이상적인 선입선출 방법이다. 보관 효율이나 용적효율이 양호하지만 다품종 소량에는 부적합하며 랙 설치비용이 많이 든다.

⑤ **모빌 랙**(Mobile Rack) : 레일 등을 이용하여 직선적으로 수평 이동되는 랙을 말한다. 통로를 크게 절약할 수 있으므로 한정된 공간을 최대한 사용할 수 있다. 다품종 소량 화물의 보관에 적합하고, 보관 효율이 높다.

⑥ **암 랙**(Arm Rack) : 암 랙 또는 캔티레버 랙(cantilever rack)은 외팔걸이 랙이라고도 하는데 파이프 같은 장척물 보관에 편리하다. 캔티레버 랙은 전면에 기둥이 없으므로 공간낭비 없이 화물을 보관할 수 있고 재고품 검사 및 관리가 용이하다.

⑦ **플로우**(Flow) 랙 : 소품종 다량의 상품을 파렛트 또는 케이스 단위로 보관하는 데 적합한 보관 랙을 말한다. 기본적으로는 입체형이며, 랙의 격납부분에 롤러컨베이어 또는 휠컨베이어가 부착되어 있다. 랙 전체가 한 쪽으로 기울어져 있어 랙의 한 끝에서 보관품을 넣으면 중력에 의해 출구까지 스스로 움직여 정지하도록 되어 있다. 선입선출(first in first out)이 필요한 제품의 보관에 이용된다.

⑧ **회전 랙**(Carrousel rack) : 캐러셀(Carrousel)이란 피킹 시 피커가 고정되어 있고 랙 자체가 회전하여 물품을 이동하여 입출고하는 방식의 랙이다. 수평형 회전 랙(Horizontal Carousel)과 수직형 회전 랙(Vertical Carousel)으로 구분할 수 있다.

⑨ **특수 랙**: 타이어, 유리 등과 같이 형태가 특수한 물품이나 조심스럽게 다루어야 하는 물품의 전용 랙이다.

⑩ **하이 스택 랙**(High stack Rack): 상품을 대량으로 취급하는 경우 건물의 층고에 여유가 있는 경우 활용할 수 있는 랙이다. 좁은 통로에 높게 적재했기 때문에 바닥면의 효과적인 사용과 공간활용이 좋고 입·출고도 임의적으로 할 수 있으며, 재고관리도 용이한 편이다.

제 5 장 재고관리 시스템

1 재고관리의 의의와 과제

(1) **재고관리의 의의**

① **재고의 정의**: 재고(inventory)란 경제적 가치를 지닌 모든 물품의 흐름이 시간적 관점에서 시스템 내의 어떤 지점에 정체 또는 저장되어 있는 상태를 의미한다. 제조업의 경우 재고는 원재료·재공품·반제품·구입부품·완성품 등의 형태로 존재한다.

② **재고관리의 의의**

㉠ 재고관리(inventory control)는 능률적이고 계속적인 생산활동을 위해 또는 고객의 요구에 부응하기 위해, 필요한 원재료·반제품·제품 등의 최적 보유량을 계획·조직·통제하는 기능이다.

㉡ 넓은 의미의 재고관리는 창고나 배송센터의 입지결정, 각 유통재고점에서 보유해야 할 재고품목의 결정(재고배정 결정) 등이 포함된다. 좁은 의미의 재고관리는 각 제조 및 유통재고점에서 보관되는 각 품목에 관하여 발주(보충)시기와 1회 발주량을 결정하는 것이 중요한 과제이다.

③ **독립 수요품목의 재고관리**

㉠ 재고품목 중에서 제조업자의 완성품이나 유통업자의 상품과 같은 독립 수요품목에 대해서는 통계적 재고관리 기법을 이용할 수 있다.

㉡ 통계적 재고관리 기법에서는 재고보유의 이익을 대신하여 재고를 보유하지 못한데 따른 기회손실(기회비용)을 고려한 재고관련 총비용을 최소화 방법으로 재고관리 문제를 해결한다.

④ **종속 수요품목의 재고관리**: 제조업에서의 부품이나 원재료는 종속 수요품목으로, 그 수요의 양과 시기는 최종제품의 수요량을 기준으로 하여 부품구성표(BOM)와 제조 리드타임을 검토함으로써 계산할 수 있다. 종속 수요품목의 재고관리에 대해서는 자재소요계획(MRP)이 활용된다.

(2) **재고관리의 과제와 전략**

① **재고관리의 과제**

㉠ 경제적 주문량(EOQ) 결정

㉡ 발주시기 내지 발주점 결정

㉢ 적정재고나 안전재고 수준의 결정

② **재고관리의 지연(postponement)전략**

㉠ 지연(postponement)전략은 차별화 지연(delayed differentiation)이라고도 하는데, 고객의 욕구가 정확히 알려질 때까지 되도록 생산을 연기하다가 욕구가 확실해졌을 때 생산하는 것이다.

㉡ 지연전략은 수요의 불확실성에 대처하기 위한 방법 중 하나로 제품의 완성을 뒤로 미루어 물류센터에서 출고 직전에 간단한 조립이나 패키징을 하는 것을 의미한다. 제품이 고객에게 인도되기까지의 총비용을 최소화시키는 것을 목표로 하는 제품생산 지연방식으로, SCM 개선방식 중 하나이다.

㉢ 구매자의 요구사항 다양화 및 설계변경 등으로 인한 경영기회 손실을 최소화하기 위해 유통가공이 이루어지지 않는 기본적인 부품 및 반제품을 보유하다가 실제 수요가 인지될 때까지 포장 또는 라벨작업 등을 지연시켜 위험을 최소화 한다. 지연전략에는 최종조립, 부분가공 등의 유통가공 기능을 포함한다.

2 재고관리시스템

(1) **재고의 종류**

① **운송중 재고**: 자재흐름 체계를 통해 한 지점에서 다른 지점으로 이동 중인 재고

② **투기성 재고**: 가격의 변동이 큰 물품은 가격이 쌀 때 재고를 보유하였다가 가격이 올라가면 출하하여 차익을 얻을 목적으로 보유하는 재고

③ **순환재고**: 연속적인 재고보충 시점 간의 평균수요를 충족시키는 데 필요한 재고

④ **안전재고**: 재고에 대한 수요와 보충 조달기간의 변동에 대한 방지책으로 보유하는 재고(완충재고)

⑤ **침몰재고**: 불용재고 또는 진부화 재고라고도 하는 것으로 재고기간 동안 손상, 손실 및 진부화(obsolescence)되는 재고

(2) **재고관리 비용**

① **주문비용**(발주비용): 자재나 부품을 구입할 때 주문에 수반되어 발생하는 비용. 주문관련 서류비용, 통신비, 검사비, 입고비, 통관료, 물품운송비 등

② **재고유지비용**: 재고를 보유하고 유지하는 데 수반되는 비용. 기회비용으로서의 이자, 창고료, 보험료, 감가상각비, 진부화비용, 세금 등

③ **준비비용** : 재고품을 외부로부터 구매하지 않고 자체적으로 생산할 때 발생하는 제비용을 의미. 노무비, 자재 공구 교체비, 원료준비 등에 소요되는 비용

④ **재고부족비용** : 재고부족으로 인한 생산중단, 판매기회 상실, 신용하락 등의 손실비용

⑤ **총재고비용** : 위에서 본 재고비용을 전부 합한 것. 총재고비용 = 주문비용 + 재고유지비용 + 재고부족비용

⑶ 재고관리의 효율성을 측정하는 지표

① **서비스율** : 재고관리 시스템은 최적의 재고 보유로 서비스율을 향상시키는 것을 목적으로 한다. 서비스율은 고객의 수요를 얼마나 충족시켰는지를 나타내는 지표이다.

> (고객)서비스율 = 납기내 납품량(액) / 수주량(액) × 100

② **백오더율** : 백오더율(back order rate)은 결품률을 의미한다. 따라서 서비스율 + 백오더율 = 100%이다.

> 백오더(back order)율 = 결품량 / 요구량 × 100

③ **재고회전율**

> 재고회전율 = 매출액 또는 매출수량 / 평균재고액 또는 재고량

여기서 평균재고량(액)은 기초재고량(액)과 기말재고량(액)의 평균값을 의미한다.

④ **재고수준**

　㉠ 운영재고 수준 : 운영재고는 조달기간(lead time) 중에 필요한 자재의 수요 예측량을 의미한다. 운영재고 수준의 결정요소는 가용자금, 저장시설, 재고회전율, 경제적 운송량, 재고보충빈도 등이다.

　㉡ 안전재고 수준 : 안전재고는 수요·공급의 변동, 운송의 지연 등으로 품절이 발생하는 경우 계속적인 공급중단 사태를 방지하기 위한 예비목적의 재고를 의미한다. 안전재고 수준의 결정요소는 수요의 변동, 공급의 변동 등이다. 수요의 변동 폭이 커지면 수요의 표준편차가 커지므로 안전재고는 증가한다.

> 안전재고 = 안전계수 × 수요의 표준편차 × $\sqrt{조달기간}$

　㉢ 적정재고 : 적정재고는 수요를 가장 경제적으로 충족시킬 수 있는 재고량으로 운영재고와 안전재고를 더한 것이다.

⑤ **재고일수**

> 재고일수 = 현재 재고수량(재고금액) / 일평균 출하량(출하금액)

3 정량발주법

(1) 정량발주법의 의의와 적용

① **정량발주법의 의의**: 정량발주법은 재고량이 일정수준(발주점)까지 내려가면 일정량을 주문하여 재고를 보충하는 방법을 말하는 것으로 발주점법이라고도 한다.

② **정량발주법의 적용**
  ㉠ 로트보충의 경우
  ㉡ 수요예측이 어려운 경우
  ㉢ 품목이 많고 관리하기 어려운 경우
  ㉣ 수요량의 합계로서는 수요가 안정이 되어 있는 경우
  ㉤ 소비예정량의 계산이 복잡하고 계산의 확실성이 애매한 경우
  ㉥ 현물관리가 나쁘고 재고차이가 심한 경우
  ㉦ 주문과 생산이 그다지 관계가 없는 경우
  ㉧ 주문이 납입자 또는 자사의 생산능력의 일부 밖에는 차지하지 않는 경우

(2) (재)발주점의 계산

> (재)발주점 = 조달기간 중의 판매량 + 안전재고
> = 일일 수요량 × 리드타임 + 안전재고

(3) 정량발주법의 장·단점

① **정량발주법의 장점**
  ㉠ 발주점에 도착한 품목만을 자동적으로 발주하면 되기 때문에 관리하기가 매우 쉽고, 초보자도 쉽게 발주업무를 수행할 수 있고, 발주점 발주로트를 고정화시키면 관리가 용이해진다.
  ㉡ 수량관리를 철저히 하고 재고조사 시점에서 차이를 조정하면 주문량이 일정하기 때문에 수입, 검품, 보관, 출하 등이 용이하고 작업비용이 낮아진다.
  ㉢ 경제적인 로트 사이즈를 이용할 수가 있기 때문에 재고비용을 최소화 할 수 있고, 관리하기가 쉽기 때문에 다품목의 관리가 가능하다.

② **정량발주법의 단점**

    ㉠ 발주 로트를 변경할 때 발주점 발주로트를 정확히 계산하기가 어렵다. 이에 따라 취득기간이 길거나 로트분할이 큰 경우에는 부적당하다.

    ㉡ 재고관리가 획일적으로 이루어지기 때문에 개개의 품목특성을 고려한 재고관리가 어렵다.

    ㉢ 발주시기가 일정하지 않기 때문에 대량 일괄발주가 불가능하고, 발주빈도가 높으며 양이 많은 품목에 대하여는 발주비용이 높아진다.

    ㉣ 발주시기에 앞서 발주를 계획할 수가 없어 공급자가 계획생산을 하고 있는 경우에는 납기가 용이하지 않을 수 있다.

▨ 4 정기발주법

(1) 정기발주법의 의의와 적용

① **정기발주법의 의의** : 정기발주법(ordering cycle system)은 발주시점을 매주·매월 등으로 일정하게 정해놓고 그때마다 발주량을 결정하고 발주하는 방식으로, 정량발주법에 대응되는 방식이다.

② **정기발주법의 적용**

    ㉠ 소비량이 큰 주요 원재료 등으로서 엄밀한 재고관리가 필요한 중요품목을 대상으로 함과 동시에 일괄구입에 의한 코스트 다운이 가능한 품목을 대상으로 한다.

    ㉡ 시장동향에 대응하여 재고조정이 가능한 품목, 또는 1회의 구입 로트가 극히 작은 품목이다. C급 품목의 경우, 재고를 보유하지 않고 수주판매량으로 할 수도 있다.

    ㉢ 설계변경 제품이나 유행상품처럼 돌연 진부화할 가능성이 큰 제품으로 조달기간이 장기에 걸치는 품목이다.

(2) 정기발주법의 특징

① **정기발주법의 특징** : 정량발주법의 경우는 안전재고량과 조달기간 중의 판매량의 합이 발주점이고, 안전재고량은 조달기간 중 매출량의 변동을 생각하면 되었는데, 정기발주법의 경우에는 조달기간과 발주 사이클 기간의 양자를 생각해야 하기 때문에 안전재고량은 상대적으로 증가한다.

② **정기발주법의 장·단점** : 발주시기가 미리 정해져 있으므로 상품보충이 계획적으로 되는 등의 장점이 있지만 발주량 등의 결정을 위하여 정확한 수요예측을 필요로 한다.

● 정기발주법과 정량발주법의 비교

항 목	정기발주법	정량주문법
소비금액	많아야 좋다.	적은 편이 낫다.
수요의 변동	커도 된다.	적은 편이 낫다.
수요예측	특히 필요하다.	과거의 실적이 있으면 수요의 기준이 된다.
발주시기	일정하다.	부정기적이다.
수주량	변경 가능하다.	고정되어야 좋다.
품목수	작을수록 좋다.	많아도 된다.
표준성	표준보다 전용부품이 좋다.	표준인 편이 좋다.
조달기간	불명확하다.	비교적 짧은 편이 낫다.

5 기타 재고관리 기법

⑴ **투 빈**(two bin) **시스템**

① **투 빈 시스템의 정의**: 투 빈(two bin) 시스템은 2개의 상자(bin)에 부품을 보관하여 하나의 상자에서 계속 부품을 꺼내어 사용하다가 모두 사용하고 나면 발주를 하여 부품이 소진된 상자를 채우는 방식으로 두 개의 빈을 사용하여 시각적으로 판단하고 보충하는 방식을 의미한다.

② **투 빈 시스템의 적용**: 투 빈 시스템은 자재의 가격이 싸고 사용빈도가 높으며, 리드타임이 짧은 품목에 주로 적용하는 방법이다. ABC 분석에서 보면 볼트나 넛트 같은 C그룹 품목에 대해 효과적으로 적용할 수 있다.

⑵ **ABC 관리기법**

① **ABC 관리기법의 의의**: ABC 관리기법은 재고관리의 대상이 되는 자재, 제품, 거래처 등을 수량이나 금액으로 산출하여 크기순으로 나열한 후 A그룹, B그룹, C그룹으로 구분하여 중요도에 따라 차별하여 관리하는 기법이다. ABC 관리기법은 이탈리아의 경제학자인 파레토(V. Pareto)가 제시한 파레토 법칙(또는 20-80법칙)에 근거를 두고 개발된 재고관리 기법이다.

② **ABC 관리기법의 내용**

㉠ ABC 분석을 통해 재고관리 대상을 3개 그룹으로 분류하여 A그룹은 철저하고 집중적인 관리, B그룹은 중간수준의 관리, C그룹은 단순하게 관리한다.

㉡ A그룹은 가장 중요한 품목으로 연간 사용량이 아주 많거나 가격이 비싼 품목으로서 연간 매출금액이 가장 높은 품목이다. 반면 C그룹은 연간 사용량이 아주 적고 또한 사용횟수도 아주 작아 연간 사용 혹은 매출금액이 적은 품목이다.

ⓒ 예외사항으로는 신제품이나 특정품목은 별도로 고려하여 관리하는 것이 바람직하다. 연간 사용금액은 낮더라도 자재수불 입·출고가 많아 주요 관리대상일 경우에는 과거 기록을 근거로 합리적인 분석이 필요하다.

ⓔ 보관품을 ABC로 분류하여 특성에 맞게 관리하는 방법의 경우에 A품목들은 정기발주법을 적용하고, B품목들은 정량발주법, C품목은 정량발주법이나 투 빈(two-bin)법이 바람직하다.

ⓜ 물류비 계산, 물류비 절감 등 물류관리에서는 금액기준 보다 출하수량과 출하횟수 기준으로의 ABC 관리가 더 합리적이다.

█ 6 주문량의 결정

(1) 경제적 주문량(EOQ) 모형

① 모형의 의의

경제적 주문량(EOQ : Economic Order Quantity) 모형은 아래와 같은 기본 가정하에서 재고유지비용과 재고주문비용을 더한 연간 재고비용의 최적화(최소화)를 위한 1회 주문량을 결정하는데 사용된다.

② EOQ 모형의 기본가정

ⓐ 계획기간 중 해당품목의 수요량은 알려져 있으며 항상 일정하다.

ⓑ 단위구입비용이 주문수량에 관계없이 일정하다.

ⓒ 연간 단위당 재고유지비용은 수량에 관계없이 일정하다.

ⓔ 1회 주문비용이 수량에 관계없이 일정하다.

ⓜ 주문량이 일시에 입고된다.

ⓗ 조달기간(lead time)이 없거나 일정하다.

ⓢ 재고부족이 허용되지 않는다.

③ EOQ 계산

ATC를 최소화하는 1회 주문량(Q), 즉 EOQ를 도출하면 아래와 같다.

$$EOQ = \sqrt{\frac{2 \times 연간수요량 \times 회당\ 주문비용}{단위당\ 연간\ 재고유지비용}}$$

④ 주문횟수와 주문주기

ⓐ 최적 주문횟수 : 최적 주문횟수는 연간 수요량을 주문량(EOQ)으로 나누어 구한다.

ⓑ 최적 주문주기 : 최적 주문주기는 최적 주문횟수의 역수로 주문량(EOQ)을 연간 수요량으로 나누어 구한다.

(2) 경제적 생산량(EPQ) 모형

① 경제적 생산량(EPQ)의 의의

㉠ 경제적 생산량(EPQ : Economic Production Quantity)은 재고를 공급자로부터 주문하는 것이 아니라 수요량을 고려하여 자체 생산하여 보충하는 경우 비용을 최소로 하는 생산량을 의미한다.

㉡ EPQ 모형의 목표는 생산품목에 대해 생산조업비용을 최소화하는 로트사이즈(경제적 생산량)를 결정하는 것이다. 또한 생산조업 사이에 필요한 시간의 양을 결정한다.

② EPQ 모형의 가정

㉠ 재고준비비는 생산량의 크기와 관계없이 로트마다 일정하다.
㉡ 재고유지비는 생산량의 크기에 정비례하여 증가한다.
㉢ 생산단가는 생산량의 크기와 관계없이 일정하다.
㉣ 수요량(수요율, D)과 생산능력(생산율, P)은 일정하다. 단, 생산능력은 수요량보다 크다.
㉤ 생산품은 생산기간 중에 순차적으로 생산·입고된다.

③ EPQ 계산

$$경제적\ 생산량(EPQ) = \sqrt{\frac{2DC_o}{C_h} \times \frac{P}{P-D}} = EOQ \times \sqrt{\frac{P}{P-D}}$$

여기서 P는 연간 생산량, D는 연간 수요량을 의미한다. 만일 생산능력이 무한대이면 EPQ＝EOQ가 된다.

7 수요예측방법

(1) 정성적 기법

① **정성적 기법의 의의** : 정성적(질적) 기법은 개인의 주관이나 판단 또는 여러 사람의 의견에 입각하여 수요를 예측하여 주로 중·장기 예측에 많이 쓰인다. 정성적 기법으로는 델파이법, 시장조사법, 패널 동의법, 역사적 유추법 등이 있다.

② **델파이법**(Delphi method) : 예측하고자 하는 대상의 전문가 집단을 선정한 다음 이들에게 여러 차례 설문지를 돌려 의견을 수렴함으로써 예측치를 얻는 방법이다. 시간과 비용이 많이 드는 단점이 있으나 불확실성이 크거나 과거의 자료가 없는 경우에 많이 사용한다. 특히 생산능력, 설비계획, 신제품개발, 시장전략 등을 위한 장기예측에 적합하다.

③ **전문가 의견법**(panel consensus) : 오랜 경험과 전문적인 지식을 갖춘 전문가들이 서로의 의견을 자유롭게 교환하여 일치된 예측결과를 얻는 기법으로 단기간에 저렴한 비용으로 예측결과를 얻을 수 있다. 패널 동의법, 경영자 판단법이나 판매원 예측법도 넓게는 이 범주에 속한다.

④ **시장조사법**(market research)：실제시장에 대해서는 조사하려는 내용의 가설을 세운 뒤에 설문지, 인터뷰, 전화 조사 등의 방법을 통해 소비자의 의견을 조사함으로써 설정된 가설을 검정한다. 이 방법은 정성적 기법 중 가장 시간과 비용이 많이 들지만 비교적 정확하다는 장점이 있다.

⑤ **수명주기 유추법**(historical analogy)

　㉠ 신제품과 비슷한 기존 제품의 제품 수명주기의 도입기, 성장기, 성숙기, 쇠퇴기의 단계에서 수요변화에 관한 과거의 자료를 이용하여 수요의 변화를 유추해 보는 방법이다. 역사적 유추법 또는 자료 유추법이라고도 한다.

　㉡ 중기나 장기의 수요예측에 적합하고, 비용이 적게 든다는 장점이 있다. 신제품과 비슷한 기존 제품을 어떻게 선정하는가에 따라서 예측결과가 큰 차이가 나는 단점이 있다.

(2) 정량적 예측방법

① **시계열 분석법**(time series analysis)

　㉠ 시계열 분석법이란 과거의 역사적 수요에 입각하여 미래의 수요를 예측하는 방법을 총칭한다. 시계열 분석기법에서는 과거의 패턴이 미래에도 계속될 것이라는 가정하에서 과거의 패턴을 분석하여 미래에 투영(project)함으로써 미래수요를 예측한다.

　㉡ 그러나 이와 같은 과거의 수요 패턴이 장기간 계속적으로 유지된다고 보기는 힘들기 때문에 시계열 분석법은 주로 단기와 중기 예측에 많이 쓰인다. 시계열 분석법에는 이동평균법(단순 이동평균법, 가중 이동평균법), 지수평활법 등이 있다.

② **단순 이동평균법**

　단순 이동평균법(simple moving average method)은 최근 몇 기간 동안의 시계열 관측치의 평균을 내어 이 평균치를 다음 기간의 예측치로 사용하는 방법이다. 과거 각 기간의 관측치에 대해 동일한 가중치를 부여한다.

③ **가중 이동평균법**

　가중 이동평균법(weighted moving average method)은 과거의 각 관측치에 동일한 가중치를 주는 단순 이동평균법과는 달리 오래된 값보다 최근의 값에 가중치를 좀 더 주어 가중평균한 값을 예측치로 사용하는 방법이다.

④ **지수평활법**

　㉠ 지수평활법(exponential smoothing)은 단기예측에 있어서 매우 유용한 기법이다. 가장 최근의 값에 가장 많은 가중치를 두고 자료가 오래될수록 지수함수처럼 가중치를 급격하게 감소시키면서 예측하는 방법이다.

　㉡ 가중 이동평균법의 단점을 해소하기 위해 평활상수를 이용해 현재에서 과거로 갈수록 더 적은 비중을 주는 방법을 채택하고 있다.

ⓒ 평활상수를 α로 표시하면 지수평활법에 의한 예측치(C)는 다음의 식에 의해 구해진다.

$$C = α \times 전기의\ 실적치 + (1 - α) \times 전기의\ 예측치$$

⑤ **회귀분석법**

회귀분석법(regression analysis)은 인과형 예측기법의 대표적인 기법으로 종속변수의 예측에 관련된 독립변수를 파악하여 종속변수와 독립변수의 관계를 방정식으로 나타내는 것이다. 즉, 과거의 수요자료가 어떤 변수와 선형의 관계가 있다고 가정하고 그 관계를 찾음으로써 미래의 수요를 예측하려는 방법이다.

8 JIT 시스템

(1) JIT 시스템의 의의

① **JIT 시스템**

ㄱ JIT(just in time) 시스템은 일본 도요타(TOYOTA) 자동차회사의 생산시스템(TPS)에서 도입된 개념으로, 필요할 때마다 수요에 맞추어 공급할 수 있는 적시생산방식을 의미한다. 즉 필요한 물자를 필요한 양만큼 필요한 장소와 필요한 시간에 조달 생산하고 공급함으로써 낭비요인을 제거하는 것을 목표로 한다.

ㄴ JIT시스템은 수주물량만큼만 일명 끌어당기기 방식(pull system)으로서 생산시스템 상에서 후속공정이 인수해 간 수량만큼 선행공정에서 생산해서 보충해 주는 방식을 말한다.

ㄷ JIT 생산(또는 재고, 자재, 물류)시스템, TOYOTA 생산방식(TPS : Toyota Product System), TOYOTA 간판방식 또는 린(Lean) 시스템 등으로 불리기도 한다.

② **JIT 시스템의 목표**

ㄱ 준비 시간의 단축

ㄴ 재고의 감소

ㄷ 리드타임의 단축

ㄹ 자재취급 노력의 경감

ㅁ 불량품의 최소화

③ **JIT 시스템 협력관계의 특징**

ㄱ 공급업체와 구매업체와의 협력적 관계를 기초로 하여 공급업체는 납품하는 물품의 품질수준이 불량률 0이 되도록 하여 생산라인이 멈추는 일이 없도록 해야 한다.

ㄴ 3~5년 장기계약으로 안정적 공급이 가능하여야 하고 납품업체와 가까워야 한다.

ㄷ 가격, 품질, 납기 등이 통제가능하고 납품 수량, 시간의 정확도를 준수하여야 한다.

ㄹ 동일한 부품은 한 두 업체와만 계약이 이루어 공급되어야 효율적이다.

(2) JIT-II 시스템

① JIT-II 시스템의 의의

㉠ JIT 시스템과 기본개념은 같으나 발주회사의 제품설계 단계부터 납품회사 직원이 설계에 참여하는 것이 두드러진 차이점이며, 기본 사상은 "철저한 낭비의 배제"라고 할 수 있다.

㉡ JIT 시스템은 계약관계를 전제로 하기 때문에 그 힘이 발주회사에 많이 있고 재고가 납품 업체로 전이되어 제품원가 중 구매비용의 비율이 상승하여 원가통제 및 절감노력이 한계가 다다르는 역기능이 생길 수도 있어, 이런 문제점을 보완한 것이 JIT-II 시스템이다.

② JIT-II 시스템의 효과

발주회사 측면	납품회사 측면
• 납품회사와의 중복기능 없애 구매기능 및 구매인력 감축 • 신제품 설계변경의 감소와 설계기간의 단축 • 부품 공급가격의 인하 또는 동결이 가능	• 발주회사와의 공존공영, 동반성장을 보장받음 • 장기계약의 보장 • 이익률 향상 • 신기술 동반연구 등 기술개발 가능

9 MRP 시스템

(1) MRP 시스템의 의의

① MRP 시스템의 정의

㉠ 자재소요계획(MRP)은 제품의 생산계획에 기초하여 조립품, 부품, 원자재 등의 자재소요에 대해 필요한 물품을 필요할 때에 필요한 만큼 구매하여 제조하기 위한 계획을 수립하는 생산정보시스템이다.

㉡ MRP 시스템은 원자재, 조립품, 부품처럼 완성품이나 상위단계의 품목에 종속되어 있는 종속수요품에 주로 적용되는 자재관리 시스템이다.

② MRP 시스템의 목적

MRP 시스템의 주된 목적은 재고수준을 통제하고, 각 품목의 생산 또는 구매에 있어 우선순위를 결정하며, 생산시스템의 부하가 적정하도록 생산능력을 계획하는 것이다. 즉 ㉠ 재고수준 통제를 통한 재고감축, ㉡ 각 품목의 생산 또는 구매우선순위 결정, ㉢ 적정 생산능력계획 확보로 생산효율 향상, ㉣ 고객서비스의 향상 등이다.

③ MRP 시스템의 주요 기능

㉠ 필요한 물자를 언제, 얼마나 발주할 것인지 알려준다(재고계획과 통제).

㉡ 발주 내지 제조지시를 내리기 전에 경영자가 계획을 사전에 검토할 수 있게 한다.

㉢ 발주시기 및 일정을 조절하기 용이하다(오더 발행계획과 통제).

㉣ 상황변화에 맞게 주문변경이 가능하다(생산능력계획 수행을 위한 정확한 계획 오더 리딩).

㉤ 우선순위 조절을 통해 자재조달 및 생산작업 진행이 가능하다.

④ MRP 시스템의 주요 입력자료

  ㉠ 주일정계획(MPS) : 최종 품목을 언제, 얼마나 생산할 것인가에 대한 생산계획이다.

  ㉡ 재고기록철 : 재고로 유지되고 있는 모든 품목의 상태에 대한 정보를 기록한 것이다.

  ㉢ 자재명세서(BOM) : 체계적인 부품목록, 최종품목을 생산하는 데 필요한 원자재, 부품, 중간 조립품 등의 조립순서가 나타나 있다.

⑵ MRP 시스템의 효과 및 문제점

① MRP 시스템의 효과 : MRP 시스템의 주요 효과는 기업의 계획생산을 가능하게 하며 재고관리 기능을 제공한다는 점과 다른 기능(분배 구매 재무계획 등)과의 연계로 업무의 효율화를 도모하는 데 있다.

② MRP의 취약점

  ㉠ 자재의 생산·조달에서 Just-In-Time을 추구하므로 생산계획의 차질을 예방하기 위한 긴밀한 통제노력이 필요하다.

  ㉡ 수주분 반입지연, 결품, 착오 등의 발생 경우에 생산 중단, 지연 초래의 우려가 있다.

  ㉢ Batch planning system이므로 기계고장 등에 의한 생산차질, 예측과 실제 수요와의 차이가 발생하는 경우 빈번한 계획수정이 필요하다.

⑶ MRP와 JIT의 차이점 비교

JIT와 MRP 시스템은 낮은 재고 수준, 높은 생산성과 고객서비스를 지향한다는 점에서는 공통점이 있지만 접근방법에서는 차이가 있다. 또한 두 방식은 모두 소요(requirement)개념에 입각한 관리방식이라는 점에서 공통점이 있다.

비교 내용	JIT 시스템	MRP 시스템
관리시스템	요구(주문)에 따라가는 pull 시스템	계획대로 추진하는 push 시스템
관리목표	낭비 제거(최소의 재고)	계획·통제(필요 시 필요량 확보)
재고개념	주문이나 요구에 대한 소요개념	계획에 의한 소요개념
생산시스템	생산 사이클 타임 중심	MPS 중심
생산계획	안정된 MPS 필요	변경이 잦은 MPS 수용
공급자와의 관계	구성원 입장에서의 장기거래	경제적 구매위주의 단기거래
적용분야	반복적 생산	비반복적 생산(주문생산, 로트생산 등)
발주(생산)로트	준비비용 축소에 의한 소로트	경제적 발주량(생산량)
품질관리	100% 양품 추구	약간의 불량은 인정
관리도구	눈으로 보는 관리	컴퓨터 처리

10 MRP-II, ERP, DRP 등

(1) MRP-II 시스템

① **MRP-II 시스템의 정의**: MRP-II, 즉 제조자원계획은 재고관리, 생산현장관리, 자재소요량 관리 등의 생산자원계획과 통제과정에 있는 여러 기능들이 하나의 단일시스템에 통합되어 생산관련 자원투입의 최적화를 통한 생산성향상을 목적하는 시스템이다.

② **MRP 시스템과의 차이**: MRP 시스템과의 차이점은 생산자원의 능력소요계획과 일정계획 (Scheduling)을 수립하는 것이다. MRP-II는 제조활동의 계획관리뿐만 아니라 재무와 마케팅에서의 계획과 관리를 포괄한 시스템으로 기업에서의 모든 자원을 관리하는 전사적 정보시스템으로 확장된다.

(2) ERP 시스템

전사적 자원계획(ERP)은 기업 내의 설계, 생산, 물류, 재무, 영업, 회계, 인사 등 기업의 전반적인 업무 프로세스를 유기적으로 연결하여 하나의 체계로 통합·재구축하고 정보를 서로 공유하여 기업의 경영상태를 실시간으로 파악할 수 있게 하는 전사적 자원관리 시스템이다.

(3) DRP 시스템

① **DRP의 정의**: 유통자원계획(DRP) 또는 자원분배계획은 고객과 가장 가까운 곳에서 수요데이터를 얻고, 수요를 예측하여 이를 생산계획 수립에 빠르게 반영하는 것을 목적으로 한다. 제조업체의 완제품 창고 이후 소매점(도매점)에 이르는 유통망 상의 재고를 줄이는 데 근본적인 목적이 있다.

② **MRP 시스템과의 차이**

MRP	DRP
• 생산일정에 의해 결정	• 고객의 수요에 의해 결정
• 종속적 수요환경에서 작용	• 독립적 수요환경에서 작용
• 제조나 조립이 완료될 때까지 재고통제	• 완제품이 공장창고에 도착하면 재고통제
• 생산과 관련된 자재에 관한 생산관리 시스템	• 생산이 완료된 후의 판매에 관한 판매관리 시스템

(4) VMI

① **VMI의 의의**: 공급자주도 재고관리(VMI)는 재고를 줄이기 위한 기법의 하나로, 벤더(공급자)가 POS데이터 대응하여 재고를 관리하는 것을 의미한다.

② **VMI의 목적**: VMI의 목적은 공급체인(supply chain)상에서 고객의 요구를 보다 효과적으로 충족시키기 위하여 생산계획·수발주 프로세스를 간소화시키고 인터넷에 의한 수요예측정보에 의하여 적시·적기에 신속하게 납품에 대응하는 것이다.

③ **VMI의 유용성의 전제**: VMI는 기간시스템(ERP)과의 기준정보가 실시간 상호간에 연계·연동되고 정보공유를 통한 상호간의 신뢰성의 향상을 위하여 상호 협력관계와 관리의 요소를 고려하여야 효과적 운용이 가능하다.

11 SCM

(1) SCM의 개념과 필요성

① **SCM의 개념**

㉠ 공급사슬관리(SCM)는 원자재 공급자로부터 생산자, 유통업자 그리고 최종 소비자에 이르는 공급사슬(supply chain)의 전 과정에 있어서 물자와 자금, 정보의 흐름을 전체적 관점에서 일원적으로 통합하여 관리하기 위한 물류경영전략의 한 기법이다.

㉡ SCM은 고객서비스 수준을 만족시키면서 전체 시스템의 비용을 최소화할 수 있도록 제품이 적절한 수량으로, 적절한 장소에, 적절한 시간에 생산과 유통이 가능하도록 공급사슬을 효율적으로 통합하기 위해 구축되는 시스템이다.

② **SCM의 목표**: SCM은 운송과 재고를 효율적으로 관리하고 고객 만족도를 높이기 위해 전체 공급사슬 또는 파이프라인을 마치 하나의 시스템처럼 통합 관리한다. 즉 실시간(real time) 정보공유와 협력을 통해 공급경로를 단축하고, 수요의 불확실성 및 재고과잉 등의 부작용을 최소화하려는 것이다.

③ **SCM 등장배경**

㉠ 부가가치의 많은 부분이 제조공정 이외에서 창출

㉡ 기업환경의 글로벌화

㉢ 외부의 불확실성의 증가

㉣ 채찍효과(Bullwhip effect)의 심화

㉤ 기업의 아웃소싱 경향의 증가

㉥ 고객요구의 다양화 및 소량화

㉦ 제품 라이프사이클(PLC)의 단축

㉧ 정보기술의 발전

(2) SCM의 필요성: 채찍효과

① **채찍효과의 정의**

㉠ 채찍효과(Bullwhip effect)는 공급사슬에서 최종 소비자로부터 멀어져 상류로 갈수록 정보가 지연되거나 왜곡되어 수요와 재고의 불안정이 확대되는 현상을 말한다.

㉡ 이러한 정보의 왜곡현상으로 공급사슬 전체에서 재고가 증가하고 고객서비스의 수준은 낮아지며, 생산능력 계획의 오류, 운송상의 비효율 등과 같은 현상이 나타나 제품비용을 전반적으로 상승시켜 기업의 경쟁력을 약화시키게 된다.

② **채찍효과의 발생요인** : 채찍효과의 주요 원인으로는 여러 부문에서의 중복적인 수요예측, 일괄주문에 의한 주문량의 변동 폭 증가, 결품에 대한 우려로 경쟁적인 주문증대에 의한 가수요, 고가 또는 저가정책에 의한 선행 구입, 긴 리드타임 등을 들 수 있다.

③ **채찍효과의 해결방안** : 채찍효과를 줄이는 방법으로는 실시간(real time) 주문처리, 불확실성의 제거, 주문량의 변동폭 감소, 리드타임의 단축 등을 들 수 있다.

ㄱ 공급사슬 전반에 걸쳐 수요에 대한 정보를 집중화하고 공유함으로써 불확실성을 제거해야 한다.

ㄴ 안정적인 가격을 유지할 수 있는 상시저가 전략(EDLP) 등을 통해 소비자 수요의 변동 폭을 줄여야 한다.

ㄷ 공급사슬 구성원 간 정보의 실시간 공유를 위한 정보기술(IT) 전략수립 및 운용이 필요하다.

ㄹ 제품을 생산하고 공급하는데 소요되는 주문 리드타임(lead time)과 주문이 처리되는 데 소요되는 정보 리드타임을 단축시킨다. 예를 들면 크로스 도킹(cross-docking)에 의해 주문 리드타임을 줄이고, EDI를 통해 정보 리드타임을 단축시키는 것을 필요하다.

ㅁ 정보가 공유되고 공급사슬상에서 재고가 관리되기 위한 전략적 파트너 십을 구축해야 한다. 예를 들면 공급자주도 재고관리(VMI)나 지속적인 재고보충(CRP) 등을 도입하는 것이다.

ㅂ 제조업체의 세일즈맨 업무평가를 소매상에게 판매한 실적이 아니고 소매상이 소비자에게 판매한 실적기준으로 평가하거나, POS 데이터에 의한 정보공유가 이루어져야 한다.

(3) SCM의 기원과 적용부분

① **SCM의 기원**

ㄱ SCM의 기원은 1980년대 중반에 미국의 의류제품부문에서 일었던 QR(Quick Response)에서 찾을 수 있다. QR의 도입으로 미국 의류업계와 유통업체는 매출증대 및 재고감소를 가져 왔다.

ㄴ 이후 1993년에는 가공식품산업에서 이전까지 관행처럼 되어왔던 과다재고 및 반품의 감소 등을 통한 생산성 증대와 유통산업의 경쟁력 제고를 위해 ECR(Efficient Consumer Response), 즉 효율적 소비자 대응이라는 이름으로 공급사슬 내에 존재하는 비효율을 제거하고자 하였다.

② **SCM의 사례** : SCM은 적용되는 산업별로 그 표현을 달리하고 있다. 즉, 섬유 · 의류부문에서는 QR(Quick Response), 식품 · 잡화 부문에서는 ECR(Efficient Consumer Response), 신선식품 부문에서는 EFR(Efficient Food service Response), 의약품 부문에서는 EHCR(Efficient Healthcare Consumer Response)라고 표현한다.

12 구매관리

(1) 구매관리의 의의

① **구매관리의 정의**: 구매관리(purchase management)는 자재의 최적구매를 위해 계획, 조정, 통제, 평가하는 일련의 과정을 의미한다. 즉 필요한 자재를 적절한 거래선(vendor)으로부터 적절한 품질(quality)을 확보하여 적절한 시기(time)에 필요한 수량(quantity)만을 최소의 비용(cost)으로 입수하기 위한 일련의 관리활동을 말한다.

② **구매관리의 중요성**

㉠ 오늘날 구매관리는 공급사슬(supply chain)의 중요한 부분을 차지하는 동시에, 구매관련 비용은 금액상으로도 매우 높은 비중을 차지하고 있다.

㉡ 과거에는 다수 공급자의 확보에 따른 안정적 공급가능성 증대와 공급자 간 경쟁유도에 따른 가격인하 등이 구매관리의 핵심을 이루었다.

㉢ 그러나 오늘날에는 단일 또는 소수 공급자의 유지, 경매나 기타 단기 구매기법보다는 협상과 장기계약으로의 이행, 품질·조달기간·서비스·안정성 등 특정목적을 달성하기 위한 공급자 육성이 중시되고 있다.

(2) 집중구매와 분산구매

① **집중구매**

㉠ 집중구매(centralized purchase)는 각 부서에서 필요로 하는 자재의 주문을 한 업체에 집중시켜 대량으로 구매하는 방식으로 수요량이나 수요빈도가 높은 품목, 구매량에 따라 가격차가 큰 품목, 대량으로 사용되는 품목, 전사적 공통품목 및 표준품목 등의 구매에 유리하다.

㉡ 대량구매하므로 가격과 거래조건이 유리하고, 공통자재를 종합구매하므로 표준화·단순화가 가능하고 구입단가가 싸며 재고를 줄일 수 있다. 그리고 시장조사나 거래처의 조사, 구매효과의 측정 등이 용이하다는 장점이 있다. 또한 자재수입 등 절차가 복잡한 구매에서 구매절차를 통일하기가 유리하다는 점도 장점이다.

㉢ 단점으로는 입하시간의 지연, 원거리 거래처와의 거래 시 입하일수와 운임 등 추가 손실발생, 공장 간 재고량 파악의 애로, 긴급을 요하는 경우 적시 구매의 애로 등을 들 수 있다.

② **분산구매**

㉠ 분산구매(decentralized purchase)는 각 사업장(또는 부서)마다 필요한 물품을 자율적으로 구매하는 것을 의미한다. 구매절차가 간단하고 비교적 단기간으로 끝나며, 자주적 구매가 가능하고 사업장의 특수한 요구가 반영되는 것이 장점이다. 또한 긴급수요가 발생할 때 신속히 대응할 수 있고, 구매선이 사업소에서 가까운 곳에 있는 경우에 운임이나 그 밖의 모든 것이 값싸게 지불되고 납입서비스에 유리하다.

㉡ 분산구매에 적합한 품목으로는 사무용 소모품, 구매량에 따른 가격차이가 없는 품목, 소량·소액 품목 등을 들 수 있다.

◉ 집중구매와 분산구매

구 분	적용대상 품목	장 점	단 점
집중 구매	• 전사공통품목 • 표준품목 • 수요가 높은 품목 • 구매량별 가격차 큰 품목	• 가격과 거래조건 유리 • 절차 복잡한 구매에 유리 • 시장조사, 거래처조사 용이 • 구매효과 측정 용이	• 각 구매부서별 자주성 없 고, 수속 복잡함 • 긴급조달 곤란 • 각 공장별 재고상황 파악 곤란 • 조달기간과 운임증가
분산 구매	• 시장성 품목 • 가격차 없는 품목 • 소량 · 소액 품목 • 사무소모품 • 수리부속품	• 자주적 구매 가능 • 사업장의 특수요구 반영 용이 • 긴급수요의 경우 유리 • 구매수속 신속히 처리	• 본사 방침과 다른 자재를 구입하는 경우가 발생 • 구입경비가 많이 들고 구 입단가가 비쌈 • 구입처와 거리가 먼 경우 적절한 자재구입 곤란

제2편 하역론

제1장 하역의 개요

1 하역의 의의와 운반관리

(1) 하역의 정의와 범위

① **하역의 정의**: 하역(cargo-working)은 각종 운반수단에 화물을 싣고 내리는 작업은 물론, 화물을 창고에 넣고 꺼내는 작업, 창고 내에서 운반하고 분류하고 모으는 작업과 이에 부수되는 작업을 총칭하는 개념이다. 즉 물류활동에서 물품의 싣기와 내리기, 운반하기, 쌓기, 꺼내기, 분류하기, 품목 갖추기, 정돈하기 등의 작업 및 이에 수반되는 제반작업을 말한다.

② **하역의 의의**: 하역은 운송, 보관, 포장 등의 주요 물류활동을 지원하는 역할을 하므로 그 자체로서는 가치를 창출하지 않지만, 물(material)에 대한 시간적 효용과 장소적 효용의 창출을 지원하는 역할을 한다.

③ **하역의 범위**: 하역작업은 운송기관인 자동차, 철도, 선박, 항공기 등에서 이루어지는 화물의 상 · 하차 작업, 운송기관 상호 간의 환적작업, 창고의 입 · 출고작업 등 그 범위가 매우 넓다. 그러나 제조공정이나 검사공정은 하역의 범주에 포함되지 않는다.

(2) 하역작업의 구성요소

① **적하**(loading & unloading) : 운송기기 등에 물건을 싣고(적입) 내리는(적출) 작업을 말한다. 특히 컨테이너에 화물을 넣는 작업을 배닝(vanning), 꺼내는 작업은 디배닝(devanning)이라고 한다.

② **운반**(carrying) : 화물을 한정된 공간에서 비교적 단거리로 이동시키는 작업으로, 생산·유통·소비활동 등 어느 경우에도 운반은 수반된다. 운반은 동작, 시간, 수량, 공간의 4요소로 성립된다.

③ **적재**(stacking) : 화물을 창고 등의 보관시설 또는 장소에 정해진 위치와 형태로 쌓는 작업을 말한다.

④ **반출**(picking) : 보관장소에서 물건을 꺼내는 작업을 말한다. 출고 피킹, 오더 피킹의 작업이 중심을 이룬다.

⑤ **분류**(sorting) : 물건을 품종별, 발송처별, 고객별, 지역별 등으로 나누는 작업을 말한다.

⑥ **정돈** : 상품구색 갖추기를 의미하는 것으로, 출하하는 화물을 운송기관에 바로 실을 수 있도록 준비하는 작업이다.

(3) 하역과 관련된 용어

① **래싱**(lashing) : 운송기기에 실려진 화물을 안전을 위하여 움직이지 않도록 줄로 묶는 작업을 말한다.

② **더니지**(dunnage) : 운송기기에 실려진 화물이 손상 및 파손되지 않도록 화물의 밑바닥이나 틈 사이에 깔거나 끼우는 물건을 말한다.

③ **쇼링**(shoring) : 각목이나 판재 등의 지주를 이용하여 화물을 고정시키는 작업을 의미한다.

④ **초킹**(chocking) : 화물 사이나 화물과 컨테이너 벽면 사이를 각재 등의 지주로 수평방향으로 고정시키는 작업을 의미한다. 때로는 쿠션 등을 끼워 고정시키기도 한다.

(4) 운반관리의 의의

① **운반관리의 정의**

　㉠ 운반관리(Material Handling)는 한정된 구내에서 '물자를 취급하고 이동시키는 작업'을 말한다. 즉 운반관리는 그 형상을 불문하고 모든 물자의 이동, 포장, 저장 및 통제에 관한 기술과 과학을 말한다.

　㉡ 물자흐름의 기술(technic)이라고 할 수 있는 운반관리는 제조공장만이 아니라 물류센터, 창고, 부두, 공항 등의 물자의 흐름이 있는 곳에 필요한 물자의 관리기술이다.

② **운반관리의 4요소**

　㉠ 동작(motion) : 재료, 부품, 제품을 필요로 하는 분야로 보다 경제적이고 합리적으로 운반한다.

ⓒ 시간(time) : 제조공정이나 기타 필요한 장소에 필요한 것을 적시에(right time) 공급한다.
ⓓ 수량(quantity) : 필요량의 변화에 대응하여 정확한 수량, 중량, 용량을 공급한다.
ⓔ 공간(space) : 공간, 장소를 계통적이고 효율적으로 이용한다.

(5) 운반관리의 개선

① 운반관리의 주안점 : 운반관리의 주안점은 직선의 흐름(straight line flow), 계속적인 흐름(continuous flow), 최소의 노력과 시간(least handling), 작업의 집중화(concentration operation), 생산작업의 극대화(maximum work production) 등이다.

② 운반관리의 개선원칙 : 운반관리의 작업을 개선하기 위한 원칙으로 노동 단축(수고를 줄여라), 거리 단축(운반거리를 줄여라), 기계화(기계를 사용하라) 등이 제시되고 있다. 그리고 이를 위해 공급선의 집중화, 화물의 단위화, 작업시간의 표준화, 크로스 도킹의 구현 등이 강조되고 있다.

2 하역합리화의 의의와 원칙

(1) 하역합리화의 의의

① 하역합리화의 필요성 : 하역은 운송 및 보관에 수반하여 발생하는 부수작업이므로, 하역 그 자체로는 가치를 창출하지 않는다. 그러나 운송과 보관의 전후에는 하역작업이 수반되기 때문에 하역합리화가 필요하다.

② 하역합리화와 물류합리화 : 원재료의 조달에서부터 생산, 소비에 이르는 물류의 전 영역에서 하역이 개입된다. 따라서 물류비용의 절감과 고객서비스의 향상을 목적으로 하는 물류합리화에서 하역합리화는 매우 중요한 비중을 차지한다.

(2) 하역합리화의 기본원칙

① 하역 경제성의 원칙 : 불필요한 하역작업을 줄이고 가장 경제적인 하역 횟수로 하역이 이루어지도록 하여 화물의 파손, 손실을 최소화시키는 원칙이다. 하위원칙은 다음과 같다.

하위원칙	내 용
운반 순도(purity)의 원칙	필요 이상의 과대포장으로 중량이나 용적을 불필요하게 크게 하여 운임이나 운반비, 하역비가 필요 이상 부담되지 않도록 고려해야 한다.
최소 취급(least handling)의 원칙	생략해도 지장이 없는 하역이나 운반은 줄여서 다시 취급하거나 임시로 놓아두는 행위를 줄이도록 한다.
수평 직선(straight line)의 원칙	운반거리를 직선으로 하는 것이 최단거리이고 교차, 지그재그, 왕복 등의 운반의 혼잡을 초래하는 요인을 없앨 수 있다. 또한 하역작업의 톤 킬로(하역작업 대상의 중량×이동거리)를 최소화하여야 한다.

② **이동거리 및 시간 최소화의 원칙**: 하역작업의 이동거리를 최소화하는 원칙이다. 물자가 이동하는 수·배송, 보관활동 등에 있어서 기본이 되는 원칙으로 물류비용과 직접 연결된다.

③ **활성화의 원칙**: 운반활성지수를 최대화하는 원칙으로 지표와 접점이 작을수록 활성지수는 높아지며 하역작업의 효율이 증가한다. 활성지수란 놓여있는 물건을 다음 동작으로 옮기기 쉽게 놓아 있는 상태를 정도로 나타나는 지수를 말하는 것으로 다음과 같다.

활성지수	물건을 놓아 둔 상태
0	바닥에 낱개의 상태로 놓여 있음
1	상자 속에 들어 있음
2	파렛트나 스키드(skid) 위에 놓여 있음
3	대차 위에 놓여 있음
4	컨베이어 위에 놓여 있음

④ **유닛로드의 원칙**: 화물을 어떤 특정단위(중량 혹은 부피)로 단위화하는 원칙을 말한다. 유닛트화(파렛트화, 컨테이너화)함으로써 화물의 손상, 감모, 분실 등을 방지하고 하역작업의 효율화를 촉진할 수 있다.

⑤ **기계화의 원칙**: 인력작업을 기계작업으로 대체하여 생력화하는 원칙으로, 자동화를 통해 하역작업의 효율성과 경제성을 증가시키게 된다.

⑥ **중력이용의 원칙**: 화물은 중력의 법칙에 따라 위에서 아래로 움직이는 것이 용이하며, 운반 코스트의 관점에서 경제적이다.

⑦ **시스템화의 원칙**: 개개의 하역활동을 유기체로서의 활동으로 간주하는 원칙이다. 종합적인 관점에서 시스템 전체의 균형을 염두에 두고, 시너지 효과를 올리는 것이 시스템화의 기본원칙이다.

⑧ **인터페이스의 원칙**: 인터페이스의 원칙은 하역작업에서 공정 간의 접점이 원활하게 소통하도록 하는 것을 뜻한다.

⑨ **흐름의 원칙**: 하역작업에서의 흐름이 연속적이 되도록 하여야 한다는 것을 의미한다.

⑩ **표준화의 원칙**: 하역작업을 표준화하여 하역작업의 효율성을 추구하는 원칙이다.

⑪ **취급균형의 원칙**: 작업의 흐름은 애로공정에 의해 좌우된다. 하역작업도 공정의 능력을 파악하고, 평준화 계획을 수립하여 최대의 효과를 발휘할 수 있도록 이루어져야 한다는 원칙이다.

3 하역시스템의 의의와 원칙

(1) 하역시스템의 의의

① **하역시스템의 개념** : 하역시스템은 하역관련요소를 유기적으로 결합하여 하역작업에 필요한 시간, 노력, 경비 등을 최소화하고, 물류기능의 향상을 도모하여 물류비의 절감은 물론이고 물류활동이 신속하고 정확하게 이루어지도록 체계화하는 것을 의미한다.

② **하역시스템의 목표** : 하역시스템이 추구하는 목표는 하역코스트의 절감, 노동환경의 개선, 생력화 및 에너지 절감, 범용성과 융통성 및 안전성 등에 있다.

(2) 하역시스템의 기본요소

① 하역작업의 결정요소

구 분	외적요소	내적요소
특 징	• 작업단위 물자의 형상, 중량, 치수 • 하역의 목적 • 하역에 따른 소요능력 • 운송수단의 제원	• 사용시설 • 작업동작 전후의 물자상태에 필요한 변화 • 다음 동작과의 연계성 • 하역기기의 종류, 능력, 조합 등 • 안전성, 노동력, 탄력성

② 하역시스템의 기본요소

　㉠ 하역시스템의 표준화

　㉡ 하역시스템의 기계화 및 자동화

(3) 하역현대화의 원칙

① **하역의 기계화** : 하역기기의 효율적인 활용과 기계화 · 자동화 · 무인화를 실현한다. 지게차, 크레인, 컨베이어, 대차(견인대차, 자동대차, 계단승강용 대차 등), 수직반송기기, 무인반송차 등을 이용한다.

② **하역의 규격화** : 거래와 물류기준에 따른 하역의 규격화 · 표준화 · 통일화를 촉진한다. 거래유통의 기준으로는 거래용 전표, 코드, 양식 등을 통일하고, 물류의 기준으로는 파렛트, 모듈치수, 컨테이너, 나무상자, 골판지 상자, 랙 등의 규격을 정한다.

③ **하역의 시스템화** : 하역을 시스템화하기 위해 유닛로드(unit load), 하역기계화, 운송 · 보관 등의 일관화, 합리화가 필요하다.

제 2 장 | 유닛로드 시스템(ULS)

1 유닛로드 시스템의 개요

(1) 유닛로드 시스템의 정의

① 일반적인 정의

⑤ 유닛로드 시스템(Unit Load System : ULS)은 하역합리화를 도모하기 위한 것으로 '화물을 일정한 중량(weight) 또는 체적(volume)으로 단위화하여 기계를 이용해서 하역하는 시스템'을 말한다.

⑥ 유닛로드 시스템(ULS)은 하역작업의 기계화 및 자동화, 화물의 파손방지, 적재의 신속화, 차량회전율의 향상 등으로 물류비를 절감하기 위해 활용한다.

② **유닛로드의 의미** : 한국산업표준(KS)에 따르면 "유닛로드란 운송, 보관, 하역 등의 물류활동을 합리적으로 처리하기 위하여 복수의 물품 또는 포장화물을 기계·기구에 의한 취급에 적합하도록 하나의 단위로 정리한 화물"을 의미한다.

③ **유닛로드 시스템의 목적** : 유닛로드 시스템은 화물 취급단위에 대한 단순화와 표준화를 통하여 기계하역을 보다 용이하게 하고, 하역능력 향상과 비용절감을 꾀할 수 있으며, 운송 및 보관업무의 효율적인 운용과 운송포장의 간이화를 가능하게 하는 데 있다.

(2) 유닛로드 시스템의 구성

① **파렛트를 이용하는 방법**

⑤ 파렛트에 적재된(pallet load) 상태로 일관하여 운송(palletization)할 수 있고, 포장의 표준화에 의한 포장비의 절감 및 화물파손의 감소 등 물리적·경제적 양면에서 효과가 있다.

⑥ 파렛트 로더(pallet loader)를 사용하여 생산라인에 연결하여 생산된 제품을 파렛트 위에 적재한 다음 이를 곧바로 자동화 창고에 입고·보관시키고 있어 보관합리화 및 출하관리에도 효율적으로 이용되고 있다.

② **컨테이너를 이용하는 방법**

⑤ 컨테이너(container)는 운송 중 외부의 충격에도 견딜 수 있는 구조로 되어 있어 운송의 효율성을 높일 수 있는 기기이다.

⑥ 컨테이너 사용의 장점은 운송 능률향상과 운송기관과의 연결을 원활하게 할 수 있으며, 일관운송을 가능케 하여 각 운송매체의 특징을 발휘할 수 있다.

■ 2 유닛로드 시스템 구축의 효과

(1) 유닛로드 시스템 구축의 목적

유닛로드의 목적은 화물취급 단위에 대한 단순화와 표준화를 통하여 기계하역을 쉽게 하고, 하역능력향상, 비용절감, 운송 및 보관업무의 효율적인 운용, 운송포장의 간소화하는 데 있다.

① 작업효율 향상

② 운반의 활성화

③ 작업의 표준화에 따라 작업관리가 용이

④ 물품의 보호효과

⑤ 비용절감 효과

⑥ 하역의 합리화

(2) 파렛트 이용 시의 효과

① 인건비와 운송비의 절감, 인력의 절감

② 제한된 공간을 유효 이용과 화물의 적재효율 향상

③ 운반관리 시스템에 의한 신속한 운송

④ 운송기구의 회전기간 단축, 하역시간 단축

⑤ 재고 조사의 편의성

⑥ 단위포장으로 포장의 용적감소

(3) 컨테이너 이용 시의 효과

① 불필요한 포장비 절약

② 신속한 선하증권의 발급으로 이자 및 보험료 절약

③ 생산능률의 향상

④ 운송비 및 항만하역비의 절약

⑤ 안전한 운송

제3장 | 일관파렛트화

1 파렛트의 의의

(1) **파렛트의 정의**

① **일반적 정의**: 파렛트(pallet)는 화물의 운송, 하역 및 보관에 쓸 수 있는 가로, 세로의 크기가 일정한 깔판이고, 파렛트화는 화물의 규격화에 의한 하역의 능률을 높이기 위해 화물을 일정한 규격의 크기가 되도록 파렛트 위에 정해진 치수로 쌓고 파렛트와 화물을 함께 묶어서 규격화는 방법을 의미한다.

② **한국산업표준(KS)의 정의**: 한국산업표준에서는 "파렛트는 하역운반기기에 의한 물품의 취급을 편리하게 하기 위한 물품을 싣는 면을 가진 것"으로 정의한다.

(2) **파렛트 사용의 선행조건**

① 파렛트 치수의 표준화

② 적정한 설비기기의 개발

③ 화물 무너짐 방지책의 강구

④ 운송요금 체계의 개선

⑤ 효과와 비용부담의 명확화

⑥ 파렛트 운용관리시스템의 확립

(3) **자사 파렛트와 임대 파렛트**

구 분	자사 파렛트	임대 파렛트
장 점	• 언제나 필요로 할 때 편리하게 사용할 수 있다. • 자체 내 파렛트 풀제 도입이 용이하다. • 자사에서 필요한 규격을 임의로 선택, 도입할 수 있다.	• 공 파렛트의 회수가 불필요하다. • 성수기, 비수기의 양적 조정이 가능하다. • 표준 파렛트 도입이 용이하다. • 경비가 절감된다.
단 점	• 공 파렛트 회수가 곤란하고 비용이 많이 든다. • 성수기와 비수기의 양적 조정이 곤란하다. • 규격 파렛트의 보급이 곤란하다.	• 긴급을 요할 때 공급이 곤란하다. • 회사 간 이동 시 회수가 곤란하다. • 모든 포장단위를 임대 파렛트에 맞추어야 한다.

(4) **표준규격 파렛트**

① **한국의 표준규격**: 우리나라의 표준파렛트인 T-11형(1,100mm × 1,100mm) 파렛트는 아시아 · 태평양 지역의 유일한 ISO 국제표준규격이다. 국제적으로 가장 널리 이용되고 있는 파렛트는 1,200mm × 1,000mm 규격이다.

② 국제표준 파렛트의 규격

정사각형(단위, mm)	직사각형(단위, mm)
• 1,140 × 1,140(호주 표준규격)	• 1,200 × 800(유럽표준 규격)
• 1,100 × 1,100(아시아·태평양지역 규격)	• 1,200 × 1,000(독일, 네덜란드규격)
• 1,067(42″) × 1,067(42″)	• 1,219(48″) × 1,016(40″)(미국 표준규격)

(6) 기타 파렛트의 종류

① **포스트 파렛트**(Post Pallet) : 상부 구조물이 없는 평면 파렛트와 달리 상부에 기둥이 있는 파렛트로 기둥 파렛트라고 한다.

② **롤 상자형 파렛트**(Roll Box Pallet) : 받침대 밑면에 바퀴가 달린 롤 파렛트 중 상부구조가 박스인 파렛트로 최근에 배송용으로 많이 사용된다.

③ **시트 파렛트**(Sheet Pallet) : 1회용 파렛트로 목재나 플라스틱으로 제작되어 가격이 저렴하고 가벼우나 하역을 위해서는 push-pull 장치를 부착한 지게차가 필요하다.

④ **스키드 파렛트**(Skid Pallet) : 핸드리프트(hand lift)로 하역할 수 있도록 만들어진 단면형 파렛트이다.

⑤ **사일로 파렛트**(Silo Pallet) : 주로 분말체를 담는 데 사용되며 밀폐상의 측면과 뚜껑을 가지며 하부에 개폐장치가 있는 상자형 파렛트이다.

⑥ **탱크 파렛트**(Tank Pallet) : 주로 액체를 취급하는 데 사용되며 밀폐상의 측면과 뚜껑을 가지며 상부 또는 하부에 출입구가 있는 상자형 파렛트를 말한다.

⑦ **플래턴 파렛트**(Platen Pallet) : 평판 모양의 파렛트로서 항공기 탑재용 파렛트가 대표적이다.

(7) 파렛트의 적재방법

① **교대 배열 적재** : 동일한 단내에서는 동일한 방향으로 물품을 나란히 쌓지만 단별로는 방향을 90도로 바꾸거나 교대로 겹쳐쌓는 방식이다. 교호열 적재라고도 한다.

② **벽돌 적재** : 동일한 단에서는 물품을 가로 세로로 조합해 쌓으며, 다음 단에서는 방향을 180도로 바꾸어 교대로 겹쳐 쌓는 방식이다.

③ **핀휠 적재** : 중간에 둔 공간을 중심으로 풍차 모양으로 둘러쌓되 단간에는 교대로 방향을 바꾸어 겹쳐 쌓는 방식이다. 핀홀(Pinhole) 적재라고도 한다.

④ **스플릿 적재** : 벽돌 적재의 일종이나 물품 사이에 공간을 두고 쌓는 방식이다.

⑤ **블록 적재** : 각 단의 쌓아올리는 모양과 방향이 모두 같은 방식이다(일렬 적재 또는 막대기 적재).

(8) **파렛트의 적재율**

$$파렛트\ 적재율 = \frac{상자의\ 가로(m) \times 세로(m) \times 적재수량}{파렛트의\ 가로(m) \times 세로(m)} \times 100$$

2 일관파렛트화

(1) **일관파렛트화의 의의**

① **일관파렛트화의 정의** : 일관파렛트화(palletization)란 화물의 출발지점으로부터 최종도착지점까지 파렛트상에 화물이 적재된 상태 그대로 운반, 하역, 운송 및 보관하는 방식을 말한다.

② **일관파렛트화의 의의** : 일관파렛트화는 유닛로드 시스템(ULS)의 구축을 위한 한 전제가 된다. 즉 물류합리화를 위해 유닛로드 시스템을 구축하기 위해서는 파렛트의 표준화가 필수적이고, 파렛트의 표준화가 이루어져야 일관파렛트화 및 파렛트 풀 시스템(PPS) 구축, 물류공동화를 이룰 수 있다.

(2) **일관파렛트화의 장점**

① 하역인원의 감축

② 하역시간의 단축

③ 화물 훼손의 감소

④ 포장비의 절감

⑤ 운임 및 통운료의 절감

⑥ 노동조건의 향상

⑦ 운송효율의 향상

3 파렛트 풀 시스템(PPS)

(1) **파렛트 풀 시스템의 의의**

① **파렛트 풀 시스템의 정의** : 파렛트 풀 시스템(Pallet Pool System : PPS)은 표준화된 파렛트를 서로 교환할 수 있도록 하여 여러 화주와 물류업자들이 파렛트를 공동으로 이용하는 제도이다. 파렛트 풀 시스템은 일관파렛트화(palletization)의 문제점인 공파렛트의 회수난을 해결하기 위한 시스템이다.

② **파렛트 풀 시스템의 목적** : 파렛트 풀 시스템은 일관파렛트화를 구축할 때 발생하는 공파렛트의 회수에 걸리는 시간과 비용문제, 분실에 대한 우려, 다량의 파렛트 준비에 따르는 비용문제를 해결하려는 시스템이다. 이러한 문제에 대한 해결을 통해 궁극적으로는 물류비용의 절감 등 물류합리화를 도모하려는 시스템이라고 할 수 있다.

⑵ 교환방식 풀 시스템

① **교환방식의 의의** : 교환방식은 유럽 각국에서 채용되고 있는 국유철도회사를 중심으로 운영된다. 발하주가 화물의 운송을 철도회사에 위탁하는 동시에 동수의 파렛트를 철도회사에서 인수하면, 착하주는 화물을 인수할 때에 동수의 파렛트를 철도회사에 건네주는 방식이다.

② **교환방식의 장·단점**

  ㉠ 파렛트를 동시에 교환하어 사용하므로 파렛트의 분실에 대한 우려, 회수에 따르는 시간과 비용문제 등이 해결된다.

  ㉡ 그러나 관계 당사자가 언제나 교환에 응할 수 있는 파렛트를 준비하지 않으면 안되고, 또 파렛트의 교환을 제대로 하기 위해서는 언제나 정비상태가 양호한 파렛트를 준비해 놓을 필요가 있다.

⑶ 리스·렌탈방식 풀 시스템

① **리스·렌탈방식의 의의** : 오스트레일리아에서 운영하고 있는 파렛트 풀 시스템이 리스·렌탈방식의 가장 전형적인 형태이다. 발화주가 가까운 데포(depot)에서 공급되는 파렛트를 빌려 화물을 운송하면 착화주는 공파렛트를 가까운 데포에 반납하는 방식이다.

② **리스·렌탈방식의 장·단점**

  ㉠ 파렛트의 이용자가 교환을 위한 동질·동수의 파렛트를 준비해 놓을 필요가 없다는 장점이 있다.

  ㉡ 하주가 특정지역에 편재됨으로써 특정 데포에 파렛트가 쌓이는 곳이 발생한다.

  ㉢ 렌탈회사의 데포에서 하주가 위치한 곳까지 공파렛트 운송이 필요하다.

⑷ 교환·리스 병용 풀 시스템

① **교환·리스 병용방식의 의의**

  ㉠ 교환·리스 병용방식은 앞에서 본 교환방식과 리스·렌탈방식의 단점을 보완한 방식으로 하주가 A지점으로부터 B지점으로 화물을 운송하는 경우 송하인, 수하인, 운송회사는 각기 가까운 리스회사의 데포(depot)에서 필요한 양의 파렛트를 렌탈한다.

  ㉡ 그 다음에 송하인은 파렛트에 화물을 적재하여 A지점에서 운송회사의 공파렛트와 교환하고, 운송회사는 이를 B지점까지 운송한 후 수하인이 렌탈한 공파렛트와 교환하여 화물을 인도한다.

  ㉢ 이때 송하인, 수하인, 운송회사는 빈 파렛트가 회수되는 시점에서 가장 가까운 파렛트 데포에 반환함으로써 대차관계를 정리하게 된다.

② **교환 · 리스 병용방식의 장 · 단점**: 교환 · 리스 병용방식은 교환방식과 리스 · 렌탈 방식보다는 편리하나 운송회사에게 파렛트를 렌탈하여 반환해야 한다는 책임이 추가됨으로써 실질적인 면에서 대여 파렛트와 교환 파렛트의 양자를 관리해야 되기 때문에 운영상의 어려움이 많아 크게 활성화되지 못하고 있다.

⑸ **대차결제 방식**

대차결제 방식은 교환방식의 단점을 보완하기 위하여 1968년 스웨덴의 파렛트 풀 회사에서 개발한 제도로 국유철도 역에서 파렛트를 즉시 교환할 필요는 없고, 파렛트 화물이 도착한 날로부터 3일 이내에 반환하면 되는 방식이다.

4 분류시스템

⑴ **분류시스템의 정의와 특징**

① **분류시스템의 정의**: 분류(sorting)란 개개의 인위적 정보를 가진 물품을 그 정보에 따라 구분하여 정해진 장소에 모으는 작업을 말한다.

② **분류시스템의 도입이유**

　㉠ 생산성의 향상

　㉡ 고객서비스의 향상

　㉢ 생력화

　㉣ 분류시간의 단축

　㉤ 분류오류의 감소

⑵ **자동 분류장치의 유형**

① **다이버터(Diverter) 방식**: 화물이 진행하는 방향에 대해서 컨베이어 위에 비스듬한 암(Arm)을 내서 물품을 분류하는 방식으로 물품을 1개씩 분류하는 것이 가능하며, 연속적으로 분류하는 것도 가능하다.

② **돌출롤러(Pop-up Roller) 방식**: 화물이 진행하는 방향에 대해서 물건의 흐름을 바꾸기 위해 롤러가 체인 컨베이어의 롤러나 체인 사이에서 솟아오르는 방식이다.

③ **경사트레이 컨베이어(Tilt Tray Conveyor) 방식**: 트레이 또는 버켓을 기울이거나 바닥면을 열어서 떨어뜨려 분류하는 방식이다.

④ **슬라이드 슈(Slide Shoe) 방식**: 반송면에 튀어나온 기구를 넣어 단위화물을 함께 이동시키면서 압출하는 소팅 컨베이어방식 등이다.

⑤ **밀어내는(Pusher) 방식**: 화물을 컨베이어에 흐르는 방향에 대해서 직각으로 암(Arm)으로 밀어내는 방식으로 구조가 간단해서 어떤 컨베이어와도 연결이 가능하다.

⑥ **슬랫 컨베이어**(Slat Conveyor) **방식** : 슬랫(얇은 널빤지) 컨베이어 방식은 이동 슬랫으로 밀거나 슬랫을 기울여서 분류하는 방식이다.

⑦ **체인트렌스퍼**(Chain Transfer) **방식** : 구동롤러의 롤러와 롤러 사이를 이용해서 컨베이어의 이동방향에 직각으로 롤러 면보다 낮게 몇 개의 체인을 회전할 수 있도록 해두고 있다. 물품을 분기하기 직전에 체인을 회전시킴과 동시에 롤러의 면보다 다소 높게 물품과 함께 밀어올림으로써 컨베이어 위의 물품을 직각으로 분류하는 방법이다.

제 **4** 장　하역기기

■1 하역의 표준화, 기계화

(1) **물류기기**

① **물류기기의 정의** : 물류기기는 "운송, 보관, 하역, 포장, 정보, 유통가공 등의 물류 제기능의 과정에 수반되는 물류활동들을 위해 이용되는 설비, 장비, 기기"라고 정의할 수 있다.

② **물류기기의 분류** : 물류기기는 크게 포장기기, 보관기기, 운송기기, 하역ㆍ운반기기와 공통으로 이용되는 기기로 구분할 수 있다.

구 분	포장기기	보관기기	운송기기	하역ㆍ운반기기	공통기기
종 류	낱포장기기 내포장기기 외포장기기 기타	보관 랙 자동화 창고 기타	육상운송기기 철도운송기기 해상운송기기 항공운송기기	동력운반기기 무동력운반기기	파렛트 컨테이너 정보기기 기타

(2) **하역ㆍ운반기기**

① **하역기계가 필요한 화물** : 하역기계가 필요한 화물로는 중량화물, 많은 인력이 필요한 화물, 액체 및 분립체 등 인력으로 취급하기 곤란한 화물, 인력으로 시간을 맞추기 어려운 화물, 대량 해상운송화물, 작업장의 위치가 높고 낮음으로 인하여 상ㆍ하차 작업이 곤란한 화물, 유해하거나 위험한 화물 등이다.

② **하역ㆍ운반기기 선정 시 고려사항**

㉠ **화물특성** : 화물특성이란 화물의 종류로서, 포장된 물품이나 포장되지 않은 살(bulk)화물 등 최적의 하역기구를 선정하는 중요한 기준이 된다. 포장물의 경우에는 형상, 크기, 중량 등을 감안하여 하역기기를 선택하여야 한다.

ⓛ 작업특성: 작업특성이란 작업의 성질로서 작업량, 계절변동의 유동성, 취급품목의 종류, 운반거리 및 범위, 운송기기의 종류, 로트의 대소에 따른 수배송 특성을 포함한 이들 모든 요인을 전제로 하여 이에 부합된 하역기기를 선택할 필요가 있다.

ⓒ 작업환경특성(작업장의 구조, 여건): 작업환경특성은 그 작업장이 전용인가, 공용인가, 자사소유인가, 임대인가, 물의 흐름은 어떠한가, 시설의 배치 및 건물구조는 어떠한가, 하중은 어느 정도인가 등의 요인을 포함한다.

ⓡ 하역기기의 특성: 하역기기의 특성은 하역기기의 안전성, 신뢰성, 성능, 탄력성, 기동성, 에너지의 절약성, 소음, 공해 등의 특성을 포함한다.

ⓜ 채산성(경제성): 이상의 모든 요소를 감안하여 경제성을 검토하여 기기를 선정한다. 경제성에 관해서는 복수의 대체 안을 작성한 후 비교하여 기기를 선정하여야 한다.

③ **운반·하역기기의 개선시 고려사항**

㉠ 유닛로드 시스템 규격에 적합한 하역·운반장비의 표준화가 필요하다.

㉡ 다품종·소량·다배송처를 고려한 분류 및 피킹의 기계화·자동화가 요구된다.

㉢ 전자기술을 응용한 하역·운반기계의 개발이 필요하다.

㉣ 환경과 안전을 고려한 기기의 개발이 필요하다.

2 컨테이너

(1) 컨테이너의 개요

① **컨테이너의 정의**: 컨테이너(container)란 물건을 수용하는 모든 용기를 지칭하는 것이지만, 운송업계에서 사용되고 있는 컨테이너는 영어로 Freight Container, 또는 Van Container, Mariner Cargo Container 등으로 불리는 운송용 컨테이너를 가리키는 것이 보통이다.

② **컨테이너 이용 시 장·단점**

장 점	단 점
• 포장비, 운송비, 항만하역비, 보험료를 절약할 수 있다. • 신속한 선하증권의 발급으로 이자를 절약할 수 있다. • 생산능률이 향상된다. • 안전한 운송이 가능하다.	• 선박컨테이너 터미널기지 설비 등에 대한 투자가 크다. • 재래화물은 거의 20피트 컨테이너 이하의 양이 많아 빈 컨테이너 회송 혹은 컨테이너 보관장소에 문제가 있다.

③ **컨테이너의 규격**

㉠ 해상운송에서는 20ft, 40ft, 40ft High Cubic, 45ft 컨테이너 등이 주로 사용되고 있다.

㉡ 이 중 20ft 컨테이너를 TEU(Twenty-foot Equivalent Unit)라고 하여 물동량의 산출을 위한 표준적인 단위가 되며, 컨테이너 선박의 적재능력의 표시기준이 되기도 한다.

(2) 용도에 따른 컨테이너의 분류

① **일반용도 컨테이너**(Dry Container) : 일반화물의 운송을 주목적으로 한 컨테이너로 지붕 또는 옆벽에 강성이 있는 개폐장치가 있는 경우도 있다.

② **통기 · 환기 컨테이너**(Ventilated Container) : 통풍을 필요로 하는 수분성 화물, 생피 등을 운송하는 컨테이너이다. 통기컨테이너는 컨테이너 윗부분에 공기구멍을 갖춘 컨테이너이고, 환기컨테이너는 컨테이너 아랫부분 및 위 부분에 공기구멍을 갖춘 것이다.

③ **드라이 벌크 컨테이너**(Dry Bulk Container) : 사료, 곡물 등 분립체 등의 벌크화물을 운송하는 컨테이너로 천정에 적부용 해치가 있고 아랫부분에 꺼내는 문이 있다.

④ **가축용 컨테이너**(Pen Container Live Stock Container) : 소나 말, 양 등 생동물 운송용 컨테이너로 통풍이 잘 되도록 옆면과 전후양면에 창문이 있고, 옆면 하부에 청소구멍이나 배수구 등이 있다. 통상 상갑판에 적재된다.

⑤ **서멀 컨테이너**(Thermal Container) : 냉동 및 보냉을 필요로 하는 화물을 운송하기 위한 컨테이너를 말한다. 특수화물, 즉 온도관리를 필요로 하는 화물의 운송을 주목적으로 한 컨테이너, 단열된 벽, 문, 지붕 및 바닥으로 구성되어 있다.

  ㉠ **냉동 컨테이너**(Refrigerated Container, Reefer Container) : 생선, 육류, 과일, 야채 등 냉동식품이나 의약품 등의 운송에 사용되는 컨테이너이다. -28℃에서+26℃까지 온도조절이 가능하다.

  ㉡ **단열 컨테이너**(Insulated Container) : 냉각 또는 가열장치를 갖지 않은 컨테이너이다. 바깥쪽을 모두 단열재로 덮고 통풍장치를 부착한 컨테이너이다.

⑥ **오픈 톱 컨테이너**(Open Top Container) : 파이프와 같이 길이가 긴 장척화물, 중량물, 기계류 등을 운송하기 위한 컨테이너로 지붕이 가동식, 착탈식 또는 캔버스(canvas)로 되어있는 형태여서 화물을 컨테이너의 윗부분으로 넣거나 하역할 수 있다.

⑦ **플랫폼 컨테이너**(Platform Container) : 기둥이나 벽이 없고 모서리 쇠와 바닥만으로 구성된 컨테이너이다. 중량물이나 부피가 큰 화물을 운송하기 위한 컨테이너이다.

⑧ **플랫 랙 컨테이너**(Flat Rack Container) : 목재, 승용차, 기계류 등과 같은 중량화물을 운송하기 위한 컨테이너로 지붕과 벽을 제거하고 기둥과 버팀대만 두어 전후좌우 및 상부에서 하역할 수 있는 특징을 갖고 있다.

⑨ **사이트 오픈 컨테이너**(Side Open Container) : 옆면이 개방되는 컨테이너를 말한다.

⑩ **탱크 컨테이너**(Tank Container) : 식용유, 술, 장류 등의 식품 및 유류, 화공약품 등과 같은 액체상태의 화물을 운송하기 위하여 특별히 고안하여 만들어진 컨테이너이다. 드럼형 탱크를 장착하고 있다.

⑪ **행잉가먼트**(Hanging Garment) : 가죽 또는 모피와 같은 의류를 운송하기 위한 컨테이너로 행어 컨테이너(Hanger Container)라고도 한다. 내부에 의류의 원형 그대로의 보존상태를 유지하기 위한 필요한 설비를 장착하고 있다.

■ 3 지게차(포크리프트)

(1) 지게차의 의의

지게차, 즉 포크리프트(fork lift)는 포크나 램 등 화물을 적재하는 장치와 이것을 승강(lift)시키는 마스트(mast)를 구비한 하역 자동차를 말한다. 짐을 운반하거나 또는 짐을 2m 정도까지 높이 올릴 수 있는 자주(自走)하는 기계이다. 지게차는 낱개화물의 작업에는 곤란하므로 깔판(스키드)이나 파렛트에 유닛화하여 사용하는 것이 좋다.

(2) 지게차의 종류

① **카운터 밸런스형**: 차체 전면에는 포크와 마스트가 부착되어 있으며, 차체 후면에는 카운터웨이터(무게중심 추)가 설치된 지게차가 일반적이다. 하중능력은 0.5톤에서 30톤까지 있고 2톤, 3톤, 5톤급이 많다. 동력은 내연식과 전동식이 있으며 일반적으로 내연식이 많다.

② **스트래들 리치형**: 차체 전방으로 뻗어나온 주행가능한 아우트리거(Outrigger)로 차체의 안정을 유지하며, 양쪽의 아우트리거 사이로 포크를 내릴 수 있는 형태의 지게차로, 일반적으로 리치형으로 불린다.

③ **사이드 포크형**: 포크와 마스터를 차제후방에 설치한 것으로, 운반·하역 시는 차체측면에 아우터리거를 움직여 차체폭 방향으로 포크승강 장치를 이용하여 화물을 올리고 내린다. 통로가 좁은 창고에서 장척화물을 취급하기에 가장 적합한 지게차이다.

(3) 지게차의 어태치먼트

① **어태치먼트의 의미**
   ㉠ 지게차에는 각종 어태치먼트가 준비되어 있다. 어태치먼트(attachment)란 지게차의 하역장치에 추가 또는 대체하여 통상 이외의 작업에 맞도록 보통 포크와 교환하는 부속장치이다.
   ㉡ 어태치먼트에는 화물의 구멍에 차입 사용하는 램(ram), 크레인 작업을 위한 크레인 암(crane arm), 화물을 회전시키는 회전포크(rotating fork), 포크상의 화물을 밀어내기 위한 푸셔(pusher) 등이 있다.

② **어태치먼트의 주요기능**
   ㉠ 작업의 다기능 및 효율의 증대
   ㉡ 넓은 작업 범위
   ㉢ 화물취급의 효율성 증대

(5) 어태치먼트의 종류

어태치먼트	용 도
램(ram)	화물의 구멍에 삽입하여 사용하는 막대모양의 부속장치로 코일이나 전선 등의 운반·하역에 적합
크레인 암(crane arm)	크레인 작업을 위한 부속장치
덤핑 포크(dumping fork)	백 레스트와 함께 포크를 상하방향으로 기울일 수 있는 부속장치
힌지드 포크(hinged fork)	백 레스트와 별도로 포크를 상하방향으로 기울일 수 있는 부속장치
훅(hook)	포크 또는 램 등에 부착하여 화물을 달아 올리기 위한 부속장치
사이드 쉬프터(side shifter)	핑거 바 등을 가로 방향으로 이동할 수 있는 부속장치
포크 포지셔너(fork positioner)	포크의 간격을 조정할 수 있는 부속장치
리치 포크(reach fork)	포크가 마스트에 대하여 전후로 이동할 수 있는 부속장치
푸셔(pusher)	포크 위의 화물을 밀어내기 위한 부속장치
스프레더(spreader)	컨테이너 등을 달아 올리기 위한 부속장치
클램프(clamp)	화물을 사이에 끼우는 부속장치(grab)로 드럼과 같은 원통형 화물의 운반·하역에 적합
회전 클램프(rotating clamp)	수직면 내에서 회전할 수 있는 장치를 가진 클램프(clamp)
로드 스태빌라이저(load stabilizer)	포크 위에서 화물을 눌러 움직이지 못하게 하는 부속장치
피니스 차저(frunace charger)	원료를 용해로 등에 투입하기 위한 부속장치
머니플레이터(manipulator)	단조물 등을 잡고 회전시키기 위한 부속장치
버킷(bucket)	벌크 화물의 하역에 사용하기 위한 부속장치
회전 포크(rotating fork)	유압으로 포크 지시부 전체가 차체전면으로 360도 회전하는 것

4 컨베이어

(1) 컨베이어의 정의와 종류

① **컨베이어의 정의**: 한국산업표준(KS)에서는 컨베이어(Conveyor)를 "화물을 연속적으로 운반하는 기계"로 정의하고 있다.

② **컨베이어의 종류**: 컨베이어의 기본형은 8가지로 구분하는데, 벨트 컨베이어, 체인 컨베이어, 롤러 컨베이어, 스크루 컨베이어, 진동 컨베이어, 유체 컨베이어, 공기필름 컨베이어, 수직 컨베이어 등이다.

(2) 컨베이어의 종류

① **벨트 컨베이어(Belt Conveyer)** : 수평면 및 경사면에서 반송에 다양하게 사용되고 있고, 경량 물부터 중량물까지 목적에 맞게 광범위하게 사용되고 있다. 고저차가 있는 공정 간의 접속에 의해 사용되는 경우, 급경사에서는 반송물과 벨트의 미끄러짐에 주의해야 한다.

② **체인 컨베이어(Chain Conveyer)**

　㉠ 라인 컨베이어 : 파렛트에 적재한 단위화물 등 중량물의 안전반송에 적합하다. 설비비는 저렴하지만 고속반송에는 적합하지 않다.

　㉡ 트롤리 컨베이어 : 가이드 레일(guide rail)에 따라 입체공간을 자유로 활용해서 반송하는 것이 가능하며, 안전면 또는 고속반송에는 적합하지 않다.

　㉢ 슬랫 컨베이어 : 몇 가닥의 체인에 부착한 짐받이 슬랫을 운반 시에는 수평으로, 돌아올 때 는 수직으로 하여 순환시키고, 각 스테이션에 설치한 자동출입 컨베이어와 연동하여 자동 으로 반송물을 이동 적재하는 수직 컨베이어이다.

③ **롤러 컨베이어(Roller Conveyer)**

　㉠ 프리 롤러 컨베이어 : 반송물의 하중을 이용하여 높은 쪽에서 낮은 쪽으로 흐르게 하는 경 우에 사용된다. 유동 랙 등에 사용되고 있으나, 급경사에서의 사용은 반송물에 충격이 가해 지기 때문에 주의를 요한다.

　㉡ 구동식 롤러 컨베이어 : 수평반송에 많이 사용되며 급경사의 경우에는 반송물과 롤러 간의 미끄러짐 때문에 적합하지 않다.

④ **분류 컨베이어** : 반송물의 형태와 분류속도 및 레이아웃의 분류방법에 따라서 분류방식을 결 정하여 사용한다.

⑤ **수직 반송 컨베이어**

　㉠ 수직 트레이 컨베이어(VT) : 몇 가닥의 체인에 부착한 짐받이 트레이 또는 짐받이 암을 상 하로 움직여서, 각 스테이션에 설치한 자동출입 컨베이어와 연동하여 자동으로 반송물을 이동·적재하는 수직 컨베이어이다.

　㉡ 수직 왕복 컨베이어(VR) : 몇 가닥의 체인에 부착한 짐받이 컨베이어를 상하로 움직여서 각 스테이션에 설치한 자동 출입 컨베이어와 연동하여 자동적으로 반송물을 이동·적재하 는 수직컨베이어이다.

⑤ **플로우 컨베이어(Flow Conveyor)** : 밀폐된 상태로 체인이나 케이블로 이동시키는 특수 컨베 이어로 주로 분립체(시멘트, 곡물 등)를 운반할 때 사용하며 수평, 수직, 경사, 곡선 등으로 운반 하는 기기이다.

5 파렛타이저와 파렛트 트럭

(1) 파렛타이저의 정의

한국산업표준(KS)에서 파렛타이저(Palletizer)는 "물품을 쌓아 올리는 기계"를 말한다. 즉 파렛타이저는 파렛트 위에 상자화물이나 봉지화물 등을 일정한 형태로 적재하는 기기로 통용되고 있다.

(2) 파렛타이저의 종류

① **기계 파렛타이저와 로봇 파렛타이저**
  ㉠ 기계 파렛타이저는 캐리지, 클램프 또는 푸셔 등의 적재장치를 사용하여 파렛트에 물품을 정리하여 자동적으로 적재하는 파렛타이저이다.
  ㉡ 로봇 파렛타이저는 산업용 로봇에 머니퓰레이터(manipulator)를 장착하여 파렛트에 물품을 자동적으로 적재하는 파렛타이저이다. 저속 및 고속처리가 가능하고 복합적재가 가능하다. 작동범위가 넓어 1대로 여러 품종의 처리가 가능하다. 파렛트 패턴의 변경이 용이하고 설비의 외관이 간단하다. 가격은 저상식보다 저렴하다.

② **고상식 파렛타이저**(Upper-level Palletizer) : 높은 위치에 적재장치를 구비하고 일정한 적재 위치에서 파렛트를 내리면서 물품을 적재하는 기계식 파렛타이저이다.

③ **저상식 파렛타이저**(Floor-level Palletizer) : 파렛트를 낮은 장소에 놓고 적재장치를 오르내리면서 물품을 적재하는 기계식 파렛타이저이다.

분류	기능 및 특징
고상식	• 고속처리용 파렛타이저로, 1대로 여러 품종의 처리 가능 • 어큐뮬레이션 컨베이어가 필요 • 규정 외의 제품용으로 대체는 용이하지 않음 • 파렛트 패턴의 변경이 쉽지 않음 • 설비의 외관이 대형이고, 기계의 가격이 고가
저상식	• 중·고속처리용으로, 1대로 여러 품종의 처리 가능 • 어큐뮬레이션 컨베이어가 필요 • 규정 외의 제품용으로 대체는 용이하지 않음 • 파렛트 패턴의 변경이 쉽지 않음 • 설비의 외관은 중간정도의 크기이고, 가격은 고상식 보다 저렴
로봇식	• 저속 및 고속처리 가능하고, 1대로 여러 품종의 처리 가능 • 복합적재 가능하고, 작동범위가 넓음 • 어큐뮬레이션 컨베이어가 불필요 • 파렛트 패턴의 변경이 용이 • 설비의 외관이 간단하고, 가격은 저상식 보다 저렴

(3) **파렛타이저의 표준화**

파렛타이저의 표준화 대상으로는 용어 및 기호, 안전장치, 작업능력, 호환성, 조작방법, 주요부품 등이 있다. 파렛타이저는 유닛로드 시스템(ULS) 상의 포장모듈과 정합성을 가질 수 있도록 하여야 한다.

(4) **디파렛타이저**

디파렛타이저(Depalletizer)는 파렛트에 쌓여진 물품을 내리는 기계를 말하며 화물을 자동적으로 1개씩 허무는 기계를 의미한다.

6 피킹기기, 분류기기, 무인반송차량

(1) **피킹과 분류**

① **피킹 방법** : 피킹(Picking)이란 주문에 따라 물류센터의 보관설비로부터 선별하여 꺼내는 것을 말하며, 피킹의 방법으로는 크게 사람에 의한 방법과 기기에 의한 자동적 피킹으로 구분된다. 오더 피킹 기기의 안전장치, 치수·능력, 용어 및 기기간 호환성에서 표준화가 필요하다.

② **분류 방법** : 분류(Sorting)란 화물을 거래주문에 따라 고객별, 거래처별, 지역별 등으로 구분하는 것을 말하고 분류하는 설비를 분류기기 소팅머신(Sorting Machine)이라고 한다.

(2) **무인반송차량**(AGV)

① **무인반송차**(Automatic Guided Vehicle) : 차체에 수동 또는 자동으로 화물을 적재하고 지시된 장소까지 자동 주행하여 수동 또는 자동으로 이재(移載) 또는 적재하는 무궤도 차량을 말한다.

② **무인견인차**(Guided Tractor) : 수동 또는 자동으로 화물을 상·하차하는 대차를 견인하여 지시된 장소까지 자동주행으로 작업을 하는 무궤도 차량을 말한다.

③ **무인지게차**(Automatic Guided Tractor) : 화물을 적재하기 위한 포크 등에 화물을 자동으로 적재하여 지시된 장소까지 자동주행으로 하역작업을 하는 무궤도 차량이다.

7 크레인과 기타 하역기계

(1) **크레인의 종류**

① **천정 크레인** : 공장이나 창고의 양쪽 벽 상부에 레일을 달아 크레인 본체가 천장을 주행하며 화물을 상하로 감아올리고 수평 이동할 수 있는 크레인이다.

② **케이블 크레인** : 마주 보는 탑 사이에 걸려 있는 로프를 궤도로 트롤리가 수평 주행하는 크레인을 의미한다.

③ **갠트리 크레인**: 레일 위를 주행하는 다리가 있는 지퍼에 트롤리 또는 지브붙이가 있는 크레인으로 본체의 구조가 다리를 닮았다는 의미에서 교량형 크레인이라고도 한다.

④ **언로더**: 살물상태의 화물을 부리기 위해 이용되는 호퍼가 부착된 크레인을 의미한다.

⑤ **지브 크레인**: 화물을 매다는 크레인의 지브(화물을 매달기 위해 돌출된 것)를 가진 크레인으로, 각도변경과 좌우 선회로 작업영역을 쉽게 변경할 수 있다. 지브의 끝에서 화물을 매달아 올리는 지브붙이 크레인으로써 항만이나 선박에 부착하여 화물 및 해치를 운반하는데 이용하는 기기이다.

⑥ **인입식 크레인**: 화물의 인입(끌어당김) 시 궤적의 기복에 관계없이 수평으로 이동시키는 기기로써, 화물의 인입 중 상하진동이 적지 않지만 인입속도가 빨라 항만하역에 주로 사용되고 있다.

⑦ **자주 크레인**: 지브 크레인에 차륜 또는 크로울러를 구비하여, 레일에 의하지 않고 스스로 주행할 수 있는 지브붙이 크레인을 의미한다.

⑧ **데릭**: 상단이 지지된 마스트를 가지며 마스트 또는 붐(Boom) 위 끝에서 화물을 달아 올리는 지브붙이 크레인이다.

⑨ **스태커 크레인**: 입체 자동화창고의 대표적인 운반기기이다. 랙에 화물을 입·출고 시키는 크레인의 일종으로 밑에 주행레일이 있고 위에 가이드레일이 있는 통로 안에서 주행장치로 주행하며 승강장치와 포크장치를 이용하여 입·출고작업을 한다.

(2) 기타 하역기계

① **호이스트**: 호이스트(Hoist)는 화물의 권상·권하, 횡방향 끌기, 견인 등을 목적으로 사용하는 장치를 총칭한다. 권상기라고 한다.

② **손수레**

  ㉠ 핸드 리프트 트럭(Hand Lift Trucks): 창고 혹은 플랫폼에서 스키드에 적재된 화물을 스키드와 함께 이송하는 운반기기이다. 통상 장방형 구조에 지레 또는 유압으로 승강할 수 있는 대축이 붙어 있는 것이 특징이다.

  ㉡ 핸드 리프터(Hand Lifter): 창고 등에서 마스트에 안내되어 승강하는 포크를 통해 하역하고 인력으로 운반하는 기기이다. 업계에서는 스태커라고 불리고 있다.

② **테이블 리프터**(Table Lifter): 유압장치로 링크(Link)기를 조작하여 하대를 승강시키는 장치이다.

③ **파렛트 로더**(Pallet Loader): 트럭 또는 컨테이너 하대 위로 파렛트에 적재된 화물을 이동시키는 기구로 하대에는 로더의 롤러가 주행할 레일이 입구에서 안쪽으로 설치되어 있다. 한 조가 2줄의 로더를 깔고 파렛트에 적재된 화물을 이동하는 장치를 말한다.

④ **도크 보드**(Dock board): 화물차의 하대와 도크 높이가 약간 다를 때 하역하기 좋도록 연결하는 장치를 말한다.

⑤ **도크 레벨러**(Dock Leveller)：바닥 또는 도크 상면에서 화물차의 하대까지 지게차 트럭 또는 소형운반형 차량이 올라갈 수 있는 경사진 램프(ramp)를 말한다. 주로 트럭의 하대 높이와 홈의 높이 차이를 조절해서 적재함이나 지게차, 파렛트 트럭 등에서 용이하게 하역을 할 수 있도록 한 시설이다.

⑥ **대차, 핸드리프트 트럭**(Platform, Hand lift truck)：대차와 핸드리프트 트럭은 화물의 유닛로드(Unit load) 상태, 화물의 중량, 상·하차 장소의 높낮이, 통로 폭과 기기의 회전반경 등을 고려해서 선정한다. 1대에 반드시 1인의 작업자가 필요하다.

제5장 철도·항만·항공하역

1 철도하역의 방식

(1) **TOFC**(Trailer On Flat Car) **방식**

철도화차(Flat Car) 위에 컨테이너가 적재된 도로용 트레일러를 그대로 적재하여 운송하는 방식이다. 피기백 방식, 캥거루 방식 및 프레이트 라이너 방식이 있다.

① **피기백 방식**(Piggy Back System)

㉠ 트레일러나 트럭에 의한 화물운송도중 화물열차의 대차 위에 트레일러나 트럭을 화물과 함께 실어 운송하는 방법이다. 이 방식은 화물자동차의 기동성과 철도의 장거리 운송·신속성을 결합한 복합운송방식이다.

㉡ 배차가 규칙적이므로 정시인도가 가능하고, 화물적재의 단위가 크고 장거리일수록 편리하게 이용할 수 있다는 장점이 있다.

㉢ 철도화차의 바닥이 평판으로 되어 있어 트레일러를 적재상태에서 양륙할 수 있는 대형 리프트카인 피기패커(Piggy packer) 등의 하역기계가 필요한 것이 단점이다.

② **캥거루 방식**(Kangaroo System)：캥거루 방식은 철도화차에 트레일러 차량의 바퀴가 들어갈 수 있는 홈이 있어 적재높이를 낮게 하여 운송할 수 있는 방식이다. 터널(tunnel)의 높이나 법규상 차량높이에 대한 제한이 있는 경우 피기백 방식보다 유리하다. 산악지형으로 터널이 많은 유럽에서 많이 사용된다.

③ **프레이트 라이너 방식**(Freight Liner System)：프레이트 라이너 운송이란 영국 국철이 개발한 정기적 급행 컨테이너 열차로서 대형 컨테이너를 적재하고 터미널 사이를 고속의 고정편성으로 정기적으로 운행하는 화물 컨테이너 운송을 의미한다.

(2) **COFC**(Container On Flat Car) **방식**

컨테이너만을 화차에 적재하여 운송하는 피기백 방식이다. 컨테이너의 상하차를 위한 하역기기 등의 장비를 갖추어야 한다는 단점이 있다. COFC 방식에는 지게차에 의한 방식, 크레인에 의한 방식, 플랙시밴(Flexi-Van) 등이 있다.

① **지게차에 의한 방식**: 톱 핸들러(Top Handler) 또는 리치 스태커(Reach Stacker) 등을 이용하여 컨테이너를 하역하는 방식이다.

② **크레인에 의한 방식**: 크레인(crain)을 이용하여 대량의 컨테이너를 신속하게 처리하는 방식이다.

③ **플랙시밴(Flexi-Van)**: 트럭이 화물열차에 대해 직각으로 후진하여 무개화차에 컨테이너를 바로 실을 수 있는 방식이다. 화차에는 회전판(turn table)이 달려 있어 컨테이너를 90°회전시켜 고정시킨다.

■ 2 항만하역의 의의와 작업방법

(1) 항만하역의 의의

① **항만하역의 정의**

㉠ 항만하역(harbor loading and unloading)이란 항만에서 항만운송면허사업자가 화주나 선박운항업자로부터 위탁을 받아 선박에 의해 운송된 화물을 선박으로부터 인수받아 화주에게 인도하는 과정의 운반, 하역행위를 의미한다.

㉡ 「항만운송사업법」에 의하면 항만하역은 "항만에서 화물을 선박에 적·양하하거나 보관, 장치, 운반하는 등 항만에서의 화물유통을 담당하는 사업"이라고 정의한다.

② **항만하역의 범위**: 항만하역의 범위는 수출의 경우 수출을 위하여 선적항에 입항한 때로부터 선박에 선적이 끝난 시점까지, 수입의 경우에는 선박이 입항하여 선창의 해치(hatch)를 개봉한 때로부터 양륙된 화물이 보세구역에 들어갈 때까지의 모든 작업을 말한다. 이러한 항만하역의 작업을 구분하면 장치, 검사, 처리, 운반, 선적, 양륙, 적부로 분류한다.

(2) 항만시설

① **부두(wharf)**: 항만 내에서 화물의 하역과 여객의 승선 및 하선을 위한 여러 구조물을 총칭한다. 선박의 적재 및 양하를 위한 부두를 형성하고 장치장 등의 창고건물이나 공작물이 설치되는 형태이다.

② **안벽(quay)**: 배가 화물을 선적하고 양하할 때 편리하도록 배가 항해할 수 있는 운하와 접해서 있는 구조물이다.

③ **잔교(pier)**: 계선안벽 위에 설치된 장치장으로, 선박을 접안·계류하여 화물의 하역과 여객의 승·하선을 용이하게 만든 목재, 철재 또는 콘크리트로 만들어진 교량형 구조물이다.

④ **항만하역시설(loading and discharging facilities)**: 하역시설은 선박의 가동능력에 큰 영향을 미치는 동시에 항만의 경제적 가치를 결정하는 중요한 기기로서 부선(barge), 해상기중기, 육상기중기, 벨트컨베이어를 비롯하여 여러 가지 하역기기를 총칭한다.

(3) 항만하역의 작업단계

① **선내작업** : 본선 내의 화물을 부선 부두에 내려놓고 후크(hook)를 풀기 전까지의 양하(unload)와 선적화물을 본선의 선창 내에 장치하기 위하여 싣는 적하(stowing/ stowage of cargo)작업을 말한다.

② **부선양적작업** : 본선에서 이동하여 안벽에 계류된 부선에 적재되어 있는 화물을 양륙하여 운반기구에 운송할 수 있도록 적재하는 부선양륙작업, 운반기구에 적재된 화물을 내려 안벽에 계류되어 있는 부선에 적재하는 부선적화작업을 의미한다.

③ **육상작업** : 육상작업으로는 상차와 하차, 출고상차 및 하차출고 등이 있다.

④ **예부선 운송작업**

　㉠ 본선 선측 물양장 작업 : 본선 선측에 계류된 부선에 운송상태로 적재된 화물을 운송하여 물양장에 계류하기까지의 작업 또는 물양장에 계류된 부선에 운송가능한 상태로 화물을 운송하여 본선 선측에 계류하는 작업을 말한다.

　㉡ 물양장 - 물양장 작업 : 물양장에 계류된 부선에 운송가능한 상태로 적재된 화물을 운송하여 물양장에 계류하는 작업을 말한다.

3 컨테이너 터미널 하역

(1) 컨테이너 터미널의 주요 시설

① **에이프런(Apron)** : 안벽에 접한 야드 부분에 일정한 폭으로 나란히 뻗어 있는 하역작업을 위한 공간이며, 부두에서 바다와 가장 가까이 접한 곳으로 폭이 30m~50m인 공간을 말한다. 주로 선박의 적·양하가 이루어지는 구역이다.

② **컨테이너 야드(CY : Container Yard)** : 화물이 적입된 컨테이너가 화주로부터 운송인에게 운반되어지고 또한 컨테이너가 되돌아오는 지역으로 컨테이너 밴의 인수·인도 및 저장용의 장소로 운송인이 지정한 컨테이너 야적장을 말한다. 넓은 의미로서는 마샬링 야드, 에이프런, CFS 등을 포함한다.

③ **CFS(Container Freight Station)**

　㉠ 컨테이너 작업장을 의미하는 것으로, 선박회사나 그 대리점이 선적할 화물을 화주로부터 인수하거나 양하된 화물을 화주에게 인도하기 위하여 지정한 장소를 말한다.

　㉡ 한 개의 컨테이너를 채울 수 없는 양의 화물(LCL)을 여러 화주로부터 인수하여 목적항별로 선별하여 컨테이너에 적입하거나 한 컨테이너로부터 적출된 여러 화주의 화물을 각 화주에게 인도해 주는 장소를 말한다.

④ **마샬링 야드(Marshalling yard)**

　㉠ 선적해야 할 컨테이너를 하역순서대로 정렬해 두거나 컨테이너선에서 내리는 컨테이너를 위해 필요한 넓은 공간으로 보통 에이프런(Apron)과 접해있다.

ⓛ 마샬링 야드는 컨테이너 터미널 운영의 중심을 이루는 중요한 부분이기 때문에 그 레이아 웃(lay-out)의 모양이 전반적인 운용효율과 코스트에 반영된다.

(2) 컨테이너 터미널 하역 방식

① **샤시방식(Chassis System)** : 육상 및 선상에서 크레인으로 컨테이너선에 직접 상·하차하는 방식으로 보조 하역기기가 필요 없는 하역방식이다.

② **스트래들 캐리어 방식(Straddle Carrier System)** : 컨테이너를 컨테이너선에서 크레인으로 에 이프런에 직접 내리고 스트래들 캐리어로 운반하는 방식으로 컨테이너를 2~3단으로 적재할 수 있어 토지의 효율성이 높고 작업량의 탄력성을 가진다.

③ **트랜스테이너 방식(Transtainer System)** : 컨테이너선에서 야드 샤시에 탑재한 컨테이너를 마 샬링 야드에 이동시켜 트랜스퍼 크레인에 의해 장치하는 방식으로 적은 면적의 컨테이너 야드 를 가진 터미널에 가장 적합하며 일정한 방향으로 이동하기 때문에 전산화에 의한 완전 자동 화가 가능하다.

④ **지게차에 의한 방식** : 톱 핸들러(Top Handler) 또는 리치스태커(Reach Stacker) 등의 대형 지 게차를 이용하는 방식으로 장비의 특성상 융통성이 매우 좋다.

(3) 컨테이너 전용선

① **Lo-Lo(Lift On Lift Off) 방식** : 본선 또는 육상의 갠트리 크레인을 사용하여 컨테이너를 본선 에 수직으로 하역하는 방법이다.

② **Ro-Ro(Roll On Roll Off) 방식** : 자동차나 철도화차를 운송하는 페리 보트(Ferry Boat)에서는 전부터 이용하던 방식이다. 즉 이 형식은 선미나 선측·경사판(Ramp)을 거쳐 견인차로 수평 으로 적재 또는 양륙하는 방식이다.

③ **Fo-Fo(Float On Float Off) 방식** : 부선에 컨테이너를 적재하고 부선에 설치되어 있는 크레인 또는 엘리베이터를 이용하여 하역하는 방식이다.

(4) 컨테이너 터미널 내의 소요면적 산정

① **장치장 규모 산정을 위한 TGS(Twenty-feet Ground Slot)의 산정**

$$\text{소요 TGS} = \frac{\text{연간처리대상물동량} \times \text{피크계수} \times \text{분리계수}}{\text{평균장치단수} \times \text{연간일수}}$$

$$\text{장치장 규모(m}^2\text{)} = \text{소요 TGS} \times \text{단위 TGS 면적} \div \text{토지이용률}$$

② **장치장 규모의 의의**

㉠ 컨테이너 평균 장치기간이 짧을수록 CY의 회전율이 증가되어 생산성이 향상된다.

ⓛ 평균 장치단수는 CY의 처리능력을 나타내는 지표로 사용된다.

㉢ 피크계수는 일시적인 교통량이나 화물량이 폭주하는 경우에 대비하여 여유공간을 확보하 여 효율적인 운영을 위해 고려되는 요소이다.

ㄹ 분리계수는 필요 컨테이너를 추출하기 위하여 필요한 하역작업 또는 여유공간을 확보하기 위해 고려하는 요소이다.

ㅁ 장치장은 컨테이너의 종류에 따라 장치하는 위치가 다르므로 컨테이너 종류별로 장치능력을 구하여야 한다.

ㅂ TGS는 장치장의 지형적 형태, 컨테이너화물의 종류, 하역장비의 종류, 평균장치기간 등 여러 가지 요소에 의해 영향을 받게 된다.

4 항공하역의 의의

(1) 단위탑재 운송용기(ULD)

ULD(Unit Load Device)란 항공운송에만 사용되는 항공화물용 컨테이너와 파렛트 및 이글루를 의미한다.

① 파렛트(Pallet) : 알루미늄 합금으로 제작된 평판으로 두께는 대부분 1.1 inch 이하이고, 가장자리는 Seat Track이 있어서 이 부분에 Net과 Igloo를 사용하여 Attachment Fittings에 연결, 고정된다.

② 이글루(Igloo) : 밑바닥이 없는 형태로 알루미늄과 파이버글래스로 만들어진 항공화물을 넣는 특수한 덮개이다. 항공기 내부구조에 맞게 모서리가 둥글게 되어 있으며 파렛트와 함께 사용되면 구조적 이글루, 파렛트가 없으면 비구조적 이글루라고 한다.

(2) 항공터미널 내 장비

① Stacker Crane : 화물의 입체방식으로서 일반적으로 1.0m×1.5m×1.2m 크기의 화물보관상자를 수용하는 고층의 거대한 선반배열과 이 선반 사이를 왕복·상하로 움직이는 기중기로 구성된 장치이다.

② Door Cart : 소형화물을 터미널 내로 운반하기 위한 운반기기로서 다수의 카트는 체인이나 전동장치에 의해 정해진 코스를 달리거나 분기점에서 주어진 지시에 따라 이동코스를 선택하게 된다.

③ Sorter : 소형화물을 선행지별, 인도지별로 구분하는 장치로서 벨트 컨베이어나 롤러컨베이어 등과 제어장치를 합쳐서 조립한 기기이다.

④ Order Picker : 소형화물을 선반위에 정리하여 보관하고 크레인 등으로 작업원이 타고 화물의 반출입을 신속하게 하는 시스템이다.

⑤ Tie-Down Equipment : ULD에 작업된 형태를 유지하는 것으로 운항도중 또는 이착륙 시 발생하는 충격과 진동에 의한 화물 파손 및 화물의 위치 이탈에 따른 항공기 내부 파손을 방지한다.

⑥ 트랜스포터(Transporter) : 하역작업이 완료된 단위적재용기(ULD)를 터미널에서 항공기까지 수평이동에 사용하는 장비로서 파렛트를 올려놓은 차량에 엔진을 장착하여 자주식으로 운행되는 차량을 말한다.

⑦ **터그 카**(Tug Car) : Dolly를 연결하여 이동하는 차량을 의미한다. 토잉 카(Towing Car) 또는 트랙터(Tractor)라고도 한다.

⑧ **돌리**(Dolly) : 돌리는 이동식 받침대를 의미하는 것으로 Transporter와 동일한 역할을 하나 자체 구동력은 없고, Tug car와 연결되어 사용된다.

⑨ **Self-Propelled Conveyor** : 수화물 및 소형화물을 소형기의 Belly 또는 대형기의 Compartment 에 낱개 단위로 탑재 · 하역 시에 사용하는 장비이다.

⑩ **하이 로더**(High Loader) : ULD를 대형기 화물실 밑바닥 높이까지 들어 올려 탑재 · 하역 시 사용하는 장비이다.

제6장 | 포 장

1 포장의 개념과 기능

(1) **포장의 의의**

① **포장의 정의** : 포장은 물품의 유통과정에 있어서, 그 물품의 가치 및 상태를 보호하기 위하여 적합한 재료 또는 용기 등으로 물품을 포장하는 방법 및 포장한 상태를 의미한다.

② **포장의 의의** : 포장은 물류의 한 분야이면서 물류과정의 시발점이며, 물류비 절감의 주요 수단이 된다. 포장의 설계는 포장 표준화와 모듈화의 추진에서부터 시작되어야 한다. 포장의 설계 시 고려할 사항으로는 하역성, 표시성, 작업성, 경제성, 보호성 등이 있다.

③ **포장의 역할**
 ㉠ 물품의 품질 및 가치를 보호 · 보전
 ㉡ 물품의 취급 편리
 ㉢ 물품에 대한 정보의 전달
 ㉣ 물품의 판매 촉진
 ㉤ 재료와 형태면에서 환경 적합성
 ㉥ 유통합리화에 기여

(2) **한국산업표준**(KS)**의 포장의 분류**

① **낱포장**(Item packaging) : 낱포장(단위포장, 개장)이라 함은 물품 개개의 포장을 말하며, 물품의 상품가치를 높이거나 물품 개개를 보호하기 위하여 적합한 재료 및 용기 등으로 물품을 포장하는 방법 및 상태를 말한다.

② **속포장**(Intermediate packaging) : 속포장(내부포장, 내장)이라 함은 포장된 화물 내부의 포장을 말하며 물품에 대한 수분, 습기, 광열 및 충격 등을 방지하기 위하여 적합한 재료 및 용기 등으로 물품을 포장하는 방법 및 포장한 상태를 말한다.

③ **겉포장**(Outer packaging) : 겉포장(외부포장, 외장)이라 함은 화물 외부의 포장을 말하며, 물품을 상자, 포대, 나무통 및 금속 등의 용기에 넣거나 용기를 사용하지 않고 그대로 묶어서 기호 또는 화물을 표시하는 방법 및 포장한 상태를 말한다.

2 포장의 분류와 기능

(1) 공업포장과 상업포장

① **공업포장**(Industrial Packaging) : 물품을 운송·보관하는 것을 주목적으로 시행하는 포장으로, 산업포장, 운송포장 또는 물류포장이라고 한다. 공업포장의 주 기능은 물품의 보호기능과 운송하역에 물품취급의 편의 기능으로 상품의 중량과 용적이 증대함에 따라 운송비, 하역비, 보관비 등 물류비용을 절감할 수 있는 적정포장이어야 한다.

② **상업포장**(Commercial Packaging) : 상거래 과정에서 상품화 또는 판매단위의 포장으로 소매포장 또는 소비자포장이라고도 한다. 상업포장은 주로 판매촉진 기능을 한다. 즉 상업포장은 최대의 매상을 올릴 수 있도록 하는 것(마케팅 측면)을 목적으로 하며, 포장으로 인해서 수익이 증대된다면 일정 정도의 포장비용 상승도 인정될 수 있다.

(2) 포장기능의 목적에 따른 분류

포장의 분류	내 용
방수포장	포장의 외부로부터 물이 스며들지 못하게 막는 포장
방습포장	습기에 의한 손상을 막기 위하여 적용되는 포장
방청포장	물품에 녹의 발생을 방지하는 포장
완충포장	운송이나 하역 중에 발생되는 충격으로 인한 물품의 파손을 방지하기 위해서 적용되는 포장
진공포장	내용물의 활성을 정지시키기 위해서 포장의 내부를 진공으로 한 후 밀봉하는 포장
압축포장	상품을 압축하여 적은 용적이 되게 하는 포장

3 포장표준화

(1) 포장표준화의 의의

① **물류합리화와 포장표준화**: 물류합리화는 물류의 시발점인 포장의 표준화와 모듈화의 추진에서 시작되어야 한다. 이는 포장의 치수변화에 따라 운송의 적재 효율이나 보관 하역의 효율 등에 큰 영향을 미쳐 물류비의 증가를 가져오기 때문이다. 물류합리화는 전체 물류시스템적 차원에서 고려되고 개발되어야 한다.

② **포장표준화의 목적**: 포장표준화는 포장에 대한 공통의 기준으로 국내외에서 생산, 판매되는 각종 포장의 규격을 검토·분석하여 표준규격화 함으로써 유통의 합리화를 도모하는데 그 목적이 있다.

③ **포장표준화의 4대 요소**: 치수의 표준화, 강도의 표준화, 기법의 표준화 및 재료의 표준화

(2) 적정포장

① **적정포장의 정의**

　㉠ 적정포장이란 상품의 품질보존, 취급상의 편의성, 판매촉진, 안정성 등 포장 본래의 기능을 만족시키는 가장 합리적이면서 공정한 포장을 말한다.

　㉡ 운송포장에서는 유통과정에서의 진동, 충격, 압축, 수분, 온·습도 등에 의해 물품의 가치, 상태의 저하를 가져오지 않는 유통 실태를 적응한 포장을 해야 한다.

　㉢ 소비자 포장에서는 과대, 과잉포장, 속임 포장 등을 시정하고, 동시에 결함 포장을 없애기 위해 보호성, 안전성, 단위, 표시, 용적, 포장비, 폐기물 처리성 등에 대하여 적절한 포장을 고려해야 한다.

② **포장 적정화를 위한 품질평가**: KSA 1026은 운송중의 진동, 하역에서의 낙하충격, 그리고 보관시의 압축에 대하여 포장의 품질을 평가하는 방법과 포장화물을 적절히 보호하기 위한 시험방법 및 조건에 대하여 규정하고 있다. 이때 시험조건을 보면 진동시험은 운송거리, 낙하시험은 유통조건, 압축시험은 유통기간에 의한다.

(3) 포장합리화의 원칙

① **대량화·대형화의 원칙**: 포장화물 단위의 크기를 대량화·대형화함으로써, 대량운송이 가능하고, 하역작업의 기계화를 통해 하역의 효율성이 높아지며, 이를 통해 물류비용을 절감할 수 있다.

② **집중화·집약화의 원칙**: 다수의 업체들의 물량을 집중화·집약화함으로써 관리수준을 향상시키고, 대량화의 추진도 가능해진다.

③ **규격화·표준화의 원칙**: 규격화·표준화함으로써 포장설계의 간소화와 과잉포장의 배제로 포장비의 절감을 가져오고, 포장재료비의 절감, 용기 제작비의 절감, 포장 작업지의 절감, 보관효율의 향상 및 보관비 절감, 운송 효율의 향상 및 운송비 절감, 하역 효율 향상의 효과를 가져온다.

④ **사양변경의 원칙** : 완충재의 변경이나, 입수 수의 변경 등, 사양의 변경을 통한 비용절감을 추구하여야 한다. 양면골판지, 편면골판지, 귀퉁이의 보강 및 기타의 조건 등을 고려하여 골판지 양식의 변경에 의한 비용절감이 이루어질 수 있도록 검토하고 양면 중심이던 것을 편면 중심으로 하여 양식을 한 등급 낮춘다.

⑤ **재질변경의 원칙** : 내용품의 보호에 지장이 없는 범위 내에서, 재질의 변경을 통하여 비용절감이 가능하다.

⑥ **시스템화 및 단위화의 원칙** : 물류활동에 필요한 장비나 기기, 즉, 컨베이어나 기중기, 컨테이너, 파렛트, 보관창고 등을 운송, 배송, 보관, 하역 등 물류의 제 활동이 유기적으로 연결되도록 시스템화하며, 포장화물의 단위화를 통해 포장의 합리화를 추구해야 한다.

4 포장재료

(1) 골판지 상자

① **골판지의 의의**

㉠ 골판지(corrugated fibreboard)는 골심지에 파형으로 골을 성형한 후 한면 또는 양면에 라이너원지를 붙여 만든 포장재료이다.

㉡ 골판지에 사용되는 판지는 라이너(liner)와 골심지로 구별되는데, 라이너는 골판지 바깥쪽의 평평한 부분에 사용되는 것으로 일종의 판지를 말하며, 골심지는 안쪽의 골을 내는 부분 및 이중양면 골판지 중간층에 사용된다.

② **골**(flute) : 골판지 양쪽 라이너 가운데 골심지로 만든 파행으로서 그 종류는 A, B, C, E의 4종류가 있다.

골의 종류	특 징
A골	골의 높이가 가장 크고 판지의 두께가 두꺼워 완충성이 크고, 수직압축강도도 높기 때문에 현재 가장 많이 이용된다.
B골	A골에 비해 평면압력이 우수하므로, 병, 통조림 같은 내용물이 견고한 상품의 포장에 적합하며, 평면압축강도가 크다.
C골	A골과 B골의 중간으로 평균적인 성능을 갖고 있어 구미에서 활용되고 있으나, 우리나라에서는 별로 사용되지 않는다.
E골	평면 압축강도에 강하며, 가장 골의 수가 많고 골 높이가 낮아 주로 낱포장 혹은 속포장용으로 많이 쓰이며, 화려한 인쇄가 가능하다.

③ **라이너**(liner) : 겹쳐 뜬 판지 양 바깥쪽의 종이층을 말한다. 강도에 따라 AA, A, B, C의 4단계로 구분한다.

④ 골판지 상자의 장·단점

장 점	단 점
• 다른 포장재료에 비해 값이 싸고, 경제적이다. • 대량생산이 가능하여 생산성이 높다. • 중량이 가볍고 작업성이 좋다. • 보관이 편리하고, 재료보관 장소가 적게 든다. • 상자 표면에 아름다운 인쇄가 가능하다. • 사용 후 재활용이 가능하다.	• 물이나 습기에 약하다. • 대량생산에는 능률적이지만, 소량생산에는 생산원가가 비교적 높다. • 화물 취급 시 파손되거나 찢어지기 쉽다.

5 화인의 의의와 종류

(1) 화인의 정의와 목적

① **화인의 정의** : 화인(Case Mark)은 화물의 외부에 표시를 하는 것으로 포장화물의 외장에 표시한다. 주로 목적지, 발송 개수, 취급상의 문구 등을 표시한다.

② **화인의 목적** : 화인은 화물의 유통과정에서 화물의 보호, 취급자의 안전, 운송 관련기기의 사고방지를 위하여 적정한 화물취급을 지시하는 데 사용된다. 즉 운송관계자나 수입업자가 쉽게 식별할 수 있도록 다른 물건과의 구분, 매수인의 사용편의 및 선적서류와 물품과의 대조에 편의를 주기 위한 것이다.

(2) 화인표시의 종류

① **주표시**(main mark) : 주표시는 화인 중 가장 중요한 표시로서 타상품과 식별을 용이하게 하는 기호로서, 외장면에 다이아몬드 형, 마름모형, 타원형, 정방형 등의 표시를 하고 그 안에 상호의 약자를 기입하는 것을 말한다.

② **부표시**(counter mark) : 내용물품의 직접 생산자나 혹은 수출대행사 등이 붙이는 기호로서, 같은 선적분의 다른 화물과 식별할 수 있도록 표시한 것이다.

③ **품질표시**(quality mark) : 내용품의 품질이나 등급 등을 표시로 주표시의 위쪽이나 밑에 기재한다.

④ **목적지표시**(destination mark) : 내용품이 도착하게 되는 목적지를 표시하는 것으로 반드시 표시해야 한다.

⑤ **수량표시**(case mark) : 단일 포장이 아닌 두 개 이상의 많은 수량인 경우 포장에 번호를 붙여 포장 수량 가운데 몇 번째에 해당되는지를 표시한다.

⑥ **주의표시**(care mark) : 주의표시는 내용품의 성격, 품질, 형상 등에 따라 취급상의 주의를 표시한 것이다.

⑦ **원산지표시**(origin mark) : 정상적인 절차에 의해 선적되는 모든 수출품은 관세 법규의 규정에 따라 원산지명을 표시하도록 되어 있으므로 이를 표시한다.

⑧ **기타** : 상품명, 내용품번호, 총중량, 용적, 수입허가번호 등을 표시한다.

(3) 화인 표시 방법

① **스탬핑**(stamping or printing) : 고무인이나 프레스기를 사용하여 찍는 방법으로 종이상자, 골판지상자 등에 적용한다.

② **카빙**(carving or embossing) : 금속제품에 주로 사용하는 방법으로, 상품에 쇠로 된 인각을 찍거나 또는 주물을 주입할 때 미리 화인을 해 두어 제품의 완성 시에 화인이 나타나도록 하는 방법이다.

③ **라벨링**(labeling) : 종이나 직포 등에 필요한 내용을 미리 인쇄해 두었다가 일정한 위치에 붙이는 것으로 통조림병, 유리병 등에 적용한다.

④ **태그**(tag) : 스티커와 유사하지만 고착시키는 것이 아니라, 종이나 플라스틱판 등에 표시내용을 기재한 후 철사나 끈 등을 이용하여 꼬리표처럼 매다는 방법이다.

⑤ **스티커**(sticker) : 종이나 직포 또는 양철, 알루미늄판, 플라스틱판 등에 일정한 내용을 기재한 다음 못으로 박거나 또는 다른 방법으로 고착시키는 방법이다.

⑥ **스텐실**(stencil) : 시트에 문자를 파두었다가 붓, 스프레이 등으로 칠하는 방법으로 나무상자, 드럼 등에 적용한다.

(4) 일반화물의 취급표지

번호	호칭	표시	표지내용 및 위치
1	깨지는 것 (FRAGILE)		깨지기 쉬우므로 주의하여 취급할 것을 표시한다.
2	취급주의 (HANDLE WITH CARE)		충격을 주지 않도록 조심스레 취급할 것을 표시한다.
3	갈고리 금지 (USE NO HOOK)		갈고리를 사용하여서는 안 된다는 것을 표시한다.
4	직사광선·열 차폐 (PROTECT FROM HEAT)		직사광선 및 열로부터 차폐하는 것을 표시한다.
5	위(上) (THIS WAY UP)		화물의 올바른 방향을 표시하여 반대·가로 쌓기를 하지 않을 것을 표시한다.
6	방사선 방호 (PROTECT FROM RADIOACTIVE SOURCES)		방사원에서 격리 또는 방사선을 방지하는 것을 표시한다.

7	거는 위치 (SLING HERE)		슬링을 거는 위치를 표시한다. 표지는 표시보기와 같이 상대하는 2면 각각에 표시한다.
8	젖음 방지 (KEEP DRY)		물이 새지 않도록 보호할 것을 표시한다.
9	무게중심 위치 (CENTER OF GRAVITY)		화물의 무게중심 위치를 표시한다. 표지는 표시보기와 같이 무게중심의 위치가 쉽게 보이도록 필요한 면에 표시한다.
10	불안정(UNSTABLE)		쓰러지기 쉬운 화물임을 표시한다.
11	굴림 금지 (DO NOT ROLL)		굴려서는 안 됨을 표시한다.
12	손수레 삽입금지 (NO HAND TRUCK HERE)		손수레를 끼워서는 안 되는 부위를 표시한다.
13	위쌓기 제한 (STACKING LIMITATION)	kg max	위에 쌓을 수 있는 최대무게를 표시한다. 표지의 상부에는 최대 허용무게를 수치로 표시한다.
14	쌓는 단수 제한 (LAYERS LIMIT)	10	겹쳐쌓을 수 있는 총단수를 표시한다. 표지 위의 수치는 최대 허용 겹쳐쌓기 총단수 10단 쌓기의 보기를 표시한다.
15	온도제한 (TEMPERATURE LIMITATIONS)	(1) (2) (3)	허용되는 온도범위 또는 최저 최고온도를 표시한다. 다음과 같이 (1)은 허용되는 온도범위를, (2)는 최고 허용온도치를, (3)은 최저 허용온도치를 표시한다.
16	화기 엄금 (KEEP AWAY FROM FIRE)		타기 쉬우므로 화기를 접근시켜서는 안 된다는 것을 표시한다.

제24회 기출문제

01 보관의 기능에 관한 설명으로 옳지 않은 것은?

① 재화의 물리적 보존과 관리 기능

② 제품의 거리적, 장소적 효용을 높이는 기능

③ 운송과 배송을 원활하게 하는 기능

④ 생산과 판매와의 조정 또는 완충 기능

⑤ 집산, 분류, 구분, 조합, 검사의 장소적 기능

해설 ② 제품의 거리적, 장소적 효용을 높이는 것은 운송(Transportation)의 효용이다. 보관(Storage)은 물품의 생산과 소비의 시간적 간격을 극복하여 시간적 효용을 창출하는 기능을 한다.

02 보관의 원칙에 관한 설명으로 옳은 것을 모두 고른 것은?

> ㉠ 회전대응의 원칙 : 보관할 물품의 위치를 입출고 빈도에 따라 달리하며 빈도가 높은 물품은 출입구 가까이에 보관한다.
> ㉡ 중량특성의 원칙 : 중량에 따라 보관장소를 하층부와 상층부로 나누어 보관한다.
> ㉢ 형상특성의 원칙 : 동일 품목은 동일 장소에, 유사품은 인접장소에 보관한다.
> ㉣ 통로대면의 원칙 : 작업의 효율성을 위하여 보관물품의 장소와 선반번호 등 위치를 표시하여 보관한다.
> ㉤ 네트워크 보관의 원칙 : 연대출고가 예상되는 관련품목을 출하가 용이하도록 모아서 보관한다.

① ㉠, ㉡, ㉢   ② ㉠, ㉡, ㉣   ③ ㉠, ㉡, ㉤

④ ㉡, ㉢, ㉤   ⑤ ㉢, ㉣, ㉤

해설 ③ ㉢ 동일 품목은 동일장소에, 유사품은 근처 가까운 장소(인접장소)에 보관하는 것은 동일성 · 유사성의 원칙이다. ㉣ 보관물품의 장소, 선반 번호 등의 위치를 표시하여 입출고 업무를 효율화시키는 원칙은 위치표시의 원칙이다.

Answer 1. ② 2. ③

03 하역에 관한 설명으로 옳지 않은 것은?

① 운송 및 보관에 수반하여 발생하는 부수작업을 총칭한다.

② 화물에 대한 시간적 효용과 장소적 효용 창출을 지원한다.

③ 물류기술의 발달로 인해 노동집약적인 물류활동이 자동화 및 무인화로 진행되고 있다.

④ 하역은 항만, 공항, 철도역 등 다양한 장소에서 수행되고 있으나 운송과 보관을 연결하는 기능은 갖고 있지 않다.

⑤ 생산에서 소비까지 전 유통과정에서 발생하는 하역작업의 합리화는 물류합리화에 중요한 요소이다.

해설 ④ 하역은 원재료의 조달에서부터 생산, 소비에 이르는 물류의 전 영역에서 개입되고, 보관과 운송의 전후에 수반되는 작업이므로 운송과 보관을 연결하는 기능을 한다.

04 하역의 기본원칙이 아닌 것을 모두 고른 것은?

㉠ 최대 취급의 원칙	㉡ 경제성의 원칙
㉢ 중력이용의 원칙	㉣ 이동거리 및 시간의 최대화 원칙
㉤ 화물 단위화의 원칙	

① ㉠, ㉡　　　　　② ㉠, ㉣　　　　　③ ㉡, ㉢

④ ㉡, ㉤　　　　　⑤ ㉢, ㉤

해설 ② 하역의 기본원칙으로 최소취급의 원칙, 이동거리 및 시간의 최소화 원칙이 있다. 최소취급의 원칙은 생략해도 지장이 없는 하역이나 운반은 줄여서 다시 취급하거나 임시로 놓아두는 행위를 줄이도록 한다는 원칙이다. 이동거리 및 시간의 최소화 원칙은 하역작업의 이동거리를 최소화하여 작업의 효율성을 증가시키는 원칙이다.

⬡ 하역 합리화의 기본원칙

1. 하역 경제성의 원칙 : 하역작업의 횟수를 줄임으로써 화물의 오손, 분실, 비용을 최소화한다. 운반순도의 원칙, 최소취급의 원칙, 수평직선의 원칙을 포함한다.
2. 이동거리 및 시간의 최소화 원칙 : 하역작업의 기본이 되는 이동거리와 이동시간을 최소화한다.
3. 운반 활성화의 원칙 : 물품을 운반하기 쉽고, 움직이기 쉽게 두어 운반을 편리하게 하는 것으로, 이를 위해서는 관련작업의 조합에 의해 전체를 능률적으로 운용하여야 한다.
4. 화물 단위화(유닛화)의 원칙 : 화물을 일정 단위화 하는 것으로, 이는 작업능률 및 운반의 활성화를 높임과 동시에 화물의 손상, 감모, 분실을 없애고 수량의 확인도 용이하게 한다.
5. 기계화의 원칙 : 인력작업을 기계작업으로 대체하는 것으로, 이를 위해서는 인간과 기계의 적절한 결합을 고려해야 한다.
6. 중력이용의 원칙 : 중력의 법칙에 따른 하역작업을 선택해야 하며, 물품을 들고 다니는 경우를 최소화 하여야 한다.
7. 화물 유동화의 원칙(인터페이스의 원칙) : 화물이 정체되지 않도록 하역작업 공정 간의 연계(접점)를 원활히 하여야 한다.
8. 시스템화의 원칙 : 개개의 하역활동을 유기체로서의 활동으로 간주하는 원칙이다.

05 다음이 설명하는 컨테이너 하역작업 용어는?

> 화물을 창고나 야드 등 주어진 시설과 장소에 정해진 형태와 순서로 정돈하여 쌓는 작업이며 하역 효율화에 크게 영향을 준다.

① 래싱(Lashing)
② 배닝(Vanning)
③ 디배닝(Devanning)
④ 스태킹(Stacking)
⑤ 더니징(Dunnaging)

해설 ④ 화물을 주어진 시설과 장소에 정해진 형태와 순서로 정돈하는 쌓는 작업은 스태킹(Stacking)이다.
① 래싱(Lashing)은 운송기기에 실려진 화물을 움직이지 않도록 줄로 묶는 작업을 말한다.
②③ 배닝 및 디배닝(Vanning & Devanning)은 컨테이너에 화물을 싣고(적입) 내리는(적출)을 말한다.
⑤ 더니지(Dunnage)는 운송기기에 실려진 화물이 손상 또는 파손되지 않도록 화물의 밑바닥이나 틈 사이에 깔거나 끼우는 물건을 말하고, 이러한 작업을 더니징(Dunnaging)이라고 한다.

06 하역 기계화에 관한 설명으로 옳지 않은 것은?

① 하역 분야는 물류활동 중에서 가장 기계화수준이 높으며, 인력의존도가 낮은 분야이다.
② 파렛트화에 의한 하역 기계화는 주로 물류비의 절감을 위하여 도입한다.
③ 하역 기계화 효과를 높이기 위해서는 물동량과 인건비 수준을 고려하여 도입해야 한다.
④ 액체 및 분립체 등 인력으로 하기 힘든 화물인 경우 기계화 필요성은 더욱 증대된다.
⑤ 하역 기계화를 촉진하기 위해서는 하역기기의 개발과 정보시스템을 통합한 하역 자동화 시스템 구축이 필요하다.

해설 ① 하역은 물류활동 중에서 인력의존도가 가장 높은 분야이므로 하역의 기계화 및 자동화가 도입되어야 한다.

Answer   3. ④   4. ②   5. ④   6. ①

07 항공화물 탑재방식에 관한 설명으로 옳지 않은 것은?

① 살화물 탑재방식은 개별화물을 항공전용 컨테이너에 넣은 후 언로더(Unloader)를 이용하여 탑재하는 방식이다.

② 살화물 탑재방식은 단기간에 집중적으로 작업해야 하는 화물탑재에 적합한 방식이다.

③ 살화물 탑재방식에서는 트랙터(Tractor)와 카고 카트(Cargo Cart)가 주로 사용된다.

④ 파렛트 탑재방식은 기본적인 항공화물 취급 방법이며, 파렛트화된 화물을 이글루(Igloo)로 씌워서 탑재하는 방식이다.

⑤ 컨테이너 탑재방식은 항공기 내부구조에 적합한 컨테이너를 이용하여 탑재하는 방식이다.

> **해설** ① 살화물(Bulk cargo) 또는 벌크화물은 철광석, 양곡, 석탄이나 액체화물, 철강, 시멘트처럼 포장하지 않은 상태로 운송하는 화물을 말한다. 살화물의 항공운송을 위해서는 항공전용 컨테이너에 넣은 후 하이 리프트 로더(High lift loader)를 이용하여 항공기에 탑재한다.
> 언로더(Unloader)는 주로 항만에서 살물상태의 화물을 부리기 위해 이용되는 양륙 전용의 크레인으로써 호퍼, 피더, 컨베이어 등을 장착하고 있다.

08 크레인에 관한 설명으로 옳지 않은 것은?

① 크레인은 천정크레인(Ceiling Crane), 갠트리크레인(Gantry Crane), 집크레인(Jib Crane), 기타 크레인 등으로 구분된다.

② 갠트리크레인은 레일 위를 주행하는 방식이 일반적이나, 레일 대신 타이어로 주행하는 크레인도 있다.

③ 스태커크레인(Stacker Crane)은 고층랙 창고 선반에 화물을 넣고 꺼내는 크레인의 총칭이다.

④ 언로더(Unloader)는 천정에 설치된 에이치빔(H-beam)의 밑 플랜지에 전동 체인블록 등을 매단 구조이며, 소규모 하역작업에 널리 이용되고 있다.

⑤ 집크레인은 고정식과 주행식이 있으며, 아파트 등의 건설공사에도 많이 쓰이고 수평방향으로 더 넓은 범위 안에서 작업할 수 있다.

> **해설** ④ 천정에 설치된 에이치빔(H-beam)의 밑 플랜지에 전동 체인블록 등을 매단 구조로 소규모 하역작업에 이용되는 것은 호이스트(Hoist)를 장착한 천정크레인(Ceiling Crane)이다.

09 ICD(Inland Container Depot)에서 수행하는 기능이 아닌 것으로만 짝지어진 것은?

① 마샬링(Marshalling), 본선 선적 및 양화

② 마샬링(Marshalling), 통관

③ 본선 선적 및 양화, 장치보관

④ 장치보관, 집화분류

⑤ 집화분류, 통관

> 해설 ① 내륙컨테이너기지(ICD)는 주로 항만터미널과 내륙운송수단과의 연계가 편리한 산업지역에 위치한 컨테이너 장치장으로, 항만 또는 공항과 마찬가지로 세관의 통제하에 컨테이너 화물의 통관기능까지 갖춘 시설이다. 마샬링(Marshalling), 본선 선적 및 양화 작업은 컨테이너 전용부두에서만 이루어지는 작업이다.
> 마샬링은 CY 내에서 컨테이너 화물을 컨테이너선에 선적하기 쉽도록 정렬하고, 에이프런(Apron)까지 운송하는 작업을 말한다. 정렬된 장소를 Marshalling Yard라고 한다.

10 복합화물터미널에 관한 설명으로 옳은 것을 모두 고른 것은?

> ㉠ 창고단지, 유통가공시설, 물류사업자의 업무용 시설 등을 결합하여 종합물류기지 역할을 수행한다.
> ㉡ 두 종류 이상의 운송수단을 연계하여 운송할 수 있는 규모 및 시설을 갖춘 화물터미널이다.
> ㉢ 최종 소비자에 대한 배송, 개별 기업의 배송센터 기능도 수행하지만, 정보센터 기능은 수행하지 않는다.
> ㉣ 환적기능보다는 보관기능 위주로 운영되는 물류시설이다.
> ㉤ 협의로는 운송수단 간의 연계시설, 화물취급장, 창고시설 및 관련 편의시설 등을 의미한다.

① ㉠, ㉡, ㉣   ② ㉠, ㉡, ㉤   ③ ㉠, ㉢, ㉤

④ ㉡, ㉢, ㉣   ⑤ ㉢, ㉣, ㉤

> 해설 ② ㉢ 복합화물터미널은 최종 소비자에 대한 배송, 개별기업의 배송센터 기능을 수행하므로 정보센터의 기능을 수행할 수 있어야 한다. ㉣ 복합화물터미널은 두 종류 이상의 운송수단 간에 연계운송을 할 수 있는 규모 및 시설을 갖추고 있으므로 보관기능 보다는 환적기능 위주로 운영된다.

Answer   7. ①   8. ④   9. ①   10. ②

11 물류시설 및 물류단지에 관한 설명으로 옳지 않은 것은?

① CY(Container Yard)는 수출입용 컨테이너를 보관·취급하는 장소이다.

② CFS(Container Freight Station)는 컨테이너에 LCL(Less than Container Load) 화물을 넣고 꺼내는 작업을 하는 시설과 장소이다.

③ 지정장치장은 통관하고자 하는 물품을 일시 장치하기 위해 세관장이 지정하는 구역이다.

④ 통관을 하지 않은 내국물품을 보세창고에 장치하기 위해서는 항만법에 근거하여 해당 지방자치단체장의 허가를 받아야 한다.

⑤ CFS(Container Freight Station)와 CY(Container Yard)는 부두 외부에도 위치할 수 있다.

해설 ④ 통관을 하지 않은 내국물품을 보세창고에 보관하기 위해서는 「관세법」에 근거하여 해당 세관장의 허가를 받아야 한다(「관세법」 제156조).

12 크로스도킹(Cross Docking)에 관한 설명으로 옳지 않은 것은?

① 물류센터를 화물의 흐름 중심으로 운영할 수 있다.

② 물류센터의 재고관리비용은 낮추면서 재고수준을 증가시킬 수 있다.

③ 배송리드타임을 줄일 수 있어서 공급사슬 효율성을 높일 수 있다.

④ 기본적으로 즉시 출고될 물량을 입고하여 보관하지 않고 출고하는 방식으로 운영한다.

⑤ 공급업체가 미리 분류·포장하는 기포장방식과 물류센터에서 분류·출고하는 중간처리 방식으로 운영한다.

해설 ② 크로스도킹을 도입하면 물류센터의 재고수준이 크게 감소하므로 재고관리비용을 낮출 수 있다.
크로스도킹(Cross-docking)은 창고나 물류센터로 입고되는 상품을 보관하지 않고, 곧바로 소매점포에 배송하는 물류시스템이다. 보관 및 피킹(Storage & Picking)작업 등을 제거함으로써 물류비용을 상당히 절감할 수 있다.
크로스도킹은 제품 입하 시 출하지를 알고 있을 때, 즉 소비자가 재고를 즉시 받을 준비가 되어 있고, 선적장소가 적거나 입하화물이 대량이고 일일처리량이 많을 때 효과적이다.

13 다음이 설명하는 물류관련 용어는?

> • 물류센터 입고 상품의 수량과 내역이 사전에 물류센터로 송달되어 오는 정보를 말한다.
> • 물류센터에서는 이 정보를 활용하여 신속하고 정확하게 검품 및 적재업무를 수행할 수 있다.

① ASN(Advanced Shipping Notification)
② ATP(Available To Promise)
③ EOQ(Economic Order Quantity)
④ BOM(Bill Of Material)
⑤ POS(Point Of Sale)

해설 ① 물류센터에 입고될 상품의 수량과 내역에 관한 정보를 ASN, 즉 사전출하명세서(또는 사전선적지시서)라고 한다. 크로스도킹을 효과적으로 실현하기 위해서는 ASN과 JIT 환경이 필요하다.
② ATP(Available To Promise)는 납기회답, ④ BOM(Bill Of Material)은 MRP 시스템의 입력정보의 하나인 자재명세서이다.

14 자동화창고의 구성요소에 관한 설명으로 옳지 않은 것은?

① 버킷(Bucket)은 화물의 입출고 및 보관에 사용되는 상자이다.
② 셀(Cell)은 랙 속에 화물이 저장되는 단위공간을 의미한다.
③ 스태커크레인(Stacker Crane)은 승강장치, 주행장치, 포크장치로 구분된다.
④ 이중명령(Dual Command) 시 스태커크레인은 입고작업과 출고작업을 동시에 실행한다.
⑤ 트래버서(Traverser)는 화물을 지정된 입출고 지점까지 수직으로 이동시키는 자동주행 장치이다.

해설 ⑤ 트래버서(Traverser)는 스태커크레인을 횡으로 이동시키는 장치이다. 화물을 지정된 입출고 지점까지 수직으로 이동시키는 것은 스태커크레인이다.

15 자동화창고에 관한 설명으로 옳지 않은 것은?

① 단위화 및 규격화된 물품 보관으로 효율적인 재고관리가 가능하다.
② 물류의 흐름보다는 보관에 중점을 두고 설계해야 한다.
③ 고단적재가 가능하여 단위면적당 보관효율이 좋다.
④ 자동화시스템으로 운영되므로 생산성과 효율성을 개선할 수 있다.
⑤ 설비투자에 자금이 소요되므로 신중한 준비와 계획이 필요하다.

해설 ② 자동화창고는 물품의 보관보다는 물류의 흐름에 중점을 두고 설계하여야 한다.

Answer 11. ④ 12. ② 13. ① 14. ⑤ 15. ②

16 창고관리시스템(WMS : Warehouse Management System)의 도입효과에 관한 설명으로 옳지 않은 것은?

① 입고관리, 출고관리, 재고관리 등의 업무를 효율적으로 지원한다.

② 설비 활용도와 노동 생산성을 높이며, 재고량과 재고 관련비용을 증가시킨다.

③ 재고 투명성을 높여 공급사슬의 효율을 높여준다.

④ 수작업으로 수행되는 입출고 업무를 시스템화하여 작업시간과 인력이 절감된다.

⑤ 전사적자원관리시스템(ERP : Enterprise Resource Planning)과 연계하여 정보화의 범위를 확대할 수 있다.

해설 ② 창고관리시스템(WMS)이 도입되면 효율적인 재고관리를 통해 재고량과 재고관련비용을 감소시킨다. WMS(Warehouse Management System)은 입하, 입고, 피킹, 출하 그리고 재고사이클 카운트 등의 창고 비즈니스 프로세스와 직접적인 창고활동의 효율적 관리에 사용되는 시스템이다.

17 유닛로드(Unit Load)와 관련이 없는 것은?

① 일관파렛트화(Palletization)

② 프레이트 라이너(Freight Liner)

③ 호퍼(Hopper)

④ 컨테이너화(Containerization)

⑤ 협동일관운송(Intermodal Transportation)

해설 ③ 호퍼(Hopper)는 석탄, 모래 등의 살화물(벌크화물)을 저장하는 깔대기 모양의 통으로 언로더 (Unloader)에 장착되어 있다. 유닛로드와는 아무 관련이 없다.

18 다음 표는 A회사의 공장들과 주요 수요지들의 위치좌표를 나타낸 것이다. 수요지1의 월별 수요는 200톤이며 수요지2의 월별 수요는 300톤, 수요지3의 월별 수요는 200톤이다. 공장1의 월별 공급량은 200톤이며 공장2의 월별 공급량은 500톤이다. 새롭게 건설할 A회사 물류센터의 최적 입지좌표를 무게중심법으로 구하라. (단, 소수점 둘째자리에서 반올림함)

구 분	X좌표	Y좌표
공장1	10	70
공장2	40	40
수요지1	20	50
수요지2	30	20
수요지3	50	30

① X: 24.2, Y: 32.1
② X: 28.6, Y: 40.0
③ X: 28.6, Y: 40.7
④ X: 32.1, Y: 40.0
⑤ X: 32.1, Y: 42.6

해설 무게중심법(center of gravity method)은 물류센터를 기준으로 고정된 각 공급지에서 물류센터까지의 운송비와 물류센터에서 각 수요지의 운송비를 구하여 그 합이 최소가 되는 지점을 구하는 방법이다.

$$(X, Y) = \frac{(X, Y \text{ 좌표 수요지별 거리} \times \text{수요량}) \text{ 합계} + (X, Y \text{ 좌표 공장별 거리} \times \text{공급량})}{\text{수요량 공급량 합계(수요지} + \text{공장)}}$$

$$X = \frac{20 \times 200 + 30 \times 300 + 50 \times 200 + 10 \times 200 + 40 \times 500}{200 + 300 + 200 + 200 + 500} = 32.1$$

$$Y = \frac{50 \times 200 + 20 \times 300 + 30 \times 200 + 70 \times 200 + 40 \times 500}{200 + 300 + 200 + 200 + 500} = 40.0$$

Answer | 16. ② 17. ③ 18. ④

19 4가지 제품을 보관하는 창고의 기간별 저장소요공간이 다음 표와 같을 때, ㉠ 임의위치저장 (Randomized Storage)방식과 ㉡ 지정위치저장(Dedicated Storage)방식으로 각각 산정된 창고의 저장소요공간은?

기 간	제품별 저장공간			
	A	B	C	D
1월	27	21	16	16
2월	14	15	20	17
3월	19	12	13	23
4월	15	19	11	20
5월	18	22	18	19

① ㉠ 74 ㉡ 92
② ㉠ 80 ㉡ 80
③ ㉠ 80 ㉡ 86
④ ㉠ 80 ㉡ 92
⑤ ㉠ 92 ㉡ 80

해설 임의위치 저장방식의 경우 각 기간별 A, B, C, D 전 품목 보관수의 합계 중 최대인 80개가 필요하다. 지정위치 저장방식의 경우 각 품목별 최대보관수의 합 A(27) + B(22) + C(20) + D(23) = 92개가 필요하다.

기 간	제품별 저장공간				합 계
	A	B	C	D	
1월	27	21	16	16	80
2월	14	15	20	17	66
3월	19	12	13	23	67
4월	15	19	11	20	65
5월	18	22	18	19	77

20 자동창고시스템에서 AS/RS(Automated Storage/Retrieval System)장비의 평균가동률은 95%이며, 단일명령(Single Command) 수행시간은 2분, 이중명령(Dual Command) 수행시간은 3.5분이다. 단일명령 횟수가 이중명령 횟수의 3배라면 AS/RS 장비 1대가 한 시간에 처리하는 화물의 개수는? (단, 소수점 첫째자리에서 반올림함)

① 24개
② 26개
③ 28개
④ 30개
⑤ 32개

해설 ④ 단일명령의 경우 2분이 소요되므로 시간당 60분 / 2 = 30개를 처리할 수 있다. 이중명령의 경우 3.5분이 소요되며 왕복 2개를 처리하므로 시간당 (60분 / 3.5분)×2개 = 34.2개를 처리할 수 있다.

단일명령 횟수가 이중명령 횟수의 3배이므로 $30개 × \frac{3}{4} + 34.2 × \frac{1}{4} = 31$개이다. 평균가동률이 95%이므로 31 × 0.95 = 29.4개이다.

21 **유닛로드 시스템(ULS : Unit Load System)의 효과로 옳지 않은 것은?**

① 하역의 기계화   ② 화물의 파손방지
③ 신속한 적재   ④ 운송수단의 회전율 향상
⑤ 경제적 재고량 유지

해설 ⑤ 유닛로드 시스템(ULS)은 하역작업의 혁신을 도모하기 위한 것으로 '화물을 일정한 중량 또는 체적으로 단위화하여 일괄해서 기계를 이용하여 하역, 운송하는 시스템'이다. 따라서 경제적 재고량 유지와는 아무 관련이 없다.
한국산업표준(KS)에 따르면 '유닛로드(Unit Load)란 수송, 보관, 하역 등의 물류활동을 합리적으로 처리하기 위하여 복수의 물품 또는 포장화물을 기계 기구에 의한 취급에 적합하도록 하나의 단위로 정리한 화물'을 말한다.

22 **일관파렛트화(Palletization)의 이점이 아닌 것은?**

① 물류현장에서 하역작업의 혼잡을 줄일 수 있다.
② 창고에서 물품의 운반관리를 용이하게 수행할 수 있다.
③ 화물의 입고작업은 복잡하지만, 출고작업은 신속하게 할 수 있다.
④ 기계화가 용이하여 하역시간을 단축할 수 있다.
⑤ 파렛트에 적합한 운송수단의 사용으로 파손 및 손실을 줄일 수 있다.

해설 ③ 일관파렛트화(Palletization)는 화물이동의 출발지점으로부터 최종도착지점까지 파렛트 상에 적재된 상태로 운반, 보관 및 하역하는 방식을 의미한다. 따라서 화물의 입고작업 및 출고작업 모두를 신속하게 할 수 있다.

Answer   19. ④   20. ④   21. ⑤   22. ③

23 창고설계의 기본원칙이 아닌 것은?

① 직진성의 원칙

② 모듈화의 원칙

③ 역행교차 회피의 원칙

④ 물품 취급 횟수 최소화의 원칙

⑤ 물품이동 간 고저간격 최대화의 원칙

해설 ⑤ 창고를 설계할 때는 물품이동 간 고저간격을 최소화하여야 효율성은 물론 작업자의 안전을 보장할 수 있다.

24 항공하역에서 사용하는 장비가 아닌 것은?

① 돌리(Dolly)

② 터그 카(Tug Car)

③ 리프트 로더(Lift Loader)

④ 파렛트 스케일(Pallet Scale)

⑤ 스트래들 캐리어(Straddle Carrier)

해설 ⑤ 스트래들 캐리어(Straddle Carrier)는 항만하역 장비로, 컨테이너선에서 크레인으로 컨테이너를 에이프런에 내린 후 운반하는 기기를 의미한다. 컨테이너를 2~3단으로 적재할 수 있다.

25 물류센터 KPI(Key Performance Indicator)에 관한 설명으로 옳지 않은 것은?

① 환경 KPI는 CO_2 절감 등 환경측면의 공헌도를 관리하기 위한 지표이다.

② 생산성 KPI는 작업인력과 시간 당 생산성을 파악하여 작업을 개선하기 위한 지표이다.

③ 납기 KPI는 수주부터 납품까지의 기간을 측정하여 리드타임을 증가시키기 위한 지표이다.

④ 품질 KPI는 오납율과 사고율 등 물류품질의 수준을 파악하여 고객서비스 수준을 향상시키기 위한 지표이다.

⑤ 비용 KPI는 작업마다 비용을 파악하여 물류센터의 물류비용을 감소시키기 위한 지표이다.

해설 ③ 납기 KPI(핵심성과지표)는 수주부터 납품까지의 시간을 측정하여 리드타임을 감소시키기 위한 지표이다.

26 물류센터의 보관 방식에 관한 설명으로 옳지 않은 것은?

① 평치저장(Block Storage) : 창고 바닥에 화물을 보관하는 방법으로 소품종 다량 물품 입출고에 적합하며, 공간 활용도가 우수하다.

② 드라이브인랙(Drive-in Rack) : 소품종 다량 물품 보관에 적합하고 적재공간이 지게차 통로로 활용되어 선입선출(先入先出)이 어렵다.

③ 회전랙(Carrousel Rack) : 랙 자체가 수평 또는 수직으로 회전하며, 중량이 가벼운 다품종 소량의 물품 입출고에 적합하다.

④ 이동랙(Mobile Rack) : 수동식 및 자동식이 있으며 다품종 소량 물품 보관에 적합하고 통로 공간을 활용하므로 보관효율이 높다.

⑤ 적층랙(Mezzanine Rack) : 천정이 높은 창고에 복층구조로 겹쳐 쌓는 방식으로 물품의 보관효율과 공간 활용도가 높다.

> **해설** ① 평치보관(Block Storage)은 창고 바닥에 화물을 보관하는 방법으로 소품종 다량의 물품 입출고에 적합하며, 특별한 자동화 설비가 필요 없다는 장점을 가지고 있으나, 공간 활용률이 낮아진다는 단점이 있다.

27 물류센터의 소팅 컨베이어에 관한 설명으로 옳지 않은 것은?

① 슬라이딩슈방식(Sliding-shoe Type)은 반송면에 튀어나온 기구를 넣어 단위화물을 함께 이동시키면서 압출하는 방식으로 충격이 없어 정밀기기, 깨지기 쉬운 물건 등의 분류에 사용된다.

② 틸팅방식(Tiling Type)은 레일을 주행하는 트레이 및 슬라이드의 일부를 경사지게 하여 단위 화물을 활강시키는 방식으로 우체국, 통신판매 등에 사용된다.

③ 저개식방식은 레일을 주행하는 트레이 등의 바닥면을 개방하여 단위화물을 방출하는 방식이다.

④ 크로스벨트방식(Cross-belt Type)은 레일 위를 주행하는 연속된 캐리어에 장착된 소형 벨트 컨베이어를 레일과 교차하는 방향으로 구동시켜 단위화물을 내보내는 방식이다.

⑤ 팝업방식(Pop-up Type)은 컨베이어 반송면의 아래에서 벨트, 롤러, 휠, 핀 등의 분기장치가 튀어나와 단위화물을 내보내는 방식으로, 하부면의 손상 및 충격에 약한 화물에도 적합하다.

> **해설** ⑤ 팝업 방식(Pop-up Type)은 컨베이어 아랫방향에서 벨트, 롤러, 휠, 핀 등의 분기장치가 튀어나와서 분류하는 방식이다. 화물의 하부면에 충격을 주기 때문에 손상 및 충격에 약한 화물에는 적합하지 않다.

Answer 23. ⑤ 24. ⑤ 25. ③ 26. ① 27. ⑤

28 연간 영업일이 300일인 K도매상은 A제품의 안전재고를 250개에서 400개로 늘리면서 새로운 재주문점을 고려하고 있다. A제품의 연간수요는 60,000개이며 주문 리드타임은 3일이었다. 이때 새롭게 설정된 재주문점은?

① 400   ② 600

③ 900   ④ 1,000

⑤ 1,200

해설 ④ 주문점(ROP) = 일일 평균수요 × 조달기간 + 안전재고이다. 일일 평균수요 = 60,000개 / 300일 = 200개이다. 따라서 새롭게 설정된 재주문점 = 200개 × 3일 + 400개 = 1,000개이다.

29 ABC(Activity Based Costing)에 관한 설명으로 옳지 않은 것을 모두 고른 것은?

> ㉠ 재고의 입출고가 활발한 상품을 파악하여 중점적으로 관리하기 위한 기법이다.
> ㉡ 서비스 다양화에 맞추어 보다 정확한 코스트를 파악하려는 원가계산 기법이다.
> ㉢ 물류활동의 실태를 물류 원가에 반영하는 것을 목적으로 하고 있다.
> ㉣ 물류활동 또는 작업내용으로 구분하고, 이 활동마다 단가를 산정하여 물류서비스 코스트를 산출한다.
> ㉤ 품목수가 적으나 매출액 구성비가 높은 상품을 A그룹, 품목수는 많으나 매출액 구성비가 낮은 상품을 C그룹으로 관리한다.

① ㉠, ㉤   ② ㉠, ㉢, ㉣

③ ㉠, ㉢, ㉤   ④ ㉡, ㉢, ㉤

⑤ ㉡, ㉣, ㉤

해설 ① ㉠과 ㉤은 파레토(Pareto) 법칙, 즉 20-80법칙에 기초한 ABC 재고관리기법에 대한 설명이다. 활동기준 원가계산(ABC)은 원가를 정확하게 산출하기 위한 기법이며, 전통적인 원가계산시스템이 간접비용을 제품원가에 정확하게 반영시키지 못함으로써 야기될 수 있는 원가왜곡 등의 단점을 보완한 기법이다. 구성요소는 자원(Resource), 활동(Activity), 원가대상(Cost Object), 자원동인(Resource Driver), 활동동인(Activity Driver)이다.

30 컨테이너터미널에서 사용되는 컨테이너 크레인에 관한 설명으로 옳지 않은 것은?

① 아웃리치(Out-reach)란 스프레더가 바다 쪽으로 최대로 진행되었을 때, 바다 측 레일의 중심에서 스프레더 중심까지의 거리를 말한다.

② 백리치(Back-reach)란 트롤리가 육지 측으로 최대로 나갔을 때, 육지 측 레일의 중심에서 스프레더 중심까지의 거리를 말한다.

③ 호이스트(Hoist)란 스프레더가 최대로 올라갔을 때 지상에서 스프레더 컨테이너 코너 구멍 접촉면까지의 거리를 말한다.

④ 타이다운(Tie-down)이란 크레인이 넘어졌을 때의 육지 측 레일의 중심에서 붐 상단까지의 거리를 말한다.

⑤ 헤드블록(Head Block)이란 스프레더를 달아매는 리프팅 빔으로서 아래 면에는 스프레더 소켓을 잡는 수동식 연결핀이 있으며 윗면은 스프레더 급전용 케이블이 연결되어 있다.

해설 ④ 타이다운(Tie-down)이란 태풍 등으로 인하여 크레인이 전복되는 경우 크레인의 수직이동을 방지하는 장치이다.

31 어느 도매상점의 제품 A의 연간 수요량이 2,000개이고 제품당 단가는 1,000원이며, 연간 재고유지비용은 제품단가의 10%이다. 1회 주문비용이 4,000원일 때 경제적 주문량을 고려한 연간 총 재고비용은? (단, 총 재고비용은 재고유지비용과 주문비용만을 고려함)

① 40,000원   ② 50,000원   ③ 60,000원

④ 70,000원   ⑤ 80,000원

해설
경제적 주문량 $EOQ = \sqrt{\dfrac{2 \times \text{연간수요량} \times \text{1회당 주문비용}}{\text{개당 연간 재고유지비용}}} = \sqrt{\dfrac{2 \times 2,000개 \times 4,000원}{100원}} = 400개$
이다.
따라서 연간 최적 주문횟수 = 연간수요량 / EOQ = 2,000개 / 400개 = 50회이고, 총주문비용 = 4,000원 × 5회 = 20,000원이다.

재고유지비용 = 평균재고 × 개당 재고유지비용 = $(\dfrac{EOQ}{2})$ × 개당 재고유지비용 = $(\dfrac{400}{2})$ × 100원 = 20,000원이다.
따라서 총재고비용 = 총주문비용 + 총재고유지비용 = 20,000원 + 20,000원 = 40,000원이다.

32

철도복합운송방식에 관한 설명으로 옳지 않은 것은?

① 피기백(Piggy-back)방식은 화물열차의 대차 위에 컨테이너를 적재한 트레일러나 트럭을 운송하는 방식과 컨테이너를 직접 철도 대차 위에 적재하여 운송하는 방식이 있다.

② COFC(Container On Flat Car)방식은 크레인이나 컨테이너 핸들러 등의 하역장비를 이용하여 적재하고 있다.

③ TOFC(Trailer On Flat Car)방식은 COFC방식에 비하여 총중량이 적으며, 철도터미널에서의 소요공간이 적어 널리 사용되고 있다.

④ 2단적 열차(Double Stack Train)는 한 화차에 컨테이너를 2단으로 적재하는 방식이다.

⑤ 바이모달시스템(Bi-modal System)은 철도차륜과 도로 주행용 타이어를 겸비한 차량을 이용하여 철도에서는 화차로, 도로에서는 트레일러로 사용하는 방식이다.

해설 ③ TOFC 방식은 컨테이너를 적재한 트레일러를 대차 위에 적재하여 운송하므로 컨테이너만 적재하여 운송하는 COFC 방식에 비해 총중량은 크다. TOFC 방식은 또한 트레일러를 작동해야 하므로 철도터미널에서의 소요공간이 더 많이 필요하다.

33

화인에 관한 설명으로 옳지 않은 것은?

① 화물작업의 편리성, 하역작업 시의 물품손상 예방 등을 위해 포장에 확실히 표시하는 것을 말한다.

② 주화인표시(Main Mark)는 수입업자 화인으로 수입업자의 머리문자를 도형 속에 표기하지 않고, 주소, 성명을 전체 문자로서 표시하는 것을 말한다.

③ 부화인표시(Counter Mark)는 대조번호 화인으로서 생산자나 공급자의 약호를 붙여야 하는 경우에 표기한다.

④ 원산지표시(Origin Mark)는 정상적인 절차에 의해 선적되는 모든 수출품을 대상으로 관세법에 따라 원산지명을 표시한다.

⑤ 취급주의표시(Care Mark)는 화물의 취급, 운송, 적재요령을 나타내는 주의표시로서 일반화물 취급표시와 위험화물 경고표시로 구분된다.

해설 ② 주표시(Main Mark)는 화인 중 가장 중요한 표시로서 다른 상품과 식별을 용이하게 하는 기호이다. 외장면에 마름모형, 원형, 정방형 등의 표시를 하고 도형 안에 상호의 약자를 기입한다.

34

손소독제를 판매하는 K상사는 5월 판매량을 60,000개로 예측하였으나 실제로는 56,000개를 판매하였다. 6월의 실제 판매량이 66,000개일 경우 지수평활법에 의한 7월의 판매 예측량은? (단, 지수평활계수 α = 0.2를 적용함)

① 58,240개　　　　　　　　② 58,860개

③ 60,240개　　　　　　　　④ 60,560개

⑤ 61,120개

해설 ④ 6월의 예측치가 주어져있지 않으므로 6월의 예측치를 먼저 구하고 난 후 7월의 예측치를 구해야
한다. 지수평활법에 의한 예측치(F)는 F = α × 전기의 실적치 + (1 − α) × 전기의 예측치이다. 따라서
$F_6 = 0.2 \times 56,000 + 0.8 \times 59,200$개이다. 7월의 예측치는 $F_7 = 0.2 \times 66,000 + 0.8 \times 59,200 = 60,560$개이다.

35 파렛트 집합적재방식에 관한 설명으로 옳지 않은 것을 모두 고른 것은?

⊙ 블록쌓기는 아래에서 위까지 동일한 방식으로 쌓는 가장 단순한 방식으로 작업효율성이
높고 무너질 염려가 없어 안정성이 높다.
⊙ 교호열쌓기는 블록쌓기의 짝수층과 홀수층을 90도 회전시켜 교대로 쌓는 방법으로 정방
형의 파렛트에서만 적용할 수 있다.
⊙ 벽돌쌓기는 벽돌을 쌓듯이 가로와 세로를 조합하여 배열하고, 이후부터는 홀수층과 짝수
층을 180도 회전시켜 교대로 쌓는 방법을 말한다.
⊙ 스플릿(Split)쌓기는 벽돌쌓기의 변형으로 가로와 세로를 배열할 때 크기의 차이에서 오
는 홀수층과 짝수층의 빈 공간이 서로 마주보게 쌓는 방법이다.
⊙ 장방형 파렛트에는 블록쌓기, 벽돌쌓기 및 핀휠(Pinwheel)쌓기 방식이 적용된다.

① ⊙, ⊙　　　　　② ⊙, ⊙　　　　　③ ⊙, ⊙
④ ⊙, ⊙　　　　　⑤ ⊙, ⊙

해설 ③ ⊙ 블록 적재(Block Pattern)는 각 단의 쌓아올리는 모양과 방향이 모두 같은 방식(일렬 적재 또는
막대기 적재)이므로 작업의 효율성은 높지만 무너질 염려가 있어 안정성은 낮다. ⊙ 핀휠 적재
(Pinwheel Pattern)는 T−11형과 같은 정방형파렛트에만 적용할 수 있다.

36 채찍효과(Bullwhip Effect)에 관한 설명으로 옳지 않은 것은?

① 채찍효과에 따른 부정적 영향을 최소화하기 위해서는 가격할인 등의 판매촉진 정책을
장려해야 한다.
② 공급사슬 내의 한 지점에서 직면하게 되는 수요의 변동성이 상류로 갈수록 증폭되는 현
상을 의미한다.
③ 채찍효과가 발생하는 원인으로는 부정확한 수요예측, 일괄주문처리 등이 있다.
④ 조달기간이 길어지면 공급사슬 내에서 채찍효과가 커지게 된다.
⑤ 공급사슬에서의 정보공유 등 전략적 파트너십을 구축하면 채찍효과에 효율적으로 대응
할 수 있다.

해설 ① 가격할인 등의 판매촉진 정책은 채찍효과를 가져오는 원인이 된다. 채찍효과를 해결하기 위해서는
상시저가전략(EDLP) 등의 가격안정화 정책을 도입하여야 한다.

Answer　32. ③　33. ②　34. ④　35. ③　36. ①

37 A제품을 취급하는 K상점은 경제적 주문량(EOQ)에 의한 제품발주를 통해 합리적인 재고관리를 추구하고 있다. A제품의 연간 수요량이 40,000개, 개당 가격은 2,000원, 연간 재고유지비용은 제품단가의 20%, 1회 주문비용이 20,000원일 때 경제적 주문량(EOQ)과 연간 최적 발주횟수는 각각 얼마인가?

① 1,600개, 20회   ② 1,600개, 25회   ③ 2,000개, 20회

④ 2,000개, 40회   ⑤ 4,000개, 10회

해설 경제적 주문량 $EOQ = \sqrt{\dfrac{2 \times \text{연간수요량} \times \text{1회당 주문비용}}{\text{개당 연간 재고유지비용}}} = \sqrt{\dfrac{2 \times 40,000\text{개} \times 20,000\text{원}}{400\text{원}}} = 2,000$

개이다. 연간 최적 발주횟수 = 연간 수요량 / EOQ = 40,000개 / 2,000개 = 20회이다.

38 안전재고에 관한 설명으로 옳지 않은 것은?

① 안전재고는 품절예방, 납기준수 및 고객서비스 향상을 위해 필요하다.

② 안전재고 수준을 높이면 재고유지비의 부담이 커진다.

③ 공급업자가 제품을 납품하는 조달기간이 길어지면 안전재고량이 증가하게 된다.

④ 고객수요가 임의의 확률분포를 따를 때 수요변동의 표준편차가 작아지면 제품의 안전재고량이 증가한다.

⑤ 수요와 고객서비스를 고려하여 적정수준의 안전재고를 유지하면 재고비용이 과다하게 소요되는 것을 막을 수 있다.

해설 ④ 안전재고 = 안전계수 × 수요의 표준편차 × $\sqrt{\text{조달기간}}$ 이다. 따라서 수요의 표준편차가 작아지면 안전재고량은 감소한다.

39 구매방식에 관한 설명으로 옳지 않은 것은?

① 집중구매방식(Centralized Purchasing Method)은 일반적으로 대량구매가 이루어지기 때문에 가격 및 거래조건이 유리하다.

② 분산구매방식(Decentralized Purchasing Method)은 사업장별 구매가 가능하여 각 사업장의 다양한 요구를 반영하기 쉽다.

③ 집중구매방식(Centralized Purchasing Method)은 구매절차 표준화가 용이하며, 자재의 긴급조달에 유리하다.

④ 분산구매방식(Decentralized Purchasing Method)은 주로 사무용 소모품과 같이 구매지역에 따라 가격 차이가 없는 품목의 구매에 이용된다.

⑤ 집중구매방식(Centralized Purchasing Method)은 절차가 복잡한 수입물자 구매 등에 이용된다.

해설 ③ 집중구매(centralized purchase)는 각 사업장(또는 부서)에서 필요한 품목을 본사의 구매부서에 일괄주문·구입하므로 구매절차의 표준화는 용이하지만 긴급조달이 어렵다는 단점이 있다.

40 A소매점에서의 제품판매에 관한 정보가 아래와 같을 때 가장 합리적인 안전재고 수준은?
(단, Z(0.90) = 1.282, Z(0.95) = 1.645이며, 답은 소수점 둘째자리에서 반올림함)

- 연간 수요: 6,000개
- 연간 최대 허용 품절량: 300개
- 제품 판매량의 표준편차: 20
- 제품 조달기간: 4일
- 연간 판매일: 300일

① 51.3   ② 65.8   ③ 84.8
④ 102.6   ⑤ 131.6

해설 ② 안전재고 = 안전계수 × 수요의 표준편차 × $\sqrt{조달기간}$ 이다. 연간 최대 허용 품절양이 300개이므로 품절률 = 300개 / 6,000개 = 0.05이고, 고객서비스율 = 1 − 품절률 = 0.95이고 이에 해당하는 안전계수는 1.645이다. 따라서 안전재고 = 1.645 × 20개 × $\sqrt{4}$ = 65.8개이다.

Answer   37. ③   38. ④   39. ③   40. ②

황사빈 교수

약 력
- 경제학 박사
- 인하대학교 평생교육원, 상명대학교, 동국대학교 전산원, 강원대학교 산학협력단, 농협대학 유통·물류과정 외래교수 역임
- 산업통상자원부 연수원, 서울 및 전남 체신청, 한국생산성본부(KPC), 한국능률협회(KMA) 물류관리사 과정 외래교수 역임
- EBS 한국교육방송 유통관리사 강사 역임
- 대한상공회의소 국가직무능력표준(NCS) 유통관리 개발위원 역임
- 현 인하대학교 경영학과 초빙교수
- 현 EBS 물류관리사·유통관리사 과정 강사
- 현 한국방송통신대학교 경영학과·산학협력단 외래교수

저 서
- 물류관리사 보관하역론(2021, 박문각)
- 물류관리사 물류관리론(2021, 신지원)
- 유통관리사 유통물류일반, 유통마케팅, 상권분석, 유통정보(2021, 신지원, 공저)
- 유통관리사 2급 한권으로 끝내기(2021, 아이엠에듀, 공저)
- 공인노무사 경영학개론(2017, 고시계)
- 감정평가사 경제학(2021, 시대고시기획)

최/신/개/정/판

물류관리사 | 보관하역론

초판인쇄 2020년 7월 25일 | **초판발행** 2020년 7월 30일 | **편저자** 황사빈 | **발행인** 박 용

발행처 (주)박문각출판 | **등록** 2015. 4. 29. 제2015-000104호

주소 06654 서울시 서초구 효령로 283 서경 B/D 4층

교재주문 (02) 3489-9400 | **동영상문의** (02) 3489-9500 | **팩스** (02) 584-2927

판권
본사
소유

ISBN 979-11-6444-724-4 | ISBN 979-11-6444-729-9(세트)

정가 24,000원